国家社科基金
GUOJIA SHEKE JIJIN HOUQI ZIZHU XIANGMU
后期资助项目

全价值链体系化
精益管理理论与实践

QUAN JIAZHI LIAN TIXI HUA
JINGYI GUANLI LILUN YU SHIJIAN

郭洪飞　著

U0330397

中山大学出版社
SUN YAT-SEN UNIVERSITY PRESS
·广州·

版权所有　翻印必究

图书在版编目（CIP）数据

全价值链体系化精益管理理论与实践/郭洪飞著. —广州：中山大学出版社，2023.4

ISBN 978 - 7 - 306 - 07733 - 2

Ⅰ. ①全… Ⅱ. ①郭… Ⅲ. ①企业管理—研究 Ⅳ. ①F272

中国国家版本馆 CIP 数据核字（2023）第 024767 号

出 版 人：王天琪
策划编辑：曾育林
责任编辑：曾育林
封面设计：曾　斌
责任校对：梁嘉璐
责任技编：靳晓虹
出版发行：中山大学出版社
电　　话：编辑部 020 - 84113349，84110776，84111997，84110779，84110283
　　　　　发行部 020 - 84111998，84111981，84111160
地　　址：广州市新港西路 135 号
邮　　编：510275　传　　真：020 - 84036565
网　　址：http://www.zsup.com.cn　　E-mail：zdcbs@ mail. sysu. edu. cn
印　刷　者：广东虎彩云印刷有限公司
规　　格：787mm×1092mm　1/16　35.75 印张　662 千字
版次印次：2023 年 4 月第 1 版　2023 年 4 月第 1 次印刷
定　　价：138.00 元

如发现本书因印装质量影响阅读，请与出版社发行部联系调换。

国家社科基金后期资助项目
出版说明

后期资助项目是国家社科基金设立的一类重要项目，旨在鼓励广大社科研究者潜心治学，支持基础研究多出优秀成果。它是经过严格评审，从接近完成的科研成果中遴选立项的。为扩大后期资助项目的影响，更好地推动学术发展，促成成果转化，全国哲学社会科学工作办公室按照"统一设计、统一标识、统一版式、形成系列"的总体要求，组织出版国家社科基金后期资助项目成果。

全国哲学社会科学工作办公室

序

在工业4.0时代，欧美等发达国家在原有工业水平的基础上率先提出了工业4.0战略。而对于我国来说，在新中国成立初期是一个典型的农业大国，工业基础非常薄弱，产业体系很不完善，工业化水平较低，制造业在"一穷二白"的基础上起步，目前正逐步追上世界先进国家的脚步，成为当今世界上最大的工业国家。在"百年未有之大变局"的背景下，我国率先提出了"中国制造2025"制造强国战略，吹响了冲进世界制造强国的号角。但由于我国企业与世界一流企业相比，仍存在管理制度不完备、体系不健全、机制不完善、执行不到位等问题，严重影响了企业发展的质量和效益。特别是受全球疫情冲击，世界经济增长低迷，产业链供应链循环受阻，不确定不稳定性因素增多，我国经济形势面临下行压力持续增大。企业如何应对当前巨大的挑战与机遇，高效快速地实现企业发展质量效益的转型升级，成为我国实现"中国制造2025"国家战略的坚强保障。

党的二十大以来，习近平总书记作出重要指示，深刻阐述了新时期加强企业管理体系和管理能力建设的重要意义。党的二十大报告中强调需健全现代企业制度，形成有效制衡的公司治理机制，这为我国企业改革指明了方向，提供了根本遵循。因此，我国企业必须以习近平新时代中国特色社会主义思想为指导，聚焦技术改革的创新力和全球竞争力，以对标世界一流企业为出发点和切入点，以加强管理体系和管理能力建设为主线，坚持突出重点、统筹推进、因企施策，对照世界一流企业、行业找差距，有针对性地采取务实管用的管理措施，促进企业管理水平在现有基础上明显提升。

面对全球企业日益激烈的竞争格局，各企业转型升级已成为当前生存和发展的主题。我国企业必须立足自身、苦练内功，从先进的管理中要质量、要效益、要增长，才能在日益复杂的竞争环境中立于不败之地，才能不断增强自身企业发展的竞争力、创新力、控制力、影响力和抗风险能力。企业要有针对性地解决精益化运营能力不强、成本和质量管控不到位、运营效率不高等影响企业发展的普遍突出问题，要进一步树立全员参与、协同高效、持续改善的精益管理理念，将精益管理体系运用到研发设计、生产制造、采购物流、营销服务、人才育成等全流程全链条，以最小的资源投入，创造更多更大的价值。继续夯实现场基础管理，对生产现场各要素进行合理有效的计划、组织、协调、控制，实现生产的安全、优质、高效、环保、低耗和均衡；着力优化供应链管理，持续提升采购物流的集约化、规范化、信息化、协同化水平，实现产品全生命周期总成本最低；完善营销管理和用户服务体系，科学制定营销策略，创新服务模式，不断提升服务质量和品牌形象，提高客户忠诚度和满意度；持续加强企业管理的制度体系、组织体系、责任体系、执行体系、评价体系等保障体系建设，从全价值链体系化精益管理战略高度，全面提升企业管理能力和水平。

当前正值全国企业发展转型关键时期，本书作者在多年研究实践的基础上，提出的"全价值链体系化精益管理战略"的理论体系和研究实践，为企业发展提供了一种不断创造高效价值、实现长远目标的有效途径。全价值链体系化精益管理以深入实践精益管理战略为核心思想，紧紧把握"技术创新、全员参与、持续改进"推进主线，全面夯实基础管理水平，重点提升全价值链管理效能，有效改善经营发展质量，切实增强创新发展动力为目标，逐步建立科学的精益成果创新评价体系，构建一种基于产品全生命周期的"成本低、效率高、品质优、周期短"的全价值链体系化精益管理模式。

恰时，中山大学出版社推出《全价值链体系化精益管理理论与实践》是十分及时和必要的。同时在编写初期，本书作者组织国内精益管理专家、学者和企业家对本书的学术定位、编写思想、特色形式等都进行了深入的研讨，力求在保证高学术水平的基础上，为各行各业提供一套系统的全价值链各环节精益管理思想内涵、推进思路、推进内容等的精益管理理论体系；为企业提供一套更富有系统性、实践性、简易性的全价值链体系化精益管理体系落地的方法，帮助企业实现全系统的科学管理、协同推进、案例借鉴等高效运作路径。本书论述完整、体系严谨、实践性强，不仅可以作为高校教科书，也是企业中高层管理者、IE 工程师和咨询师、精益管理兴趣者不得不读的一本好书。

中国工业工程（精益管理）主要创始人
中国机械工程学会工业工程分会执行理事长
教育部管理科学与工程学会副理事长

2023 年 4 月于天津

前　言

　　面对市场环境的激烈变化和严峻挑战，全价值链体系化精益管理将使企业在竞争中立于不败之地。系统而全面的精益管理体系是企业运营过程中的活力源泉，是企业管理人员统筹全局的制胜宝典，是企业谋求长期生存与发展的根本战略。在企业发展过程中，实施全价值链体系化精益管理战略成为增强企业综合运营效率和盈利能力的关键核心，更是未来企业向质量效益型转型的一项重要而又紧迫的任务。那么，如何在企业内持续提升全价值链体系化精益管理水平，永葆强有力的综合竞争力成为企业发展的一大难题。本书针对这一现状，提出建立全价值链体系化精益管理的系统方法，旨在帮助企业快速建立涵盖企业运营各个环节的实现路径。通过追根查源，逐层分解，对企业发展的质量和效益有计划、有步骤地实施改善；量体裁衣，积极探索，形成一整套体现价值创造的、持续改善的、系统完整的制度体系。为企业全价值链各系统科学发展、协同并进提供有力的理论支撑。

　　我作为国务院国资委管理提升基层管理专家，国家工信部中小企业服务咨询专家，中国产学研合作创新突出贡献奖获得者，中国兵器工业集团精益管理专家以及暨南大学一名专业研究精益管理的研究者，有近二十年从事和研究精益管理体系建设的企业实践和高校理论研究经验，先后指导和咨询服务三十多家大中型企业的精益管理落地项目五十多项，力求为各行业提供一套现代先进的全价值链体系化精益管理理论教材，为各级管理层提供一套系统而有效的工作方法。

　　我在总结和提炼不同行业三十多个企业精益实践的基础上，利用近两年时间反复梳理和凝练相关理论与经验。重点从全价值链体系化精益管理理论体系、精益基础管理、精益研发、精益采购、精益物流、精益制造、精益营销、精益人才育成和精益创新成果评价九个方面对全价值链体系化精益管理理论做了详细介绍。本书的主要特色体现为以下四个方面：

1. 内容上，从理论体系到方法论逐渐深入，全面且重点突出。从全价值链体系化精益管理理论体系切入，全面介绍体系建立的意义、前提条件和预期目标等；逐渐延伸至实施路径的方法论，从研发、采购、物流、生产、质量、成本、营销、人力资源和安全等方面具体阐述精益管理体系的建立方法，并配有实战案例的详细介绍，符合精益管理体系构建的结构特点，对企业全面建设全价值链精益管理体系具有易懂好学的指导作用。

2. 实用上，构造了一个从内涵定义到实践方法论的完整体系，实用性强。突出理论与实践高度融合，既反映了全价值链精益管理体系构建的具体方法，更注重把相关理论有机地融入案例分析当中。书中所列举的各类表单、实战案例、精益管理体系构建经验均为作者在咨询指导的国内大中型企业实际已实施的优秀成功案例，体现共性问题的普遍解决方法，更体现了一些具有创新和前瞻性的优秀企业总结出来的经验。各企业若认真效仿并加以个性化优化实施，必将起到事半功倍的效果。同时，本书为企业中高层管理人员、IE 工程师和咨询师、精益管理从业者以及高校专业师生学习精益管理体系的理论方法及具体实践提供了很好的依据，具有适用面广、实用性强的鲜明特点。

3. 逻辑上，理论介绍与实例递进深入，层次逐渐提升。前两章为精益管理体系及其方法论的整体介绍，后面七章分别介绍精益管理体系构建过程中所涉及的各个管理系统。每一章节由理念、内容、方法等多个部分组成，符合由浅入深、由易到难的精益管理体系及其发展规律。

4. 效果上，首次将"全价值链理念"与"精益管理思想"高度融合，既体现横向全价值链的各环节价值增值创造，又从纵向各系统方法和实施路径上深入推进。以深入实践精益管理战略为核心思想，紧紧把握"技术创新、全员参与、持续改进"推进主线，全面夯实基础管理水平，重点提升全价值链管理效能，有效改善经营发展质量，以增强创新发展动力为目标，构建一种基于产品全生命周期的"成本低、效率高、品质优、周期短"的全价值链体系化精益管理模式。

本书构思三年多，又用了两年多的时间整理撰写和反复斟酌提炼，将我近二十年的实践精华和经验凝结成稿。此书撰写过程中，有幸得到团队成员杨帆、高畅、白颖晨、陈秋帆、林敬蕴、赵艺璇、邵清、陈智杰、杨星航、陈丽梅、伍国蕾的无私奉献和辛勤付出。他们历经了多个日日夜夜帮我提出了好多有益意见，放弃多个节假日同我一起研讨修改。在此，真诚地感谢他们中的每一位，感谢他们的诚恳、认真、耐心、谦虚的工作作风。

　　同时，本书的顺利完成，还得益于中山大学出版社编辑的大力支持，一同商讨全书的整个撰写思路和方向定位，并在撰写全过程中给予了全面而详细的指导。在此，对他们耐心细致的指导和认真精心的组织表示由衷的敬意！另外，我也认真地学习和借鉴了国内外专家学者的一些理论成果和优秀企业的经典案例，受到了很多启发，在此一并表示感谢。当然，我深知该书仍存在一些不足之处，望专家、学者、产业企业家及广大读者批评指正。

2023 年 4 月于珠海

目　　录

第一章　全价值链体系化精益管理体系

第一节　全价值链体系化精益管理体系简介

一、全价值链体系化精益管理的思想内涵

全价值链体系化精益管理是以深入实践精益管理战略为核心思想，紧紧把握"技术创新、全员参与、持续改进"推进主线，全面夯实基础管理水平，重点提升全价值链管理效能，有效改善经营发展质量，以增强创新发展动力为目标的管理活动。以"先精细后精益"的推进策略深入推进，按照整体策划、逐级展开、分步实施、全面推进的原则，以标准化、流程化、规范化内容为载体，以全价值链流程再造为核心，以全体系化地实践精益管理理念、培育全员精益人才、营造精益文化作为企业管理提升的基础保障，逐步形成持续改进的机制。再以强化"系统抓、抓系统"的主导思想，将精益的方法、人才及文化转化为全价值链各环节自身变革能力，通过夯实精益基础管理、深入打造精益制造、跟进精益采购和精益物流、全面启动精益研发和精益营销等价值链精益效能，逐步建立科学的精益成果创新评价体系，构建一种基于"价值流＋行动流"双流驱动的产品全生命周期"成本低、效率高、品质优、周期短"的全价值链体系化精益管理模式，如图1-1所示。

全价值链体系化精益管理中精益思想由基础管理与人才育成为起点，实现企业业务流程精益化、精益人才优势化，并为后续系统内各路径探索提供双重保障；逐步延伸到企业系统全路径连通而成的价值链，价值链的各节点实现输入、浪费的最小化，输出、效率的最大化[2]；最后以成果评价为终点，以创新、绩效成果为评价目标，充分运用绩效评价方法，量化精益成果，完成企业精益管理战略规划。其中，全价值链体系化精益管理理论体系具体从以下八个维度分别展开。

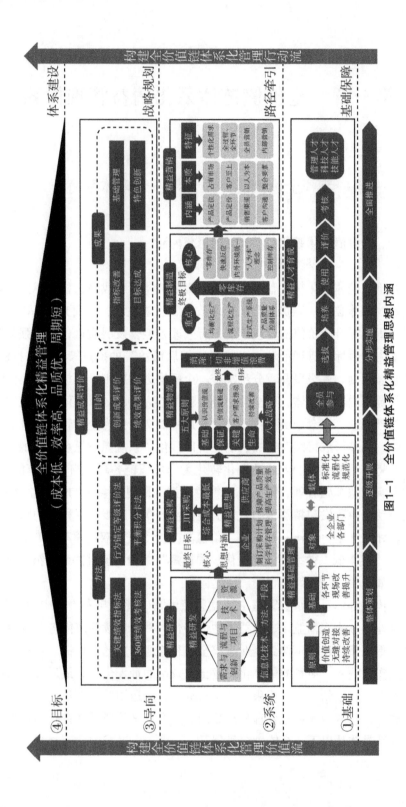

图1-1 全价值链体系化精益管理理想内涵

（一）精益基础管理

通过加强 5S、目视化管理、流程优化、制度建设、异常管理、成本费用、合理化建议等日常基础管理，把握价值创造、无缝对接、持续改善三项原则，聚焦员工、机器设备、产品物料、生产作业、工作环境五个要素，强调过程管理和无缝对接。将精益思想和方法高度融合到业务流程中，将各项日常基础业务价值最大化，实现精益基础管理的规范化、流程化和标准化。

（二）精益研发

坚持客户导向、同步设计理念，从科研设计源头上推行精益管理，紧紧围绕面向客户搞研发、面向生产搞研发、优化集成搞研发的推进思路。从研发规划管理、客户需求管理、流程项目管理、数字工程、同步工程等方面，解决产品"先天不足"问题。坚持由客户定义价值、建立均衡的产品开发流程、开展同步开发工程、将供应商整合到产品开发、坚持项目总工程师制度、采取严格标准化、技术适应人员和流程体系、运用可视化管理等，实现从概念设计到产品试制全过程的高效协同，为客户创造高价值的产品或服务。

（三）精益采购[1]

加强采购规划管理、采购计划、供应商管理、采购风险管理等采购过程中的管理，运用精益思想，坚持"综合成本最低"原则，建立科学的采购工作机制。以采购成本治理为切入点，规范企业的采购行动，实施科学决策和有效控制，以质量、价格、技术和服务为依据，在需要的时候、按需要的数量采购需要的物资，杜绝采购中的高价格和一切浪费。

（四）精益物流

消除物流管理中一切非增值浪费，贯彻以价值流为中心的核心理念，正确认识价值流，保证价值流的顺畅流动，以客户需求作为价值流动力及不断改进价值流，实现动态的物流管理。从物流系统规划、仓储库存管理、运输配送管理、包装管理等方面建立精益物流体系及物流信息化平台，发展精益化供应链，实现物流精益化。

（五）精益制造

解决生产过程中的均衡化、流程化、产品质量控制等问题，坚持将复杂的事情简单化，简单的事情高效化。加强在产计划与控制、安全环境健康管理、过程指令控制、TPM（total productive maintenance，全员生产维护）管理、工艺与布局优化、班组管理、作业标准化、在制品管理、价值流图分析及作业效率改善等方面对制造过程的规范要求，实现均衡化、流程化的拉式生产系统和质量控制体系。

（六）精益营销

精准把控客户需求，快速对市场的变化做出反应，坚持在细节处求突破，从营销体系建设、营销管理、营销渠道管理、客户管理、品牌管理、信息服务管理及营销绩效评价等方面对营销工作规范要求。不断追求精确的产品定位、精准的产品定价、精简的营销渠道和精炼的客户沟通，从而建立精准、快速、高效的精益营销体系。

（七）精益人才育成

树立尊重人才、崇尚知识、重在使用的人才理念，努力把人力资源优势转化为人力资本优势，把人才优势转化为竞争优势。从精益人才的选拔、培养、使用、评价、考核等方面建立起满足自身需要的精益人才培养机制，建成"管理人才、科技人才、技能人才"三大人才队伍，实现人才精益管理。

（八）精益成果创新评价

客观科学地对精益管理所取得的成果和具有推广应用价值的管理创新工作进行评价，从指标改善、目标达成、基础管理和特色创新四个方面，通过创新成果评价和绩效成果评价，准确衡量精益推进的实效，逐步构建一套科学合理的绩效评估体系。

二、全价值链

全价值链是指按照产品全生命周期的先后顺序，将产品从原材料加工到成品生成，再到交付至用户手中，所有增加价值的步骤组成的一系列有组织的活动。全价值链是用于概括促使企业研发、制造、营销等一系列创造价值的活动。创造价值活动可分为支持类活动和基本活动，前者指人力资源、财务管理、企业文化等辅助创造价值的活动，而后者指技术研发、生产制造、市场营销等直接创造价值的活动。基本活动与支持类活动有机结合为价值链，通过管理的全要素、运营的全流程、全方位价值流分析，业务流程优化，实现消灭一切不增加价值环节和活动的目的。把成本费用率、废品率、"两金"占用、全员劳动生产率等经营指标改善作为价值链成效的主要评价标准，如图1-2所示。

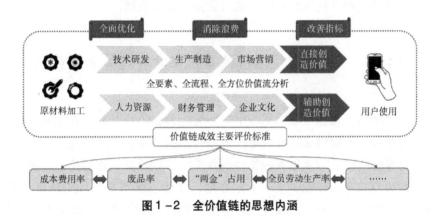

图1-2　全价值链的思想内涵

三、体系化

体系是指一定范围内或同类的事务按照一定的秩序和联系组合而成的整体。体系化则是使事物转化为体系的过程。对企业来说，体系化就是使企业在无序和有序之间寻求平衡，企业各部门之间相互协调、相互促进、相互补充、相互强化，将企业目标和工作内容自上而下纵向推进到各个部门和系统，并自下而上地将执行效果反馈，不断循环运行，产生强大的组织力。精益管理体系化是一项长期而又复杂的系统工程，要着眼于企业发展质量和效益开展系统性的改善，强调利用系统思维查找出影响企业发展质量的根源性问题，提出系统的、明确的、可量化的改善目标，并逐层分解，有计划、有步骤地实施改善。

四、精益管理战略

实施精益管理是企业经过深思熟虑后做出的一项战略性决策。精益是漫长的重塑企业文化的过程、长期艰难的工作，企业需结合自身特点，探索形成一整套体现价值创造的、持续改善的、完整的管理体系，坚定不移地将精益管理作为企业发展的重大战略进行部署安排，并在企业内长时间深入推动实施，使之成为每一个员工的价值取向和行为准则。同时，在落实执行中，要真正在精益上学有所成、用有所获，形成企业自身的体系和特色。一方面，不能将精益管理等同于一场运动、一项任务、一阵风，切忌急躁、浮躁地推行精益管理；另一方面，要坚持做到"精益工作日常化，日常工作精益化"，将精益管理与日常管理和系统业务高度融合，逐渐形成企业内部自我革新的内生动力和持续改善机制。

第二节　推行全价值链体系化精益管理体系的意义

面对激烈变化和严峻挑战的市场环境，企业必须要加强管理体系和管理能力建设，加快培育具有全球竞争力的世界一流企业。只有坚定不移地立足自身苦练内功，从先进的管理中要质量、要效益、要增长，才能在日益复杂激烈的竞争环境中立于不败之地，才能不断增强市场经济竞争力、创新力、控制力、影响力和抗风险能力。实施全价值链体系化精益管理是应对新挑战新要求、提高企业发展质量效益的关键抓手，是企业运营过程中的活力源泉，是企业统筹全局的制胜宝典，是企业谋求长期生存与发展的根本战略，更是未来企业向质量效益型转型的一项重要而又紧迫的任务。要进一步树立全员参与、协同高效、持续改善的精益管理理念，增强企业综合运营效率和盈利能力，将精益管理运用到研发设计、生产制造、供应链管理、营销服务等全流程全链条，以最小资源投入，创造更多更大价值；不断提高企业综合管理水平、增强企业市场核心竞争力，是实现企业战略目标的必然选择。

一、提高企业综合管理水平

（一）增强全价值链的精益管理理念，不断营造精益文化氛围

精益化要求全员逐步改变自身思维与日常工作习惯，潜移默化地向精准、节约、高效的方向转化，进而使精益管理理念贯穿企业设计、生产、经营的全过程。推进精益管理为精益思想与企业文化的成功融合提供重要基础与前提。在此基础之上，精益文化切合实际地内化为员工的道德规

范、固化为员工的行为准则、外化为员工的言谈举止，进而渗透于各项工作流程，减少其中对资源、时间的消耗及对空间、人力的占用，同时消除不必要的工作，员工工作效率显著提高。精益文化深入全体员工思想与行为，形成以精益价值观为导向的共同语言与准则，促使生产力得到充分释放与利用，最终企业综合效率提高，企业文化重新构造，企业核心竞争力得到进一步提升。

（二）建立全员参与的持续改善机制，不断提高基础管理能力

实施精益的基础是全员参与，企业员工行为的改善是企业精益的源泉。企业相信员工、鼓励员工，最大化发挥所有员工的积极性和智慧，并赋予员工决策能力，建立以"人"为中心的人本文化。同时，由于产生的浪费与每个员工的工作密切相关，杜绝一切浪费的关键在于改变员工工作习惯。只有提高员工在工作中及时发现浪费、分析及解决问题的能力，才能使企业大量的浪费被细化地、有针对性地消除。此外，针对各部门职能工作分配模糊、流程中交流合作缺乏等问题，全体员工不断增强自身工作岗位的改善意识，可促进部门工作职责更加清晰，有助于消除沟通浪费和效率浪费。全员如此持续改善，逐步促进企业建立规范化、体制化的改善机制，将成为企业提高基础管理能力的重要基础。

（三）关注全流程的精益改善实效，不断提升经营管理水平

只有持续关注企业全流程运作与优化、关注产品价值链，才能使得产品价值最大化。企业推行全价值链精益管理体系不仅关注各流程的单独优化，更关注流程之间的相互作用，关注其全流程的改善。对流程所存基本问题要充分反思、合理修正、适度设计，以获得在产品成本、质量、服务等多方面的显著进步，最终实现企业效益最大化。此外，企业实施全流程改善活动中，要始终强调企业流程改善有助于形成规范性、科学性的管理标准和管理效率的提高，保持经营管理水平不断提升。

二、增强企业市场核心竞争力

（一）聚焦全价值链提升产品质量，不断提升客户满意度

运用精益管理理念、工具以及方法建立产品质量管理体系，为企业持续提升产品质量提供重要保障。精益理念嵌入产品质量管理全流程，联动

全员参与，推进 TPM、5S 管理、目视化管理等精益工具的运用，实现对产品生产现场可控、有效、低风险的质量控制。解决了以往由于过程复杂，流畅性、准确性不足的问题，提高了产品的质量与效率。能够及时高效地满足客户需求，提升质量可靠性和信誉度，对提升客户满意度起到了决定性作用。

（二）重塑管理模式提高创新能力，不断提升品牌价值

推进企业管理模式重塑，解决内控体系不完善、合规管理不到位、创新效率不高等问题，进一步实现创新机制的完善、创新水平的提高。随着创新体系的完善，技术创新及高新技术产业化相配套的梯次研发体系相应形成，高水平研发平台得以加强；由于体制机制的完善，企业逐步健全人才引进培养评价激励机制，促进科技成果顺利转移转化，营造良好创新生态。进而将创新能力渗透到企业全价值链各个体系中，增强员工参与精益改善的积极性，发挥其主观能动性，促进品牌创新能力，持续提升品牌价值。

（三）建立 PDCA 自我改进机制，不断提升市场适应力

当企业推行精益管理时，会发现自身的短板和不足。不仅需要解决目前市场供需差距问题，而且要面对未来社会的发展与市场需求愈加多元化的变化，对市场和内部需求发展趋势可有所预测。基于精益管理中的PDCA（plan-do-check-action）原则与此前所建立的持续改善机制，企业内部将对从生产至运营全过程所产生的浪费进行彻底消除。对于企业外部，企业将随着市场的发展进行改变，最终达到企业根本目标，即满足顾客需求从而提高其市场的适应能力以及竞争动力。

三、实现企业长远战略目标

（一）实现全价值链的效能提升，是适应行业发展的必要之路

精益管理推进企业建立常态对标机制，选取同行业先进竞争对手逐项开展"精准对标"。汇总准确、有效的系统信息后，不断改善管理流程冗余、全价值链效能等关键绩效，并以最少的时间、人力、财力，实现价值创造和效能提升最大化。同时，推动制度体系、组织体系、责任体系等创新活力，促进企业持续改善文化形成、加快管理效能转化。积极推进全价值链战略布局，构建适应行业变化的经营体制，有助于提升经营效益，更

有助于对未来发展"瓶颈期"提供预见性保障措施，从而不断赋予企业长期高效的稳健发展。

（二）实现全价值链的价值创造，是响应国家战略的必由之路

党的十八大提出建设"资源节约型""环境友好型"社会，党的十九大提出"高质量发展"将是国家长期健康繁荣的保证。企业处于新时期发展战略背景下，无论从落实国家政策方面，还是从自身长期健康发展方面，都需要全面推行全价值链体系化精益管理战略，提升企业高质量发展才能更好响应国家需求。全价值链体系化精益管理战略的要求就是全员参与、持续改善、健康发展，就是在践行企业在高质量发展中要关注工作细节、工作改善和工作规范，并将其运用于研发、制造、采购、物流、营销等全流程全价值链中，以最小资源投入创造最大价值，实现资源节约型的发展道路，最终促进企业由粗放型管理向精细化管理转型升级。

第三节　全价值链体系化精益管理体系的推进内容

全价值链体系化精益管理体系主要围绕精益战略规划、精益指标管理、组织架构设置、工作机制建设、专项资金保障和领导参与精益制度等内容推进。深入实践基于全价值链体系化的精益管理，可全面提升企业的基础管理水平，有效改善发展质量，增强创新发展动力。

一、精益战略规划

实施全价值链体系化精益管理是企业的一项艰巨的战略任务，企业应结合自身实际，制定包括研发、采购、物流、制造、营销等多个环节的全价值链精益管理战略规划，逐级分解落实精益管理目标和工作计划。[3]

企业需要客观制定一套中长期的全价值链体系化精益管理战略规划，科学策划和逐步推进，确保精益推进工作的科学有序。按照规划要求，明确精益管理战略目标，构建符合自身的精益方案，制订相应的年度精益管理工作计划，建立好精益评价体系和考核规范制度，确保工作计划落到实处。同时，企业各职能部门应当发挥好业务系统的管理作用，实现业务模块的统一管理，建立起精益管理的组织架构，形成详细系统模块的实施计划，并跟踪实施情况。在实施过程中，应明确企业自身的推进方式和推进

策略，以各业务系统为指导、各主体单位为主体，积极发现改善问题，设立改善项目，做到"边学边改"，定期对精益管理战略规划执行情况进行总结与评估，不断改进工作计划并实施计划。

精益战略规划实施细则如图1-3所示。

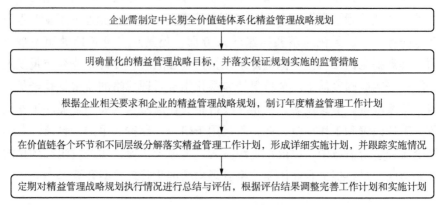

图1-3　精益战略规划实施细则

二、精益指标管理

精益管理指标为衡量精益管理成效提供了有效手段，为明确改善方向提供了分析基础。企业内各部门应建立起不同层级的精益管理指标体系，将精益管理融入企业日常管理中，推动精益管理持续深入。

企业应当设立完整的精益指标管理体系，建立管理机制，明确管理规范和工作流程，并根据企业自身的精益管理战略规划目标，建立符合自身实际的精益管理KPI（key performance indicator）体系，并逐渐分解到岗位上，形成多级KPI互相支撑体系。积极推行将KPI体系的达成情况与各级人员的薪酬绩效考核评价挂钩以达到激励作用。同时，企业也应对其进行宣贯培训以保障精益管理KPI得以落实，并定期衡量评价指标达成情况。

【案例】

某企业建立金字塔型的四级精益KPI指标体系

某企业的四级指标体系金字塔如图1-4所示，其建立了精益KPI指标体系实施精益量化管理和评价。该企业从精益KPI指标服务中的经营指标出发，以精益指标设立的四个原则为核心，一是以设立过程指标作为子

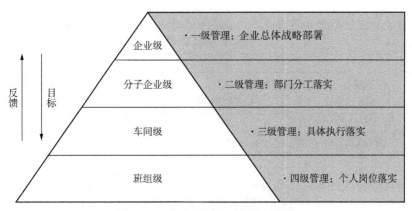

图1-4　金字塔型的四级指标体系

指标支撑经营指标结果指标。二是立足可统计的指标落地，重点关注本企业的改善度，并将其作为精益指标实现好坏的依据。三是设立金字塔型的四级指标体系，企业级、分子企业级、车间级和班组级互相支撑。该企业的总体战略部署位于最高层，是企业的战略目标，并向企业组织逐级传递，直到最基层的班组。然后，班组在实现战略目标时，将这些指标再反馈给企业高层，作为制定企业未来战略目标的基础。四是强调"两结合"，在对标值设立时结合了本行业、本企业实际，围绕企业的发展战略、品质管理、生产效率、成本管控、人力资源配置、绩效考核、财务金融、产品结构、资源整合、节能降耗、供应链管理、设备管理、产品研发、工艺优化、物流、市场营销、售后服务和信息化建设等环节，设置了明确有效的精益量化指标。并且该企业每月均实施月度评价与考核，实现指标考评的立体式组织构架，其各分子企业及职能部门全面细化企业精益 KPI 指标，并进行逐级分解，把精益 KPI 指标按要求进行月度分解，建立月计划、月监控、月分析、月评价的精益指标管理方法并进行目视化管理。体系设立四原则如图1-5所示。

精益指标管理实施细则如图1-6所示。

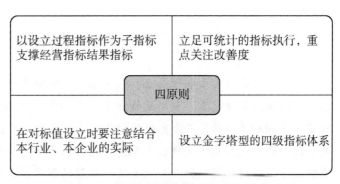

图1-5　精益 KPI 指标体系设立四原则

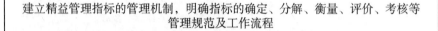

建立精益管理指标的管理机制，明确指标的确定、分解、衡量、评价、考核等管理规范及工作流程

根据精益管理战略规划目标，建立企业不同层级的符合自身实际的精益管理KPI体系

将精益管理KPI体系的达成情况与各级领导人员薪酬绩效考核评价挂钩

对精益管理KPI体系进行宣贯培训，随机抽查人员中，90%及以上人员知悉所在层级精益管理KPI体系内容

定期衡量评价指标达成情况，分析与目标值的差异，形成持续改善对策

图1-6 精益指标管理实施细则

三、组织架构设置

为持续、有效推进精益管理工作，各部门应健全精益管理组织体系，明确各级精益管理组织机构职责，严格选聘能够胜任岗位职责要求的精益管理人员，积极、扎实、有序推进精益管理工作。

企业应当在各业务系统基础上建立整体的精益管理体系，设置相应的组织机构。企业内的各个职能部门需要明确各级职责，成立三级组织机构。各单位和部门可以单独设立精益管理机构，并且应配备设置精益管理岗位，组建领导组、推进组、实施组和专职督导员或推进专员，确保精益管理落地。

【案例】

某企业的精益管理组织架构设计

某企业为国内大型制造企业，该企业为更好地发挥集团、业务系统和各单位的精益管理职责，创新地提出了"立体式"精益管理组织架构，建立了"集团领导层面""业务模块推进层面""分子企业实施层面"三个层面的推进方式。真正发挥出各职能部门在精益管理中所肩负的集团业务系统的管理作用，实现按业务模块统一管理的形式。并将横向"三级层面推进模式"向分子企业一级延伸，由各单位一把手负责，调动起分子企业职能科室和车间班组的积极性，真正探索"系统抓、抓系统"的推进模式。具体的机构设置如图1-7所示。

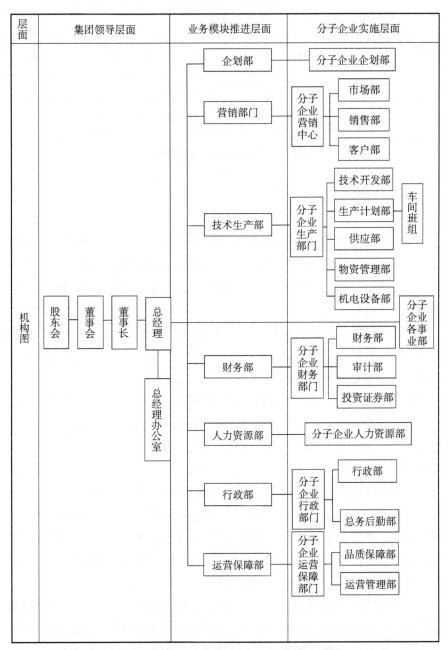

图1-7　某企业"立体式"精益管理组织架构

组织架构设置实施细则如图1-8所示。

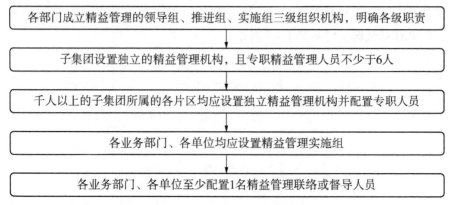

各部门成立精益管理的领导组、推进组、实施组三级组织机构，明确各级职责

子集团设置独立的精益管理机构，且专职精益管理人员不少于6人

千人以上的子集团所属的各片区均应设置独立精益管理机构并配置专职人员

各业务部门、各单位均应设置精益管理实施组

各业务部门、各单位至少配置1名精益管理联络或督导人员

图1-8　组织架构设置实施细则

四、工作机制建设

为保障精益管理体系持续推进，实现组织领导、整体规划、统一部署、逐步实施，企业将建立一套较为完整的精益管理工作机制。明确精益管理的内容和标准，全面落实工作机制，提高企业实施精益管理体系的计划性和准确性。

工作机制的建立是精益管理体系推进实施方案的基础，只有贯彻实施方案、增强各单位职责、动员全员积极参与，不断持续改进，才能真正带动整个企业精益管理活动深入开展。具体内容如下。

1. 方案实施前，要具体明确各单位职责，组织召开动员大会，集体学习和传达方案要点，以专业知识讲解、聘请专家授课等方式，提高员工对方案实施方法和工具的理解，熟悉和知晓各单位实施内容，提升全员参与的积极性。

2. 方案实施阶段，企业要注重5S及目视化管理、TPM管理、班组管理、安全管控、成本管控、流程优化、作业标准化、异常管理的等基础管理的夯实，将精益管理实施内容融入日常管理工作中。必须本着落实第一、执行为要、知行合一的理念，严格对照目标任务，严把时间节点和工作质量，团结协作，有效地完成负责内容。

3. 在方案评价和改进阶段，由精益管理推进部门负责，对各部门精益管理工作进行验收、考核、评估，对实施效果较好的单位给予奖励，并总结优秀经验进行推广和宣传；对实施效果不好的单位给予指导提升、对标学习和考核评价。

【案例】

某集团全价值链体系化精益管理战略工作机制

　　某集团为了实现对精益推进计划的规范管理，在全集团宣贯精益管理思想，实践精益管理理念，把推进精益管理、塑造精益文化作为企业管理提升促效益的重要措施；[4]通过发挥各单位积极主动性，建立保证和促进实施精益的组织机构和管理机制；编制和下达了具体实施的工作机制，增强实施方案的完成情况检查、考核与改进，使精益管理能够覆盖到产品全生命周期，实现效率最优的管理模式，其推进具体工作机制如表 1-1 所示。

表 1-1　全价值链精益管理工作计划

序号	阶段	工作内容	责任单位	完成时间
1	目标共识	下发《××集团精益管理实施规范及评价要求》，征求相关业务系统意见	精益管理部及各业务系统	20××.7.17～20××.8.7
		参加××集团关于新标准解读的培训	精益管理部及各业务系统	根据××集团培训时间
		针对新版《××集团精益管理实施规范及评价要求》，对相关业务系统和生产单位进行解读培训	精益管理部	根据××集团培训时间
		邀请编写专家对重点维度进行标准解读及指导	精益管理部	根据××集团培训时间
2	明确职责	结合××集团精益管理实施规范新标准，制订××集团"深入推进全价值链体系化精益管理战略工作实施方案及工作计划"	精益管理部	正式实施规范下发后一周
		召开"深入推进全价值链体系化精益管理战略工作"启动会	精益管理部	正式实施规范下发后两周
		设置相关业务系统成立以主管副总经理为领导组组长的横向三级组织机构	各业务系统	正式实施规范下发后两周
		根据实施方案，各业务系统针对各自负责的维度，对相关单位进行培训、解读	各业务系统	正式实施规范下发后三周

续表 1-1

序号	阶段	工作内容	责任单位	完成时间
3	方案实施	研发中心、制造安全部、物资采购部、营销部、人力资源部派专职人员驻运营管理部精益办（精益管理办公室），专职学习"结合××集团精益管理实施规范新标准，深入推进全价值链体系化精益管理战略"工作，并助推各自维度工作的开展	人力资源部	20××.8.20～20××.12.31
		针对新版《××集团精益管理实施规范及评价要求》，相关业务系统开始逐条展开工作，并同步准备见证性资料	各业务系统	启动会后至20××.12.31
		针对标准配分在40分以上的单位和推进过程中存在困难的单位，进行专项指导	精益管理部	启动会后至20××.12.31
4	评价改进	各业务系统负责各自维度的自评工作	各业务系统	20××.10.14～20××.10.18
		开展××集团精益管理自评工作	精益管理部	20××.10.21～20××.10.25
		针对不符合项进行整改，并进行见证性资料的整理、审核、归档	各业务系统	20××.10.28～20××.11.11
		制订和实施××集团检查评价工作的迎检方案	精益管理部	20××.10.11～20××.11.11
		迎接××集团年度精益管理评价检查工作	精益管理部及各业务系统	20××.11.11～20××.11.15
		针对评价不符合项进行整改	精益管理部及各业务系统	20××.11.15～20××.12.31
5	考核落实	针对评价结果，进行内部评价及考核	精益管理部及各业务系统	20××.12.16～20××.12.31

工作机制实施细则如图 1 - 9 所示。

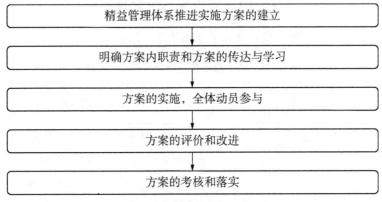

图 1 - 9　工作机制实施细则

五、专项资金保障

为保证精益管理工作顺利实施，企业应保证必要的精益管理专项资金投入。企业通过系统策划、专家论证、集体决策等程序，科学合理预算专项资金。在推进的过程中，严格按照计划说明使用，减少不必要的浪费并兼顾资金的执行率。企业需要建立一套完整全面的资金预算流程，及时了解精益管理专项资金预算的执行情况，必要时进行审计和检查，确保专项资金专款专用。

在企业的年度预算管理中，可以将精益管理专项资金纳入其中，并且在企业的整体预算之中，精益管理专项资金的投入应该适当。原则上，专项资金投入不低于上年度精益管理改善收益或成本降低值的20%，资金执行率不低于95%。

【案例】

某企业精益管理专项资金预算表

某企业精益管理专项资金预算表如表1-2所示。

表1-2 某企业精益管理专项资金预算表

费用类别	工作内容	需求数量	单价/元	总价/元	具体费用预算内容
精益生产方式活动看板	新增合理化建议展架	88	65	5720	每班组4个合理化建议展架（共计20个班组），分子企业合理化建议展架8个
	新增生产运行及物料配送管理看板	18	2000	36000	各生产车间建立生产运行及物料配送管理看板，集中反映各班组单位时间段内生产计划完成情况、物资配送情况，以及其他辅助工作或单位运行和服务情况
	新增设备TPM管理、5S评比展板	6	2000	12000	分子企业以车间为单位进行设备TPM管理、5S工作评比和展示（分子企业设一块），各车间以班组为单位进行设备TPM管理、5S评比（生产车间各设一块，并且物资管理处下料班组以生产单位参与此项工作）
	新增质量门看板	7	2000	14000	分子企业预计共设立7个质量门看板用于产品的质量控制，内容包括：质量门内产品质量控制关键点，频发、易发质量问题项点，检验工具，检验标准等内容
	作业指导书（可视化工艺）	95	90	8550	各工位作业指导书以彩喷、塑封（A3纸）不锈钢夹板形式悬挂各工位，保证作业指导书内容清晰明了及其使用寿命
	模具日常使用、维修、存放目视化看板	4	2000	8000	分别在冲压车间4个模具存放区设立模具日常使用、维修、存放目视化看板，减少模具查找时间，提高换产辅助时间，加强模具管理水平
	精益文化宣传及现场管理	/	/	200000	精益文化宣传：物料标识（附带彩印图片）更新，标语、条幅的制作，现场管理5S手册编制、印刷，工作区域、办公室定置划分（包括划分区域的耗材）等

续表 1 - 2

费用类别	工作内容	需求数量	单价/元	总价/元	具体费用预算内容
精益生产方式活动评价激励	精益生产方式活动年度、月度评比激励	/	/	40000	依据工作计划完成率和完成质量，每月评选优秀单位、班组和个人，宣传展板设置、制作和激励基金
	合理化建议活动评比激励	/	/	156500	注：合理化建议奖金预算原则
物流区域划分	厂内物流、区域展板	2	5600	11200	配置厂内物流图和厂内区域图（规格2.2 m×1.5 m；内容：车身企业物流图，车身企业厂区、办公区域图）
	厂内物流通道及区域划分	/	/	150000	厂内物流通道划分、标识及交通标志牌、警示牌的安装（厂区道路需划分人行横道、人行道、机动车道标识线共计2700 m，50 元/米，丁字路口、十字路口安装交通标志、警示牌30 块，500 元/块）
	办公楼办公区域展示板	2	5600	11200	各科室办公区域目视化展板（主楼、副楼）
精益生产知识学习	参加精益培训，交流学习	24 人	2500	60000	班组长、精益办人员外出学习优秀企业精益生产方式方法费用（班组长20 人、精益办4 人）
	精益生产理论学习	/	/	20000	有关精益生产方式书籍、光盘等学习资料（配发至每班组）费用

专项资金保障实施细则如图 1 - 10 所示。

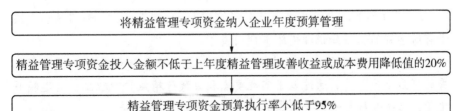

将精益管理专项资金纳入企业年度预算管理

精益管理专项资金投入金额不低于上年度精益管理改善收益或成本费用降低值的20%

精益管理专项资金预算执行率不低于95%

图 1 - 10　专项资金保障实施细则

六、领导参与精益

企业领导既是企业精益管理战略的推动者，也是执行者和实践者。在实施精益管理工作中，领导者的思想认识与实际行动决定着精益管理工作的实际效果。企业若想实现全员精益、全价值链精益，必须从领导层开始践行精益思想，积极研讨和规划精益管理工作，有计划地组织开展现场改善和对标学习，主动地参与精益思想和方法的宣贯，建立领导参与精益管理的评价与激励机制，有计划地组织开展实施。特别是各单位、部门领导要带头学、带头干，真正成为本单位精益管理工作的实践者和引领者。

企业领导班子办公室或总经理办公室应注重精益管理工作并定期检查其部署与筹划。每个季度，各部门的主要领导应深入基层现场检查推动工作，及时发现并解决问题。每年，各部门的主要领导应进行不少于两次的专题讲授精益管理知识。各部门应开展精益改善活动，由主要领导主持同时开展整个企业的价值流分析工作，主要领导应当成为真正的精益管理战略的推动者、执行者和实践者。

【案例】

某企业开展领导干部上讲台精益活动

为了实践精益管理理念，塑造精益文化，进一步提高领导实践精益能力，促进精益管理高效实施与持续改善，推动公司领导干部主动讲精益，进一步提升精益理念与理论认识深度。

（一）实施步骤

1. 通过精益办以及精益咨询公司老师对各部门负责人进行相关的培训，使各部门中层及以上干部深入了解精益生产，掌握精益生产的思想、理论及工具。

2. 通过各部门中层及以上干部制作PPT、培训等，把各部门活动中层干部所学到的精益知识灌输给本部门员工。

3. 使精益管理模式高效实施并持续改善，培养该企业分公司内部优秀的精益生产人员。通过以下实施要点积极践行精益管理理念，塑造精益文化，该企业领导干部上讲台的实施要点如表1-3所示。

表1-3　某企业领导干部上讲台的实施要点

序号	培训部门	培训讲师	培训主题	主要培训内容	完成时间
1	生产管理处	王处长	节拍式生产	1. 节拍式生产 2. 生产异常时的"停线"管理及对策	3月底前
2	底盘车间	李主任	精益生产认知	1. 精益生产的五个原则 2. 制造系统的要点 3. 生产工艺流程 4. 质量管理 5. 工艺管理 6. 设备管理 7. 安全生产 8. 现场管理	3月底前
3	技术管理处	刘处长	标准作业改善	1. 标准作业概要 2. 标准作业制定 3. 标准作业的运用及改善	3月底前
4	质量管理处	杨处长	精益生产品质管理	1. 把握产品质量现状及缺陷 2. 关键项等重点项目的重点管理 3. 生产过程质量保证工程管理 4. 七大浪费	4月底前
5	物资采购处	凌处长	精益生产采购管理	1. 精益生产方式下对浪费的理解 2. 精益生产下采购方式的转变	4月底前
6	预装车间	王主任	精益生产车间管理	1. 班组管理 2. TPM管理	4月底前
7	设备管理办公室	郭主任	目视化管理	各种设备、工具以及检查部位等的标示方法	5月底前
8	产品应用处	王处长	精益生产技术资料、配套表的改善及办公室	1. 技术资料改善、持续跟踪工作、配套表修订完善工作（提高配套表准确率） 2. 办公室5S管理	5月底前

续表 1-3

序号	培训部门	培训讲师	培训主题	主要培训内容	完成时间
9	精细化生产管理办公室	刘主任	精益生产相关知识	1. 精益思想的核心体系 2. 精益思想的层次体系 3. OJT 概念引入 4. 革新观念，提高精益意识	5月底前

（二）保障措施

1. 各部门参培人员必须按时到达指定地点进行培训，并履行签到手续，无故不参加培训或违反培训纪律的人员将按照《员工培训管理考核办法》进行考核。

2. 精细化生产管理办公室及人力资源处共同负责本次宣贯培训的监督评价工作，并纳入各竞赛实施小组的月度评比工作中。

领导参与精益实施细则如图 1-11 所示。

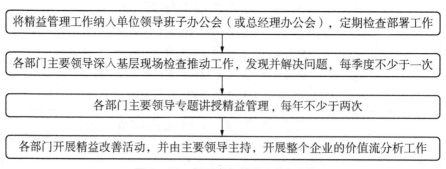

图 1-11　领导参与精益实施细则

第四节　全价值链体系化精益管理体系保障机制

实施全价值链体系化精益管理是企业的一项长期战略任务，企业应按照自身业务工作的需要，建立较为科学、全面的保障机制，这是保证全价值链体系化精益管理正常开展的关键条件。良好的精益管理体系的推进离不开必要的保障措施，其有利于精益管理战略落地和精益文化的培育。其中最重要的保障措施有组织机构、制度、人才和资金保障等。

一、组织保障

为保障精益化管理推行工作持续进行，实现组织领导、整体规划、统一部署、逐步实施，企业应当加强组织结构的保障措施。企业应当设置必要的组织机构和管理岗位，建立必要的机构保障，进一步完善组织内的职责定位，将精益管理融入日常业务中。企业内应建立精益管理各项工作制度、流程和标准，保证精益管理工作持续、深入、有效推进，并在实践中持续完善，形成具有自身特色的精益管理工作模式。组织保障制度如表1-4所示。

表1-4　组织保障制度

保障制度	内容
管理推进制度	按照"谁主管谁负责"的原则，明确价值链各环节的责任部门及相应职责
检查指导制度	明确检查组织、频次、内容和流程，组织开展检查指导工作
月度例会制度	明确例会工作流程，定期召开例会，协调解决问题
评价考评制度	规范考核流程和标准，考核结果与职工绩效薪酬挂钩
成果总结制度	建立经验总结和成果固化推广机制，规范其工作流程，定期开展成果发布活动

企业需建立精益管理检查指导制度，明确检查组织、频次、内容和流程，组织开展检查指导工作。同时，企业应当注重基础管理方法的应用，规范生产现场人、机、料、法等要素，建立精益管理工作评价考核制度，规范考核流程和标准，建立岗位点检机制，强化实效性。企业需要建立精益管理经验总结和成果固化推广机制，规范总结推广工作流程，定期开展成果发布活动，发动全员参与改善。企业应努力推动业务协同，形成领导小组主要负责规划和协调，推进部门负责策划和指导，各业务系统负责方案的制订和实施的模式，各级组织机构职责与责任如图1-12所示。

机构	职责
精益管理体系领导小组	1. 企业的中长期精益战略规划 2. 方案和计划的审核、确定以及监督落实等工作
精益管理体系部门	1. 作为工作推进者，实施走动式管理 2. 负责整体精益推进工作的自评、巡查、反馈等工作
各业务系统	1. 实施组第一责任单位 2. 负责实施方案的制订、分解、落实
各相关单位	1. 负责配合各业务系统相关精益工作 2. 精益工作见证性资料的收集和整理

图 1-12 各级组织机构职责与责任

（一）精益管理体系领导小组的职责

中长期精益战略的发展规划，组织、指导编制和审定全价值链体系化精益管理体系实施方案。明确精益管理体系工作的安排部署和发展方向，对重大改善事项做出决策。同时，应当积极参与精益改善活动，及时协调解决实施过程中存在的问题。

（二）精益管理体系部门的职责

建立健全精益管理体系实施保障措施，规范和指导方案实施工作流程和方法，提供支撑性文件和制度保障方案，检查监督开展情况，及时纠正和解决实施过程中的问题。

（三）各业务系统的职责

明确为实施组第一责任单位，负责本业务系统实施方案的制订、分解和落实。组织开展本系统方案的培训和解读；定期组织和检查推进工作情况，及时开展自评、整改和资料的收集、审核、归档、推广等工作。

（四）各相关单位的职责

严格执行公司及各业务系统实施方案，分解和细化方案工作任务，建立更加具体的保障措施和专业推进小组，按时完成实施方案。

二、制度保障

企业内部需要实现畅通的精益信息反馈，建立有限的沟通渠道，制度保障是必不可少的。通过持续开展各级点检评价，及时发现问题、及时处理解决项目推进过程中遇到的问题，需要对精益推进过程中各项工作进行跟踪、检查、督导，确保落实到位。企业应设立相关制度，使考核评价结果与员工的薪酬绩效和职业发展挂钩，这有利于保障精益工作计划的顺利实施。精益管理中的各级部门应当注重自身管理，定期归纳总结精益管理实施过程中的先进集体、先进部门、典型实例等细节，提出精益管理的推广建议或意见，并及时上报至精益管理体系领导小组。企业可以通过以下方式建立制度，保证精益管理体系顺利实施。

（一）各级点检评价制度

点检评价是推进精益管理工作的有效手段和长效机制之一。通过持续开展各级点检评价，及时发现问题、解决问题，有利于精益管理战略落地，有利于精益文化培育。分级点检评价制度规范如表1-5所示。

表1-5 分级点检评价制度规范

第一级	建立精益管理点检评价制度和标准，明确检查组织、频次、内容和流程，但较少实施
第二级	执行精益点检评价制度，以解决问题为导向，厂级点检不少于1次/年，并跟踪评价问题整改情况
第三级	分厂级精益点检不少于1次/月，并建立了问题再发防止机制，60%问题未重复出现
第四级	班组级精益点检不少于1次/周，问题解决举一反三，80%问题未重复出现
第五级	针对岗位建立了一日行为规范，大部分员工都能做到日清日毕，每日自查自检

企业在评价过程中应遵循从第一级至第五级、由低到高逐级评价原则。即进行高级评价时，低级指标应均已达到标准要求。企业要检查各级点检评价制度建立情况，按照点检评价制度查看记录或表单等相关过程资料。同时，应当检查点检评价工作的有效性，抽查1～2项点检发现的问

题，了解问题解决是否有效、彻底，是否有防止再发生的相关措施。点检评价的过程中还要通过人员访谈、现场观察等了解员工的自查自检习惯养成情况。

（二）考核激励制度

考核激励制度是推进精益管理工作的重要手段之一。建立考核激励制度，一是为了提升员工对精益改善工作的重视程度，二是激发员工参与精益改善的积极性，有利于精益工作计划的顺利实施。考核激励制度分级评价规范如表1-6所示。

表1-6　考核激励制度分级评价规范

第一级	未建立精益管理工作评价考核制度，没有相关考核激励措施
第二级	建立精益管理工作评价考核制度，明确了考核流程、标准和内容，但实际考核激励作用不明显
第三级	精益管理考核评价结果与员工的薪酬绩效和职业发展挂钩，能够起到激励作用
第四级	精益管理考核评价结果与员工的薪酬绩效和职业发展挂钩，所占薪酬比重大于5%，激励作用较好
第五级	精益管理考核评价结果与员工的薪酬绩效和职业发展挂钩，所占薪酬比重大于10%，激励作用明显

企业在考核激励时应当注重从第一级到第五级的评价原则，由低到高逐级评价，但各级之间没有包容关系，为实际管理状态评价。企业需定期查看薪酬绩效方面的管理规定，了解对精益管理工作的考核激励要求，并验证相关落实情况。企业也应当查看精益管理素质能力及要求与"技术、管理、技能"三支队伍建设相挂钩的情况，查看企业有关晋级、奖励和表彰等方面的管理规定，了解精益管理与员工职业发展之间的关联情况。

（三）持续改善

持续改善是精益管理的重要原则之一，建立规范化、体系化、制度化的精益改善活动机制，有利于精益改善活动长期开展，有利于培育持续改善的精益文化，持续改善制度分级评价规范如表1-7所示。

在持续改善阶段中，企业要查看相关的管理制度、流程、标准等，了解持续改善机制建设情况，重在多层次；查看改善活动与企业经营目标

（指标）的相关性，重在关联性。同时，企业应抽查 5～7 个不同层次的改善活动记录，并访谈相关人员，了解改善活动的实施情况，验证有效性。

表 1-7　持续改善制度分级评价规范

第一级	精益改善活动形式不丰富，仅表现在 QC 活动、合理化建议上，改善活动效果的公认度不高，全员参与度较低
第二级	精益改善活动形式较丰富，如管理创新、改善项目、改善课题、QC 活动、合理化建议等，但改善活动的标准化和规范化程度不高
第三级	各种精益改善活动有标准化和规范化的工作机制和流程，能够围绕企业长远和当期的发展目标开展改善
第四级	建立由机制改革、管理创新、改善项目、改善课题、QC 活动、合理化建议等分层级的系统改善活动体系，指导企业精益改善活动有效开展
第五级	全员参与的精益改善文化初步形成，改善活动成效明显，有效促进企业经营指标改善

三、人才保障

为了保障精益管理能够持续深入开展，具有改善能力的精益人才显得尤为重要。首先，企业需设立必要的精益人才岗位，持续推进精益人才管理机制，建立精益人才评价与激励机制，对精益人才给予荣誉、薪酬、职业发展等方面的激励，并持续地跟踪评价，确保其发挥应有的作用。其次，企业需建立精益人才培训体系，与企业发展目标紧密结合，完善精益管理培训体系，合理设计精益培训课程，有计划地开展各级精益人才培训，并定期开展培训效果评估，保障精益人才的持续输出。

在培训课程体系方面，企业可以初步建立"PST"精益课程培训体系，该体系要遵循原则系列（principle）、系统系列（system）、工具系列（tools）原则。课程内容及适用人群如表 1-8 所示。

表 1-8　"PST"精益培训课程体系课程

原则系列课程	帮助企业将精益原理植入企业文化中，适于企业高管
系统系列课程	将结构化工具应用到系统中，适于企业中高层管理者
工具系列课程	利用特定方法建立解决方案，适于企业基层及中层管理人员

同时，企业也要建立精益人才职业发展通道，适应不同岗位的需要。一般采用两种培养模式，如表1-9所示。

表1-9　精益人才培养模式

复合型精益人才培养模式	对于复合型精益人才，企业应采用"宽口径""全方位"型培养模式，采用在企业内的不同系统的轮岗工作的学习模式，加上在不同企业部门班组的挂职锻炼、新项目的工作和精益知识继续教育等多种方式，进行综合培养
业务/管理型精益专才培养模式	对于业务/管理型精益专才，企业应强调专业，在业务线和管理线上深度培养。企业在建立其发展通道时，应采用交叉培养的模式。此类人才应在业务或专业领域内轮岗，提升需要进行项目的工作和精益知识继续教育，在内部精益管理师的指导下进行培养

四、资金保障

必要的资金投入是精益管理工作顺利实施的基础保障。企业需要制定精益战略项目实施的资金保障措施，并建立可满足其要求的流动资金，高效地利用流动资金，最大限度地发挥流动资金的效益，确保不因资金问题影响整体精益战略的控制与实施。企业应建立精益管理预算机制，通常精益管理专项资金预算不少于企业年度主营业务收入的1%，且预算执行率不低于95%。同时，企业需要建立精益管理专项资金投入与节创价值产出的协调配比与成效评价管理机制，支持精益改善的资金投入形成制度化。

在资金使用的过程中，要强化资金保障监管的力度，保障资金能够运用在精益管理工作之中，建立起全过程全方位的监控机制，使资金保障工作真正做到横向到边、纵向到底、严密有效。[5]同时，充分发挥群众舆论监督的作用，始终保证投入精益管理工作的资金的公开透明化，进一步完善监督信息反馈机制，利用企业的信息发布平台，发挥群众舆论监督作用，加大监管力度。

【实战一】

某企业的"三位一体"指标体系建立与运营探索

（一）"三位一体"指标体系概念

1. 指标管理"三位一体"：一方面，指将分子公司所承担的企业总部下达的组织绩效责任书指标、财务预算指标、精益 KPI 指标和分子公司内部管理指标进行集合管控，不再分设不同部门监控；另一方面，是指在分子公司内部建立指标的三级管理体系，明确企业业务主管领导作为业务推进的第一责任人，自上而下，形成企业、车间、班组三级分解指标，如图1-13 所示。

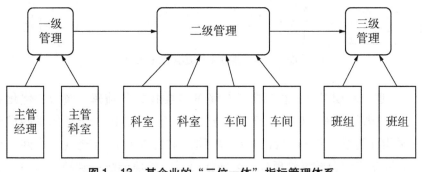

图1-13 某企业的"三位一体"指标管理体系

2. 管理方式的"三位一体"：将"目标、责任、考核"三位一体的管理方法作为运行指标体系的管理思路，通过指标分解、责任确定、运行监督，助推全年主要生产经营目标达成。

（二）改进前状况

1. 三级指标体系建设中，企业级指标体系的建设虽率先取得突破，但仍不系统、不专业，从而造成整体指标体系的建设"有形无神"。

2. 企业总部分解下达的组织绩效考核指标、精益 KPI 指标、财务预算指标，在同步运行过程中，发现三大指标内容相互交织，分子公司内部监管部门多，造成管理成本增加。

3. 对异常指标的分析、措施、评价的管控还流于形式。

（三）主要措施

1. 总体推进线路如图 1-14 所示。

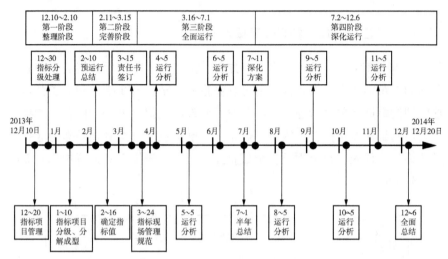

图 1-14 某企业的总体推进线路

2. 通过前期对企业总部向下分解的各类指标的梳理、整合、优化和分子公司内部管理需要，实现了分子公司"三位一体"指标体系的搭建（三类指标集合、指标项目、指标名称）和层层分解（企业、车间、班组），同步将综合监督管理分子公司指标运行的职能统一到唯一科室。某企业的"三位一体"指标体系如图 1-15 所示。

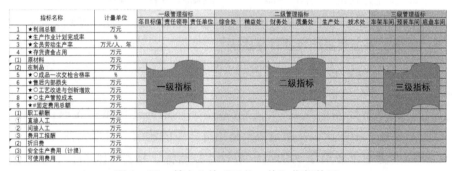

图 1-15 某企业的"三位一体"指标体系

3. 以"目标、责任、考核"为落实生产经营任务实现、指标监控运行、部门工作实绩的管理方法，实现目标责任分解、过程实施监控、月度多维度评价，如表1－10所示。

表1－10　某企业的"三位一体"指标体系保障措施

目标责任分解	制定相关职能部门的相应绩效考核责任书
过程实施监控	一方面，体系运行过程中采取上下互动、全员监控的策略，实现指标现场目视化管理，使得全体干部、职工能够时刻了解公司运行现状，管理更透明；另一方面，通过分层级的月度指标运行分析和企业月度运营分析会，使指标实时受控，发现问题及时纠正
月度多维度评价	以目标、责任的执行和履职情况作为业绩评价标准，实施"职能评价车间、车间评价职能"的双向考核机制和科级领导月度业绩考评，考评结果直接与科长及部门薪酬挂钩

（四）实施效果

1. 实现各类指标集合管理，监督管理部门唯一，起到管理减负的作用。

2. 相关过程指标较同期大幅改善。如某产品装配时间较去年减少10.3%，全员劳动生产率较去年提升67.55%，存货资金占用较去年降低33.8%，管理费用较指标减少9.64万元。

3. 各级管理人员围绕指标管控、责任履职的工作意识和用"经济头脑"策划、分析、落实工作的能力得到提升，管理的内生动力得到有效激活，为后续深层次地做好各层级之间的指标管控奠定了基础。

4. 进一步明确了各单位职责与任务，对职责中交叉和不明确部分进行细化，减少沟通成本和提升工作效率。

【实战二】

基于 RPM 精益答疑会的精益管理推进体系

某企业通过 RPM（reply，problem，meeting）精益答疑会的方式，邀请咨询公司老师与企业的精益管理骨干人员解答、商讨疑难问题，旨在针对精益管理体系推进过程中存在的确实难以解决的问题，消除疑难问题的背对背现象，畅通好的做法和经验的推广和复制，做到资源共享。通过答疑会这个平台，为企业各单位提供一个互相交流和答疑的机会，以便使精益理念和具体的方法、工具在生产现场更充分地发挥作用，解决工作当中存在的实际问题。同时，激发员工对所承担的业务工作不断进行改善，完善企业全价值链体系化的精益管理体系。主要工作内容如下。

（一）收集 RPM 提报表

企业各单位将 RPM 提报表于每月固定日期通过公司的 OA 网上报精益管理部。提报表由各单位联络人员提报，主管领导签字确认。企业各部门将存在的问题按照管理类、现场类、工具类三大类进行分类提报，并拟提请答疑单位给予答疑解释或解决，RPM 提报表如表 1 – 11 所示。

表 1 – 11　RPM 提报表

单位：总装公司　　　　　　　　　　　　　　　日期：2019 年 12 月 03 日

分类	序号	问题描述	需答疑单位
管理类	1	精益生产组织机构及岗位在分子公司存在的形式不明确，对推行生产的积极性产生较大的影响	人力资源部
	2	精益生产推行在思想上未达成统一，在目前推行过程中存在专业知识及管理工具的缺乏	精益管理部
	3	精益骨干人数不足，建议增加专业指导老师现场培养	人力资源部
现场类	1	建立了 5S 示范区，但持续改善和提高的能力不足，在整个生产现场执行力不足	制造管理部
	2	原有生产现场管理涉及的相关管理制度与精益生产 5S 管理评价标准有所冲突	精益管理部
	3	生产任务少，装配线为连续流动，现场写实工作只能分散进行，对生产线平衡率的分析数据不准确	工艺管理部
工具类	1	已制作了质量管理看板，质量过程控制对看板的理解与应用能力需提高	质量管理部
	2	工艺人员对工序能力分析表、标准作业组合票、标准作业票、山积图的运用和理解能力还需进一步提高	工艺管理部
	3	生产计划的不连续性制约着生产现场实绩的记录，使记录不能准确反映实际的生产效率	制造管理部
	4	可参照的精益样板工程作为对标学习的目标仍未确定	精益管理部

（二）对提报表的问题汇总分析

精益管理部将各单位上报的提报表按照类别整理、筛选和分析，对直接有现成成果经验的，在一个工作日内进行回复；对未有现成经验和成果的，按公司业务系统职责进行分类，汇总需要答疑的内容，以 RPM 汇总分析表的形式下发到相关单位，如表 1-12 所示。

表 1-12　RPM 汇总分析表

分类	序号	问题描述	提出单位	需答疑单位
管理类	1	针对现状，如何制定生产周期流程，如何制定时间节点，输入、输出物	物资采购部	制造管理部
	2	营销工作如何与精益管理相结合	销售公司	
	3	如何开展品牌经营转型计划	销售公司	
工具类	1	研发工具的使用方法	研发中心	精益管理部
	2	技术创新管理如何实施以及评价方法	研发中心	
	3	价值流图在研发过程中的应用	研发中心	
	4	关于售后服务 VOC 的应用	销售公司	服务中心
现场类	1	如何建立安全库存，工序间的制品数量如何确定	总装公司	制造管理部
	2	如何按成套存量与阶梯存量分别进行库存规划，制定经济订货批量	驾驶室制造公司	物资采购部

（三）答疑问题反馈与研讨

1. 对直接可以回复且有相关参考文件或资料的，形成反馈表反馈到提出单位，由业务系统监督执行。

2. 若业务系统也暂时没有解决方案，则采取专题 RPM 会议形式。由精益管理部组织由公司主管领导参加，相关业务系统和内外部精益专家共同商讨确定，形成会议纪要，要求相关单位限期完善后，再次反馈提出单位执行。某公司 RPM 精益答疑会议现场如图 1-16 所示。

图 1-16　某公司 RPM 精益答疑会议现场

（四）成果与经验推广

精益管理部针对答疑后解决的疑难问题和取得的成果，以成果发布会或通知文件等形式广泛推广，达到信息和资源共享，如图 1-17 所示。

图 1-17　RPM 成果推广

【实战三】

某企业问联书快速解决异常问题工作法

所谓"问联书"，就是"用问题把各单位联系起来去解决处理"。问联书的运行就是当生产线出现异常问题时，生产单位内部资源无法解决，寻求公司各职能部门提供帮助解决的一种有效途径。

（一）问联书的实施目的

问联书的目的是通过问联书管理工具创建一种发现问题—分析问题—解决问题—效果验证的问题解决机制，通过对生产线问题的解决，提升产品质量，提升生产效率，缩短制造周期，以达到精益管理目的，使各单位职能部门协同工作，使信息快速传递和共享，增强各部门团队凝聚力。运用相关管理工具，在机制、流程、激励等方面形成了制度化管理，为职能部门积极服务生产一线搭建了信息互通、解决问题、持续改善的桥梁，初步建立了一条职能部门参与精益生产的通道，也恰如其分地诠释了职能部门如何做精益的困惑。

（二）问联书的实施流程

问联书的整体流程中一般有三个阶段，即输出阶段、回复阶段和验证阶段。某企业长期从事汽车制造产业，为了高效地解决生产中出现的问题，使生产管理更加精益化，该企业开始采用问联书管理工具。

输出阶段，生产调度科长需要对每日的日生产计划进行审核，由车间工段长填写生产进度管理板，并根据理论与实际上线差异填写问联书，之后由车间主任审批。回复阶段，通过审批的主要问题会上报至企业相应的职能部门，并在每周的例会上提出，由相应部门商讨后制定对策。效果验证阶段，车间工段长需要验证改进后的实施效果，并汇报至车间主任，进行反馈存档。以上问联书机制使该企业快速响应了生产中的重大问题并积极解决，得到了良好的反响，具体实施情况如图 1－18 所示。

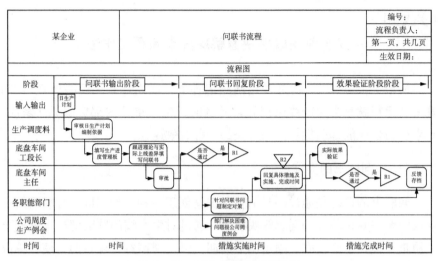

图 1-18　某企业的问联书流程

（三）问联书的填写方法

某企业的问联书的填写方法如表 1-13 所示：

表 1-13　某企业的问联书的填写方法

某企业		问　联　书				记录编号	（2）
						顺序号	（1）
发行部门	（3）	要求回答期限	（4）	责任回复部门	（7）	实际回答期限	（15）
问题的详细内容：（5）				临时措施及期限：（8）			
				措施体现时间：（13）			
现场采取临时措施：（6）				永久措施及期限：（14）			
班长签字确认：（9）				措施验证周期时间：（12）			
技术或生产主任签字确认：（10）				责任部门部长签字：（11）			
回复结果是否满意：（12）							
发行部门技术或生产主任签字：							

1. 顺序号：生产日期和问联书顺序号（由总装公司底盘车间各班长负责填写）。

2. 编号说明：2011-9-3-ZD-001（年月日-总装公司底盘线-从

1 号编起），由底盘车间建立台账。

3. 发行部门：总装公司（由总装公司底盘车间各班长负责填写）。

4. 要求回答期限：需要解决异常情况的时间（由总装公司底盘车间技术或生产主任负责填写）。

5. 问题的详细内容：具体描述异常问题（包含停线时间）及相关原因（由总装公司底盘车间各班长负责填写）。

6. 现场临时措施：暂时解决生产线异常的方法或措施（由总装公司底盘车间班长负责填写）。

7. 责任部门：由总装底盘车间班长根据异常情况分析此问题归属部门（由总装公司底盘车间技术或生产主任负责填写）。

8. 临时措施及期限：由问题归属部门确定的临时解决办法。

9. 班长签字：针对问题描述底盘车间各班长签字（由总装公司底盘车间各班长负责填写）。

10. 总装车间技术或生产主任签字：针对问题描述总装公司底盘技术或生产主任签字。

11. 责任部门签字：由回复部门责任人签字（由责任部门一把手负责填写）。

12. 回复结果是否满意：由总装公司车间技术或生产主任负责填写。

13. 措施体现时间：由问题归属部门负责填写从措施体现到问题不再复发的验证周期。

14. 永久措施及期限：由问题归属部门专人负责填写永久措施及生产体现日期（由责任部门一把手负责填写）。

15. 实际回答期限：责任部门实际实施期限。

（四）问联书的实施要点

1. 问联书问题描述应尽量用数字说明问题状况以及所导致的不良后果，避免笼统描述或含糊其词。对于技术、质量以及工艺问题要尽量保留实物状态，不能保留实物状态的可拍照，为各职能部门问题解决提供第一手资料。

2. 对于发现的问题难以准确界定责任部门时，应将相关责任部门召集到一起现场界定，对商讨仍不能界定的可直接报至每周公司领导主持的协调会上协调。

3. 整改效果根据验证周期过程中问题解决的彻底程度进行填写，对已验证永久措施实施到位，且在验证周期内未再出现问题的填写"满意"；

对在验证周期内还重复发生问题的则填写"不满意",由责任部门重新制定措施进行整改。

4. 解决有困难、涉及多部门配合、发生频次高的问题可在公司每周周度例会上立项解决。

5. 问联书原则上禁止各责任单位带走,问题答复后放置在完成待验证区内。当问联书描述问题当场无法确认和制定措施时,巡查人员可以将问联书暂时带走进行问题确认和措施制定,但 30 分钟后必须无条件将问联书放回原位。

6. 问联书责任部门在落实问题时,若发现问题由其他部门导致,可将问联书转到问题引发部门,并在问联书临时措施内注明原因、改善的时间节点,监督其在规定的时间内完成改善。

问联书使各生产单位和职能部门紧密地联系在一起,确保信息的及时传达,从而使各单位(部门)及时地提供帮助,迅速有效地解决现场问题,为改善形成制度化提供保障。因此,问联书成为精益管理方式在现场持续改善的"分水岭"和企业推行精益管理初期打通现场"壁垒"的有效手段,为企业探索贴近实际、保证生产有序稳定的先进管理机制提供新的视野。

【实战四】
某企业实施的精益管理差距评估

某企业开展精益管理差距评估工作旨在深入推进全价值链体系化精益管理战略,贯彻"抓系统、系统抓"的思想,强化业务系统在精益推进工作中作用的发挥,夯实过程管理,以精益管理基础量化数据做支撑,提升集团公司对分子公司精益管理水平的科学诊断与评价能力。加强业务系统精益管理推进工作的理论和经验积累,充分发挥和利用好各单位精益管理专家队伍资源,真正做到全员参与,逐步形成生产过程精益管理统一的实施标准,确保企业精益管理工作得到稳步的持续提升。精益管理差距评估采取以点带面,试点先行,通过不断总结试点单位的推行经验,逐步建立健全精益管理科学的诊断与评价体系。

（一）各单位职责

1. 精益办职责:负责差距评估的策划、组织、实施与评价,增加精益管理工作诊断与评价基础量化数据的支撑内容,确定由各主管业务系统制定 5S 管理、TPM 管理、标准作业管理的量化指标（百分制）。以横向比较找差距，以纵向比较抓改善，以改善度为主要评判指标，负责过程中的监督、指导和评价。每半年组织一次企业精益管理差距评估的 5S 管理、TPM 管理、标准作业管理点检工作，每次对分子公司点检评估结束后，由精益办出具一份评估意见。对整改事项及下次评估得分提出具体要求，并以 PDCA 的方式对整改问题点进行持续监督，使基础管理得到提升并形成长效机制，保证精益管理工作落地，并做好成果固化工作，防止反弹，确保企业开展的精益管理差距评估工作取得实效。具体意见表如表 1–14 所示。

表 1–14　某企业的精益管理差距评估意见

被评估单位		评估时间：　年　月　日		
评估依据	公司精益管理差距评估细则			
精益推进主要成效				
存在不足				
改善建议				
改善目标	5S		TPM	标准作业
评估人签字：				

2. 各业务主管系统职责：制造部制定企业 5S 管理差距评估实施细则如表 1–15 所示；设备管理中心制定 TPM 管理差距评估实施细则如表 1–16 所示；科技部制定标准作业管理差距评估实施细则如表 1–17 所示。

细则内容要求制定量化指标和评分（百分制）标准，并依据《公司精益管理差距评估细则》的内容加强日常检查与指导，推进各分子公司精益管理工作的开展。每季度根据检查结果向精益办上报分子公司 5S 管理、TPM 管理、标准作业管理季度评价。

表 1–15　5S 差距评估细则

对于每一细则，请用"√"标出最合适的分数，以下是适用的分数：（1）不带（★）项满分为 3 分，0 分 ≥5 处存在不符合项，1 分 =（3～4 处）存在不符合项，2 分 =（1～2 处）存在不符合项，3 分 =0 处存在不符合项；（2）带（★）项满分为 2 分，全部不符合为 0 分，符合一项为 1 分，全部符合为 2 分

续表 1 - 15

5S 差距评估			打分栏（满分100）			
			≥5	3～4	1～2	0
序号	类别	检查内容	0分	1分	2分	3分
1	组织机构	组织机构健全；管理职责明确，车间内各区域责任明确且有效运行（★）				
2	内部管理	工作计划具体明确、操作性强；计划符合总体规划，跟踪管理良好（★）				
3		车间内部制定 5S 检查标准，并在内部定期检查（★）				
4		制订培训计划并实施培训，培训履历齐全（★）				
5	整理	地面通道平整，盖板不缺、平整整齐；地沟畅通无垃圾（★）				
6		对长期存放的物品或不必要的物品有明确的界定，如定义 6 个月不使用的物品为长期存放品，一年内不使用的物品为不必要物品（★）				
7		长期不用的设备、工作台、电气柜、工具箱、垃圾箱、架子、工装器具（如工具、辅助设备、测试设备、钢板、纸张等）从工作区域清出（★）				
8		操作区没有不必要的陈设，如橱柜、衣架、工作台、桌椅（★）				
9		操作区无过时、无效的资料（如通告、指导方针、工作指标、档案等）（★）				
10		仓库、工装库、暂存区没有不必要的物品或设施（★）				
11		彻底消除现场不必要的物品（特别是死角），无垃圾、无杂物、无废件、无闲散器材（★）				
12		现场使用的工具、手套不随处摆放（★）				
13		废弃的抹布、手套、残渣，正确放入指定垃圾桶（★）				
14		设备没有多余工装、夹具、垃圾、碎片或其他不必要的物品（★）				
15		工作台上没有不用物品（多余容器、未标签部件、破损工具等）（★）				

续表 1－15

5S 差距评估			打分栏（满分100）			
			≥5	3～4	1～2	0
序号	类别	检查内容	0 分	1 分	2 分	3 分
16	整顿	生产现场清晰的划分区域，所有物品（设备、工具、测试设备、用具、橱柜、衣架、工艺文件、档案等）都在自己的区域里定置，放置整齐有规律（★）				
17		区域（中转区、临时存放区、待处理区等）、物品、压力表、管道、转向等内有确定的标识管理，以便很容易知道每一个区域放置何种物品（★）				
18		生产区域内的设备、工装、测量器具、工具、夹具、标准体和量规在指定地点并清晰标注；特定备用工具在各自适用的设备上（★）				
19		工具量具等经常使用的器具是否按照快速查找和拿取不乱的原则进行管理，如工具的形迹管理、清洁器具的就近管理等（★）				
20		生产现场使用的物料、在制品、器具进行"三定"（定品、定量、定位置）管理，在制品名称、数量、日期标识清晰（★）				
21		货架物品要做好：货架编号、分类存放、清单具备、货架定位（★）				
22		适当的红盘放废料，黄盘放可疑物（★）				
23		电气柜标识清晰，锁完好（★）				
24		包装原料（托板、手提物品等）正确堆放、存储和移动（★）				
25		紧急情况设备（消火栓、洗眼站等）无遮挡，拿取方便；目视化清晰（★）				

续表 1 - 15

5S 差距评估			打分栏（满分100）			
			≥5	3~4	1~2	0
序号	类别	检查内容	0分	1分	2分	3分
26	清扫	地面通道净、备品保管区净、垃圾存放区域净、门窗玻璃净、四周墙壁净（★）				
27		设备外观、工装器具、运转车、工位、管道表面、（各种）柜等上面保持干净状态，无多余油、油脂、无裂缝、无泄漏等（设备见本色）（★）				
28		工装、夹具、标准体、量规清洁无油渍（★）				
29		材料、工作台、工作椅和电气柜清洁无残渣、油渍（★）				
30		休息区、展示板、监督台清洁无残渣（★）				
31	清洁	采用同样的标准对相似区域进行管理，如区域划线管理（划线的宽度）、标识管理、颜色管理一致（★）				
32		生产现场有 5S 基准书，内容涵盖整理、整顿、清扫和人员的衣着仪表内容（★）				
33		现场清洁指导——清洁任务/责任人被指定并张贴在指定区，作业指导书张贴在指定地点（★）				
34		所有用于清洁的材料（清洁用品）便于取得，妥善储存和标识（★）				

续表 1 – 15

5S 差距评估			打分栏（满分100）			
			≥5	3～4	1～2	0
序号	类别	检查内容	0分	1分	2分	3分
35	素养	5S 检查标准被习惯性地执行，经过持续改善，标准越来越完善（★）				
36		员工劳保穿戴齐全，不随地吐痰、乱扔杂物，上班期间不做与工作无关的事				
37		部门的检查和改进计划被张贴出来，使检查和改善变成日常活动（★）				
38		员工参与 5S 活动并理解 5S 的含义（★）				
实际得分						
检查时间：　年　月　日　　　评估人签字： 被评估单位代表签字：						

表 1 –16　TPM 差距评估细则

对于每一细则，请用"√"标出最合适的分数，以下是适用的分数：（1）不带（★）项，0分≥5 处存在不符合项，1 分 =（3～4处）存在不符合项，2 分 =（1～2 处）存在不符合项，3 分 = 0 处存在不符合项；（2）带（★）项按对应分值内容打"√"

TPM 差距评估			打分栏（满分100）			
			≥5	3～4	1～2	0
序号	类别	检查内容	0分	1分	2分	3分
1	组织机构	成立本公司 TPM 组织机，包括领导、推进、实施三个层面，明确管理职责与推进方法，且组织机构有效运行（★）	无组织机构，没有开展此项工作	有组织机构，部分区域开展了此项工作	有组织机构，所有生产区域区域开展了此项工作	有组织机构，所有生产区域开展了此项工作，组织机构有效运行

续表 1-16

TPM 差距评估			打分栏（满分100）			
			≥5	3～4	1～2	0
序号	类别	检查内容	0分	1分	2分	3分
2	内部管理	TPM 工作计划具体、可执行性强；计划符合总体规划，且每月定期开展活动（★）	无 TPM 工作计划	有计划，但不具体、不明确，可执行性不强	计划具体，计划符合规划，但未定期开展活动	计划具体、可执行性强；计划符合规划，定期开展活动
3		建立本公司 TPM 检查制度，定期检查、评价，活动记录完整（至少每月一次）（★）	无制度	有制度，没执行	有制度，按月检查、评价，活动记录不完整	有制度，按月检查、评价，活动记录完整
4		TPM 小组活动记录完整，有设备故障原因分析，不合理问题形成闭环管理（★）	无活动记录	活动记录不全	活动记录齐全，无故障原因分析，不合理问题未形成闭环管理	活动记录齐全，有故障原因分析，不合理问题形成闭环管理
5		建立了设备故障病例档案，设备突发故障管理流程，现场配置了信息传递工具，且有效运行（★）	没有建立设备突发故障管理流程，现场没有配置信息传递工具	建立了设备突发故障管理流程或在现场配置了信息传递工具	建立了设备突发故障管理流程并且在现场配置了信息传递工具，没有建立设备故障病例档案	建立了设备突发故障管理流程并且在现场配置了信息传递工具，建立了设备故障病例档案

续表 1 - 16

TPM 差距评估			打分栏（满分100）			
			≥5	3～4	1～2	0
序号	类别	检查内容	0分	1分	2分	3分
6		定期召开 TPM 月度例会，且有会议记录及签到表（★）	未召开 TPM 月度例会	召开了 TPM 月度例会，无会议记录，有会议签到表	召开了 TPM 月度例会，有会议记录，无会议签到表，主管经理未参加会议	召开了 TPM 月度例会，有会议记录、签到表，主管经理主持参加会议
7	内部管理	建立了"目视化"TPM 专业维护基准书和相应检查记录表（★）	没有基准书和记录表	基准书和记录表有其一	某种类型设备没有基准书和记录表	全部类型设备基准书、记录表齐全，一一对应
8		建立了"目视化"TPM 自主维护基准书和相应检查记录表（★）	没有基准书和记录表	基准书和记录表有其一	某种类型设备没有基准书和记录表	全部类型设备基准书、记录表齐全，一一对应
9		应用相关管理工具（如 5Why 法等）对设备故障根本原因进行分析。编制了关重设备 2 小时以上故障的维修作业基准书（★）	没有应用相关管理工具对设备故障根本原因进行分析	应用相关管理工具对设备故障根本原因进行分析	应用相关管理工具对设备故障根本原因进行分析。没有编制关重设备 2 小时以上故障的维修作业基准书	应用相关管理工具对设备故障根本原因进行分析，编制了关重设备 2 小时以上故障的维修作业基准书

续表 1 – 16

TPM 差距评估			打分栏（满分100）			
			≥5	3～4	1～2	0
序号	类别	检查内容	0分	1分	2分	3分
10	内部管理	设备自主保全责任人明确，一人一机。（一机多人明确责任部位）（★）	没有明确责任人	明确了责任人，但多机一人	明确了责任人，但一人多机	明确了责任人，一人一机（一机多人明确了责任部位）
11		TPM 自主维护点检记录清晰、填写规范，无代填、早填现象（★）	无点检记录	有点检记录，记录填写不规范，未按要求按时进行点检	有点检记录，记录填写不规范，有代填、早填现象	有点检记录，记录填写规范，按时进行点检，无代填、早填现象
12		有设备"目视化"管理标准，并全面实施应用（★）	无设备"目视化"管理标准	有设备"目视化"管理标准,但现场没有实施	有设备"目视化"管理标准,但现场部分设备实施	有设备"目视化"管理标准,现场全部设备实施
13		制定了设备备件选定规范与备件存储的管理规则，有效运行（★）	没有制定	制定了一种	二者都制定了，运行效果一般	制定且有效运行
14		建立了设备运行绩效指标的动态管理与监控机制（★）	没有动态管理与监控机制	动态管理与监控机制满足其一	动态管理与监控机制都建立,但运行效果一般	动态管理与监控机制都建立,运行效果良好

续表 1-16

TPM 差距评估			打分栏（满分100）			
			≥5	3～4	1～2	0
序号	类别	检查内容	0 分	1 分	2 分	3 分
15		运用设备管理信息系统对设备运转台时（班次）、故障情况进行记录、报修（★）	没有运用设备管理信息系统	运用管理信息系统对设备运转台时或故障情况其中一种进行记录、报修	运用管理信息系统对设备运转台时的故障情况进行了记录，使用效果一般	运用设备管理信息系统对设备运转台时（班次）、故障情况进行了记录、报修，且有效运行
16		建立了专业维修人员的绩效评价标准与方法并实施（★）	无评价标准与方法	制定了一种	二者都制定了，运行效果一般	制定且有效运行
17	培训	员工能看懂基准书，且按基准书规范对设备进行点检（★）				
18		生产线员工了解含义，定期学习相关知识（★）				
19	清扫点检	设备管线路（电管、气管、油管、水管）整齐、无破损，无虚接现象（★）				
20		设备零部件完整、齐全，无缺损、锈烛现象（★）				

续表 1-16

TPM 差距评估			打分栏（满分100）			
			≥5	3～4	1～2	0
序号	类别	检查内容	0分	1分	2分	3分
21		设备上各类仪表（水、电、气等）齐全、标识清晰、在鉴定周期之内（★）				
22		停机状态应归零的仪表在停止工作后指针应回归零位（★）				
23		设备及设备辅机不存在异响、异味（★）				
24	清扫点检	主轴工作无异响及明显异常振动（★）				
25		每班维护结束后，设备及辅机内（模具、夹具）外（防护罩）清洁，无灰尘、油污、铁屑（★）				
26		丝杠、齿条等传动装置及相关部件清洁、润滑良好（★）				
27		气动元件及气管不存在漏气现象，规定了气压的最大、最小值，气压在正常范围内（★）				
28		设备螺栓、螺母无松动、脱落现象（★）				

续表 1 – 16

TPM 差距评估			打分栏（满分100）			
			≥5	3～4	1～2	0
序号	类别	检查内容	0 分	1 分	2 分	3 分
29	清扫点检	急停、安全光栅、安全开关控制柜门安全可靠，线缆无破损、裸露现象，面板元件无破损、缺失现象（★）				
30		液压站管阀件不漏油、渗油，液压站油标清晰（★）				
31		油温、油压有上下限规定，且在规定范围内（★）				
32		润滑装置完好有效，油杯、油线齐全；油窗醒目、油位达标、油路畅通无破损（★）				
33	效果	关重设备（故障率/MTBF/MTTR）指标明显改善（★）	没有建立指标	建立了相关指标，基础数据收集不全	建立了相关指标，基础数据收集齐全	建立了相关指标，基础数据收集齐全，指标改善度大于20%，指标改善度大于30%，此项得分为4分
	实际得分					

检查时间：年　月　日　　　　　　　评估人签字：

被评估单位代表签字：

表 1-17　标准作业差距评估细则

对于每一细则，请用"√"标在□内最合适的分数处						
标准作业差距评估			打分栏（满分100）			
序号	类别	检查内容	0分	1分	3分	5分
1	组织机构	建立标准研究小组，保证标准作业工作进行	没有人员负责□	有专人负责，但职责不清晰□	成立了小组，职责明确□	成立了小组，职责明确，标准作业顺利进行□
2	计划	选定标准作业生产线，制订了标准作业的推行计划	没有选定生产线、没有制订推行计划□	选定了生产线，制订了计划，但没实际开展□	选定了生产线，制订了计划，执行效果不好□	选定生产线，制订计划，执行效果良好□
3	培训	对标准作业人员进行培训，有培训记录	没有培训□	只对部分培训，记录不全□	只对部分培训，记录较全□	对相关进行了多次培训，记录齐全□
4	实施过程	相关人员了解生产现场标准作业的意义、要素及开展步骤	相关人员不了解□	相关人员了解部分内容□	相关人员熟知标准作业内容□	相关人员熟知，且会运用相关知识□
5		确认开展标准作业研究的客户需求节拍（TT）	没有开展TT研究□	对TT时间理解不正确、计算错误□	理解正确、计算结果正确□	正确理解、计算并及时更新□
6		对选定区域每道工序进行时间观测，确定手动时间和自动时间	没有观测和测定□	自动时间和手动时间没有区分开来□	正确测定了部分工序的自动时间和手动时间□	正确测定了所有工序的自动时间和手动时间□

续表1-17

标准作业差距评估			打分栏（满分100）			
序号	类别	检查内容	0分	1分	3分	5分
7		根据工序时间观测编制《工序能力表》	没有编制□	工序能力计算不正确□	仅仅计算了部分工序的能力□	正确编制了《工序能力表》□
8		根据客户节拍和工序时间确定操作者人数，利用工序能力平衡图工具对操作者作业内容进行组合，使其在节拍内完成	没有进行作业组合□	只对部分工序进行了组合□	进行了作业组合，但生产线不平衡□	对生产线平衡进行了分析，效果良好□

3. 分子公司职责：按精益办制订的推行计划及业务主管系统制定的实施细则开展本单位的5S管理、TPM管理、标准作业管理工作，在实施过程中以PDCA的方式对每次检查出的问题点制订整改计划并进行持续改善、提高，确保本单位的精益基础管理工作得到持续提升。

（二）实施计划

1. 精益办完成企业精益管理差距评估的设计和策划。

2. 精益办与相关业务系统及分子公司讨论并确定精益管理差距评估方案。

3. 制造部和科技部完成制定5S管理、TPM管理、标准作业管理差距评估实施细则。

4. 制造部、设备管理中心、科技部完成5S管理、TPM管理、标准作业管理首次评价工作，并将评估报告提交至报精益办。

5. 每季度最后一个月25日前制造部、设备管理中心、科技部完成5S管理、TPM管理、标准作业管理季度评价工作；并将评估报告报精益办，评估报告如表1-18所示。

表 1 - 18 差距评估报告

被评估单位：	评估时间： 年 月 日		
被评估单位代表：	评估依据：5S/TPM/标准作业差距评估细则		
主要成效：			
问题描述及改善建议：			
本次要求得分：	实际得分：	达标情况：	下次评估要求得分：
评估人签字：			

6. 分子公司每月 20 日前完成 5S 管理、TPM 管理、标准作业管理差距评估自查报告，并将评估自查报告报各业务主管系统。

【实战五】
某集团基于全价值链体系化精益管理战略体系建设

（一）实施背景

该集团是大型商用车公司，在行业内具有重要的地位。但在集团发展的过程中，面对充分竞争的内外部环境，需要继续保持强劲的综合竞争力。对于集团内部，应当着重关心其基础管理能力的提升，建立起完善的精益研发、精益供应链、精益营销、精益人才育成等适合自身长足发展的精益管理体系，通过全面推行精益管理体系的运行，提高集团的生产管理水平、产品竞争力和盈利能力，不断提升基础管理水平。对于集团外部，随着市场环境的多变，应考虑其自身在行业内发展的需要，提高本集团在行业中的竞争力和影响力，以巩固自身在市场中的核心地位。经过全面调研和分析，制定了集团全价值链的五年精益战略规划，如图 1 - 19 所示。

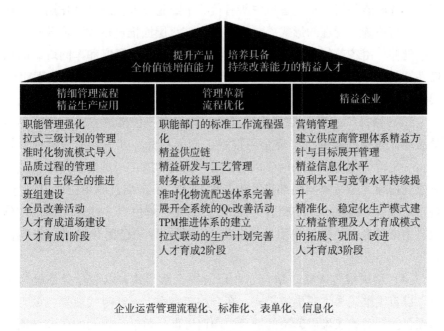

图1-19　集团全价值链五年精益战略规划

（二）实施全价值链精益推进体系

1. 系统策划、逐步推进，确保精益推进工作科学、有序。集团大力宣贯精益管理思想，实践精益管理理念，塑造精益文化，基本实现目视化管理；生产过程中借助看板体系、快速换产、节拍拉动等精益工具全面推进平准化生产方式；精益管理推行后期逐步建立完善的精益研发、精益供应链、精益营销、精益制造及精益人才育成体系。同时，为保证精益管理工作有序开展，建立精益评价体系和考核规范制度。精益管理工作具体开展过程中，集团公司严格遵循以下指导思想。

（1）确立精益方针。"2341"工程，即"两个基础、三个支撑、四个目的、一个灵魂"。以全员参与和班组建设为基础；坚持以现场改善、流程再造、合理化建议为支撑；以实现降低成本、降低库存、提高效率、提高质量为目的，最终形成具有集团特色的精益文化灵魂，达到自我不断进化的精益企业。

（2）建立"立体式"精益管理组织架构。各职能部门要发挥业务系统的管理作用，建立"集团领导层面""业务模块推进层面""分子公司实施层面"的三个层面推进的方式，建立横向"三级层面推进模式"，真正发挥各职能部门在精益管理中所肩负的集团业务系统的管理作用，实现按业务模块统一管理的形式，并将横向"三级层面推进模式"向分子公司一级延伸，由各单位一把手负责，调动分子公司职能科室和车间班组的积极性，共同开展精益管理工作，真正建立集团立体式的精益管理组织架构。

（3）执行"三三"层级推进方式。即采取三种推进方式、分三年连续滚动计划有序推进，实现全面推进工作的目标。其中，三种推进方式为：一是聘请咨询公司采用项目培训指导模式推进；二是集团内部精益专家宏观指导（通过集团内部精益专家的交流，不定期赴各单位驻点指导，将集团现有的精益生产经验进行推广）；三是各单位自主推进（以推行单位自主推进为主，依托集团培养的精益专家指导和已固化的成果复制推行）。

（4）明确推进策略。结合企业现阶段经营形式，以各业务系统为主体，以自主推进为主要推进模式，在自主实践中，不断寻找瓶颈，设立改善项目。针对确实难以解决的项目，聘请咨询公司进行短期的咨询培训指导，充分体现"边学边干"的推进策略。

（5）确立管理提升活动主题。集团管理提升活动以"强基固本、控制风险、转型升级、保值增值、做强做优、科学发展"为主题，认真落实，扎实推进。

2. 建立完整精益推进体系，确保精益推进工作顺利进行。

（1）导入方针管理，强化业务系统在精益推进工作中的作用。全面导入方针管理这一精益工具，方针管理是一种针对企业整体管理的方法，在可操作的基础上将企业高层的目标与日常生产管理相结合。这就要求各业务主管系统通过明确的工作目标，统一整体工作方向，以此实现集团整体的战略目标。由各业务主管系统牵头，通过统一组织各精益模块在集团整体推进，将集团战略规划层面目标与日常管理工作紧密地联系在一起，保证精益工作的推进方向不出现偏差。各种精益理念和工具的导入由各业务主管系统结合自身的实际工作提出需求，由运营管理部精益办组织搭建咨询服务平台。过程中由各业务主管系统组织规划与实施，精益办负责监督、指导和评价，充分调动业务系统积极参与精益工作的热情，强化业务系统在精益推进工作中作用的发挥，真正做到全员参与，实现"抓系统、系统抓"的推进模式。

（2）加强组织保障建设，突出一把手工程，强化过程推进，严格落实精益管理工作责任制和推进机制。各单位进一步完善领导组织机构，设立相应的精益管理推进办公室，配置精干人员推进日常工作。经营层各业务主管领导、各单位行政一把手认真落实、扎实组织开展好精益管理推动工作，不断提升本系统、本单位基础管理工作水平。强化过程管理的推动作用，组织精益周例会和月例会，亲自深入示范区调研，通过现场检查和督导等形式参与精益改善，及时总结本月推进工作情况、推广典型改善案例和做法、梳理存在问题，明确整改要求及下月重点工作，督促整改落实。持续要求一把手上讲台，学精益、讲精益，根据本部门实际业务，讲述相关精益生产知识，督促领导干部提高参与精益管理的积极性。推进精益管理和日常工作相融合，把精益的思想、体系、工具融入日常工作中，真正做到"精益工作日常化，日常工作精益化"。

（3）明确量化指标，全面细化分解到班组，使精益工作在班组中落地，着力加强星级精益班组建设。强化班组建设，班组是包括精益管理在内的各项管理的最终落脚点和基石。通过有效的班组管理活动，实现质量、安全、成本、生产等管理工作的落地。树立"建班组就是建企业，抓班组就是抓管理"的理念，全面加强"星级精益班组"建设，夯实管理根基。班组建设流程如图1－20所示。

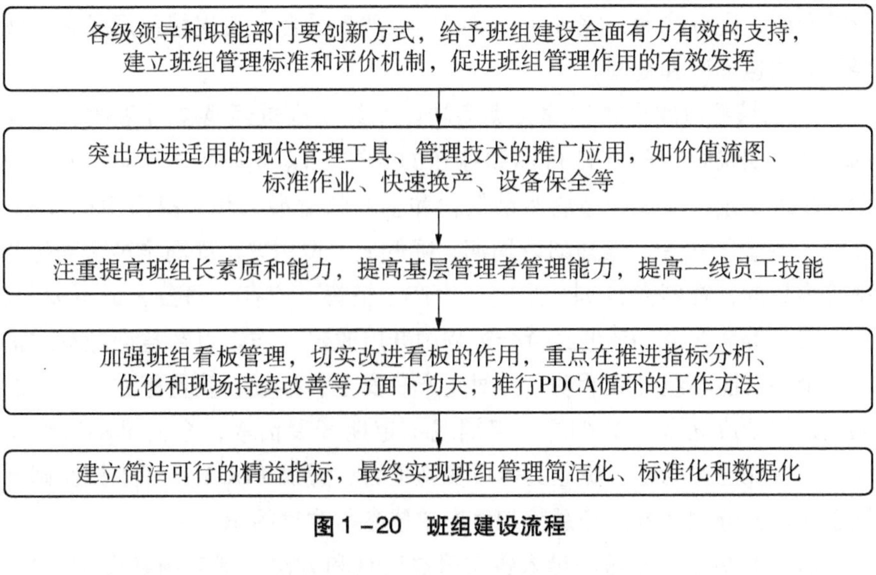

各级领导和职能部门要创新方式，给予班组建设全面有力有效的支持，建立班组管理标准和评价机制，促进班组管理作用的有效发挥

突出先进适用的现代管理工具、管理技术的推广应用，如价值流图、标准作业、快速换产、设备保全等

注重提高班组长素质和能力，提高基层管理者管理能力，提高一线员工技能

加强班组看板管理，切实改进看板的作用，重点在推进指标分析、优化和现场持续改善等方面下功夫，推行PDCA循环的工作方法

建立简洁可行的精益指标，最终实现班组管理简洁化、标准化和数据化

图1－20　班组建设流程

（4）加强制度建设和管理流程优化。各单位以业务系统为着眼点，自检自查各系统的职责、标准和流程，积极创新和修订各类制度，保证职责明确、标准准确、流程清晰。要进一步加强制度建设，通过制订精益生产和精细化管理年度工作计划、考核评价办法、示范区评价点检制

度、精益推进例会制度、标准化管理、科室管理看板、班组园地及员工手册等，引领各项工作有序开展，要将制度、工作流程表单化，使部门和员工了解和熟知自己的工作职责和相互关系，提升工作效率，实现制度的有效执行。

（5）建立精益 KPI 指标管理体系，实行精益量化管理。精益 KPI 指标体系以服务经营指标为目的，以精益指标设立的四个原则为核心，各单位要围绕公司发展战略、品质管理、生产效率、成本管控、人力资源配置、绩效考核、财务金融、产业和产品结构调整、资源整合、节能降耗、供应链管理、设备管理、产品研发、工艺优化、物流、市场营销、售后服务和信息化建设等环节，设置明确有效的精益量化指标，以差异化量化考核指标为原则，制定各单位的精益 KPI 指标管理。

（6）拓展和深化精益示范区建设，推广精益示范成果。针对现有精益示范区的重点示范线所开展的工作和取得的成果在非示范线上进行平行复制和推广，保证示范区的精益推进工作持续进行，不断深入。制订向非示范线拓展精益工作的工作计划并制订可行的实施方案，保证精益示范区内所有生产车间实现精益工作的同步开展，形成精益分厂的整体态势。同时，要充分发挥企业精益管理部门的监督、指导、推进、协调、考核、评价等职能，充分沟通，完善企业精益资源共享平台，实现精益成果和实践经验的快速推广和复制。

3. 以精益课题形式创建各类多功能小组，推进经营全过程改善工作的开展。围绕企业的方针目标和存在的问题，以减少无效劳动、消除浪费、改进质量、实现产品成本最低化和企业收益最大化、提高生产效率、降低"两金"占用、缩短研发周期、降低成本费用率、提高全员劳动生产率等为目的，在涵盖计划、采购、生产、销售、库存、财务、成本业务、售后服务等全业务环节的经营全过程中开展改善工作。以精益课题形式推动各个多功能小组开展活动。针对生产、安全、存货、质量等方面存在的问题，推动成立多功能小组，定期或不定期开展活动，全面推动改善工作。挖掘深层次问题，确立具体可实施项目，遵循 PDCA 循环工作原则开展工作，充分调动各业务系统和生产单位参与改善的积极性。

（1）积极主动学习和导入各类精益工具和方法，提升精益管理水平。精益管理在各单位内全面学习和导入。重点推动现场 5S 管理。生产单位必须至少应用十种以上的精益生产工具。其中，5S、目视化管理、班组建设、提案改善、TPM、标准作业、快速换产、价值流图八种工具必须运用。同时，开展生产过程标准化工作，在条件适宜的工位，开展标准化管理工作，引入"三张表"管理，按精益原则布线，提高工作效率。

职能单位围绕集团发展战略、人力资源配置、绩效考核、节能降耗、供应链管理、设备管理、产品研发、工艺优化、物流、市场营销、售后服务等环节，重点搭建、完善实施管理流程与标准，实施办公室 5S 管理、管理流程目视化、精益改善课题、部室内部精细化管理建设、服务现场能力、合理化建议等工作。

（2）进一步完善精益管理看板内容，发挥其目视化管理和监控的作用。加强目视化管理和看板拉动。结合质量、安全、工艺等要求，推动目视化管理。完善各单位、分子公司精益管理看板，结合自身实际工作设置看板内容，将工作流程、工作计划、员工士气等信息目视化，对各单位、分子公司分层级需要监控的数据和内容尽可能以表单的形式进行目视化管理，要有明确的目标值，要保证数据来源正确可靠，要对异常数据进行分析，对存在问题依据 PDCA 原则进行改善。加大班组管理看板的作用，提升"两长三员"自主管理能力，让"两长三员"充分发挥基层管理的职责，进一步完善丰富班组看板内容，充分结合班组建设"五好一准确"要求全面展示班组日常管理内容和管理目标，并做到及时更新和分析，发挥预警作用并提供基础数据的支撑。

（3）提升质量管理水平，深化 4M 变化点管理工作，积极推行 8D 工作法。品质管理是精益生产实现自动化的精髓。为确保制造质量，"工序内造就质量"非常重要。首先，要继续开展"质量门"前期的经验与成果，向全集团各生产单位工序内推行，同时要结合市场质量信息反馈；其次，要积极推进检验标准目视化，按照图文并茂的形式，规范作业动作，严格作业时间要求，实现检验标准化，提升检验效率和准确度；最后，要加强 4M 变化点检验后的追溯与分析整改，积极探索防错的设计与开发。同时，要不定期对质量事故开辟曝光台和全面组织各级 QC 小组活动，提高全员参与质量改善的氛围。质量管控和改善工作要积极采用 8D 工作法开展，按照成立小组、问题说明、实施并验证临时措施、确定并验证根本原因、选择并验证永久纠正措施、实施永久纠正措施、预防再发生、肯定改善小组努力与规划未来改善方向八个步骤开展工作，并进行总结，形成 8D 报告（防止再发生对策报告书）。

（4）深入推进 TPM 管理，建立岗位点检机制，强化实效性。开展 TPM 和岗位点检。设备点检是 TPM 的重要内容，由制造安全部牵头，按照 TPM 设备保全的要求，继续坚持"清扫、润滑、紧固"工作不懈怠，持续推进。力争以 6～8 个月为一个周期，继续推进实施（设备初期清扫、发生源/困难地点对策、清扫/注油基准书的制定、设备总点检、自主点检、品质保全、自主管理）七个阶段的工作，特别要持续深入研究和推广设备信息管理系统的维护和利用，加强设备病例的档案建设，同时要根据自主保全和专业保全的核心，引入先进的设备管理工具，发挥各单位设备部门的作用，使 TPM 设备保全工作真正形成一种设备管理的常态化工作，提高设备可动率，减少停机时间，保证生产的有序进行。

（5）建立精益层级培训体系，加强精益人才育成。建立健全精益层级培训工作体系和管理模式。初步建立"PST"精益课程培训体系，即精益培训体系要遵循原则系列（principle）、系统系列（system）、工具系列（tools）原则。原则系列课程的目标是帮助企业将精益原理植入企业文化中，适于企业高管；系统系列课程的目标是将结构化工具应用到系统中，适于企业中高层管理者；工具系列课程则是教学员利用特定方法建立解决方案，适于企业基层及中层管理人员。通过不同的培训体系使企业基层及中层管理人员、中高层管理者和高管掌握精益知识。

建立精益管理人才评价与激励制度，有计划地组织开展行业对标学习，特别是领导干部要带头学，真正成为推进本单位精益生产、精细化管理工作的实践者和引领者。建立精益管理人才序列通道，在职务和待遇上给予一定的支撑；在评优评先、职位晋升考评中优先考虑精益管理的工作经验及取得的成绩；将"精益标兵"的评选纳入年底表彰评选工作当中。

通过以上方法，充分体现"谁精益、谁受益"的思想，调动全体干部、职工参与精益工作的积极性。

（6）完善精益管理考评奖惩制度，加强监督考核管理。围绕《企业精益管理评价考核办法》、年度经营目标，严格按照各单位精益指标进行逐级分解、落实责任，修订评价标准及考核办法，并结合各单位制定的精益目标、工作计划，通过周点检、月评价、季考核方式，定期组织各部门对各单位推进情况进行监督检查。各单位要建立适合本单位实际的精益生产和精细化管理考评奖励制度，考核目标和责任具体要落实到车间（科室）和班组。

同时，在考核评价方面，鉴于各单位的硬件条件和基础条件的不一致性，精益管理评价考核工作对不同层次的单位采用差异化的评价方法，突出体现各单位在精益工作中取得的改善。通过对改善度的加权，考评各单位持续改善的能力，体现精益改善原则下的相对公平、公正。

（7）深入开展合理化建议活动，发动全员参与改善的氛围。合理化建议是衡量集团员工参与管理的重要指标，也是企业充满活力的重要体现。

通过合理化建议这种形式，提升员工的主动参与意识，及时发现各方面存在的问题和需要优化改进的地方，提高员工的主人翁意识和自豪感，形成全员参与改善的良好氛围。开展合理化建议活动，实行分级评审、分级立项、分层奖励制度。按照集团级、分子公司（部、中心）级、车间（处室）级三级立项、三级管理、三级评审、三级奖励的原则，实施等级评定奖励、实物奖品奖励和全员抽奖的奖励方式，并对开展合理化建议活动进行奖励。同时，集团发动集团经营层和各单位领导干部，以身作则，积极主动地参与合理化建议活动，结合各部门自身的实际工作，尽可能寻找部门自身可以改善的方面进行提报与实施。

4. 各业务系统建立精益子体系，铸就集团精益管理体系的建设。

（1）运用准时化方法，建立拉动式生产体系。集团拉动式生产计划体系依据精益生产准时化支柱的要求，以顾客需求制订生产计划，减少在制品库存浪费。生产中由制造安全部牵头，根据客户的订单交货期要求进行排产，有效避免整车库存产生的隐患，其主要流程为由营销公司组织各部门评审销售合同，评审通过后每日在办公系统内发布，由制造安全部安排具体的上线计划，由物资采购部组织物资，由总装公司组织生产。生产计划主要以日发布计划为执行计划，总装公司根据制造安全部发布的日生产计划组织生产，同时兼顾物料到位情况及时进行调整，避免部分计划因异常问题无法执行的情况发生。

（2）发挥问联书在生产异常中的纽带作用。为保障生产计划体系整体运行质量，维护集团生产工作有序、稳定地进行，采用问联书的形式迅速有效地解决现场问题，为集团形成制度化、规范化运营体系提供保障。

问联书使各生产单位和职能部门紧密地联系在一起，确保信息的及时传达，从而使各单位（部门）及时提供帮助，迅速有效地解决现场问题，为改善形成制度化提供保障。因此，问联书成为精益管理方式在现场持续改善的"分水岭"和企业推行精益管理初期打通现场"壁垒"的有效手段，为集团探索贴近实际、保证生产有序、稳定的先进管理机制提供新的视野。

（3）运用自动化方法，建立工序质量保证体系。目前，集团产品种类多，产销量增长快，新入厂员工多，生产中质量问题频发，集团应用精益生产自动化原理，围绕总体目标质量模块设计三大部分：质量管理模式确定、过程质量保证和质量改善。各模块解决思路如图1-21所示。

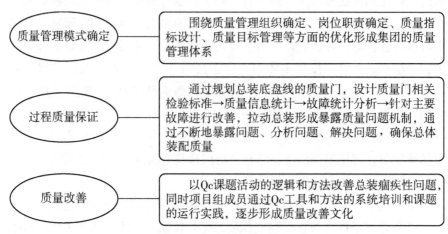

图 1 - 21　各模块解决思路

（4）运用标准作业方法，建立作业效率改善体系。集团总装公司、车桥公司、车身公司开展标准作业推进工作。标准作业的推进目的是建立生产作业标准，培养基层管理人员制定标准作业及基于标准作业发现问题、解决问题的能力，同时作为支撑精益一期生产指标的重要组成部分。因此，小组成员主要以车间主任、工艺员、班组长为主体推进，明确了小组成员标准作业的分工与相关职责，同时针对底盘线标准作业出版了《标准作业精益推进手册》，对标准作业的开展起到了指导性的作用。

（5）运用5S精益方法，建立现场管理体系。为了使得生产现场秩序进一步优化、成本进一步降低、效率进一步提高、环境进一步优美，集团系统组织开展了5S管理活动，生产现场5S管理取得了长足的进步，加强5S管理规范，建立了一套现场管理体系。对车间班长和推进组人员进行5S基础知识的培训，制定了精益生产目视化宣传、5S评价结果目视管理板、工位目视化揭示、5S管理－区域定置、5S点检标准和点检表等。对试点线内的所有物品进行彻底整理，明确定置、定量，将多余的货架清理后现场空间得到了有效的释放，同时每个工位存放货架的数量得到了有效控制，减少了因计划变更造成大量移动货架的积压，也减少了搬运的次数。

（6）运用准时化物流理念，建立多频次小批量的物流管理体系。集团物流管理体系本着以最少的费用，按用户要求将物料从厂家到线边转移的原则，主要包括运输、存储、装卸、配送、信息处理等内容。强调在必要的时间供应必要数量的必要产品，通过准时供应减少生产环节以外的库存，从而达到降低成本的目的。[6]准时化物流流程如图 1 - 22 所示。

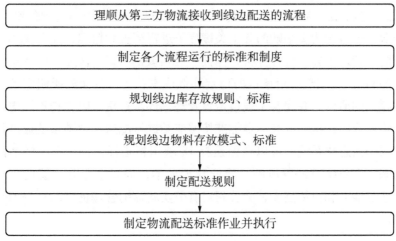

图 1 -22　准时化物流流程

通过六项工作内容达到物流管理信息的整合；各单位管理范围的标准化；物流管理流程的优化、简化；物流管理职责的界定、管理标准的建立；物流评价机制的建立；管理制度的标准化。[7]

（三）基于全价值链体系化的精益管理战略体系建设效果

该企业通过全价值链实施精益管理战略，各单位以"梳理流程"为切入点，发挥各业务系统的主观能动性，积极挖掘自身存在的问题，设立改善计划、提出改善方案，遵从 PDCA 原则，进行自我管理提升，共梳理并修订 126 项流程及制度，确保精益管理工作有效推进。以精益课题形式通过立项、实施、检查、标准化的模式进行，共有 24 个单位上报了 66 项课题，围绕"两提高、两降低、两优化"的目标，通过全面开展管理提升活动，找出深层次原因，制订具体的实施方案；完善现有生产计划体系，规范月度生产计划与日生产计划管理，对各类异常进行界定、责任分析、反馈及考核，提高集团相关单位对生产现场的服务水平，提升生产过程监管能力，以减少效率损失，提高生产能力；设备 TPM 的导入主要围绕自主保全和专业保全的展开，同时建立设备备件的管理体制；通过研发流程精细化管理，设计资料输出的正确性大大提高，"更新次数/份指令"指标下降了 13%，指令主动更改次数率下降了 44%，指令被动更改次数率下降了 6.4%，全员质量意识得到较大提高，设计和开发过程得到有效控制；

工艺部门完善和制定了工位物料对应表及工位器具定置图，有效地对生产和物流作业进行指导，改善了物料转运器具，缩短了生产周期，减少了在制品的数量；运用标准作业三票和山积表使作业均衡化，初步形成"表"准作业；通过对物资采购的各个关键环节进行清查和梳理，并对实际影响生产的问题进行异常统计分析，保证"在需要的时候、按需要的数量采购需要的物资"，实现供给渠道的稳定和低成本；物流方面集团制定了各种物料存放的原则，并完善了线边定置管理，逐步搭建准时化物流配送的基础，实现物料配送频次和期量标准按照节拍进行配送；营销系统通过报表结合两个信息化系统，可以全面诠释 18 项销售指标，充分反映经销商经营动态，有效防范经营风险，降低管理成本，提高企业对市场的分析能力、应变能力和决策能力，为公司对有效实施营销管理提供了充分的数据基础。

第二章　精益基础管理

第一节　精益基础管理的思想内涵

一、精益基础管理的定义

精益思想最早起源于20世纪50年代的丰田生产系统。国外学者在总结前人研究的基础上提出精益是基于持续改进、消除浪费理念的一种综合多维度方法，以及提出标准化及流程化有利于组织提高整体效率。研究表明，在智能化时代的发展趋势下，精益仍然是实施工业4.0的关键要素。精益思想作为一种思维方式，可以用于识别经营活动中的增值活动，能够显著提高组织运作效益，同时加快规范化管理。精益基础管理是以精益思想为核心，以创造价值为导向，以持续改善为目标，借助科学管理工具，加强过程管理，实现基础管理的规范化、流程化、制度化，使公司以最低的投入显著改善运作效益的一种全新的管理模式。精益基础管理思想和传统管理理念的根本区别在于：一是将精益思想高度融合到管理过程中，将员工、机器设备、产品物料、生产作业、工作环境作为基础管理的五个基本点；二是运用领域更加广泛，适用于研发、生产、工业、采购、计划等环节；三是基于规范化、流程化、制度化的前提条件下，致力于打造一个高效有序、全价值链价值最大化的精益运营体系。此外，精益基础管理思想最初仅局限于车间工厂的生产领域内，而如今逐渐外延至企业经营活动的整个流程，并且要求企业的各项日常业务活动都必须以精益思维为核心，聚焦于五个基础要素，将精益思想和方法高度融合到业务流程中，发挥日常基础业务价值最大化，实现精益基础管理的规范化、流程化和制度化。如图2-1所示。

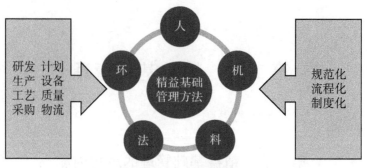

图2-1　精益基础管理的思想内涵

（一）人

精益的人力资源管理应做到以人才团队培养为目标，以员工发展为原则，设计出一套与企业自身相适应的良好自我提升的重要模式。主要考虑两个方面，一是从企业人才团队的角度出发，要求每位管理者做到尽可能地调动员工的工作积极性，从员工的生理、心理等因素考虑合理安排工作量，了解员工特长，发掘员工潜能，实现人才培养的精益化。二是从员工个人的发展角度，要求所有企业员工各司其职、各尽其用。企业的每位员工都应树立全员精益的思想，坚守岗位，明确职责。培养全员改善意识，各层员工自觉坚持杜绝浪费，持续改善，以客户需求最大满足为原则，坚持以人为本的思想。例如，在每个岗位合理设置岗位操作要领或岗位职责书等精益化的规章准则，树立员工行为标杆，促进员工实现工作精益化。而传统人力资源管理偏向于运用流程化模式实施对员工的绩效评价、人力资源规划等一系列管理活动，形式过于单一，缺乏可持续性。

（二）机

精益基础管理从更多方面实现机器设备精益化管理。首先，考虑设备的工作能力。设备的工作能力决定企业的生产能力。在生产作业过程中，若机器设备的工作负荷过高，则可能出现设备损耗严重，经常性故障，存在安全隐患，增加维修费用；反之，若机器设备低负荷工作，即没有合理利用现有机器设备，造成企业成本过高、生产效率过低，拉低企业效益。其次，机器设备的使用过程需要制定规范的准则。精益管理要求投入使用的机器设备在位置布局、物品摆放等方面符合精益标准，形成高效的生产线。最后，定期对机器设备进行检修与维护。一方面，对机器设备定期检修可及时发现生产作业过程中存在的问题和安全隐患；另一方面，对机器设备的维护与保养可以在一定程度上降低设备的折损率，提高工作效率，节约成本，实现精益生产。为实现机器设备的精益化管理，可采用 ERP 等设备管理信息化系统，从而建立起基础管理数据库，从全价值链角度系统化合理规划企业机器设备等资源的利用，实现设备全生命周期管理。另外，可采用 TPM 等设备管理工具，从未完善设备故障管理标准体系实现标准化工作。

（三）料

企业实现精益物料管理既可以满足企业内外部对于产品的多元化需求，又可以尽可能地在物料方面实现精益化的成本管理。首先，物料管理精益化可以促使企业在解决用户订单时，通过采用推式流程、拉式流程以及推拉式结合的生产流程，有效协调不同供应商之间的协作，配合使用不同物料，以满足设计要求，进而实现该产品所处整条供应链的精益化。其次，以满足用户的需要为前提，尽可能地避免各种层面的浪费。通过按需生产、预测生产、控制产品质量、优化生产流程等方法都能从一定程度上减少浪费的产生，从而实现对物料进行精益化的使用与管理。最后，企业可以采用临时仓库、看板系统、BOM 物料清单等方法来实现产品"零库存"，提高生产率，降低仓储成本，以实现提升企业经济效益。通过对物料的精益化管理，最终利用数字化的系统以及科学的管理方法，可实现产品低库存、少搬运、低成本、高质量、高收益的目标。

（四）法

实现全价值链精益管理的方法多种多样，推进企业全价值链运作过程中各个岗位、各个部门工作方法的规范化和精益化是至关重要的。以价值链中几个较为重要的环节为例：在精益生产的过程中，通过 5S、JIT、Kanban 管理等方法，可以实现生产过程的目视化管理、实时监控、追求生产产品零库存等目标；在精益质量方面，采用 6σ 管理、ISO 9000 体系等方法控制企业作业系统的质量和效率等诸多因素，进而从多个方面实现精益质量管理；在精益成本管理的过程中，成本预测、成本计划、成本分析、成本考核四项任务贯穿于成本管理之中，在这四个过程的实施过程中，采用经济学原理与精益管理思想相结合的方法，控制成本、准确计量、减少浪费，以达到成本最低化的同时实现利益最大化。有助于全价值链运作过程中各岗位工作方法的规范化和标准化。

（五）环

企业环境可以分为内部环境和外部环境。其一，就企业内部环境而言，内部环境包括企业资源、企业能力、企业文化等多种内容。精益化则主要体现在企业制度规范、企业竞争力提升、企业凝聚力浓厚，各阶层员工精益思想到位。例如，在企业的生产环节，运用5S、标准化作业等方法对工作环境建立一套完整的精益化管理标准，对工作现场和工作环境进行合理保护和控制，并将其理念灌输于每位员工，从而培养人员意识，增强企业氛围。企业的外部环境主要由影响企业微观环境中所有行动者的社会因素构成。其二，企业外部环境的精益化实现，绝不能只依赖单独一家企业，而是要从整个社会各个方面进行精益生态圈的建设，例如国家战略方针政策、法律法规、营商环境、相关利益者关系等，从而实现企业外部环境宏观的精益化。

二、精益基础管理的原则

在经济全球化的背景下，企业面临相比以往更为激烈的竞争局势，如何以最小的资源投入换取最大化的利益已成为各家企业占据市场的关键，因此对企业进行精益基础管理改革已成为一个发展趋势。具体来说，精益基础管理要求企业在为客户提供优质产品和服务的各项活动中只保留产业价值链中的增值环节，持有对整个价值流保有持续改善、力求尽善尽美的意识，最终形成一条无缝对接、高效运转的产业价值链，有利于降低成本、提高产品与服务质量、加快流程速度、提高经济效益。精益基础管理作为复杂的管理过程，应遵循以下三个原则。

（一）价值创造原则

价值创造原则要求管理者识别企业活动中的增值活动，进而在优化流程中仅仅保留下能创造价值的流程。在过去，精益思想往往被简单地理解为消除浪费，以此达到降本增效的目的。但是，这仅仅是要求"正确地做事"，是一种片面的管理视角。而现在的精益思想，不仅仅要关注消除浪费，而且要以价值创造为导向"做正确的事"。企业所有活动的根本目的在于创造价值，因此企业中每一项业务、每一项工作、每一个流程都要创造价值，否则就没有存在的必要。大到一个企业战略，如IBM公司放弃个人PC业务，其本质就是裁掉了价值链中的累赘部分PC，集中优势做好企业市场；小到企业内部生产链的切合，如将弱项业务外包其他专业公司，扬长避短，聚焦自身优势，最直接地靠近客户，以目标客户"需求—满意"为导向生产、供应相应的产品或服务。

（二）无缝对接原则

无缝对接原则的核心就在于消除工作对接中的等待浪费，而消除浪费也正是精益思想中降低成本的关键之处。例如，在上下级的对接过程中，下属汇报工作之前，管理者将一直处于无法产生价值的等待状态，上级不安排工作下级就坐等，上级不指示下级就不执行；在生产线上，因上游的在制品未送达而导致作业人员无法进行下一项工作，从而出现了等待时间。以上情形都是在对接过程中，由于上一个环节不能及时到位，"接口"问题未能被妥善处理，从而导致无法创造任何价值的等待时间出现，这就是等待浪费。为了消除等待浪费，整个责任部门需要共同思考如何解决"接口"问题。例如，管理者要注意整体的工作进度，提前掌握各环节所需时间，同时协调确认各级下属工作对接的时间，以便充分利用等待时间进行其他工作，最终实现各部门、各业务环节之间的无缝对接。

（三）持续改善原则

持续改善是指一种逐步地、持续不断地增加改善的管理机制，是精益思想的一大基础，贯穿精益基础管理的整个过程。每一个工作过程都是能够改善的，每一项改善又是再改善的新的出发点，周而复始，循序渐进，这就是持续改善。传统的改善活动片面地注重改善活动带来的效益，从本质来看，缺少了一个持续循环的过程，而精益基础管理中的改善活动着重于在带来效益的同时形成全员持续改善的企业氛围。一旦全员持续改善氛围形成，为了不断地改善，无论是基层员工还是中层管理者都会积极地学习精益基础管理方法，持续地改进创造价值的工作流程，如此良性循环将持续不断地为企业带来巨大的改善效益，最终会带领企业走向一个质的飞跃。

【案例】

某公司建立 QC 小组实现自身持续改善

某公司管理者是运用持续改善的一大成功者，他们认为任何工作在任何时候都有改善的余地，因此十分注重培养员工"自主管理"的精神，其主要手段就是持之以恒的 QC 小组活动和改善提案制度。全体员工都会参与到某一个QC小组，针对某一现实问题进行商讨，达成一致性改进目标并提出"改善提案"，经评审小组评审后自主持续地开展整改，以此实现全体员工参与持续改善。

第二节　精益基础管理的推进思路

精益基础管理不是企业管理活动的全部，但它却协调着企业的全部管理活动，因此精益基础管理在企业管理中的地位不言而喻。精益基础管理工作的推进要求管理者在整个工作过程中运用精益基础管理基本原则，加强过程管理，实现管理的规范化、流程化、制度化，从而建立高效、灵活的管理机制，改善企业内部经营环境，保证企业各项活动的有条不紊、均衡稳定，以此达到取得良好收益的目标。要想成功地推进精益基础管理，一般可以围绕以下两条思路展开。

一、加强过程管理

利益输出是一切工作的最终目标，但所有的利益输出都离不开资源输入与过程转化，创造价值、消除浪费均是在过程中实现的，二者决定资源输入的最低程度与利益输出的最大化，因此过程管理在企业管理活动中占据重要的地位。加强过程管理是复杂的，它需要将战略目标逐层分解、细化到岗、精化到每一个业务过程的展开，利用ESIA、ECRS等管理工具分析业务过程，尽可能地去除过程中非增值活动，施以有效的控制措施简化流程，促进降本增效效能的有效发挥。

【案例】

某汽车公司付款流程中的过程管理

北美某大型汽车公司传统付款过程是由采购部门向供货商发出订单，并将订单复印件送往应付款部门；供货商发货，验收部门负责收检，但验收部门自己无权处理验收信息，所以需将验收报告送往应付款部门；同时，供货商需将产品发票送至应付款部门。这整个付款目标达成也是在当且仅当"订单""验收报告""发票"三者一致的情况下才能完成，大部分的动作浪费都是在处理这三者的不吻合上，从而造成了人员、资金和时间的浪费。故该公司的新流程采取了"无发票制度"——由采购部门发出订单，同时将订单信息输入联机数据库；供货商发货，验收部门根据数据库信息核查来货，如果吻合就确认收货，并在联机终端上按键通知数据库，计算机会自动按时付款。这大大简化了工作过程，减少了人力财力的浪费，财务信息也能更加及时且准确。

二、实现管理规范化、流程化、制度化

管理的规范化、流程化、制度化三者之间相辅相成，有着密不可分的联系。首先，规范化作为精益基础管理的重要特征之一，是基于理论和实践经验的基础上，用来衡量改善对象是否符合统一标准的管理方法，其主要体现在工艺、程序、作业等具体细致的过程；其次，若规范化是一个点，那么流程化就是一根串联多个规范的链，管理流程化的精髓就在将流程做得简短而有效。最终，制度化则将规范化、流程化落实至规章制度予以巩固贯彻，从而形成一个事事有章可循、高效有序的体系化管理模式。因此，规范化、流程化、制度化是确保任何一个团体、任何一个系统有效运作并持续改善的最基本的前提条件，是形成精益基础管理体系化的必经之路。无论精益思想如何演化，其根本内核依然是实现管理规范化、流程化、制度化。

【案例】
某快餐巨头企业流程管理的规范制度化

某企业之所以成为世界第一的快餐巨头，就源于其自身的程序流程化、工艺规范化和管理制度化，对产品（或零件）的类型、性能、规格、质量、所用原材料、工艺装备和检验方法等规定统一标准，并使之贯彻实施统一的生产流程，再加以规章制度来严格地实施管理，达到一种员工们"小到洗手有程序，大到管理有手册"的管理氛围。这使频繁流动的消费者无论在什么时间、什么地点都能买到相同的产品和享受到一样的服务。如此既能保证其公司的产品与服务质量，提高顾客对产品的满意度，增加顾客的忠诚度，又能使企业实行规模经济，大幅降低成本而增加盈利。

在此案例当中，该企业遍地开花的成功管理经验恰恰揭示了精益基础管理的精髓。首先，根据企业定位确立规范标准，将规范化量化为与数字挂钩；其次，将规范实施流程化，用流程这一根链去串联整合多个规范标准；最后，按照规范制定奖惩管理制度，严格实施贯彻制度化。

第三节　精益基础管理的推进内容

若想顺利地在企业内部推行精益基础管理，管理者需要在管理过程中运用具体业务管理的方法工具。本节的内容是基于总结各类管理模式的成功经验之上，提炼出其中管理技巧的精华和行之有效的方法。

一、5S 管理

5S 即整理（seiri）、整顿（seiton）、清扫（seiso）、清洁（seiketsu）、素养（shitsuke）五大法则。5S 是用来维持安全、环境、品质和提高效率的一种指导性管理工具，可直接从整体上提升企业基础管理水平，创造良好工作环境，塑造企业良好形象，提高员工素质和能力，建立健全 5S 管理制度和评价标准，确定工作目标，制订工作计划，定期开展 5S 点检评价活动。

不少员工在工作中经常会遇到这样的事情——工作桌上杂物堆积，紧急情况下找不到相关文件和资料，最终也只能乱上加乱；工作环境脏乱，物品无序乱放；制订的工作计划时常拖延遗忘，最终导致出现顾此失彼的局面。如果每天都被这些小事困扰，会引起员工工作情绪不稳定，工作效率也会直线下降。针对以上问题，若管理者能在公司内部推行 5S 管理活动，要求员工认真地执行 5S 管理内容，则能够保证最佳的工作效率和工作质量。5S 管理内容分别从整理、整顿、清扫、清洁、素养五个方面展开，如表 2 - 1 所示。

表 2 - 1　5S 管理内容

整理	将必需物品与非必需物品区分开来，坚决扔掉工作场所内不要的东西。这是 5S 的第一步，它的目的是腾出空间，防止误用
整顿	把工作场所内需要的东西事先放在便于使用的地方，在要用的时候立刻就能拿到手，并进行必要的标识，所有的物品保持整齐有序的状态。杜绝乱堆乱放、物品混淆、该找的东西找不到等无序现象的出现
清扫	将工作场所内看得见的和看不见的地方都清扫干净，保证工作现场干净整洁。但是，不要想当然地以为这只是一项大扫除工作，这是为了让我们每天有一半时间都要在此度过的工作场所变得干净漂亮起来

续表2-1

清洁	持续改善，将3S（整理、整顿、清扫）标准化、制度化。使工作环境及设备、仪器、工夹量具、材料等始终保持清洁卫生的状态。按照既定的要求进行清扫、整理、整顿之后，工作场所就变得非常得干净整洁。但是，仅有这些就够了吗？答案自然是否定的。在解决工作场所问题后我们应该提升至预防问题的再发生，所以需要将持续改善，需要将标准制度化，从而达到让工作场所变得更加干净的效果，这也有益于我们的身心健康
素养	将4S（清扫、整理、整顿、清洁）和工作上的制度、方针变成自己的习惯，时时事事都按照这些要求去执行。让所有员工执行4S，或者使用日常问候语、穿戴劳保用具，都能自然而然地按照工作上的制度、方针去做，而且随时随地能够做到这些而没有任何不自然的地方

5S管理实施细则如图2-2所示。

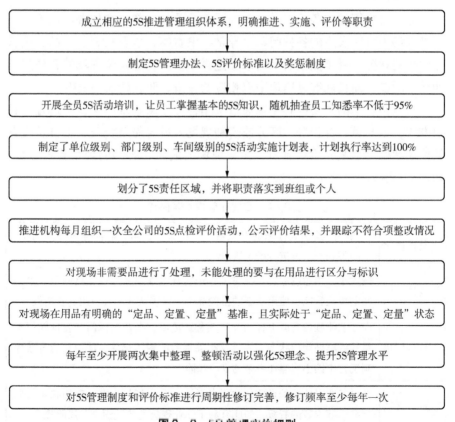

图2-2　5S管理实施细则

二、目视化管理

目视化管理是指利用各种图表化、形象化、直观而又色彩相宜的各种视觉感知信息来对企业办公现场和生产现场进行有效管理，是一种有效提高工作效率的管理手段。日常生活中的交通红绿灯、饮水机的冷热指示灯、超市的商品划分看板、化学试剂上的安全标识都是目视化管理的手段。放至企业，目视化管理更是管理者的必备本领——在贮存零件或产品的仓库中通过颜色和标牌明确分割定位不同种类产品的区域，并根据产品状态设置标识，如生产日期、放至天数等；在作业场所设置电子显示屏，清晰显示现场各个区域的具体信息，如成品种类、数量、批次、交付日期、负责人员，以消除"黑箱作业"；在生产线上设置故障信号灯，当生产现场某一位置出现故障异常，指示灯立即变红报警并在电子信息看板上显示故障位置。

通过目视管理的各种工具，例如图表、看板、颜色和位置区域等，可以将现场中可能发生的各种问题、异常、浪费等，以及材料、产品、设备等的相关状况一目了然地展示出来。这样不仅能迅速发现现场的各种问题和异常所在，而且能够迅速地采取相应的对策，防止错误的发生。

目视化管理的主要内容包括通过采用各种形象直观而又色彩适宜的目视方式，如颜色、标识等，区分或辨别现场人员身份及资质、工具及设备的使用状态、工艺介质及流向、作业现场的危险状态等的现场管理方法，如表2-2所示。

表2-2　目视化管理主要内容

人员目视化	采用不同颜色或标志的安全帽、工作服、胸牌、袖标等对不同岗位、不同类别的人员进行辨识区分
工具目视化	按大小、用途或危险状况对工具进行规范摆放，并在工具明显位置处粘贴校检日期、使用状态的检验标签，以确认该工具使用的合格性
工艺目视化	在工艺流程的管线上标明介质名称、流向，在控制阀门和管件阀门上悬挂或粘贴阀门状态、编号及相关参数的耐用标签，从而达到有效控制工艺中因不当操作带来的安全风险
设备目视化	在设备明显位置处设置包含设备基本信息、型号参数、使用状态及风险提示等内容的看板，如此有利于作业现场的快速识别和风险提示

续表 2 - 2

现场目视化	通过不同颜色和标牌对作业现场进行区分。例如，在主要出入口和安全通道喷涂绿色警示标志；在特殊作业区周边涂刷黄黑相间警示线，提示有安全风险，进入时请注意；消防设备、重要设施及特殊要求的工作场所悬挂相应的红色警示告知牌，表示禁止、危险、无关人员请勿靠近

其中，目视化管理常用颜色管理方法提升员工观察目标的直观性、瞬时性，同时通过运用颜色反馈状态信息；运用看板管理方法辅助企业实现准时化生产的目标。

（一）颜色管理

颜色管理就是运用红、黄、蓝、绿、白等各类颜色进行管制工作现场事务管理和活动管理，让员工能自然、直观地感知并能达到相同的认识和解释，从而理解管理的重心所在，并明白如何遵循原则及如何避免出错。颜色管理不仅能反映企业的某种管理水平，还能促进企业提高管理水平，具有明显的低成本效应。当问题出现时，相关人员能通过颜色进行沟通和管理，并能基于颜色设定个人或团体改善目标及将来努力方向，从而达到管理的目的。

颜色管理常用的颜色主要是红色、黄色、蓝色、绿色及白色，且各有不同的使用原则，如表 2 - 3 所示。

表 2 - 3　颜色管理常用色使用原则

红色	表示禁止、防火、危险、紧急停止
黄色	表示注意、警告
蓝色	表示指令和必须遵守的规定
绿色	表示安全、进行中、提示
白色	作为辅助色，用于文字箭头记号

（二）看板管理

看板管理是指为了达到准时生产方式控制现场生产流程的工具，形成的一种传达任务信息的卡片。一般用在同一道工序或者前后工序之间进行物流或信息流的传递，是一种拉动式的管理方式。可以使信息的流程缩短，并配合定量、固定装货容器等方式，而使生产过程中的物料流动顺畅。同类型的看板其功能也不同，看板可分为五类，其功能如图 2 - 3 所示。

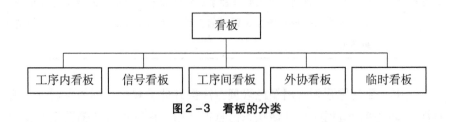

图 2 - 3　看板的分类

1. 工序内看板：指某工序进行加工时所使用的看板。这种看板用于装配线以及即使生产多种产品也不需要实质性的作业更换时间（作业更换时间接近于零）的工序，例如机加工工序等。

2. 信号看板：指在不得不进行成批生产的工序之间所使用的看板。这种看板一般挂在成批制做出的产品上，当该批产品的数量减少到基准数时摘下看板，送回到生产工序，然后生产工序按该看板的指示开始生产。另外，从零部件出库到生产工序，也可利用信号看板来进行指示配送，例如树脂成形工序、模锻工序等。

3. 工序间看板：指工厂内部后工序到前工序领取所需的零部件时所使用的看板。这种看板挂在从前工序领来的零部件的箱子上，当该零部件被使用后，取下看板，放到设置在作业场地的看板回收箱内，表示的意思是"该零件已被使用请补充"。现场管理人员定时来回收看板，集中起来后再分送到各个相应的前工序，以便领取需要补充的零部件。

4. 外协看板：指针对外部的协作厂家所使用的看板。这种看板必须记载进货单位的名称和进货时间、每次进货的数量等信息。外协看板与工序间看板类似，只是"前工序"不是内部的工序而是供应商，通过外协看板的方式，从最后一道工序慢慢往前拉动，直至供应商。

5. 临时看板：指在进行设备保全、设备修理、临时任务或需要加班生产的时候所使用的看板。与其他种类的看板不同的是，临时看板主要是为了完成非计划内的生产或设备维护等任务，因而灵活性比较大。

目视化管理的最终目的在于在降低成本的同时，尽可能地将管理者的规划可视化，推动按时按量完成质量符合的产品。基于目视化管理的最终目的，将其分解形成品质、原价、工程、环境、劳务、设备、实物、作业及信息九个管理方面的目的，如表 2 - 4 所示。

表2-4 目视化管理目的

品质管理	提高产品品质
原价管理	维持原价、改善
工程管理	遵守交期，确保数量，削减库存
安全环境	确保安全性，提高安全性
劳务管理	提高职场5S，提高合作性
设备管理	保全改善机械设备，保全改善治理工具
实物管理	物流的顺利化
作业管理	维持品质，作业改善
信息管理	信息共享化

目视化管理实施细则如图2-4所示。

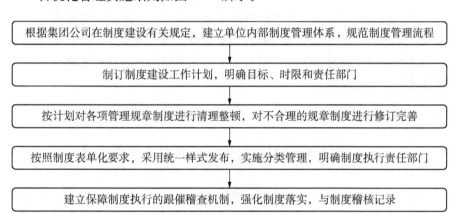

图2-4 目视化管理实施细则

三、流程优化

流程优化不仅仅是做正确的事，更包括如何正确地做这些事。因此，流程优化就是对现有业务流程的梳理、完善和优化，以此在绩效上取得突破性的提高。[8] 为保证企业各项业务持续、平稳、有效运行，企业各部门应开展流程优化工作，全面梳理、设计、优化、完善各项业务流程，努力实现纵向业务简单务实、横向业务无缝对接，持续打造连续、稳定、高效的业务流程，以下为五项流程优化方法。

（一）标杆瞄准法

标杆瞄准法是指企业将自身经营的各方面状况和环节，如管理机制、运作流程、营销手段、售后服务等，与强有力的竞争对手或行业内外相应方面表现一流的企业进行对照分析，将外部企业的优秀业绩作为自身企业的内部发展目标，并参照外部企业的优秀机制对自身企业的经营环节采取改进措施，以此提升本企业的经营管理能力。

【案例】

石油公司之间的对标研究

中国 A 石油公司在选择对标公司之际，将自身各项技术经济指标详细拆解，在发展定位最大相似性且竞争力差距较大的基础上将海外 B 石油公司选为标杆瞄准。在为期半年之久的全方位对标研究后，发现在研发总额占总收入比重这项指标上，B 公司的投入比 A 公司多出 2.5 倍。鉴于科技投入方面的明显差距及其带来的经济效益，在下一个新的计划期中，A 公司决定在科技研发方面的投入提高至原先的 5 倍。通过落实标杆瞄准法并针对差距原因实施有关改善方案后，A 公司管理水平和核心竞争力在业内有了较大幅度的提高。

【案例】

某大型汽车公司应付款部门的业务流程重建

北美大型汽车×公司原定针对采购付款流程冗员严重、效率低下问题的改革方案目标仅仅裁员 20%，但在参观学习竞争公司相同部门的人员情况后发现，即使按公司规模进行数据扩大后，×公司的员工人数仍是竞争公司的 6 倍，故×公司推翻原定方案，决定彻底重建其工作流程。新工作流程通过运用电子信息技术搭建联机数据库，达到了信息传递效果，这大大简化了工作流程，并实现裁员 75%，在大大减少人力物力的基础上同时使得财务信息在管理体系中更加及时且准确。

（二）6σ 模型

六西格玛（6σ）管理源自摩托罗拉公司的品质管理方法，如今逐步发展为以顾客为导向来确定企业战略目标和产品开发设计，以事实数据为驱动来实现对产品和流程的优化，追求持续进步的一种管理哲学。

六西格玛管理中有针对现有业务流程继续改善的工具，即由定义、测量、分析、改进、控制五个阶段构成的过程改进方法——DMAIC 模型，各阶段工作的具体控制要点如表2－5所示。

表2－5　DMAIC模型控制要点

界定 （define）	界定就是确定客户的关键需求并明确需要改进的问题、流程和目标。界定阶段必须抓住一些关键问题：问题是什么；为什么要解决这个特殊的问题；这个问题针对的是什么流程；它主要服务和影响哪些客户；这些客户的需求是什么；过去是怎样做这项工作的；改进后应该达到什么结果；何时达到这一结果
度量 （measure）	度量阶段主要是借助对现有阶段的数据收集，弄清问题的焦点是什么，找到导致问题产生的原因，并确立项目过程的基线和期望达到的目标
分析 （analyze）	通过采用逻辑分析法、访谈法、观察法等方法，对已度量出来的导致问题产生的原因进行进一步分析，明确导致问题的少数几个关键因素，确认它们之间是否存在因果关系
改进 （improve）	拟订几个可供选择的改进方案，通过讨论并进行多方面征询意见，从中挑选出最满意的改进方案付诸实施，并对改进结果进行验证。流程实施6σ改进——若原有问题不多的情况和员工惰性较小，可以对原有流程进行局部的改进；在原有流程问题较多或惰性较大的情况下，也可以进行流程重组，推出新的业务流程

　　DMAIC模型每个阶段都由一系列工具方法支持该阶段目标的实现，基于每个阶段的核心目标，列出了各阶段使用的典型方法与工具，如图2－5所示。

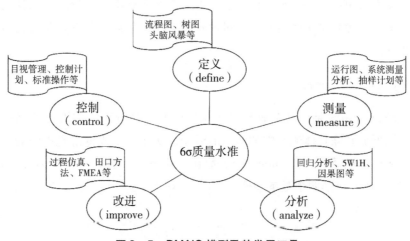

图2－5　DMAIC模型及其常用工具

【案例】

某国内发动机厂家应用6σ管理方法
降低气缸体水套芯磕碰伤率

作为国内专业生产发动机的大型骨干企业，某公司因其"持续改进，向顾客提供满意的产品和服务"质量方针与6σ管理理念相符，很早就引入6σ管理项目。2009年5月该公司售后服务处反馈，连续发生多起因气缸体水道的铸砂导致发动机高温而要求更换发动机的严重事故。发动机质量问题直接关系到客户对公司产品声誉的满意度，必须立即改善，因此该公司于该年6月在其铸造厂内整体导入六西格玛管理改善项目。项目组根据客户调查结果，选定降低气缸体水套芯磕碰伤率项目作为改善对象，根据问题解决需要和客户需求，选定项目指标确定为"破损率和缺陷率"，设定目标为将破碎率降至2%，缺陷率在现有基础上降低86.5%。根据问题研究需要，对水套芯分别进行了次品率、紧实率、强度、平稳度测试，并对该期间流程能力做了分析。通过流程分析和数据分析，识别出一批可能导致磕碰伤率高的因子，并利用FMEA对上述因子进行细化。根据测量阶段筛选出的疑似显著因子设置验证计划，经验证，确定涂料比重、烘干速度和烘干时间三个因子为导致气缸体水套芯产生磕碰伤的关键因子。针对确定的3个关键因子制订流程改进方案，并按照方案对流程进行优化。在控制阶段对优化过的流程加以文件化和标准化以达到持续跟踪控制。最终水套芯的破损率降至1.3%，每年节约有形金额达106万元，同时缺陷率降低至0.5%，不仅减少了现场修补，还为后面各工序的连续性提供了基本保障，对发动机的质量、公司的产品声誉、售后服务带来了巨大的无形收益。

（三）ESIA分析法

ESIA分析法是针对企业流程优化设计的一种方法，其设计原则就是尽一切可能剔除具体流程中的非增值活动，从而调整或重组流程中的核心增值活动，包括清除（eliminate）、简化（simply）、整合（integrate）和自动化（automate）四个基本步骤，如图2-6所示。

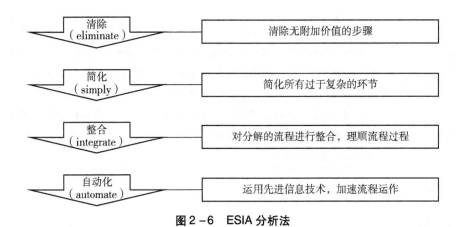

图2-6 ESIA分析法

根据ESIA分析法基本步骤及其目标，各步骤工作的具体控制要点如表2-6所示。

表2-6 ESIA分析法基本步骤的控制要点

清除 （eliminate）	企业围绕价值链所进行的所有活动，有10%～20%是非增值活动中的无效活动，如过量产出、对接中的等待、缺陷与失误等。无效活动必须要予以清除。例如，协调与控制工作对接中的等待时间，清除虚耗浪费；清除故障和失误，由于失误，在工作中产生了残次品，而每一个残次品就意味着成本的提高和人力资源的浪费，必须清除；清除重复性劳动，部门中会存在不必要的重复性的劳动，这些都是要坚决清除的
简化 （simply）	简化往往涉及表格、程序、物流、沟通渠道、问题区域等方面。例如，某些程序很烦琐，为了报销采购，要经过好几个部门辗转批准，严重拉低了工作效率；沟通渠道若不简化拓宽，员工的意见建议无法及时被倾听，会打击员工的积极性，像这些不必要的烦琐问题就需要简化
整合 （integrate）	对分解的流程进行整合，以使流程连贯顺畅，从而更好地满足客户需求。可从流程、机构、团队、顾客等多个方面考虑整合。其中，流程整合是将经过简化的作业流程进行一体化改造整合，使整个流程不同职能的部门形成一个协调高效的有机整体；机构整合是指对非流程组织机构按管理控制的要求进行的机构再造；团队整合是根据流程任务组建跨层级、跨职能、跨部门的流程作业团队；顾客整合是指整合建立统一的客户资源管理系统，以实现对客户提供针对性的最佳产品和服务，创造竞争优势

续表2-6

自动化 （automate）	在清除、简化、整合的基础上通过利用先进电子信息技术，实现"乏味流程"的自动化，以此加速流程运作，提高流程运行质量。例如，对于检测残次品率，需要进行数据收集、数据传输、数据分析这些乏味的工作，我们可以通过运用电子信息技术设计一道检测工序，将生产出的产品放上这道工序线进行质量检测，直接收集并传输数据，在终端计算机上自动将传输上来的数据进行分析，大大降低了原有流程中人力资源的成本

【案例】

某银行应用 ESIA 分析法优化业务

银行传统客户业务办理流程中，无论是简单的存取款、注册或注销账户，还是办理证券投资等重要业务都需要进行取号、排队、窗口面谈、人工操作这一系列烦琐步骤，也因此导致经常或严重的外部顾客问题或内部投诉。现通过 ESIA 分析法对其进行业务优化，首先对不必要的业务流程进行清除，如原先都必须到前台进行办理的存折存取款、办理新卡等简单活动，这些无疑增加了客户的等待时间和工作人员的工作量且没有良好回报的非增值活动应进行清除；再者将原先烦琐的程序进行简化，如对处理环节过多、业务处理过程要求填写内容过多、重复签字等流程进行简化；并对清除和简化后作业活动进行重新整合，在此基础上由系统自动化替代人工操作，如通过更新电子自动服务设施和电子分销系统，将人工服务变为顾客通过电子系统自动操作办卡、取款等低价值活动，减轻前台员工的工作负担，员工也能将工作重点集中在服务优质客户上，且电子系统直接与银行后台总机联系，便于工作人员直接管理和核对。通过这些流程优化措施，顾客办理业务效率和满意程度都有显著上升。

（四）ECRS 分析法

ECRS 分析法，即取消（eliminate）、合并（combine）、重组（rearrange）、简化（simplify）四个原则，能简化工序流程，改进业务流程，有助于达到更高的生产效率。任何作业或工序流程，都可以运用 ECRS 分析法来进行系统地分析和改善，如图 2-7 所示。

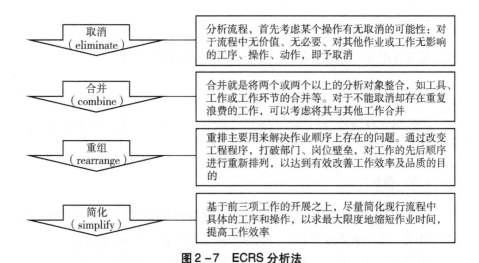

图 2 - 7 ECRS 分析法

【案例】

某超市收银服务流程优化

某大型超市因收银时排队付款时间过长而导致消费者对其服务不满的反馈，决定运用 ECRS 四原则对原收银流程各个环节进行逐一分析并优化改善，如图 2 - 8 所示。

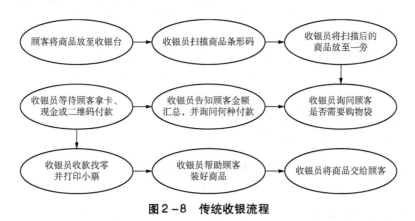

图 2 - 8 传统收银流程

"ECRS" 分析优化：

（一）取消

取消流程 8 ～ 9，由顾客自行装袋，节省时间。

（二）合并

将流程中3～4和顾客自行装袋步骤合并，减少等待。

（三）重排

用铁架支撑购物袋的动作放至整个收银流程的第一步，便于顾客提前装袋。

（四）简化

对流程5～6进行简化，开设二维码自助付款通道，将刷卡、现金消费与电子二维码消费分开收银，便于不同类型顾客高效完成购物。

流程优化后，减少了收银员移动和顾客排队等待的时间，极大地缩短了收银所需的时间，有效缓解了顾客排队拥堵的问题，提高了顾客的满意度，优化后的流程如图2-9所示。

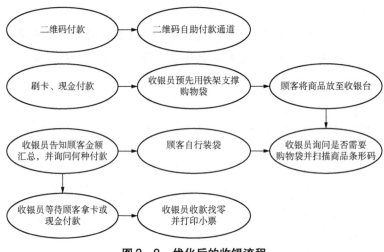

图2-9　优化后的收银流程

（五）PDCA 循环

PDCA 循环作为全面质量管理的思想基础和方法依据，将质量管理活动划分为四个阶段，即计划（plan）、执行（do）、检查（check）和处理（action），要求各项工作遵循制订计划、计划执行、检查执行效果，然后将成功的纳入标准，不成功的留待下一循环去解决的科学程序进行质量管理。PDCA 循环的四个阶段又可展开为八个步骤，即分析现状、寻找原因、提炼主因、制订计划、执行计划（执行措施）、检查工作（调查效果）、标准化（巩固作业）、遗留问题转入下期，[9]如图 2 - 10 所示。

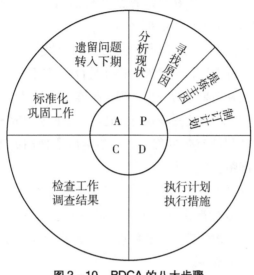

图 2 - 10　PDCA 的八大步骤

1. Plan——计划。在持续改进的过程中，首先要做的是计划。计划包括制定质量目标、规划活动、管理项目和制定措施。计划阶段必须回顾企业目前的工作效率，跟踪当前的流程，确定过程中的问题点，根据所收集的数据进行分析和制订临时解决方案以及提交企业决策层批准。

计划阶段的工作内容包括分析现状、寻找原因、提炼主因和制订计划，详细内容如图 2 - 11 所示。

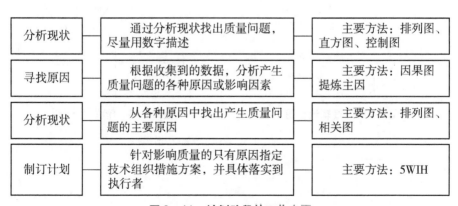

分析现状	通过分析现状找出质量问题，尽量用数字描述	主要方法：排列图、直方图、控制图
寻找原因	根据收集到的数据，分析产生质量问题的各种原因或影响因素	主要方法：因果图 提炼主因
分析现状	从各种原因中找出产生质量问题的主要原因	主要方法：排列图、相关图
制订计划	针对影响质量的只有原因指定技术组织措施方案，并具体落实到执行者	主要方法：5WIH

图 2 - 11　计划阶段的工作内容

2. DO——执行。执行阶段就是将制订的计划和措施进行具体组织实施，将初步解决方案提交并得到企业决策层的批准之后，由企业提供必要的资金和资源来支持计划的实施。在实施阶段需要注意的是，不能将初步的解决方案全面展开，只能在局部的生产线上进行试验。这样即使设计方案存在重大问题，损失也可以最小化。

3. Check——检查。检查阶段就是将执行结果与预期目标进行比较，以便核查计划的执行情况，确定预期目标是否已经实现。生产线按照标准规范运作后，对检查结果进行分析，确定标准化本身是否平衡。如果存在不平衡，请重新计划，然后重新执行。这样，临时生产战略的实施就会检查系统的有效性并保持有效的部分。在检查阶段使用的工具主要有排列图、直方图和控制图。

4. Action——处理。处理阶段就是总结出检查过程的结果，对成功的经验加以肯定并予以标准化或制定作业指导书，以便以后的工作可以遵循；同时也应总结失败的教训，避免重复。对于未解决的问题，应提到下一个 PDCA 循环中去解决。

PDCA 循环的四个阶段不是运行一次就结束，而是一种大环套小环式的周而复始地进行，一个循环结束解决了个别问题，未能解决的问题进入下一个循环继续解决，如此阶梯式上升进行循环，每转动一周，质量就提高一步，如图 2-12、图 2-13 所示。

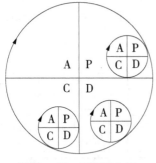

图 2-12 逻辑组合图

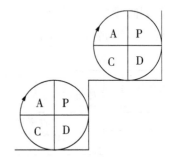

图 2-13 阶梯式上升

【案例】
某医院应用 PDCA 循环缩短医保患者办理出院手续的时间

　　提高医疗服务效率一直是各家医院致力追求的目标，因此某医院就医保患者办理出院手续时间过长的问题进行 PDCA 循环改善。

　　首先在医保窗口及结算窗口对医保患者出院手续的办理时间进行数据采集，利用直方图进行数据分析发现其办理时间没有集中趋势，未呈现正态分布，即说明目前该医院的出院手续办理流程是不合理的。再对原出院手续办理的流程和采集数据分析得出改善重点——医保结算、查询医保资料完整性、账目结算。对三个重点改善流程再深入解析主因——电脑系统没有自动显示自费项目的提示及无法显示住院部加床的床位号导致医保结算时间长；无专门针对医保资料的查询窗口、电脑的数量不足及办公区域狭小导致医保资料查询时间过长；分工不明确、病区记账不清晰导致账目核对结算时间长。

　　对三大主因分别制订相关方案解决问题——请计算机工程师升级住院部相关系统，在电脑上搭建联机数据库使得每台电脑均具有查询资料和结算费用功能；对办公区域推行现场 5S 管理，改善工作环境；新增住院部记账工作人员岗位，制定其岗位职责及工作流程并对记账工作人员进行相关培训。将制订的改善方案落实并对改善效果进行跟踪检讨，对未能明显改善的项目再进一步分析原因并对应实行进一步改进。

　　改善方案实施并进一步改善后进行后续效果确认，医保患者办理出院手续的时间由原来的 44.4 分钟缩短至 21.44 分钟，目标达标率达75.91%，进步率达 51.76%，经济效益达 186578.48 元/年。最后将最终版改善方案标准化为住院患者出入院手续办理工作规范，以便以后的工作遵循制度开展。

　　流程优化实施细则如图 2 - 14 所示。

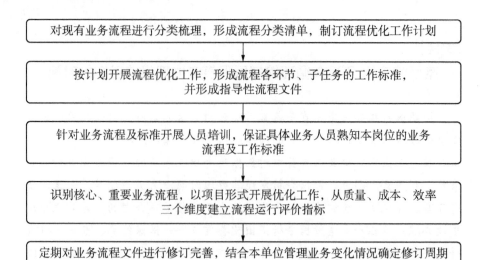

对现有业务流程进行分类梳理，形成流程分类清单，制订流程优化工作计划

按计划开展流程优化工作，形成流程各环节、子任务的工作标准，并形成指导性流程文件

针对业务流程及标准开展人员培训，保证具体业务人员熟知本岗位的业务流程及工作标准

识别核心、重要业务流程，以项目形式开展优化工作，从质量、成本、效率三个维度建立流程运行评价指标

定期对业务流程文件进行修订完善，结合本单位管理业务变化情况确定修订周期

图 2 –14　流程优化实施细则

四、制度建设

制度建设是企业管理者利用制度来确保企业稳定发展、持续经营的一种管理手段。因企业的定位不同和所处的发展阶段也不尽相同，故各家企业的制度建设及稽查机制也会有所差异。为提升管理水平，保证各项规章制度有效执行，企业各部门应根据集团内部具体情况来加强制度建设管理，有计划地开展规章制度梳理完善工作，并建立跟催稽查机制，提高制度执行的有效性。

制度建设可展开为七个主要内容，如图 2 –15 所示。

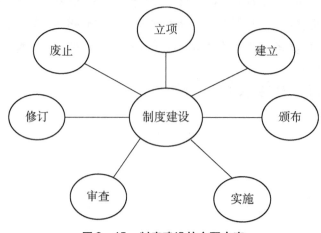

图 2 –15　制度建设的主要内容

【案例】

制度建设在企业中的关键作用

某集团成立初期，人数较少且结构简单，故创始人是"亲历亲为"地掌管公司。在公司逐渐发展后，相关制度虽在"充分支持员工的积极主动性和创造性"的初衷上立项建立，但创始人仍是事无巨细地都要管，公司"人治"色彩明显，造成职业精英的主观能动性不强、企业发展速度缓慢的局面。在手下得力干将接二连三地出走公司后，创始人意识到放权的必要性和制度修改的迫切性。创始人引进了职业经理人制度和员工持股计划，给职业代理人"股份"，将职业精英变成"老板"，发动员工购买集团股权，让员工主动地执行制度。这一系列的股权改革，迅速将公司的管理体制推进制度建设的轨道，再加上稽查机制的建立和实施也提高了制度执行的有效性，双管齐下，使得集团既能享受到制度带来的规范便利，又能避免制度僵化，保持制度弹性，从而充分发挥员工的创造性、积极性、主动性，走上了一种有无领导公司都可以正常运作经营的健康"法治"轨道。

在该案例中，我们可以发现，在集团建立初期，企业领导和管理层身体力行、亲自监督会调动员工的积极性，但照搬初期制度放在成长中的企业或大型企业中反而会导致员工的执行力和主动性降低。同一制度在不同阶段所带来的效果不同，因此同一公司的制度建设应随着不同发展阶段来加强，即在进一步完善企业核心价值观之上对现有制度进行清理、修订和对激励机制、稽查机制进行完善。

制度建设实施细则如图 2-16 所示。

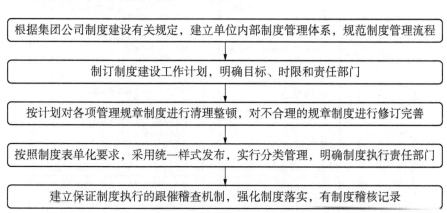

图 2-16　制度建设实施细则

五、异常管理

异常是管理过程中目标进度出现超出预期和低于预期的情况，如工时超时、实绩低于目标、正常生产过程中异常中断等现象。异常管理的核心就是缩短甚至消除进度与目标之间的差异，以此保证持续高效的生产效率。为应对各色异常情况，企业各部门应建立异常管理机制，明确各项业务环节的异常标准和处置流程，将异常管理的方法应用到各项业务流程中，及时解决工作中的异常问题，保证企业各项业务正常运行。常见异常分类如下：

1. 材料异常：生产原料出现质量、数量、型号与标准不匹配的情况。

2. 制作良率异常：在生产作业过程中由于操作不当而产生的产品不合格。

3. 设备异常：由于对设备的使用不当或设备自身损耗而发生异常。

4. 环境异常：生产所处位置的温湿度、光照、噪声等环境对正常的作业造成影响。

异常管理的推进思路大致可分为事前预防、发现处理、再发防止三个阶段。这意味着异常管理需要管理者在异常发生前就要尽可能考虑到多方面异常情况的发生并制定相应对策，在开展工作前就对下级进行相关培训；下级发现异常情况，及时分析，彻底处理，并将详细情况进行上报；管理者在妥善处理异常情况后还要继续进行效果追踪确认，并制定相关的品质管理手册预防异常再次发生。

异常管理推进思路的三个阶段可展开为五个实施步骤过程及其要点，如图 2-17 所示。

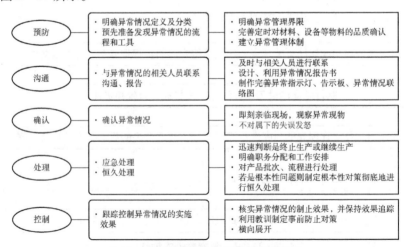

图 2-17 异常管理实施步骤及其要点

【案例】
某工厂中对焊接作业线异常情况的处理

2004年某月10日以前，某工厂所有焊接作业线的不良率一直稳定于2%左右，而在11日当天的不良率却高达6%，且呈现上升趋势。线长发现异常状况后，立即叫停焊接作业线并着手调查。根据现场生产质量历史曲线、操作者日志和设备管理日志，技术人员发现只有在11日出现压伤显著增多的质量异常情况。再通过分别对日志中人员、设备、测量、材料、技术方法、环境六方面进行变更分析，对变更条件进行测试比较，发现异常产生主要原因是电镀件厂商的更换与原设备装配后配合不良，从而造成压伤比率较高。线长将技术人员的分析报告与更换建议立即告知上级，上级批准再购进新的电镀件进行装配。线长继续跟踪改善过后的焊接作业线异常情况的制止效果，并将分析报告、处理过程、后续跟进和相关事前防范措施整理入异常报告书，送至上级。

异常管理实施细则如图2-18所示。

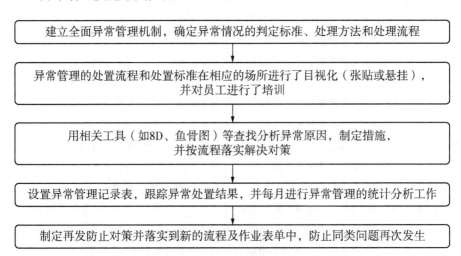

图2-18　异常管理实施细则

六、成本费用管理

成本费用是企业生产经营过程中资金支出的反映，在收入一定的情况下，它直接决定了公司的利润空间。成本费用管理的核心就在于企业对生产经营过程的所有费用的形成进行计划、控制、核算、分析和考核，实现降本增效，维持企业长期稳健经营，增强企业竞争能力。为加强成本费用管理，企业各部门要做好产品全价值链、全生命周期的综合成本控制，建立健全成本费用管控机制，完善成本费用管控流程，科学核算目标成本，有效落实成本改善计划，努力将企业成本费用控制在合理水平。

【案例】

某企业的成本费用管理内控流程

某企业一直将成本视为存亡之道，因此在进行成本费用管理时有一套严格的内控流程，大致可分为预测、计划、控制、核算、分析和考核六个阶段，流程步骤及相关控制点如表2-7所示。

表2-7　成本费用控制步骤

成本费用管理流程	步骤	控制点
成本费用预测	1. 每年十一月底前，公司各职能部门提交下个计划期成本费用预测方案 （1）计划财务部提交资金筹措方案及公司管理费用额度 （2）综合管理部提交人力资源配置及工资方案、社会保障支出方案、职工培训方案 （3）生产部门提交设备配置更新及修理改造方案与公司年度生产计划方案 （4）技术质量部提交可能推广应用的新技术、新方法、新材料、新工艺方案 （5）物资采购部提交物资采购方案 （6）市场部提供市场供求情况及价格变化趋势资料 2. 各职能部门在提交目标方案的同时，要提出为达到目标应采取降低成本的措施和建议 3. 计划财务部汇总整理并分析比较各职能部门的方案，运用成本正算与成本倒推方法对方案进行修正优化后，确定正式的成本方案	1. 公司成本管理领导小组对成本费用预测进行监督 2. 成本预测内容包括：制定发展总目标方案阶段的成本预测、方案实施过程中的成本预测 3. 公司成本费用预测范围包括总成本、单位成本（包括玻璃窗膜、1T膜、FCCL等）、期间费用（销售费用、管理费用、财务费用）的总费用及单项费用

续表 2 - 7

成本费用管理流程	步骤	控制点
成本费用计划的编制	1. 各职能部门提供正式的计划方案，由计划财务部负责归集整理 （1）综合管理部提交劳动力配置及工资计划方案 （2）生产部提交年度生产计划，推广利用新技术、新工艺的方案以及设备配置改造方案、大修技改计划等 （3）市场部提交产品销售计划方案 2. 计划财务部会同有关职能部门通过总结上期计划成本执行中的经验教训、存在的问题及薄弱环节，研究分析影响成本升降的各种因素，再汇总各部门上报下一年成本费用预算，经综合平衡后拟定成本计划及其完成计划的保证措施，将费用控制分解到各归口部门 3. 编制的成本计划经过成本管理领导小组审定和成本管理第一责任人批准后，下达至所属单位及职能部门实施	1. 为维护成本计划的权威性、严肃性，成本计划一经批准下达，原则上不再调整 2. 当遇到下列情况之一者，向公司成本管理领导小组申请获批准后，可调整成本计划 （1）因客观条件的变化，致使原设计方案做出重大调整变更 （2）计划期内主要原材料物价上浮指数明显高于成本界定水平 （3）遇到其他不可抗力因素
成本控制与监督	1. 各支出单位应设置"费用限额手册"，按月写明费用控制指标，逐笔登记发生费用，并结出指标结存额在确定的指标范围内掌握费用开支 2. 各归口部门建立信息反馈系统，及时收集预算执行情况 3. 归口管理部门和财务部门应根据控制指标和费用开支标准进行监督和检查 4. 公司各部门必须坚决压缩和严格控制非直接生产性开支和消费性商品的购买	1. 公司管理费用尽可能分解到各部门，做到归口控制，通过层层把关达到其控制的目的 2. 在招待费用预算过程中，需要增加项目或增加开支金额时，需报经综合管理部和计划财务部审批 3. 计划财务部对未经批准而购入的消费性商品，应拒绝报销

续表2-7

成本费用管理流程	步骤	控制点
成本费用核算	1. 产品成本费用按月归集，同一个计划期内核算的产量、收入、消耗必须遵循会计核算的一致性和配比性原则 2. 各用料单位需要领料时，应填制领料单并经单位部门主管负责人审核签字	1. 成本核算按照产品品种进行 2. 领料参考《存货管理执行》
成本分析与考核	1. 各职能部门开展成本分析，发动员工找出实际成本与目标成本之间的差异原因，相关责任人总结并形成成本分析调查报告 2. 计划财务部汇总整理各职能部门成本分析调查报告并以此作为成本考核的依据，对每个成本责任部门和责任人做出相应的奖惩	成本分析内容：财务状况分析生产经营状况分析、成本费用分析（成本计划完成情况的分析；成本降低任务完成情况的分析；产品单位成本的分析；成本要素的分析）、资金筹集与运用状况分析、利润分析、其他事项分析等

成本费用管理实施细则如图2-19所示。

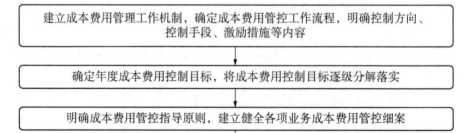

建立成本费用管理工作机制，确定成本费用管控工作流程，明确控制方向、控制手段、激励措施等内容

确定年度成本费用控制目标，将成本费用控制目标逐级分解落实

明确成本费用管控指导原则，建立健全各项业务成本费用管控细案

定期分析实际成本与目标成本差异，采用相关技术、方法实施成本控制改善活动，制订并实施改善计划方案

有证据显示在降低人工成本、物料消耗、能源消耗等方面实施了改善，并取得了显著成果

周期性开展成本费用管控评价活动，形成成本费用管控评价报告

图2-19 成本费用管理实施细则

七、合理化建议

合理化建议的核心就是鼓励企业集体员工从自身岗位出发，主动发现问题，提出改善方案，从而让工作更好地展开，为企业降本增效。企业开展合理化建议工作，需事前制定合理化建议工作相关要求及其实施细则，落实开展合理化建议活动的保障措施，有计划地开展合理化建议活动，让合理化建议活动成为员工参与企业管理的重要途径和挖掘释放员工潜能的载体，以达到持续改善与提升企业经营效益。

【案例】

"让员工做大，才能把市场做大"

某大型家电公司一直秉持"员工才是做大市场的主力军"的理念，因此，在其公司内部职工的合理化建议活动的开展特别普及。为鼓励全体职工积极参与合理化建议活动，公司采取了"提案书制度"，让职工的合理化建议在一张 A4 纸大小的提案书上实现建议呈现、建议实施、建议评估的闭循环管理，并组织了专业人士给予资源、技术上的支持，帮助职工进行分析调研，完善论证，以此支撑提案书的充分调研和详细可行性论证。公司还为此设立了"职工创新成果平台"，专门管理职工的合理化建议活动，让职工借助平台的合理化建议专用通道实现网上申报及后续一系列跟踪活动，职工也能在平台上查询到公司每个部门从合理化建议产生的创新成果的详细操作资料，还有已经采用创新成果的部门的推荐评价，使管理建议更加便捷快速。为了激励职工持续地参与合理化建议活动，公司于2005 年推行"即时激励"机制，即职工的合理化建议被采纳后，奖金随即到位。公司内部每年还会推出合理化建议评选活动，并且定期参加社会上的创新成果评选活动。自活动开展以来，职工参与度逐渐上升，落实的改善方案也逐渐增多，节约了一次性投入，并实现了可持续降本，为公司带来合理化建议。

合理化建议实施细则如图 2 -20 所示。

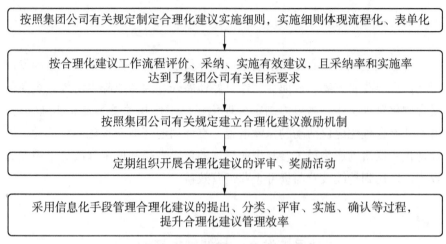

图2-20 合理化建议实施细则

【实战一】

<h2 style="text-align:center">某企业强化推进 TPS 计划[10]</h2>

（一）TPS 推进思路

某企业预计在三年之间实现 TPS 推进以实现企业精益化管理，在三年的过程中从基础构建到营造现场再到构筑机制，目的在于价值链各环节持续改善的机制建立。TPS 三年推进计划如图2-21所示。

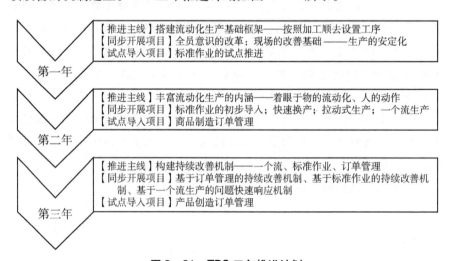

图2-21 TPS 三年推进计划

（二）强化推进措施

1. 全员理念变革。

（1）系统培训体系。在对企业全员进行 TPS 理念导入的培训时，按照系统培训结构图对不同层次的员工进行理念导入。部级、科级员工进行月度例会培训，TPS 推进员进行周度例会培训，同时建立自主、相互学习的机制，以促进全员 TPS 理念的导入，培训结构如图 2 - 22 所示。

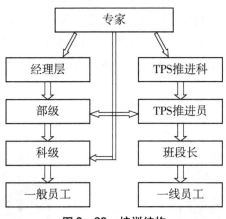

图 2 - 22　培训结构

（2）针对不同人员的教材编制。针对不同的人员制定不同层次的培训内容，除了解的项目不同外，相同的项目需要培训的内容深度也不一致。例如 5S，作为科级以上人员应该了解哪些内容，作为一线员工需要了解哪些内容等，TPS 培训材料如图 2 - 23 所示。

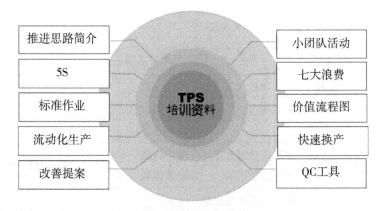

图 2 - 23　TPS 培训资料

（3）通过电子网络知识传递。由 TPS 推进科联合 IT 科借助网络系统或通过 FTP 权限的设置，给不同层别人员设立不同的下载资料自主学习，TPS 推进科负责对疑难处日常的解答或者培训，确保每个人都有全部了解相关内容的平台。

（4）全员 TPS 认知度达标。①通过系统的三级培训活动＋借助学习资料自主学习，达到 TPS 理念全员通过的目标。②制定出新老员工达标的周期和标准。③制定出各级管理人员达标的周期和标准。④日常的考试活动结合不及格人员的曝光，增强各级人员自主学习的意识。

2. 强化推进的总体思路。对于不同层级员工采取不同的推进思路。对于管理层，采取自上而下的强制性执行和推进，而对于一线执行层员工，则以正向引导为主，具体推进思路如图 2－24 所示。

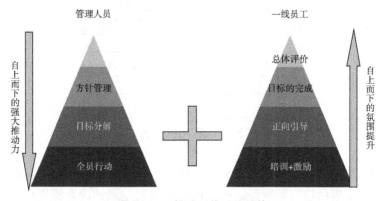

图 2－24　推进总体思路结构

（三）强化推进 TPS 具体实施计划

TPS 实施计划表如表 2－8 所示。

表 2－8　TPS 实施计划表

序号	项目名称	项目内容	输出物	责任单位	完成时间
1	培训体系	三级培训体系的建立	月度培训计划、总结	TPS 推进科	2010. 9. 30
2		部级、科级月度例会培训机制	会议议题、会议纪要	TPS 推进科	持续项目
3		TPS 推进员周度例会培训	会议总结	TPS 推进科	持续项目

续表 2 - 8

序号	项目名称	项目内容	输出物	责任单位	完成时间
4		车间部长、主任交叉培训	月度培训计划、总结	各制造部门	2010.10.20 开始
5	培训体系	TPS 推进员交叉培训	培训计划、培训记录	各车间部	2010.9.30 开始
6		班组长内部交叉培训	培训计划、培训记录	各车间部	2010.11.20 开始
7		培训讲师的发现和储备	管理台账	TPS 推进科	2010.9 开始
8	教材编制	针对不同人员制定不同层次的培训内容	电子版学习资料	TPS 推进科	2010.12.30
9	电子网络的知识传递	借助网络系统或通过 FTP 权限的设置，给不同层别人员设立不同的下载资料自主学习，TPS 推进科负责对疑难处日常的解答或者培训	确保每个人都有全部了解相关内容的平台	TPS 推进科 IT 科	2011.1.30
10		制定出各级管理人员达标的周期和标准	下发通知	TPS 推进科	2010.11.30
11	TPS 认知度达标	制定出新老员工达标的周期和标准	下发通知	TPS 推进科	2010.12.30
12		日常的考试互动结合不及格人员的曝光	通报	TPS 推进科	2010.10.30 开始

续表 2 - 8

序号	项目名称	项目内容	输出物	责任单位	完成时间
13	一把手对 TPS 支持度的评价	设计评价要素，通过自评、互评和推进人员专评，评价不及格的要制定改善措施和计划	评价标准及定期评价通报	TPS 推进科	2011. 1. 20
14	月度、周度 TPS 例会平台的有效利用	月度、周度 TPS 例会平台的有效利用	按通知要求实施	TPS 推进科	2010. 9. 10 开始
15	全员管理	打破只有专职人员管理的局面，例如 5S 管理，车间主任、各副主任日常的随时监督管理机制的建立	5S 指标分解通知	TPS 推进科	2010. 10. 1 开始
16	总体评价体系的建立	各部门 TPS 推进总体评价管理办法	TPS 推进评价管理办法	TPS 推进科	2010. 10. 30
17		主要项目的组织评价	通报	TPS 推进科	持续项目
18		对于全员参与项目的班段级、科级评价	评价标准、通报	TPS 推进科	2010. 9. 10 开始
19	未采纳提案的有效管理	定期收集，组织相关人员评审，并协调沟通责任部门整改	改善计划、通知	TPS 推进科	持续项目

续表 2 – 8

序号	项目名称	项目内容	输出物	责任单位	完成时间
20	TPS 奖金的明确化和时效性	针对员工抱怨，TPS 奖金在月度工资中难以体现的现象，在工资条中增加"TPS 激励"专栏	工资条	综合管理部	2010.11 开始
21		对于一线员工的奖金或礼品采用现金或现物的激励方式	通知	财务部 综合管理部	2010.11 开始
22	TPS 奖金的倾斜度调整	下半年对管辅人员奖金按照系数进行调整，在总体额度不变的前提下增加一线员工改善提案的"积分制"	管理制度	综合管理部 TPS 推进科	2010.9 开始
23		现场优秀改善项目展示，改善标兵宣传	版面更新	综合管理部 各车间	2010.9.30
24	TPS 推进氛围的营造	TPS 班组管理指标趋势图的目视化管理	现场自视	综合管理部 TPS 推进科	2010.9.30
25		TPS 推进宣传稿件的管理	稿件	TPS 推进科	持续项目

【实战二】
某企业推行5S管理的体系建立[11]

某知名外企为了更好地改善和分析现场管理存在的问题，进一步提高全员生产效率，保障企业生产安全，增强全员士气，改善工作环境，全面推进建立5S管理体系。

（一）企业5S管理委员会的建立

5S管理体系建立不仅是各部门的工作职责更是要求企业整体统筹系统推进，强化各部门间协同配合和及时沟通。企业根据现有内部组织结构，讨论确定了5S管理系统实施主导者为厂长，厂长助理担任项目协调者，按企业层次分为工厂级、部门级、班组级、协调者。具体5S推进委员会结构如图2-25所示。

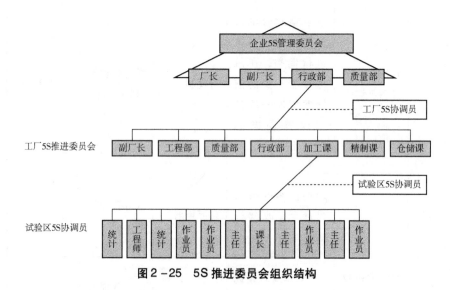

图2-25　5S推进委员会组织结构

1. 工厂级5S管理委员会。本级组织负责企业5S管理推进项目总体目标、方针、政策的制定；统筹并及时监督部门级5S推行委员会的工作进展与结果；针对5S管理推进过程中所遇重大问题进行商讨得出解决方案，具体工厂级5S管理委员会结构及其职能如图2-26所示。

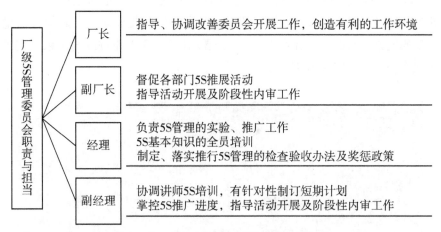

图2-26　厂级5S管理委员会职责与担当

2. 部门级5S推行委员会。本级组织由各部门主管组成，负责本部门5S管理事务的推进；根据上级总目标进而设定本部门的相应下级目标；负责汇报并讲解部门内推进情况；及时向上级反馈所遇问题及困难；监督及维持部门内日常管理活动的开展。

3. 班组级5S推进小组。本级组织由各部门员工与相应部门主管组成，是企业中5S管理方案的实施者。负责开展本部门的5S管理活动；负责部门小组准确推进实施部门目标，并及时将无法解决的问题上报给上级。

4. 工厂协调者。工厂协调者由厂长助理担任，负责落实工厂级5S管理委员会的决策，监督部门级5S推行委员会工作；负责协调各部门推行委员会。

（二）5S管理培训与宣传

5S管理推进的重要基础是全员参与，旨在全体员工理解、掌握并熟练运用5S管理理念。而通过培训与宣传，将有利于消除员工对新事物的抵抗心理以及有利于提高员工的学习积极性。

1. 培训。培训应分为主管和一线员工两部分，以提高培训的针对性和效率。主管由工厂级管理委员会、部门级推行委员会和工厂协调员组成。由于主管主要负责制订5S计划和具体实施方案，所以对主管的培训更加深入细致，以便其获得更为全面详细的了解。此外，一线员工作为5S实施的主力军，他们的培训重点是建立信心和实施全员参与，增加其对5S的兴趣与积极性。

2. 宣传。企业宣传采用多渠道的宣传方式，如饭堂的电视上滚动播放 5S 培训影片、员工培训实操视频等多重内容；在车间或走廊等人流量较多的地方设置公告板张贴 5S 标语，展示班组 5S 工作进度与结果，促进 5S 的渗入，如图 2-27 所示。

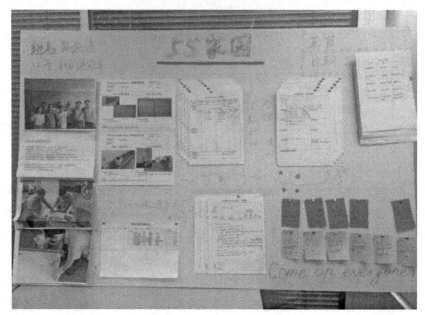

图 2-27　活动板宣传

(三) 5S 管理的总体方案实施步骤

企业运用 PDCA 循环，按次序进行科学管理，层层递进，循环持续。PDCA 循环包括目标阶段 (P)、实施阶段 (D)、纠错阶段 (C)、总结阶段 (A)。

1. 目标阶段 (P)。本阶段解决 5S 管理中"如何做"的问题，此前所建立的 5S 推进委员会针对近期企业的经营策略制定出相应的目标方针，此为后一阶段的 5S 管理开展提供方向。根据制定的总目标，企业内各级推进委员会将其逐步分解，形成各级所需完成的目标计划，保障 5S 的切实推进。

此外，企业仍制订针对目标计划的实施方案，其中包括"自上而下"的实施发布方案以及"自下而上"的实施反馈方案。"自上而下"的实施发布方案是指，由工厂级推进委员会在基于对企业现况的了解与部门级推行委员会的沟通后，向下级所指定发布的实施方案。而"由上自下"的实施反馈方案则是由班组级5S推荐小组基于自身工作经验以及对企业现状了解后，集中反馈至工厂级委员会的方案。

2. 实施阶段（D）。本阶段将在宣传与培训的基础上，对企业5S管理开展区域进行实施方案的落实及执行。同时，企业选择内部5S管理重点区域进行加强改善，并将其改善结果以及改善方式总结形成模板，提供给企业其他区域作为改善借鉴。

3. 纠错阶段（C）。在本阶段企业分别通过两步对前一阶段的结果进行检查、检验；制订相关的检查机制以及考核标准；进行定期现场检查与评价。

4. 总结阶段（A）。本阶段作为实施步骤的最后一步，企业对前一阶段的结果经验进行总结，改正本次改善过程中的不足之处，并计划开启下一次的目标阶段，进入下一个PDCA循环。

（四）5S管理的具体实施方案

1. "整理"具体实施。

（1）工作现场检查。企业内班组推进小组对所在单位进行工作现场检查，观察检查地面、办公台、办公空间等区域中是否出现工具垃圾乱放、杂物用品堆积等情况。

（2）对"必需品"与"非必需品"分类。经推进小组讨论，对所有物品进行分类识别，设定"必需品"与"非必需品"的分类标准，如图2-28所示。

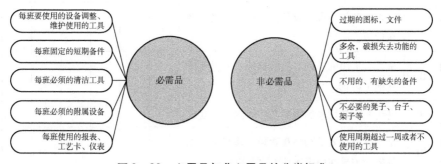

图2-28 必需品与非必需品的分类标准

（3）"非必需品"处理。在对"必需品"与"非必需品"分类的基础上，企业将"非必需品"的使用期限及用途进行记录，同时制定了清理的标准，后期将及时进行处理。

（4）改善与二次检查。对现有的"必需品"与"非必需品"分类标准进行及时更新，同时完善现有对"必需品"的管理流程与对"非必需品"的处理流程。此外，将对检查本次的清理结果进行打分，形成良好的工作习惯，达到工作场所的规范与有序，评价表格如表2-9所示。

表2-9 1S检查表

区域：	审计者：			日期：				
是否通过审计（ ）是（＞=80）否（<80）				总数之和：				
序号	整理—Seiri（1S）	分数						注释
		0	1	2	3	4	
1	区域内是否有明显的灰尘							
2	是否有障碍物放置在通道上阻碍通行，是否有物品堆堵在消防器材和紧急出口前							
3	是否有旧的或过期的海报、备忘录、通知、图表、图纸或订单在活动板、工作台或区域内墙上							
4	是否有漫溢的垃圾篓或垃圾堆积在地上，垃圾篓按时倾倒							
5	是否有过长或凌乱的电线							
6	是否有不用的、多余的和破损失去功能的工具							
7	是否有螺丝、螺帽或破损部件和工具丢弃在地面上							
8	是否有不用的备件、缺陷部件、原材料或其他工程物							
9	是否有不知用途的物品在区域内随意摆放							
10	是否有不必要的物品在货架、移动车、工具柜、工具在周围场地上							
11	是否有不良品与合格品混在一起							
12	是否有个人用品随意放置							

续表2－9

区域：	审计者：		日期：				
13	是否有明确的非必需品定义						
14	是否实施红牌作战或非必需品指定区域管理						
15	是否建立了非必需品的处理规程						
文化工具的运用			2	4	6	8	10
1	是否定期举行小组活动，并且有活动记录						
2	是否有效使用活动版，并且大部分人员参与制作						
3	是否有明显的改善，并且有前后对比的改善记录						
4	是否有效地进行一点课程/合理化建议						
总分							
方案		负责人		完成日期			

在此"整理"的过程中，企业还实行了"红牌作战"，即当发现现场又不合规的地方时将予以红牌警示，督促相关责任人进行处理；此外，还运用了定点摄影，对5S管理改善区域的同一角度进行拍摄，对推进前后的问题点进行对比，有利于"整理"的高效性开展。整理前后对比图如图2－29所示。

图2-29　整理前后的对比照片

2. "整顿"具体实施。

（1）巩固"整理"阶段成果。

（2）制订流程确定存放区域。经"整理"阶段的落实后，现场产品已进行分类。在此基础上必需品已留在场内，本阶段内企业对该类别的物品继续进行位置管理，在其中考虑员工习惯、工作使用、安全性等方面。此外，还根据"三定"原则，工厂对物品的"定位""定量""定区"进行确定：①"定位"：企业根据使用频率确定放置位置，同时用彩色标志线划分通道与作业区。此外，为避免安全事故发生，企业设置危化品库进行单独管理危险产品。②"定量"：规定物品放置区域的数量限制如储物柜、储物架等区域，同时对物品高度进行划标线，将物品数量可视化，如图2-30所示。③"定区"：对不同物品用颜色进行统一划分，如红色区域为消防设备的放置区域；蓝色区域为垃圾存放区；绿色区域为成品存放区。对同一产品不同生产状态下的放置区域运用黄色、绿色、红色来标记不同生产状态下的产品，具体效果如图2-31所示。

图2-30　栈板的高度标线

图 2 –31　区域定位照片

（3）定期维护检查。完成"整顿"操作后，企业针对完成结果进行检查评分，具体评分表如表 2 – 10 所示。

表 2 – 10　2S 检查表

区域	审计者：		日期：				
是否通过审计（　）是（＞=80）否（<80）			总数之和：				
序号	整理—Seiri（1S）	分数					注释
		0	1	2	3	4	
1	消防通道、紧急出口和安全设备被明确指示						
2	地面上的通道被明确划分，如通道禁止行人通行，要有明确的提醒标识，并严格遵守这些规定						
3	所有的材料存放区（原材料、半成品、成品）都被清楚地标识，并且没有材料放在错误的地方						

续表 2-10

区域	审计者：			日期：		
4	所有的固定货架、移动货架、辅助材料架和设备都堆放在规定的地方，并有明确的标识显示					
5	日常使用的公用工具、材料都就近使用地放置，易于取放和管理，查找取用时间在30秒内完成					
6	各岗位所使用的工具，按使用频率摆放，并明确定置，随时用到的工具，可随身携带					
7	清扫用具、清扫设备、垃圾桶定置在指定区域，取用后及时归还，没有随意丢置的现象					
8	不良品放置在规定场所并挂牌标识，不能和合格品混淆					
9	标准化工作说明、清洁基准书、检查表都放在工作区域附近，能起到及时指导工作的作用					
10	存储管和管道都清楚地标记，并通过颜色显示出其内含物					
11	强电、高温管路等有高安全隐患的设施都有醒目的标识显示					
12	所有的仪表、液位显示器都正确标识，标准的操作范围清楚地显示，目前状态都明显可见					
13	所有的阀门、开关都正确标识，标准的工作状态清楚地显示，目前状态都明显可见					
14	工作场所的文件明确定位，使用目视管理，任何人能随时取用					
15	个人劳防用品及个人用品被放在指定区域，并有明确的标识，没有随意放置的现象					

续表2-10

区域	审计者:		日期:				
文化工具的运用		2	4	6	8	10	
1	是否定期举行小组活动,并且有活动记录						
2	是否有效使用活动版,并且大部分人员参与制作						
3	是否有明显的改善,并且有前后对比的改善记录						
4	是否有效地进行一点课程/合理化建议						
总分							
方案		负责人		完成日期			

"整顿"过程需要实现标识统一化、执行彻底化。同时,过程中企业运用一定的目视化手段,促进员工对标识的认知。通过对此前设置的红牌作战的标签进行整理,并进一步运用合理化建议对问题进行改善,最后讨论出"红牌物品"的最优位置。具体实施流程如图2-32所示。

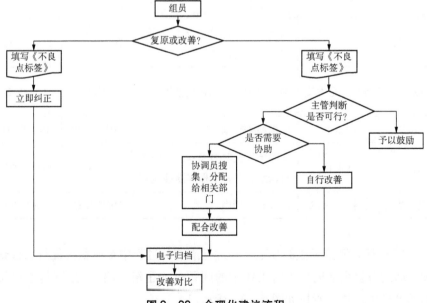

图2-32　合理化建议流程

3. "清扫"具体实施。"清扫"阶段的主要任务是对工作场地进行打扫，确保产品质量，但其中不仅是传统意义的基础清洁工作，更是对工作场地各细节处的清扫。

（1）划分清扫的责任区。工厂级推进委员会为部门级组织划分责任区范围，并指定清扫区域的目标与内容；部门级将清扫目标推进至班组级小组，确定区域清扫情况，及时上报工厂级委员会。

（2）进行清扫，清理脏污。各班组在落实清扫区域指定的计划，实现在准确的时间地点完成清扫任务。同时，企业为班组制定了在不同的清扫频率条件下对应的清扫目标。企业在进行该步骤时，重视对"看不见"地方的清扫、清扫工具的清洁与定置处理。

（3）查找污染源分析并隔绝。企业在进行清扫的过程中更重视对污染源的杜绝。各部门级委员会促进推进小组成员对工作场地进行排查、分析，汇总造册，讨论后进行改善，具体调查汇总表如表 2-11 所示。

表 2-11　污染源解决跟进时间表

污染源	污染物	解决计划	计划改善	实际改善
标贴机	胶水	解决胶盆外漏问题	2021/4/30	2021/5/5
纸质包材	纸屑	控制供应商加强现场吸尘作业	2021/5/30	2021/5/25
喷码机	油墨	制作不锈钢台子，防止油墨滴在地面上	2021/4/15	2021/5/1
地面	尘土	叉车运行期间绕开破损地面，并加强卫生清洁	2021/4/25	2021/4/25
捆包带	胶带、尼龙绳	加强培训，并配置垃圾桶	2021/5/1	2021/5/1
电机	机油	定期检查轴承、轴封	2021/4/30	2021/5/10
灌装线	液态油	在罐装后及时对桶身的油渍进行清洁，并定期保养灌装设备	2021/5/25	2021/5/25
卫生清洁	废抹布、碎屑	放到垃圾桶内	2021/4/15	2021/4/15

（4）建立清洁工作的规范。在进行清洁的过程中企业积极推行看板管理，通过看板企业内员工对工作中的问题更加了解，将 5S 推行过程以及结果可视化，具体看板如图 2-33 所示。

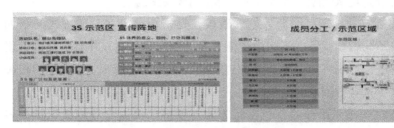

图 2 - 33　3S 示范看板

4. "清洁"具体实施。

（1）落实"整理""整顿""清扫"的推行成果。"清洁"是对前面工作的巩固，保证前阶段工作的彻底持续。其中，部门级推行委员会定期按照前阶段所设目标对工作进行落实并及时进行反馈。

（2）责任落实到个人，增强管理意识。班组级推进小组内设定区域责任人，并由其负责所在区域"标准化工作"的开展，时刻督促区域完成情况，及时明确自身管理职责与工作内容。

（3）全面的点检制度。部门及推行委员会针对工作场地的差异、工作情况的特性，制订自身特定的"点检表"，再由班组级区域负责人对表格项进行逐一检查执行。

（4）定时巡查落实整改。

5. "素养"具体实施。

（1）落实前四阶段工作内容。前四阶段实则是使得员工熟悉 5S 工作内容的必要流程，同时也是在潜移默化地影响员工办公习惯。两者相结合，将思想与实践相关联，加强企业推行程度。

（2）制订企业规章制度。根据前四阶段推行经验，企业内包括部门级、工厂级都制定了一定的管理实施制度、操作规范等文件。

（3）加强培训教育。企业对不同层级的组织开展不同程度的培训。同时针对新员工，在接受企业基础培训的同时，还需要接受车间以及部门级的培训，最终企业实现了新员工对整体架构了解度的提高。

（4）实时考核纠正错误。

（5）定期开展积极反馈活动。

（五）结论

综观该企业整个 5S 管理的推进过程中有七点值得借鉴：

1. 高层领导带头深入生产现场，组织部门主管与员工进行调研，细致地分析研究现状问题，加大投入力度，予以解决。

2. 企业在前期制订培训计划的时候，是采用分批次、递进式的培训形式，将不同教育背景、不同接受能力的员工分开培训，并对培训内容逐次加深递进，形成一个循序渐进的过程，让员工容易接受 5S 管理的相关理念，减少抵触心理。

3. 5S 的实施采用部门特色推行方式。各部门根据自身的组织特点和人员特性制订具有自身特色的 5S 推进计划，使推行更加切实可行，从而使效果更加显著。

4. 推行委员会的建立保证了 5S 管理高效的实施。建立了不同级别的推行委员会，并制定了 5S 管理协调员，与各部门级委员会进行沟通联系，成为上级推行委员会对下级委员会传达指令，下级对上级反馈进度与问题的桥梁。

5. 企业在推行初期制定的目标是详细的、切实可行的。制定了总体的 5S 实施目标和 5 个阶段分别要完成的目标，而且各个部门还建立了符合自身特点的部门级 5S 实施目标，是员工通过努力可以达到的，而不是遥不可及、无法实现的。这样使员工执行起来目标明确，更易于建立自信，从而持续地推行。

6. 企业制定的整体性、持续性、适用性、定性与定量、推广性五原则，适用于任何其他制造型企业。

7. 企业所运用的推行工具，是保证其推行顺利的有效技巧。它虽然具有自身鲜明的独特性，但这些工具也同样适用于其他企业，要根据自身的现状特点对其进行修正以适应发展，并将企业文化融入其中。

【实战三】
某货运代理企业基于 ESIA 流程优化方案

某货运代理企业为解决流程中操作效率不高、操作成本较高的问题，准确设计业务流程优化方案，对关键流程进行重点优化，突出具有价值增值的环节，依照企业价值链原理，对某公司的企业业务流程进行了如下划分，如图 2－34 所示。

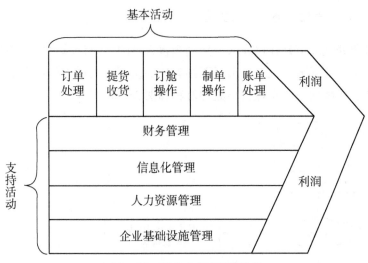

图2-34 某企业业务流程划分

公司核心价值主要集中在基本业务操作活动中，而业务操作流程由订单处理环节、提货收货操作环节、报关操作环节、订舱操作环节、制单操作和账单处理操作环节构成。其中，报关工作由报关代理来完成，公司操作人员只负责与客户和报关行之间的沟通。因此，企业基本活动主要由订单处理环节、订舱操作环节、提货收获环节、制单操作和账单处理操作环节组成，为发现流程中待改善处，绘制出业务操作流程问题鱼骨图，如图2-35所示。

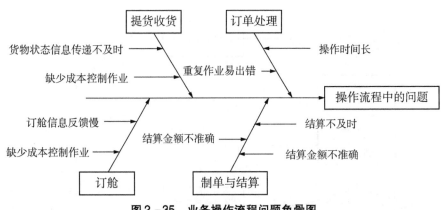

图2-35 业务操作流程问题鱼骨图

接下来，将运用ESIA原则对以上环节进行系统分析：

（一）订单处理环节流程优化方案设计

订单处理环节是在操作人员接到销售人员的客户订单之后所需要操作的第一个重要环节。这个环节需要跟客户确认订单的详细信息和要求，并为后续工作做铺垫。企业订单处理流程如图2-36所示。

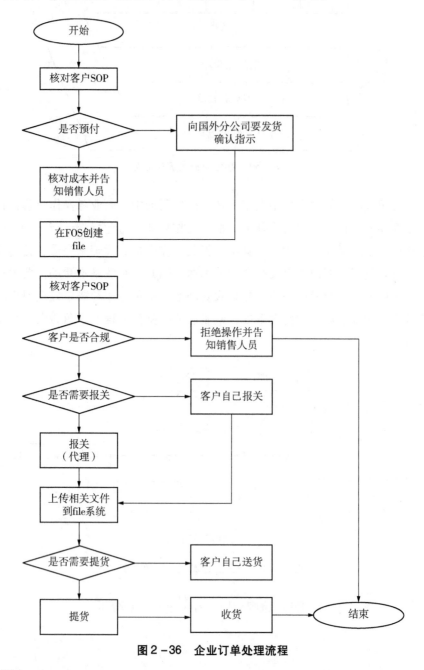

图2-36 企业订单处理流程

1. 基于整合的原则对流程中工作作业顺序调整。将步骤 4——操作人员核对客户 SOP（standard operation process）调整至最开始。

此步骤通过客户标准操作手册对已有客户进行资格审查，查看其货物状况并判断付款状况是否符合企业规定。如果不符合规定，则操作人员告知销售人员相关情况，并暂停继续操作。

在之前的流程中，此步骤是在操作人员通过订单信息核对，在系统中创建 file 之后再进行的。如果该客户不合规，步骤 2 和步骤 3 则可删除，而这将需要操作人员在系统中删除刚刚创建的记录，并且对于之前订单信息的核对将失去意义，由此将造成时间的浪费。针对此，将此作业步骤提前至操作员接到销售订单之后，由此将在第一时间内对客户资格审核，从而避免浪费时间。通过这样的调整，每票订单大约可以节省 10 分钟的时间。

2. 基于清除的原则减少操作步骤。通过优化管理信息系统来减少手工操作步骤。在原有流程中，操作人员需要在 FOS 系统创建订单信息（步骤 2）之后，同时将订单信息再次手工记录到 Excel 表中（步骤 3）。此流程中员工的实际工作量有所增加，同时手工输入出错率远远加大。因此，企业通过与 IT 的协调，在 FOS 版本升级时增加例如是否提货、是否报关等选项，由此通过系统来查询所需信息以代替 Excel 中的项目，进而步骤 3——登记 Excel 这个步骤就可以逐步取消。最后同样的信息只需要在系统中修改一次即可，每票订单减少 5～10 分钟的操作时间，也减少了出问题后的查询修改时间，企业优化后的订单处理流程如图 2 - 37 所示。

（二）提货处理环节流程优化方案设计

提货服务是企业运输服务中的重要组成部分。这部分主要包括提货信息确认、提货单据制作以及合理安排提货和收货等工作。企业提货流程如图 2 - 38 所示。

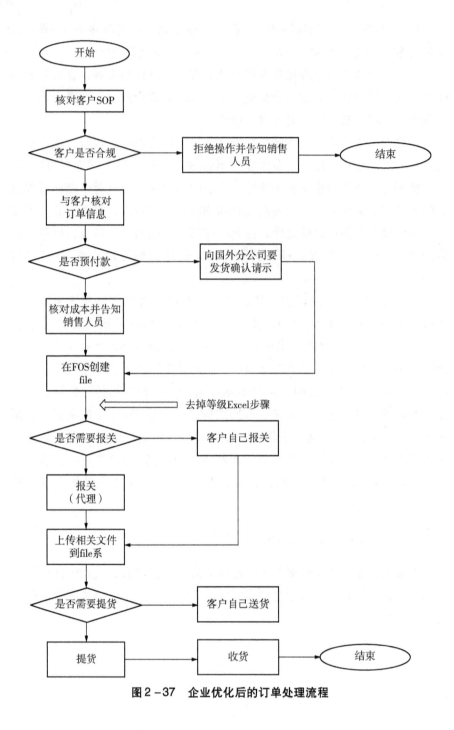

图2-37 企业优化后的订单处理流程

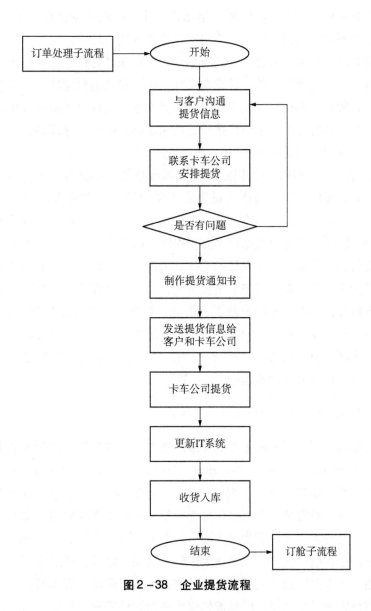

图2-38 企业提货流程

1. 基于简化原则增加提货优化操作。提货优化环节指的是操作人员结合订单的货物和客户的要求，通过对车型、线路等优化，从而降低操作成本的操作。在之前的流程中，操作人员在完成步骤 7 确认提货信息之后就按照客户要求去进行步骤 8 安排提货工作，中间缺少优化工作。因此，流程中拟添加优化提货环节，突出了价值链的增值环节。

而本次优化将采取合并方式对小货物订单来进行操作。操作人员通过确定货间距离与货物件数、重量与尺寸，进一步确定相应的卡车车型确定配车。若货物较小且客人没有严格的提货要求，则可以将多张订单合并到一辆车上，同时由于卡车公司报价是按照车型和距离来计算的，因此可以降低每票货物的提货成本。

2. 基于清除原则去除步骤 11 更新系统操作，转移给卡车公司人员进行。在提货操作之后，操作人员需要将货物运输状态输入到 TT 系统中，但是客户要求提货时间不确定造成了操作员工的更新困难，导致信息更新不及时。因此，企业通过将这部分操作转交给卡车公司人员，由其对系统进行更新进一步减少操作人员的工作。由此卡车公司人员只需完成提货或者收货操作，就可以在系统中更新时间，对于晚上提货的情况就不需要第二天再告知操作人员进行更新了。因此，提高了提货信息传递的实效性，对于国外同事及时获取货物状态信息有所助益。同时，针对操作人员的工作时间也减少 10 分钟的系统更新时间，降低了时间成本，提高了操作效率，企业优化后的提货流程如图 2 - 39 所示。

（三）订舱处理环节流程优化方案设计

订舱活动是提供运输服务的关键环节之一。该工作为订舱人员根据客户的 ETD（estimated time of departure）和 ETA（estimated time of arrival）要求或者一些其他特殊要求（例如：加急、直航等），向航空公司进行对应舱位的采购。通常情况下，航班分为拼舱运输和直飞运输两种类型。拼舱运输指的是将不同客户货物拼到同一航班上，当货物满仓之后再统一飞往目的站。这种航班一般先飞到一个中转目的站，之后再通过续程飞往最终目的地。直飞运输指的是特定直接飞往目的站的航班。直飞的运输时间和运输质量则相对有保障，但是价格也比拼舱运输要贵，企业订舱流程如图 2 -40 所示。

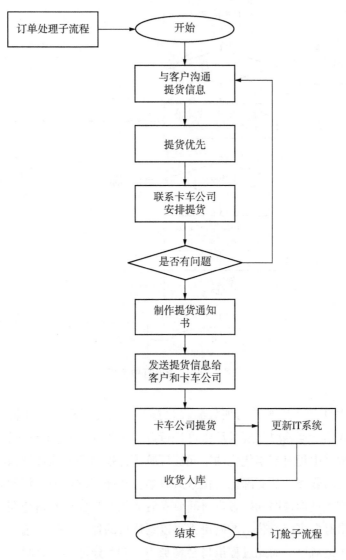

图2-39　企业优化后的提货流程

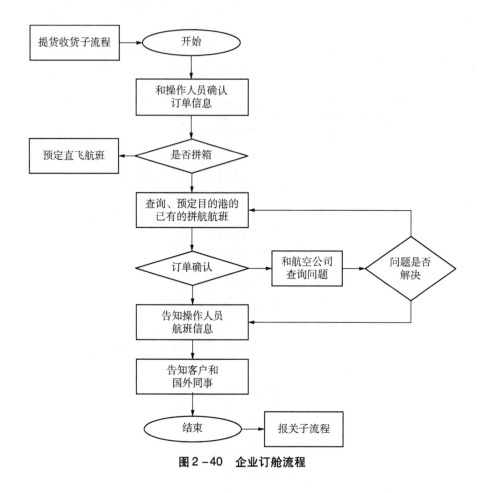

图 2-40 企业订舱流程

1. 基于简化原则，增加订舱优化操作。当前流程中，订舱人员须在了解客人实际运输时间要求后方可进行订舱操作（步骤 13～14），但针对订舱过程其中仍有成本优化的空间。订舱优化指的是多通过拼箱服务来替代直飞航班服务，从而降低舱位采买成本。在操作过程中，订舱人员首先需同操作人员沟通明确好客户时间要求后前往航空公司网站查询相应的航班，如果有多家航空公司的航班都可以到达目的地，则优先选择有拼箱的航空公司的航班。而此过程虽将会增加 10～15 分钟操作时间，但却对降低操作成本有极大助益。

2. 基于清除原则，减少订单状态查询操作，更改由航空公司 EDI 传输。在之前的流程中，在步骤 15、17 中订舱人员需要时刻查询各个航空公司网站查看订舱确认情况，而后还需通知操作人员相关的实时状态，最后操作人员再去通知客户和国外同事。该工序烦琐度高且耽误周期长，参与人员多导致出错率增高。企业针对该情况，通过和航空公司构建 EDI 信息传输的形式，将货物信息直接发送到公司 TT 信息系统上。由此订舱人员或者操作人员只需要在航空公司网站进行订舱操作，之后通过查询公司信息系统即可获知订单状态，企业优化后的订舱流程如图 2 −41 所示。

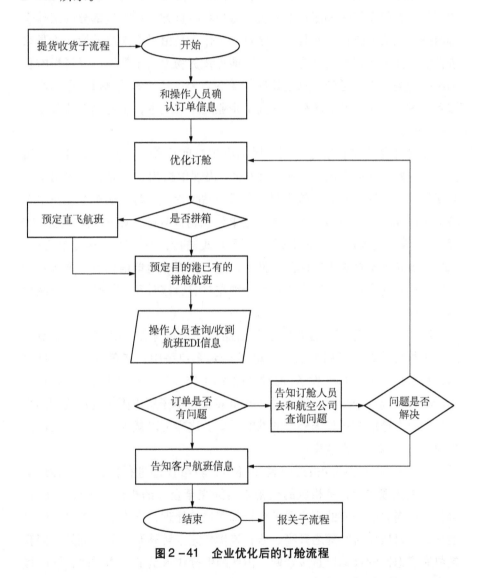

图 2 −41 企业优化后的订舱流程

（四）制单与结算处理环节流程优化方案设计

运单是客户出口货物的必要单据之一。对于业务操作来说，单据制作的准确性与及时性是十分重要的。制作相应的单据，需要根据客户文件和信息来制作相应的运单和标签等工作，同时需要核对相应信息，并在系统中创建货物信息记录和账单最后告知客户和收货方。目前这部分的工作全部由操作人员来进行，并且账务结算的工作也是由对应航线的操作人员来进行的。如果单据出现问题，将有可能导致货物无法正常发出或者影响目的站的清关工作，延长货物运输时间1~2天，从而影响KPI，影响客户服务水平，甚至还需要索赔，提高了企业的运营成本，企业制单流程如图2-42所示。

1. 基于整合与自动化原则，增加虚拟打印操作，检查单据信息是否完整、正确。在原有流程中步骤19常常出现单据信息不完整、单据信息有误的情况，这将会影响航班起飞和目的站收货。同时，换单等操作也会增加操作成本。一般情况下，由于运单信息错误导致的换单成本约为200元/单。为了减少成本，企业通过以下方式进行：在打印正本运单之前，操作人员首先选择虚拟打印到文件上，进一步检查运单信息后，再次打印正本运单。这个操作可能会增加5分钟左右的操作时间，但是有助于减少运单错误。

2. 基于整合原则，合并发送单据操作和预报操作。操作人员需要把运单等相关单据电子版通过E-mail发送到客户手中，在获取预报信息之后，将预报通过E-mail发送给国外目的站工作人员。笔者认为可以将这两个步骤合并成一个步骤，即通过E-mail将文件电子版以附件的形式和预报信息同时发送给客户和国外目的站的同事。这样可以减少5分钟左右的操作时间，提高了工作效率。

3. 基于清除原则除去退核销单环节，转给代理进行操作。过去该操作由报关代理进行，将相应的核销单据提交至企业的操作人员处。随后，操作人员需要按相应的客户要求进行邮寄退单处理，增大了退单延误的可能性，同时操作时间随之升高。若将该操作完全转移至报关代理处，即直接将有需退回的核销单直接寄回。由此降低操作人员的工作时间，同时提高客户收到退单的及时性，企业优化后的制单流程如图2-43所示。

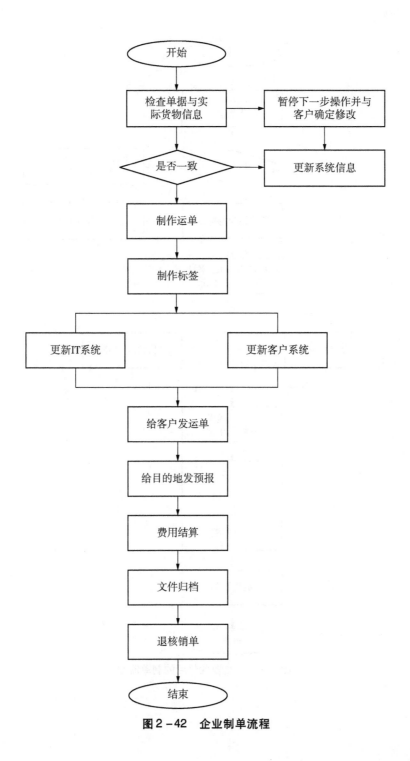

图 2-42 企业制单流程

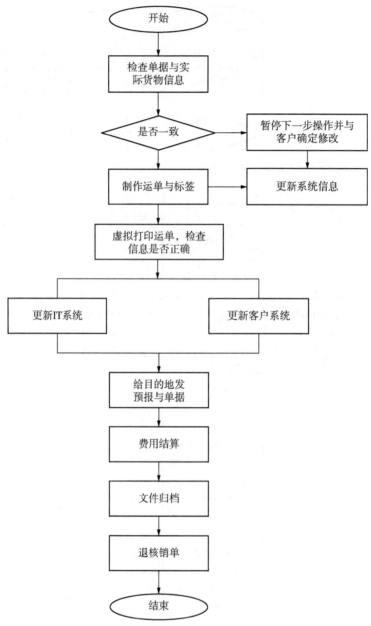

图2-43 企业优化后的制单流程

第三章 精益研发

第一节 精益研发的思想内涵

一、精益研发的定义

精益研发是一种以精益为目标的研究方法，它将精益思想融入产品研发的全过程之中，以精益研发总线为统筹，突出以精益技术方法为核心，以客户需求为导向，通过技术集成、流程管理、数据管理等信息化手段，结合设计与仿真、知识工程、技术创新、质量管理等先进技术与方法，规范、优化和创新企业研发全流程，实现从产品概念设计到产品试制全过程的高效协同企业通过精益研发产品设计方法，有效促进企业提升自主产品创新能力，构建研发管理的差异化竞争优势，从而为客户创造高价值的产品或服务。[12]精益研发在产品研发运用方面可以从四个角度进行剖析：①从需求与创新的角度，精益研发人员需要在正式研发之前通过对客户群体进行调研，了解市场需求，进行高效的需求管理，制定合理的研发战略。②从流程与项目的角度，在精益研发整体过程中，其要求相关工作人员对支付等流程进行管理，从而在控制成本合理的同时保证产品质量。③从技术的角度，精益研发人员需要注意研发过程的工艺设计，更要通过前期对市场需求的调研，对产品进行设计与先行开发，保证产品在市场中的可行性。④从资源的角度，精益研发需吸纳精益人才，加强与供应商之间的合作，以及对精益研发涉及的其他资源进行合理利用与管理。精益研发的内涵如图3-1所示。

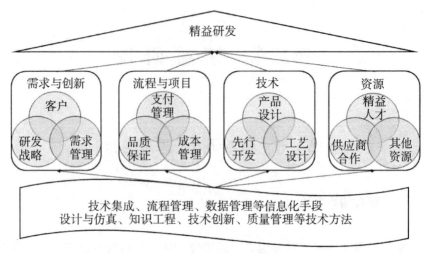

图3-1　精益研发的思想内涵

二、精益研发的原则

精益研发是实施全价值链精益管理的源头，对企业的生存与发展起着关键的决定性作用，若想成功推进精益研发应遵守以下八项原则。

（一）由客户定义价值

对比以往以研发人员的意识为主的设计研发，客户在研发过程中体现的价值正逐步提高。由客户定义价值的核心在于应以客户的需求为中心。过去销售岗位所带来的初级需求信息由于模糊、缺乏专业性，因而对后期以需求为中心的研发造成阻碍。所以，精益研发要求研发人员应尝试与客户进行直接对接，由此不仅有利于充分收集其初级需求，同时便于利用其专业性以引导客户感知，以得知更深层的需求；另外，应注意研发过程中考虑的不应只是基础硬件，还有客户需求，了解与客户相关的制造性、维护性以及成本与可靠性之间的平衡等方面的需求，更有利于充分实现客户定义价值的目标。

【案例】

某重型汽车企业研发团队准确把握驾驶室舒适度客户需求

某重型汽车研究院驾驶室设计研发团队，通过深入调研全国重卡车型驾驶室使用情况、对行驶道路情况进行统计，亲身与客户共同试驾各类车型。充分了解客户在驾驶中疲劳不适的情况，并进一步运用自身专业性引导客户对行驶过程进行深入感知，由此准确获得客户对于优化车辆悬架系统以及提高弹簧工作应力的需求。从而，研发团队不仅充分利用技术解决了设计车型的悬架系统优化问题以提高驾乘舒适性，另外还通过调节钢板弹簧的热处理工艺和喷丸工艺以攻克提高弹簧工作应力的难关，仅一年时间，该研发团队成功研发出一款舒适度好、成本质量好的重卡驾驶室，所匹配该驾驶室的车型在市场占有率得到了明显提高。

(二) 建立均衡的产品开发流程

为了从产品开发中获得最佳结果，企业一般需要实现建立平衡开发过程的目标。产品开发过程受多种因素的限制，例如开发所需的时间、成本、质量及其所需符合的标准。此外，产品所需满足的标准还间接决定了产品开发中的其他三个因素：时间、成本、质量，即如果产品具有更多需要预先实现的功能，时间和成本也将随之增加，但实际上质量的变化并没有相应增加。在产品研发前，充分考虑预期的概念，衡量应如何合理分配这三个因素，并进一步确定对研发过程和售后市场的投资；在产品研发过程中，应以产品必须符合的标准为核心，研发团队合理组织时间、质量和成本的权重，避免为了提高质量或减少研发时间而无法达到预定标准的失衡情况。

【案例】

某轻型商用车企业为优化研发流程对均衡产品设立的开发目标

某生产轻型商用车企业为持续拓展市场，开始投入研发2吨型轻卡，最初该卡车被研发定义为中高档轻卡，但由于过度提高其质量使得销售价格过高，直接影响其后期投入市场的销售业绩。研发团队总结经验后，通过简化车辆电器系统的每个零件的配置，但不影响功能使用，大幅度地减少了后期生产成本。同时，利用PDM（产品数据管理）技术，及时并全面查阅产品开发详细数据进行部分修改以减少其研发时间成本。通过后期研发不断优化，在保留原始设计的前提下，重新均衡地分配质量和成本两个影响因素，良好地实现精简改良的目标，使得后期投入市场价格有所降低且销售数量迅速增长。

（三）开展同步开发工程

为消除研发项目执行中的浪费，企业应建立跨部门、跨团队、跨企业（供应商）且包括设计、仿真、测试、生产、质量、供应等流程充分参与的同步计划设计管理流程，并通过实施设计应用相关管理工具来同时执行营销计划、流程设计、供应商选择、培训保证等其他相关工作。在整个产品开发过程中实现同步和集成，从而改善研发整体流程效率、缩短研发周期、降低研发成本、加速研发成果转化，并合理控制整个产品生命周期的综合目标成本。

【案例】
某计算机企业优化研发团队开展同步工程

某计算机企业通过分析发现由于其过去产品推出周期过长导致企业竞争优势缺失的情况，而后推陈出新，将新产品的设计、质量管理、试验检测等各功能部门整合为一个团队。团队成员的组成跨越了人为的划分障碍，增强了产品研发整过程的流畅性。小组成员中不仅各自具有极高的专业性，并能对不同情况做出准确的判断，同时积极适应新的工作方式、新的工作环境，打破过去边框消除边界。例如，设计工程师与工艺工程师共同商讨，测试专业的人员也适当掌握质量要求的精度，最终 36 个月的产品研发周期被压缩为 18 个月，同时新产品也具备简单、实用、可靠的特征。

（四）将供应商整合到产品开发

供应商于早期加入产品开发，不仅有利于企业产品推出，还有助于供应商原料的生产。过去开发产品过程中常出现因设计无法匹配原料而重复修改设计或增加开发成本的情况，而供应商的参与使得问题迎刃而解。其融入产品开发可促进研发信息的流动，加快双方对原料的质量、数量需求的沟通。且供应商可充分运用自身熟悉原料的优势，辅助研发团队优化产品。以此做法，不仅可以使供应商获得市场竞争优势、提高自身生产水平，同时可以使企业在缩短开发周期、降低开发成本、提高产品质量等方面取得良好的效果。另外，供应商与采购方因沟通产生的库存、物流问题也得以解决，实现互惠共赢。

【案例】

某食品企业将包材供应商整合至前期包装设计阶段

在食品新品开发过程中，常出现原预定高设计的包装造型由于包材方模具制造、产品成型出现阻碍，原定机械化量产转化为手工组装，进一步导致产品上市时间延长或后续产品产能无法提高的情况出现。企业总结过去所遇的情况将包材供应商加入前期研发阶段，由此供应商为开发人员提供包材专业的信息，如相应的成本、材料以及制造工艺。此外，供应商还从包材的角度，为企业前期食品包装的设计提供后续反馈优化意见。该食品企业在设计阶段将供应商优势实现最大化发挥，有益于整体产品开发效率的提高，还增强了自身与供应商的联系，为未来包装升级准备发展空间。

（五）坚持项目总工程师负责制

过去职能制部门的广泛推崇促进了项目中各人自身专业能力的提升，但同时为部门间交流设下了障碍，使得沟通效率降低。采用总工程师负责制有助于解决项目中进行跨职能工作所遇到的困难——总工程师指项目运作中一种跨部门的职务，区别于部门负责人，该职位不仅具有专业技术职称而且同时具备行政调度能力。总工程师能充分利用各部门优势以适应客户需求，除此之外对于项目总体的分工、特点、目标以及进度更是全面掌握。另外，总工程师的主要工作重心在产品，而部门负责人的主要工作重心在于部门工作管理，二者间消除权力冲突、内耗，有利于加快项目开发效率、实现跨部门顺利沟通。

【案例】

某汽车企业采取总工程师制度以优化项目研发流程

某汽车企业在保留职能部门模式的前提下，为弥补缺漏，启动总工程师制度以打破职能隔墙，将研发工作重心置于产品。该企业安排总工程师在研发过程中担任跨职能沟通、进行合理分工、及时跟进项目进度、指导项目发展方向的角色。在此过程中需要其及时处理车辆研发期间的事务，例如通过对客户与市场对于车辆的需求的了解及时修改项目团队目标，同时总结过去部门权利冲突问题，总工程师有利于调度部门间的分工，由此该企业不仅保证了研发的顺利完成，并充分满足了以客户为中心的要求。

（六）采取严格标准化

研发往往以"创新"作为代名词，与"标准化"本应是死敌，而实际研发中"标准化"是精益研发的重点之一。原因在于在创新的过程中采取标准化，有利于从研发的多种变素中发现不变素并使研发人员都遵循此不变素，进一步避免研发时间浪费以及无效研发。另外，研发标准化大致分为三大类：设计标准化、流程标准化以及技术技能标准化，其中设计标准化是指产品功能与结构设计的标准化；流程标准化是指通用的结构化开发流程；技术技能标准化是指跨工程团队和技术团队的技能与能力的标准化。[13] 运用多方面标准化手段推动研发进程的措施落实，促进开展了精益研发相关的工作，且进一步提高了企业研发水平、提升了企业核心竞争力。

【案例】
某企业针对研发流程采取全方位的标准化措施

某企业在产品研发中各个方面都开展标准化工作后，其自身的研发水平以及整体研发流程的流畅度有了较大提升。企业在研发流程、资源和工作方式等方面采用标准化手段，以规范产品研发，由此研发团队的思维发散、研发时间长等问题得以解决。另外，该企业将数字和信息平台相结合，以分析现有的研发过程的前提，对整体研发过程的有效性、合理性和平衡性的逐点控制，并制定合理的标准以完善研发体系并实现企业高效运作的目标。同时，对于管理团队，加强团队精益研发思路，制定工作审核标准，引导成员探索正确的研发方向，激发成员的研发动力。

（七）让技术适应研发人员和流程体系

大多数企业将实现研发创新技术作为目标，而忽略了技术对人员和流程这两方面的适应性。若在基础不良的产品研发系统中运用高新技术，系统的提升不明显，企业所期望的效果并不能达到，更或者会阻碍原本不良的系统的正常运作。企业应意识到由于技术的可复制性，突破高新技术并不是提升自身优势的关键所在，而更应实现运用现有技术进行调适以优化

130

流程、助力人员实现操作的目标。技术调适的过程中考虑人员素质、项目系统水平，同时也遵循因地、因时制宜的原则，以达到最大限度地减少人员、流程之间的摩擦。改变对技术的盲目追求，将重心放于产品研发的总过程，结合人员与流程的因素，创造高效研发体系。

【案例】

某汽车企业遵循让技术去适应人员
和流程体系赢得竞争优势

某汽车企业高度注重研发过程中的细节，在应用各类工具与技术时，能够充分理解流程是研发的基础，人员是其研发的保障，是组成精益研发任务达成的关键要素；而研发中所用的技术与工具仅作为支撑，将无法替代人员与流程两者在研发中发挥的作用。研发的过程中采取例如"5WHYS、SE"等易懂、实用的工具与技术，避免企业为突破高新技术造成的浪费，并减少由于企业后期研发过程中的技术不足而引起的反复审查和摩擦的次数，这一举措以最有效的方式加强了该企业的优势，在同行业的竞争中崭露头角。

（八）运用可视化管理实现研发过程组织的有效沟通

研发过程中可视化的管理是以览表、图表、IT系统等工具为方式，满足过程中对研发目标的视觉化、透明化、界限化的需求的管理方法，即使研发团队可对研发目标一目了然、研发流程及时掌握。运用该项管理方法，加强研发过程的动态化、透明化，研发团队中各成员将能快速及时地得到其想看到、想知道的内容，加强对目标理解且减少研发中因沟通延时、失误而重复更改的时间，从而缩短研发周期；同时可视化的运用，使得团队对项目参与性增强，以此提高团队积极性，研发团队被注入动力，进一步保证目标高效高品质地完成。

【案例】

某汽车企业采用"方针管理"
可视化管理来实现组织的有效沟通

某著名汽车企业使用"方针管理"以设定工作目标，逐层扩展企业的战略目标，并跟进落实至企业各工位。此方法同样也适用于产品开发，产品开发将总体设计目标细化为特定目标，例如性能、质量、成本和安全性，采用此类对设计具有目标导向性的管理，便于设计团队及时发现问题并加以处理。在此过程中，研发团队采用一种直观的目视化工具，即 A3 报告：将在产品开发中所遇问题限制在一张 A3 纸以内进行叙述，报告内容通常包括问题分析、改正措施以及执行计划。对比其他企业冗长烦琐的报告，该举措更有利于提高团队研发效率、团队研究动力。

三、精益研发 4×4 法则

精益研发强调设计方法学与产品研发相结合，从二者的角度出发，精益研发为达到研发过程的精益化，减少在研发源头产生先天不足的浪费。借鉴系统工程学中霍尔"三维结构"方法论，结合产品研发流程和活动特性，从三个维度对精益研发进行解读。这三个维度分别是产品维、逻辑维和知识维，[14] 如表 3 - 1 所示。

表 3 - 1　霍尔"三维结构"

产品维	产品的全生命周期研发过程，包括产品研发的方案设计、初步设计、详细设计和产品定型，是企业产品研发的主流程
逻辑维	产品研发每个阶段的思考方法和实施步骤，是企业产品研发的辅流程。逻辑维从用户域、功能域、物理域和过程域这四个域将精益研发构成一个涉及理论、方法、关键客户需求、满足功能技术的完整体系
知识维	用来积累和重用企业的智力资产。知识维主要可以分为技术积累、基础研究、预先研究和相关专业知识

精益研发 4×4 法则是建立在霍尔"三维结构"的基础上，主要针对产品研发环节的方案设计、初步设计、正样设计、产品定型四个阶段作为时间维，以设计活动中涉及的用户域、功能域、物理域、过程域四个域作为逻辑维，以技术积累、基础研究、预先研究和相关专业知识作为知识维所构成的 4×4 矩阵。在产品研发的每个阶段，必须完整走过设计活动的四个域，才能进入下一阶段。因此，产品研发过程应该完整走过 16 个子环节。对于每一个方格，除了来自上游方格的输入信息和下游方格的输出信息外，还有八项要素：指标、流程、数据、知识和创新、质量、仿真、实验（四项研发）工具，精益研发三维模型如图 3 - 2 所示。

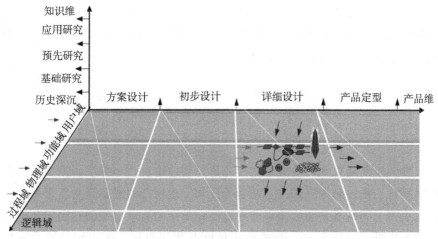

图3-2 精益研发三维模型

四、精益研发的意义

对于精益研发来说，"精"代表精良和精准两种含义，一方面，在研发过程中，在保证产品创新力的基础上，要追求产品制造层面的最优解和质量层面的最优化；另一方面，在产品设计中，要准确捕捉用户的需求定制设计，实现用户所需的高价值产品。"益"代表了效益和增益。精益研发通过集约化研发过程来解决产品开发全过程中的管理浪费和设计浪费，保证研发前期对产品设计的预测效益的同时，也保证研发后期产品研发试制过程中的质量增益。

深入开展精益研发之前，首先需要了解一个概念——浪费。浪费，一方面是指不为工序增加价值、不利于生产、不符合客户需求的过程；另一方面尽管有些过程是增加价值的活动，但所用的资源超过了"绝对最少"的界限，也属于浪费。在精益研发的过程中，主要涉及两方面的浪费：管理浪费和设计浪费。

管理浪费主要表现在两方面。其一，在研发前期进行的市场调研中，由于市场需求信息应用不充分，从而对产品的需求预测出现偏差，导致研发机会浪费。其二，研发管理过程中产生的浪费。例如，在研发过程中，由于对人力资源的配置不科学导致的浪费。而设计浪费主要表现在以下两方面：其一，当所研发产品开始投入制造时，由于制造选材不精细、机器设备不符合所生产产品要求、大量采用非标准件、资源不共享、元器件供应筛查把关不严等因素，从而出现产品反复不合格的情况，导致在工程方面存在一定的浪费。其二，由于研发设计的不足，出现产品结构不合理、过度用料、不利于制造和安装等问题，使其所研发的产品不具有使用价值，进而造成一定程度上的浪费。

第二节　精益研发的推进思路

精益研发是企业精益战略转型的重要管理模块，与传统研发单一强调技术相比，精益研发强调的是低资源投入，让新产品或新服务在更短的时间内上市，同时质量性能满足客户显性和隐性的需求，从而达到提高产品和服务质量、降低成本、改善企业年度营收的目标。通常精益研发围绕"三个面向"展开推进。

一、面向客户做研发

企业价值的创造来源于客户的需求，企业如果想实现可持续发展，就必须不断满足客户的需求。因此，在精益研发体系中，客户是一切工作的出发点和起点。任何产品和服务的研发首要考虑的应该是客户，而非技术本身。相较于传统研发中的"以物为中心"——片面追求技术创新与提升，精益研发的精益化就在于"以人为中心"——强调客户对产品品质、技术上的需求占据主导地位。在美国《财富》杂志发布的世界500强企业中，50%的企业在十年内因创新研发失败而掉出排名。这些企业研发失败并不是技术落后，而是设计出的产品与客户需求存在较大差距，不被市场接受。由此可见，如果企业的研发过分关注技术优势，而忽略了客户对产品的需求与期望，企业研发效率与研发投资回报率也只会不升反降。因此，精益研发一定要基于客户需求，这就要求企业管理层及研发人员在产品开发前期需深入了解客户，通过前期客观搜集客户的声音，提前解决客户关心的核心问题，才能保证研发出的产品被市场接受。

【案例】

GE公司精益研发时面向客户的策略

在杰克韦尔奇执掌GE的20年期间，为确切了解客户需求，他的日常行程表中有80%的时间是和客户开会，亲自深入客户一线，与客户面对面交流，带动管理层将关注点从冗余的企业内部会议转移到直接与客户面谈，将时间更多地聚焦于客户本身，在充分理解客户意见的基础上再组织产品研发项目，在 GE 真正建立起以客户为中心的精益研发文化，带动 GE 市值增长了 30 倍。

二、面向质量做研发

产品的质量直接决定后期维护成本、客户满意度和企业信誉，而质量管理的源头就在于研发。有别于传统质量管理的关注某些结果质量或某个过程质量，精益研发的质量管理最终目的是客户需求与产品质量的契合，即不仅关注"点"（某个结果质量）与"线"（整个过程质量），更关注"面"（多个过程质量）和"体"（客户、成本、内部业务流程、学习与成长四位一体的立体质量），从而系统地保证了产品的性能和质量指标。也就是说，精益研发所关注的质量问题，不仅是一味地追求高质量，而是在客户的真正需求之上追求质量与成本的最优性价比。

一个企业要想构建一套优秀的研发质量管理体系，第一步需要充分研究客户对产品质量属性的需求，第二步在有效且安全的产品质量和风险下建立具体项目的内部控制质量标准，对质量指标进行分解落实，最后根据验证策略和控制策略进行调控及评价，在具体的产品研发活动中考虑到质量制定、质量管控、质量保证、质量改进等方面。在日本，丰田企业为实现在产品设计阶段进行质量管理，应用 QFD（质量功能展开）从质量保证的前提出发，通过一定的市场研究的方法收集客户需求，并运用矩阵图解法将客户需求分解到产品开发的各个阶段和相关的每个职能部门，协调各部门的工作，确保最终产品的质量。进而在保证质量的前提下实现削减成本 50% 并且缩短开发时间 30%。

三、面向生产做研发

在产品质量同等条件下，控制成本无疑决定了一个研发项目的收益和利润。而对于精益研发而言，面向生产的实质就是控制生产成本。其中，设计的可生产性与未来产品成本直接挂钩，设计意图能否得到工艺实现，是否造成生产制造的苦难，直接决定了生产制造的周期和成本，而生产成本的增减最终也会体现在产品的价格上。同样的产品功能，更低的价格不仅能赢得市场而且能为企业带来更高的经济效益。在传统研发中，研发机构在设计产品时很少考虑成本和后续的生产问题，生产部门又无法修改设计图纸，于是增加了许多不必要的额外成本。例如，同样一个外壳，若对强度要求不高，那只需要普通的塑料外壳，但如果研发工程师在设计图纸上标明为金属外壳，还要求表面做防锈镀层，不必要的加工成本自然就上去了，甚至还会面临无法加工的困境，不得不打回重新设计，如此既增加了研发周期，又浪费了金钱、人力等资源的投入。精益研发中强调的面向生产就是要求研发工程师在熟悉客户需求和设计技术的同时，还要熟悉企业生产制造能力，在不损耗产品核心质量的前提下使用价格更低的材料和制造工艺，保证后期产品生产更加高效且低成本地完成。因此，研发人员在设计过程中要清楚哪种设计成本最低、哪种设计最容易实现、哪些生产工艺能降低成本。此外，设计出的研发方案要及时传递给生产部门以及供应商，共同讨论并优化方案，避免后续出现因工艺性差而返回重新设计等问题。

四、优化集成做研发

与精益思想的"消除浪费"一脉相承，精益研发所关注的优化集成是将研发过程中彼此独立的不同系统集成在一起，从而使集成后的各个部分能够突破信息壁垒，减少子系统之间的"接口浪费"，实现有机地协同工作，发挥综合整体效益。

以形成端到端的标准化研发流程。集成研发过程不仅仅停留在集成产品研发机构内部各部门，更要将支撑研发产品生产的各种流程与产品设计集成在一起。利用诸如可生产性设计、可装配性设计和可维护性分析之类的工具系统，将设计和业务规划自然集成到研发流程中，以此优化产品的性能、可用性和生命周期成本。如今，精益研发强调的优化集成更多地聚焦于形成一个集成化的信息化系统，实现数字世界与物理世界二者之间的精准映射，为研发人员提供一种企业级的产品数字化样机开发环境，让一个复杂产品的研发阶段中所有技术指标可以系统、清晰、稳定、及时、完整地掌握在研发人员的手里。信息集成系统不仅能保障产品的质量与可靠性，还能在达成产品技术创新和缩短整体研发周期的同时，有效地控制和节约研发成本。1998年，华为引进了IPD（集成产品开发）。IPD是一种集成化、系统化的产品开发模式，强调集成各个部门的功能进行产品创新。因此，华为建立了许多跨部门的业务团队，其中最典型就是PDT（产品研发团队），此团队的成员通常来自市场、营销、财务、质量、研发、制造、采购、培训、技术服务等部门，他们在新产品开发项目经理的带领下共同完成由 IPMT（集成组合管理团队）制定的产品开发目标。IPD 极大地提升了华为产品创新能力和核心技术竞争力，推动华为快速成为世界500 强企业。

第三节　精益研发的推进内容

一、精益研发的推进机制

为顺利推进精益研发工作，企业应结合自身实际，设立精益研发管理机构，建立有效的工作机制，同时开展精益研发管理的培训、指导和检查，促进研发人员意识的转变，积极开展精益研发的改进活动。开展精益研发规划是企业主动适应精益改革的一大措施，它的主要目标是建立完善的研发机制，以实现企业规划的未来精益发展蓝图。

根据精益研发规划机制的原则"总体规划，分步实施"，精益研发规划基本步骤大致可分为现状诊断、蓝图设计、中期规划、近期方案和落实执行，[15]精益研发规划基本步骤如表 3-2 所示。

表 3-2　精益研发规划基本步骤

现状分析	对精益发展进行标杆管理，根据公司的研发现状确定当前企业精益研发水平，即对各研发部门的业务和信息化真实现状和问题进行分析，并对企业现状支撑战略的程度进行分析
蓝图设计	根据企业的现状诊断、系统改造方向和发展战略，提出公司的发展战略、愿景和目标，根据需求的业务提出研发信息化蓝图，并规划好企业研发业务的蓝图
中期规划	可将精益的研发改革分为多个部分，并以成熟的模型将其设计。以企业目前的成熟水平来看，在预期的时间之内设计要达到的成熟度水平，然后进行差距分析，进而得出补差方法
近期方案	针对基于蓝图设计和中期规划提出具体的补差项目清单
落实执行	确定本项目的目标后，要设计出完整且详细的计划实行方案，并进行必要的工作分解，将工作分解后，可形成各项分解工作的技术计划、实施路径、进度安排、人员预算和成本预算

【案例】

某汽车零部件企业精益研发规划机制的建设

某汽车零部件企业致力于汽车售后件市场，在国际市场上取得了不菲的成绩，但由于面临市场竞争日益激烈、市场产品同质化日趋严重的情况，该企业决定建设精益研发规划体制，不断提升自身研发能力和研发质量，增强其核心竞争力。根据精益研发规划基本步骤，该企业首先借鉴精益研发成熟度模型，通过调查问卷的形式对企业自身现状进行精益研发现状成熟度评估。综合分析问卷结果后，发现其研发水平现状整体偏低，在战略、硬件、设计及知识四个维度上存在明显不足。结合企业自身研发体系现状以及企业长期战略目标——"冷却系统专家"，其确定了企业精益研发的发展远期目标——建立差异性、高性能、高品质和高效率的精益研发模式并制定了3～5年内的中期规划，主要着重于研发流程、知识工程、质量管理、协同开发四个方面短板的改善。企业战略蓝图和中期规划明确后，结合企业研发现状，制订详细的方案设计，以供各职能部门严格执行。为保证制订的近期方案真正落实，还制订了相应具体方案的实施计划，同时确认计划实施的时间节点及负责部门和负责人，如图3-3所示。

工作内容	Q3	Q4	Q1	Q2	Q3	Q4	责任部门	备注
一、调整组织架构								
1、工作职责说明书变更							人事部	已完成
2、更新改进后研发组织薪酬管理							人事部	已完成
二、研发流程管理改进								
1、建设APQP小组							总经办	已完成
2、加强APQP工具应用							APQP小组	已完成
3、整理公布研发流程文件							总经办	已完成
三、研发项目管理改进								
1、组建项目管理团队							总经办	已完成
2、优化项目管理职责书							人事部	已完成
3、制定项目管理手册							项目管理团队	已完成
四、研发质量管理改进								
1、设定质量目标及规划和策略							质量部	已完成
2、设立研发质量组织							质量部	已完成
3、落实质量工具保证							质量部	已完成
五、研发知识管理改进								
1、建立技术分类库							研发部	已完成
2、建立产品模块库							研发部	已完成
3、研发技术平台信息化							研发部	已完成

图3-3 某企业精益研发规划具体工作内容

138

精益研发规划机制实施细则如图 3-4 所示。

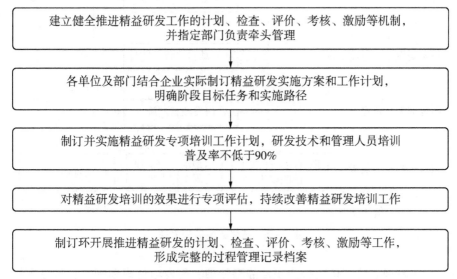

建立健全推进精益研发工作的计划、检查、评价、考核、激励等机制，并指定部门负责牵头管理

各单位及部门结合企业实际制订精益研发实施方案和工作计划，明确阶段目标任务和实施路径

制订并实施精益研发专项培训工作计划，研发技术和管理人员培训普及率不低于90%

对精益研发培训的效果进行专项评估，持续改善精益研发培训工作

制订环开展推进精益研发的计划、检查、评价、考核、激励等工作，形成完整的过程管理记录档案

图 3-4　精益研发规划机制实施细则

二、研发规划机制

研发规划机制是精益研发规划的进一步细化及文档化，即将精益研发规划分解落实到各研发机构，合理制订人力、财力、物力等资源配置计划，从而达到提升研发管理能力、降低质量成本。为消除制定研发规划中不切实际以及规划执行难以落地等无法增值的因素，企业中的各单位及部门应加强研发和规划管理，应用科学的精益工具和方法，保证规划输入的准确性、规划输出的可行性、保障措施的有效性，使研发规划简洁、清晰，具有现实的指导作用。[16]

【案例】
某动力电池企业的研发规划管理

某动力电池企业为实现"五年内形成能够跟踪和响应国际动力电池行业需求的研发能力"战略目标，对其企业的研发中心实行分级管理、责任到位、目标明确的研发规划管理方式，如图 3-5 所示。

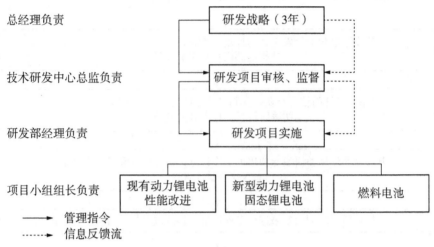

图3-5 研发战略管理方法

研发规划管理依次分为研发战略管理、研发项目规划管理、研发项目可行性管理、研发项目立项管理、研发过程管理，[17]如表3-3所示。

表3-3 研发规划管理

研发项目战略管理	新产品战略制定：应每年度制定一次由企业总经理组织的总体研发战略规划，并由企业研发中心实施 新产品战略管理：除了市场需求发生重大变动、竞争对手发展战略和市场竞争策略的调整等非人为因素造成的非常特殊情况，其余情况下不允许研发战略做出大方向性的修改
研发项目规划管理	研发项目规划制定权：由企业研发中心组织每年制定一次，研发管理部配合 研发项目规划管理：根据研发战略和营销规划中产品设计要求，研发管理部提出研发年度项目计划报企业研发中心审批，讨论通过后企业研发管理部负责实施，并进行项目可行性研究等
研发项目可行性管理	研发项目可行性研究制定权：由企业研发中心不定期组织实施 研发项目可行性研究管理：根据研发项目规划要求，在实施研发项目之前，由营销组织市场可行性分析，由企业研发中心提出研发项目的技术可行性研究

续表 3 – 3

研发项目立项管理	研发项目立项的制定权：企业的研发中心不定期实施 研发项目立项管理：企业的研发中心来组织研发项目的立项评审工作，并且企业的领导将参与评审工作。若项目评审通过后，参与到项目可行性研究小组的主管员可以开始办理项目的标准化手续，并领取项目的立项编号等
研发项目过程管理	研发过程管理权划分：企业总经理→企业研发中心企业研发管理部→项目组长→项目开发人员及项目支持人员 研发过程管理对象：新产品设想→成本分析→最初研发→最终产品→营销计划

研发规划机制实施细则如图 3 – 6 所示。

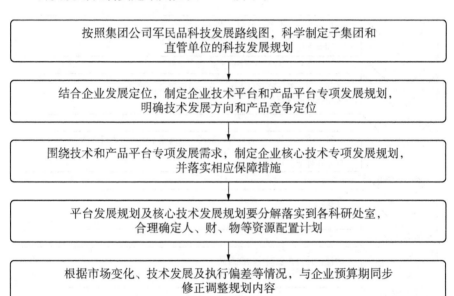

图 3 – 6　研发规划机制实施细则

三、客户需求管理

客户需求管理是一种系统化的方法，它使研发团队能够在正式启动研发项目之前了解、记录、分析和跟踪客户需求。在产品设计和技术研究过程中，研发系统应始终满足各方客户从不同角度提出的需求，如产品直接用户、生产制造系统、售后服务系统等。建立需求获取渠道，以建立由客户定义产品价值的精益研发理念，利用科学的方法和技术对需求进行分析、验证，切实将客户的需求转化为产品设计和技术研究的关键要素。

【案例】

某企业的客户需求管理

某企业十分重视以客户需求为基点进行产品研发与改进，因此在客户需求管理上制定了一套成熟的流程体系。其客户需求管理流程主要执行的项目包括六大块板块——需求分析、系统客户化、客户访谈、数据分析、验证确认及综合需求，最终将按照优先级排序的需求（包括客户需求及内部需求），形成一本规格书，研发机构再根据该规格书启动新项目。具体客户需求管理流程及其控制要点如图3-7所示。

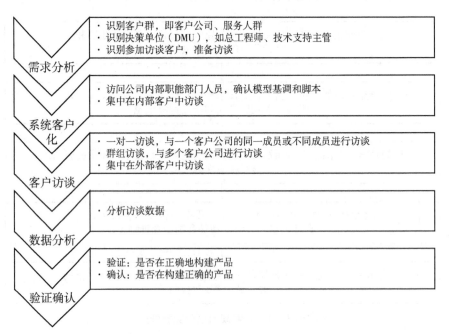

图3-7　具体客户需求管理流程及其控制要点

客户需求管理实施细则如图3-8所示。

建立研发需求调研、收集、整理、反馈机制，畅通研发需求信息沟通渠道，规范需求信息沟通反馈流程

应用相关管理工具（如JK法、KANO模型）对客户需求信息进行分类归纳分析，并确定关键客户需求

针对重点型号项目，应成立专家委员会对研发需求进行综合分析、论证、评估，以规避风险

在需求分析的基础上，针对内外客户需求分别做出验证响应，建立需求演示与验证数据库

应用相关管理工具（如QFD）将客户需求转化为产品设计或技术研究的关键质量特性

建立以客户需求为导向的产品目标成本管理机制，开展新产品经济可行性评估和目标成本规划

围绕生产制造与维修服务的客户需求，组织开展面向生产制造和装配的设计（DFMA）活动

图3-8 客户需求管理实施细则

四、流程项目管理

流程项目管理是将研发过程中不增值的活动尽可能地剔除，将增值的活动串联起来，创建一个均衡的研发流程，是实现精益研发过程中短周期、低成本、高效率等研发目标的有效手段。在产品的研发过程中，不增值的活动会造成精益研发环节的浪费，由此运用流程项目管理，将浪费的情况减少到最低，实现研发的精益化。

在进行流程项目管理时，利用价值流图方法分析整个产品的研发过程，其根本作用在于找出研发的瓶颈环节，消除研发过程中的浪费现象，组织协调好跨部门、跨系统、跨行业的研发协作，并积极创新研发项目管理，规范项目管理流程，通过拉动式计划管理、精细化研发成本管控、可视化管理沟通平台等技术方法，实现研发设计与管理的精益化。

【案例】

S公司的研发流程项目管理[18]

S公司作为研发专用检测设备的初创企业，研发能力在该企业的长期发展中一直占据着举足轻重的位置，随着市场竞争的日益激烈和市场产品同质化的日趋严重，该企业决定重建研发流程项目，以此应对市场形势的变化，获得生存和发展的机会。

研发流程优化前，根据专用检测设备行业的特点和自身企业的实践经验，该企业建立起一套以节点管理为中心的研发流程，其大致分为五个时期——论证时期、方案时期、研制时期、设计鉴定时期、生产时期。每个时期均设有入口控制点，每个时期的具体设计开发任务中同时设置了相当多的验证活动。由于研发流程存在过于烦琐、审查节点过多和测试及验证工作重复率高等问题，导致非开发的时间占比过多，研发任务的多次迭代循环，进一步造成了返工率高、研发周期长、运作成本高三大问题。为解决上述问题，该企业从以下角度进行调整。

针对研发团队组织架构，依据IPD（集成产品开发）核心思想中构建跨部门协同的产品开发团队，首先对项目研发的团队进行改进完善，将职能型组织结构转变为强矩阵型的组织结构。在其之前，项目研发过程中由研发中心负责整个主导工作，其他部门仅仅是支持，即需要的时候才派人配合。现转变为职能部室全程参与产品开发过程的项目制架构，由项目负责人组建项目团体，项目团队由决策团队、开发团队、项目负责人三部分组成。由项目负责人承担统筹规划、沟通协调等工作，对开发过程的进度、成本、质量、风险进行控制，确保项目按时、保质、保量完成，研发组织结构如图3-9所示。

针对具体项目流程，根据IPD核心思想中的并行工程模式，应用ES-IA分析法对研发流程各个阶段存在的不增值活动、重复活动、串行任务等待时间长等问题进行优化。在立项阶段流程中，整合立项建议书和研制任务书的编写工作，形成包括市场需求、产品功能性能要求、质量要求、成本和进度要求等整体概念要求的项目任务书。由项目负责人组织开发团队完成项目任务书编制，取消任务书的报批，改为由决策团队直接参与评审和决策。在方案设计阶段流程中，以往方案设计仅仅考虑研制计划，并未综合考虑各种测试计划、采购计划、试生产计划等因素，导致后续工作延后至节点才得以正式进行。由此方案中将设计阶段扩大为项目策划阶

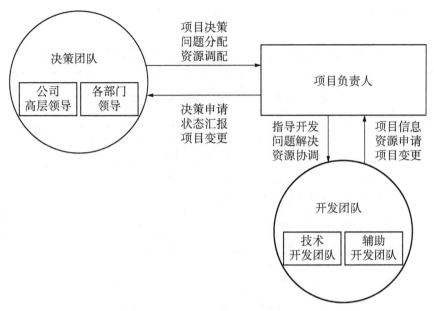

图 3-9　研发组织结构

段，由项目负责人组织开发团队策划，策划的输出不仅包括研制技术方案，还需要充分考虑设计开发、测试、采购、试生产、试用等方面的工作计划安排，明确各种工作的介入时机和接口，提前安排工作计划，由决策团队在评审时增加计划决策；在研制阶段流程中，合并原项目组自身和质量部门的测试工作，取消评审前的重复测试，减少研制阶段的检查时间。同时，在测试过程中所产生的设计变更，开发人员和测试人员需要同步进行变更、验证，以减少等待浪费；在设计鉴定阶段流程中，传统流程是先研制样机，再对样机的性能和功能进行内部测试，然后由生产部人员参与新产品试制的评审，再进行各种试验验证，最后对样机进行鉴定。为简化传统流程中的重复工作，合并制造样机和新产品试制，整合为由生产人员参与的样机试制，取消样机评审环节，由质量部测试人员全程跟进各种性能、功能测试和试验，最终实施评审和产品状态决策。如此，在保证过程质量下，整个阶段只需要一个输出决策点，简化了过程中的评审、测试等工作。在其生产阶段，可以将鉴定阶段提前到生产前的准备工作中并行完成。

　　研发流程进行优化后，由于工作得以并行进行，该企业整体研发流程由原先的 179 天下降至 112 天，减少了 37.4%，增值活动所占的比例明显增加，基本消除了研发流程中储存、传递、等待的时间，达到降低研发费用、缩短研发周期、降低项目淘汰率和提高研发效率的优化目标。

流程项目管理实施细则如图 3 - 10 所示。

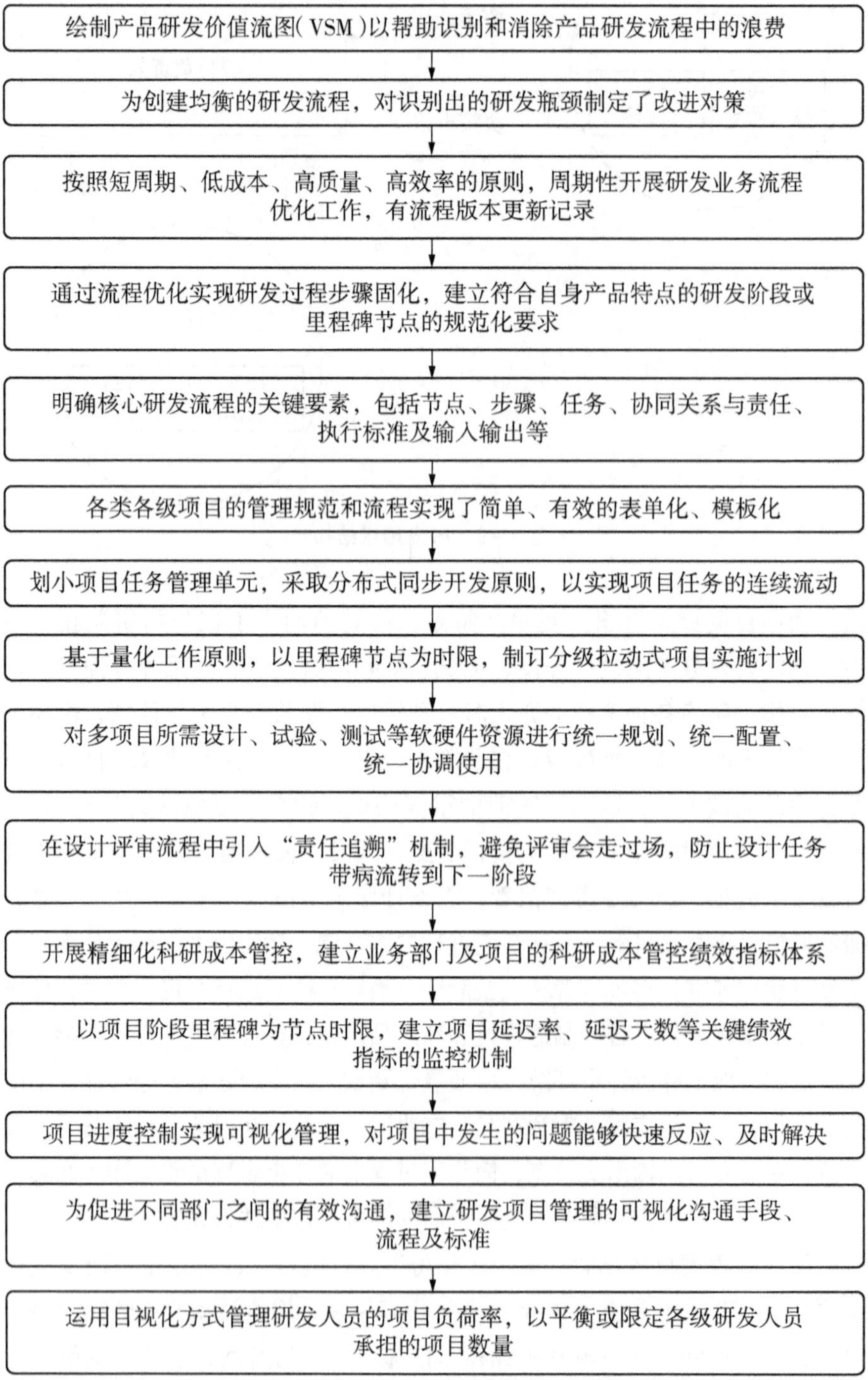

绘制产品研发价值流图(VSM)以帮助识别和消除产品研发流程中的浪费

为创建均衡的研发流程,对识别出的研发瓶颈制定了改进对策

按照短周期、低成本、高质量、高效率的原则,周期性开展研发业务流程优化工作,有流程版本更新记录

通过流程优化实现研发过程步骤固化,建立符合自身产品特点的研发阶段或里程碑节点的规范化要求

明确核心研发流程的关键要素,包括节点、步骤、任务、协同关系与责任、执行标准及输入输出等

各类各级项目的管理规范和流程实现了简单、有效的表单化、模板化

划小项目任务管理单元,采取分布式同步开发原则,以实现项目任务的连续流动

基于量化工作原则,以里程碑节点为时限,制订分级拉动式项目实施计划

对多项目所需设计、试验、测试等软硬件资源进行统一规划、统一配置、统一协调使用

在设计评审流程中引入"责任追溯"机制,避免评审会走过场,防止设计任务带病流转到下一阶段

开展精细化科研成本管控,建立业务部门及项目的科研成本管控绩效指标体系

以项目阶段里程碑为节点时限,建立项目延迟率、延迟天数等关键绩效指标的监控机制

项目进度控制实现可视化管理,对项目中发生的问题能够快速反应、及时解决

为促进不同部门之间的有效沟通,建立研发项目管理的可视化沟通手段、流程及标准

运用目视化方式管理研发人员的项目负荷率,以平衡或限定各级研发人员承担的项目数量

图 3 - 10 流程项目管理实施细则

五、技术创新管理

技术创新管理与非技术创新管理的区别在于其不同的基本手段，技术创新管理是基于技术的活动，而不是基于管理、组织、制度的变动。这里的"技术"是一种广义概念，它应包含三个层次：一是根据自然科学原理和生产实践经验而发展成的各种工艺流程、加工方法、劳动技能和诀窍等；二是将这些流程、方法、技能和诀窍等付诸实现的相应生产工具及其他物质装备；三是适应现代劳动分工和生产规模等要求的、对生产系统中所有资源（包括人、财、物、信息）进行有效组织与管理的知识经验与方法。

熊彼特认为技术创新管理是生产要素与生产条件的新组合，国际经济合作与发展组织的定义是技术创新管理包括新产品与新工艺以及产品与工艺的显著变化，国内学者认为技术创新管理是在经济活动中引入新产品或新工艺从而实现生产要素的重新组合，并在市场上获得成功的过程。本节中的技术创新管理是界定于技术或者与技术直接相关的范畴，涵盖技术创新的机制、组织、结构管理等的范畴。[19]

为消除技术研究中的不增值活动，提升技术研究效率，有效支撑产品研发过程，实施时应结合企业实际，积极开展推进建设技术创新体系，开展技术情报应用、整合技术资源、转化技术应用、提升研发团队效率等精益改善活动，积极构筑技术创新保障系统，提升技术创新能力。

【案例】

某家电企业技术创新管理之道

曾荣登中国电子百强首位的某大型家电企业，2002 年的 711 亿元营收是第一届百强所有企业营收的 6 倍。从技术创新管理的角度来看，有研究学者认为，该企业拥有如此瞩目的业绩是源于一种"全面"的技术创新管理理念——以战略和市场为主导，以改进管理制度、组织结构等为辅助。

基于技术成果转化率低的问题，该企业重视技术创新与市场需求相结合，结合战略目标分解后的短期目标，企业推出市场链 SST 机制，建设内部市场链，使得上下工序之间成为市场关系，从而形成人人直接面对市场、人人皆为经营主体的氛围。通过将上下级负责关系转变为市场负责关系，研发机构及其人员必须不断地面对自己的市场，创新真正有价值的技术。

为及时跟进世界尖端技术的研制，企业构建特有的网络状金字塔型的技术创新管理体系，企业集团内部的技术创新体系由中心研究院、产品开发中心、生产工具开发中心、产品质量监测中心构成，而企业外部的创新网络则包括国际化的科技开发网络、全球范围的人才网络和全球范围的信息网络。通过在世界各国中心销售城市设立信息中心和与国内外专家密切联系，企业及时、动态地获取了全球科研开发信息资源，为该企业产品的本地化设计开发创造了条件。再者，为把握技术"超前性"，企业加强了技术研发的软件、硬件方面建设，建设11个超前技术研究所及有关实验室，开展与集团技术发展密切相关的超前5～10年的基础研究项目和应用技术项目，为升级技术创新能力不断储备技术资本。

"全面"的技术创新管理不仅带来了技术创新能力和规模的升级，更大大提高了该企业的核心能力和市场竞争力。

技术创新管理实施细则如图3-11所示。

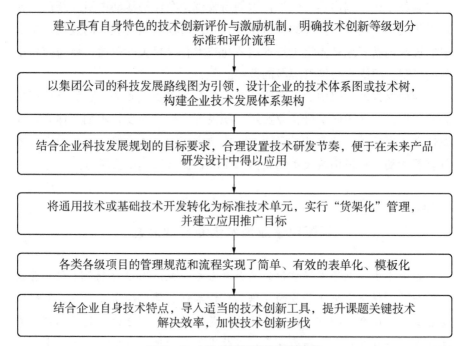

图3-11　技术创新管理实施细则

六、数字工程

开展数字工程是建立精益研发体系中的核心任务，数字工程作为精益研发体系中信息的载体，其顺利开展是保证研发体系稳定运行的重要因素。开展精益研发体系的数字工程是以精益研究方法为根本，将数字化技术作为手段，整合研发流程、研发工具、研发知识等多方面研发信息，进一步系统地规划数字化研发平台建设，逐步构建统一的研发项目管理平台、协同仿真设计与管理平台、协同知识库管理平台，逐步完善基础科研数据库，积极打造协同研发环境，提升研发效率，提高研发资源的价值创造能力。[20]

当企业在精益研发中开展数字工程时，可根据企业的需求和未来发展计划设置研发项目具体要求，例如将精益研发三项核心技术即创新设计、协作仿真以及质量设计集成到数字工程的开展中。精益研发数字工程系统地开展，消除了传统研发过程中的时间、部门和空间信息交流的限制，同时数字工程具有的信息收集特性有利于企业对研发资源进行最大限度地创造。另外，该工程实现了对研发过程中涉及的人员、机器、原材料、环境等其他要素信息进行综合采集，其中原材料信息在 BOM（材料清单）中体现，BOM 为描述企业产品组成的重要文件，包括产品全过程各项原件或原料的种类、数量需求，现有诸多种类的 BOM 且具有相对应的产品数据，各类 BOM 间存在较强的关联性，但同时也存在着差异性，建立数字化平台的措施击碎了不同过程 BOM 间数据交流的壁垒，实现了产品数据数字化，促进了企业高效地运行产品业务。此外，该平台对于采集的信息将提供存储、检索、使用、奖励、考核、维护、更新等方面的功能进行管理。数字工程的发展为研发人员提供了便捷高效的工作工具以提高研发工作的效率，并为优化研发流程提供了极大的帮助。

【案例】
某汽车轮胎企业的数字工程开展

某著名轮胎企业对比过去传统的模式：将企业轮胎产品直接销售给各大签约车队或者是销售给车队所处的车队管理企业，如今该企业开拓创新，通过反复实验研究将传感器嵌入该企业生产的轮胎中，所嵌入的传感器具有采集压力、温度等信息的功能，作为同步措施，该企业同时建立了实时运营的数字化平台。通过轮胎内传感器实时收集信息后，该企业将会及时地给客户提供一个轮胎解决方案；另外，该企业系统进行大数据分析，运用智能化手段，提出人性化建议，如客户在何季节、地方选择该企业相应的轮胎，并进一步优化驾驶行为。由此使得每个车队实现了7%的燃油节省。该企业该项创新举措加强了客户与企业间的关联，其提供的不仅仅是车辆轮胎，而更是一个对轮胎的全方面解决方案，另外实时运营的数字化平台，更是通过收集轮胎信息进行大数据分析，为后续团队改良、创新提供了资源。

数字工程实施细则如图3-12所示。

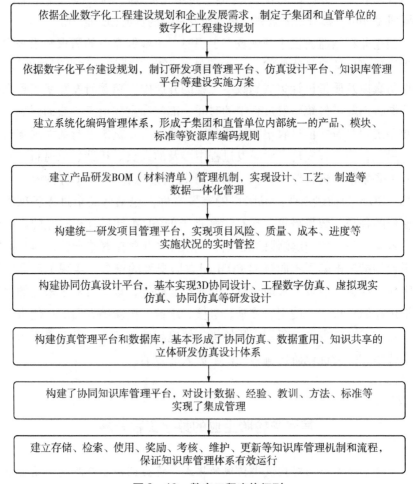

图3-12 数字工程实施细则

七、同步工程

同步工程应用于整个产品研发流程中，对于产品研发相关的各子系统具有协同开发作用，由此进一步对产品的工艺、材料、质量等方面进行协同规划。同步工程的开展为研发人员提供了一个直观的方式，从产品概念研发阶段到后期产品与其他外界系统对接的阶段进行观察，有助于考虑产品开发过程中涉及的所有因素，如后续产品所需的工艺、材料水平以及实现产品质量目标的可行性。

提高开发的有效性、实现研发过程同步以及制造与研发过程的一体化是同步工程的重要目标，企业在完成目标时可及时运用数字化工具，如通过电脑辅助建立同步环境为研发人员在产品研发各阶段提供快速查找研发相关因素信息，加快决策提供了条件；另外，企业可组建跨职能团队——即调动企业各部门的部分成员、供应商人员组成的新团队，有利于研发过程中为产品提供完善、创新的方案。同步工程的实施，提高了产品的研发效率，进一步缩短了研发所经历的周期，降低了研发费用，有利于企业在市场竞争中取得更大的优势。

【案例】

某汽车技术中心关于开发白车身的同步工程开展

某汽车技术中心分析整车开发中占时间比最大、设计流程最复杂的白车身开发流程，发现由于开发流程的不够明确，导致接口部门间交互受阻、信息滞后，进而使得白车身设计重复改动，造成了大量人力物力的浪费。针对问题该企业开展同步工程以完善开发流程，其中包括从各部门以及供应商挑选人员以建立多学科知识的开发团队，实现开发全周期的信息共享以及将数字化技术落实于项目，该举措有效地提高了白车身研发效率，抢占了市场有利位置，该企业应对研发所遇问题开展同步工程的具体措施如图 3-13 所示。

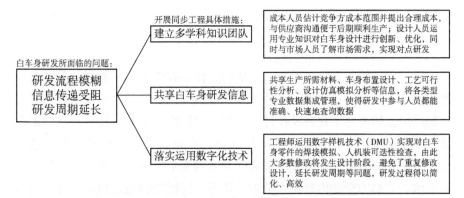

图 3-13　企业应对研发所遇问题开展同步工程的具体措施

同步工程实施细则如图 3-14 所示。

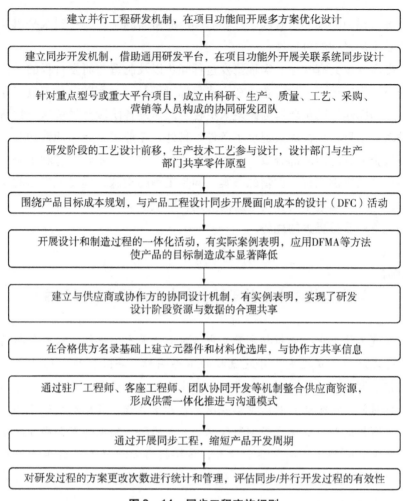

建立并行工程研发机制，在项目功能间开展多方案优化设计

建立同步开发机制，借助通用研发平台，在项目功能外开展关联系统同步设计

针对重点型号或重大平台项目，成立由科研、生产、质量、工艺、采购、营销等人员构成的协同研发团队

研发阶段的工艺设计前移，生产技术工艺参与设计，设计部门与生产部门共享零件原型

围绕产品目标成本规划，与产品工程设计同步开展面向成本的设计（DFC）活动

开展设计和制造过程的一体化活动，有实际案例表明，应用DFMA等方法使产品的目标制造成本显著降低

建立与供应商或协作方的协同设计机制，有实例表明，实现了研发设计阶段资源与数据的合理共享

在合格供方名录基础上建立元器件和材料优选库，与协作方共享信息

通过驻厂工程师、客座工程师、团队协同开发等机制整合供应商资源，形成供需一体化推进与沟通模式

通过开展同步工程，缩短产品开发周期

对研发过程的方案更改次数进行统计和管理，评估同步/并行开发过程的有效性

图 3 – 14　同步工程实施细则

八、标准化与执行

标准化是精益研发的基础，是协同工作和有效沟通的前提。严格的标准化降低不定性，进而增加灵活性以及可预测性，为产品开发创造了更稳定的环境。研究标准化将从设计、过程技术技能等多方面进行标准化的开展，在前期设计过程中着眼系统标准化、模板化设计以形成企业标准手册、构成模块资源库，紧接着针对研发流程制定整体流程结构、各阶段规范要求，后期为企业内技术人员等级评定、技能培养制定相应审评标准以及流程。开展标准化体系全过程将需采取 PDCA 循环，PDCA 循环的周期性使得标准化的探究层面逐步上升，向体系制定人员提供更丰富的信息以使得标准化得到更全面的优化。

　　企业需保证标准化在后期贯彻实施到研发当中，同时对标准的实施加以监督检查，该项举措的落实是精益研发过程平稳开展的基础前提之一，保障了研发过程中协同运作、有效沟通的进行。建立标准的研发体系是企业优化研发的必要措施，其中建立标准体系不仅需要参考收集的数据，还需要将经过细化和精炼后研发人员的智慧和经验用于制定研发标准的补充。标准化体系工程的开展提高产品研发的效率、水平以及缩短企业研发周期，进一步有益于企业提高其核心竞争力方面的价值。

【案例】

某汽车企业针对全车研发的标准化体系开展

　　某混合动力汽车企业在建立混合动力汽车研发标准化体系的过程中，首先对动力汽车研发全过程进行了解，其中包括研发目标的确立、零部件的规格以及性能的选择、研发产品的设计等多个部分，而后企业针对所收集的数据进行简化、分析，减少车辆研发中不必要的操作，确定最优的研发过程；紧接着以该流程为框架，逐级地设立研发流程中各项具体标准。在车辆研发的过程中，研发标准一直有着规范、引导的作用；例如确定研发目标时，比较竞争车型性能方面的实验要求、对车型展开分析的角度都需要参考该标准，由此保证了研发准确、平稳的完成。该汽车企业通过建立研发标准化体系，弥补了传统模式下凭借经验、人脑进行研发的弊端。不仅提升了研发的准确性，提高了车辆研发效率，赢得了市场竞争的头筹，还为后续研发积累了经验，为新研发人员提供了培养方案，进一步提高企业人才实力。该企业标准化体系的建立对目标确定优化后的具体流程如图3-15所示。

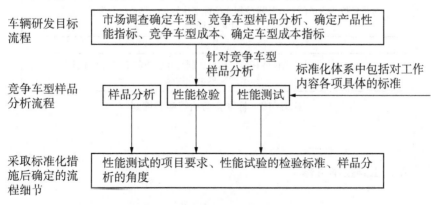

图3-15　建立标准化体系后进行优化

标准化与执行实施细则如图 3 – 16 所示。

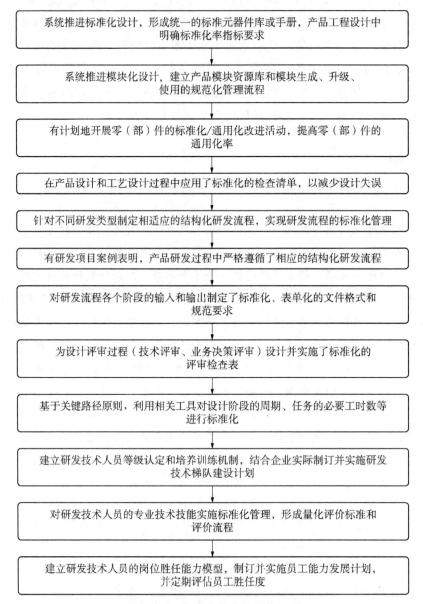

系统推进标准化设计，形成统一的标准元器件库或手册，产品工程设计中明确标准化率指标要求

系统推进模块化设计，建立产品模块资源库和模块生成、升级、使用的规范化管理流程

有计划地开展零（部）件的标准化/通用化改进活动，提高零（部）件的通用化率

在产品设计和工艺设计过程中应用了标准化的检查清单，以减少设计失误

针对不同研发类型制定相适应的结构化研发流程，实现研发流程的标准化管理

有研发项目案例表明，产品研发过程中严格遵循了相应的结构化研发流程

对研发流程各个阶段的输入和输出制定了标准化、表单化的文件格式和规范要求

为设计评审过程（技术评审、业务决策评审）设计并实施了标准化的评审检查表

基于关键路径原则，利用相关工具对设计阶段的周期、任务的必要工时数等进行标准化

建立研发技术人员等级认定和培养训练机制，结合企业实际制订并实施研发技术梯队建设计划

对研发技术人员的专业技术技能实施标准化管理，形成量化评价标准和评价流程

建立研发技术人员的岗位胜任能力模型，制订并实施员工能力发展计划，并定期评估员工胜任度

图 3 – 16　标准化与执行实施细则

九、工具技术支撑

有效地应用研发设计工具和管理工具可以极大地辅助产品开发流程。

企业应结合自身实际，将各种适用的产品研发、技术研究和项目管理等技术和工具进行合理集成，并做到与现有技术的无缝对接，以有效支撑研发工作。以下为研发中基础工具技术的介绍。

（一）失败模型与影响分析（FMEA）

失败模型与影响分析运用于产品设计或生产工艺阶段，该技术是对构成产品的子系统、零件，对构成过程的各个工序逐一进行分析，找出所有潜在的失败模型，并分析其可能的后果，从而预先采取必要的措施，以提高产品的质量和可靠性的一种系统化的活动。[21]失败模型与影响分析是一种事前行为，在开发中完成。在进行精益研发的设计阶段，采取 FMEA 的方法进行风险评估和风险控制，有效地确保研发过程的可靠性。

FMEA 在进行风险评估时主要涉及三个方面。[22]

1. 严重度——评估失败对客户影响的等级。

2. 发生频度——一个失败原因可能的发生频率。

3. 探测度——评估产品和过程控制对失败原因或失败模式的探测能力。

FMEA 在使用过程中分为七个步骤，如图 3 – 17 所示。

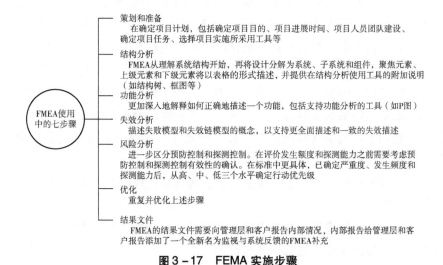

图 3 – 17　FEMA 实施步骤

由于产品故障与设计、制造过程、使用、供应商以及服务有关，因此 FMEA 又细分为 DFMEA（设计 FMEA）、PFMEA（过程 FMEA）、EFMEA（设备 FMEA）、SFMEA（系统 FMEA），其中最常见的是 DFMEA 和

PFMEA。[23]

DFMEA 是指设计阶段的潜在失效模式分析,设计 FMEA（也记为 DFMEA）是从设计阶段把握产品质量预防的一种手段,是研究如何在设计研发阶段保证产品、在正式生产过程后交付客户的过程中如何满足产品质量的一种控制工具。因为同类型产品具有相似性的特点,由此 DFMEA 阶段经常会借鉴并对以前量产过或正在生产中的产品相关设计上的优缺点进行评估后再针对新产品进行改进与改善。[24]

PFMEA 是过程失效模式及后果分析。过程 FMEA（也记为 PFMEA）是由负责制造或装配的工程师或小组采用的一种分析技术,该技术用以最大限度地保证各种潜在的失效模式及其相关的起因或机理以得到充分的考虑和论述。需要注意的是,虽然 PFMEA 不仅靠改变产品设计来克服过程缺陷,但它仍要考虑与计划的装配过程有关的产品设计特性参数,以便最大限度地保证产品满足用户的要求和期望。

（二）层次分析法（AHP）

层次分析法是一种将定性和定量相结合的具有系统性、层次性的分析方法。这种方法在对复杂决策问题的本质、影响因素及其内在关系等因素进行深入研究的基础上,利用较少的定量信息使决策的思维过程数学化,从而为多目标、多准则或无结构特性的复杂决策问题提供简便的决策方法,是对难以完全定量的复杂系统做出决策的模型和方法。[25]

层次分析法的原理为根据问题的性质和要求达到的总目标,将问题分解为不同的组成因素,并按照因素间相互关联的影响以及隶属关系,将各种因素按不同的层次聚集组合,形成一个多层次的分析结构模型,从而最终使问题归结最底层（供决策的方案、措施等）相对于最高层（总目标）的相对重要权值的确定或相对优劣次序的排定。

层次分析法的步骤:运用层次分析法构造系统模型时,大体可以分为以下四个步骤:

建立层次结构模型,构造判断（成对比较）矩阵,层次单排序及其一致性检验,层次总排序及其一致性检验。

1. 建立层次结构模型。将决策目标、考虑的决策准则因素和决策对象按他之间的相互关系分为最高层、中间层、最底层,绘制层次结构图,[26]如图 3 - 18 所示。

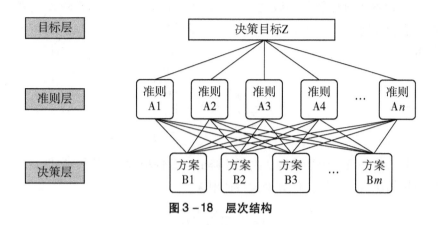

图 3 −18　层次结构

2. 构造判断矩阵。在确定每个层次个因素之间的权重时，由于定性的结果不容易被接受因而采用一致矩阵法，即不把所有因素放在一起比较，而是两两相互比较。对比时采用相对尺度，以尽可能减少性质不同因素相互比较的困难，以提高准确度。有专家对同一层次内 N 个指标的相对重要性（两两因素指教）进行打分。相对重要性的比例标度取 1 ～ 9 之间，数值的设定标准群如表 3 −4 所示。

表 3 −4　数值的设定标准群

序号	一对比较值	定义
1	1	两个因素相比，具有同等重要性
2	3	两个因素相比，前者比后者稍微重要
3	5	两个因素相比，前者比后者明显重要
4	7	两个因素相比，前者比后者强烈重要
5	9	两个因素相比，前者比后者极端重要
6	2、4、6、8	上述相邻判断的中间值

构建判断矩阵 A（正交矩阵），用 a_{ij} 表示第 i 个因素相对于第 j 个因素的比较结果：

$$A = (a_{ij})_{n*n} = \begin{bmatrix} a_{11} & \cdots & a_{1n} \\ \vdots & \ddots & \vdots \\ a_{n1} & \cdots & a_{nn} \end{bmatrix}$$

3. 层次单排序及其一致性检验。首先，计算权重。将矩阵 A 的各行向量进行几何平均，然后进行归一化，即得到各评价指标权重和特征向量 W：

$$W = \frac{\overline{W_i}}{\sum_{i=1}^{n} \overline{W_i}}, W = \left\{ \begin{matrix} W_1 \\ W_2 \\ \vdots \\ W_n \end{matrix} \right\}$$

其次，进行一致性检验。判断矩阵的一致性检验，所谓一致性是指判断思维的逻辑一致性。计算最大特征根 λ_{max}：

$$\lambda_{max} = \frac{1}{n} \sum_{i=1}^{n} \frac{(AW)_i}{W_i}$$

计算一致性指标 CI、随机一致性指标 RI 和一致性比例 CR：

$$CI = \frac{\lambda_{max} - n}{n - 1}$$

$CI = 0$ 时，有完全一致性；CI 接近于 0，有满意的一致性；CI 越大，不一致越严重。

RI 为一致性指标，一般通过查表得到，如表 3 - 5 所示。

表 3 - 5　随机一致性指标 RI

n	1	2	3	4	5	6	7	8	9	10	11
RI	0	0	0.58	0.90	1.12	1.24	1.32	1.41	1.45	1.49	1.51

CR 为一致性比例：

$$CR = \frac{CI}{RI}$$

当 $CR < 0.1$ 时，认为 A 的不一致程度在容许范围之内，有满意的一致性，通过一致性检验。

4. 层次总排序及其一致性检验。计算某一层次所有因素对于最高层次（总目标）相对重要性的权重，称为层次总排序。这一过程是从最高层次到最低层次一次进行的，如图 3 - 19 所示。

此时 A 层 n 个因素 A1，A2，…，An，对总目标 Z 的排序为 $a1$，$a2$，…，am。B 层 m 个因素对上层 A 中因素为 Aj 的层次单排序为 $b1j$，$b2j$，…，bmj（$j = 1, 2, 3, …, n$）。

层次总排序的一致性比例为：

$$CR = \frac{a_1 CI_1 + \cdots + a_n CI_n}{a_1 RI_1 + \cdots + a_n RI_n}$$

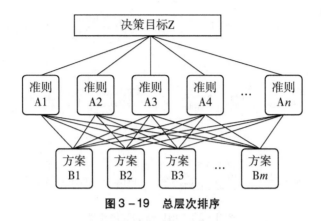

图 3 – 19 总层次排序

当 $CR < 0.1$ 时，认为层次总排序通过一致性检验。

（一）田口法

田口法是一种低成本、高效益的质量工程方法，其强调重视设计产品质量。随着市场竞争的日趋激烈，企业需把握市场需求，用较短的时间开发出低成本、高质量的产品，才能在竞争中立于不败之地。在众多的产品开发方法中，田口法是一种为提高产品质量，促进技术创新，增强企业竞争力的理想方法。田口法的目的在于，增强所设计产品的质量稳定性，减少产品质量波动，降低生产过程中对于噪声的敏感度。在产品设计过程中，利用质量、成本、效益的函数关系，在低成本的条件下开发出高质量的产品。田口法认为，产品开发的效益可用企业内部效益和社会损失来衡量。企业内部效益体现在功能相同条件下的低成本，社会效益则以产品进入消费领域后给人们带来的影响作为衡量指标。例如，由于一个产品功能波动偏离了理想目标将带来损失，口田法的稳健性设计能在降低成本、减少产品波动上发挥作用。[27] 田口法的实施可分为 12 个步骤，如图 3 – 20 所示。

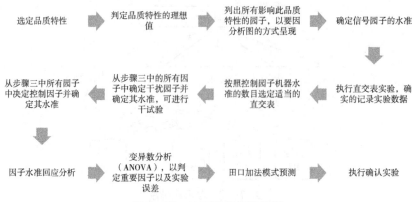

图 3 -20　田口法的实施步骤

（二）QFD 方法

QFD 是指质量功能展开，利用"质量屋"的形式，量化分析客户需求与工程实施之间的关系度，经过数据分析处理后找出最满足客户需求贡献度最大的工程措施，旨在提高客户满意度的一种方法，QFD 四阶段如图 3 -21 所示。

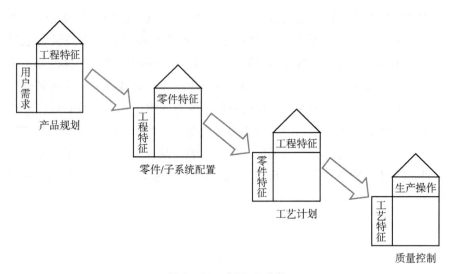

图 3 -21　QFD 四阶段

QFD 组织实施的流程一般为七个步骤，如图 3 - 22 所示。

确定开展QFD项目	根据项目工作范围，涉及部门数量，有适当级别的负责人确定是否应用QFD，以及需要开展QFD的项目
成立多功能综合QFD小组	强调矩阵化管理，既要加强专业内部联系，也要强调项目内容的联系
客户需求的获取与综合	通过问卷调查法、实物模拟法等方法对顾客需求进行分析，并给出各项顾客需求的量化重要度
技术特性的确定与瓶颈技术的攻关	根据量化评估方法对各项客户需求与对应技术特性相互关系进行打分，完成质量关系矩阵，计算各项特征重要度
各级质量屋建立	产品规划阶段的QFD用于指导产品的总体设计方案，以客户需求为输入、输出关键的产品技术特性及指标。零部件配置阶段输出的技术特性为输入，输出关键零部件特征。用于指导产品详细设计和有关技术要求制定，工艺规划阶段反映从设计到生产的转移，输入关键零部件特征，输出重要度高的工艺特征及参数。在最后的生产规划阶段，QFD的目的是规划如何减少生产成本，将生产的波动最小化，同时提高产量
落实关键环节的稳定性优化设计和强化控制	通过四个阶段的质量功能配置，确定了关键环节，指导深入的产品开发。对于有关键技术要求与瓶颈技术攻关及产品都工艺的设计有赖于其他质量和可靠性工具。因此，有必要将QFD与其他可靠性工具结合使用
质量屋的不断迭代和完善	随着产品研制工作的深入，需要对各阶段的质量屋及时不断地进行迭代完善，尤其在初步设计结束和投产决策两个节点，应进行QFD评审

图 3 -22　QFD 实施步骤

【实战一】

某重型汽车企业 BOM 管理体系应用实例

重型汽车的产品品种多、产品配置多，相应的零部件种类也具有相应的特点，针对庞大的产品数量和零部件数量，研发部门中形成了全面规范的 BOM 体系。

（一）企业为适应市场发展建立 BOM 管理系统的必要性

企业规模化扩张首先要以相应的管理手段和管理能力的提升作为基础，产量的增加不仅仅是简单地把人员数量、厂房面积、设备数量、零部件数量等成倍扩大，这将带来无比庞大的管理成本和低效率的结果。小批量生产仅适用于企业发展初期，通过简单组织把零部件按照设计要求装配成为初始的产品实现，当转入到多品种大批量生产后，工艺设置、管理流程、物流体系、财务核算等将带来系统性的产业化变革。

重型汽车的生产用途不同，区别于乘用车产品线短、产品品种少、产品配置少的特点，决定了重型汽车制造过程的复杂性和多变性，为了满足重型汽车柔性生产的要求，需要一套完整、系统的"制造 BOM"作为产品制造完成的基础数据，能够按照合同要求的状态，快速准确地配置出准确、完整的 BOM 表，如图 3 - 23 所示。

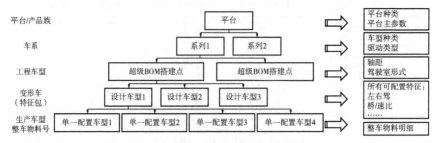

图 3 -23　商用车车型规划的决定一般要素

(二) BOM 管理体系建设与实施的方法

1. 从完善管理制度和确立新的管理流程着手规范体系建设。通过梳理制造 BOM 体系的相关业务流程，从制度的层面将相关业务职责和流程进行固化。

（1）规定研发、工艺、投产、质量、生产等相关部门在体系中的职责、权利，对投产放行的新旧状态切换以客观的时间和范围进行量化，如表 3 -6 所示。

表 3 -6　项目分类及其时限

项目分类	投产放行准备时限	在制品消耗范围和时限
质量改进项目	1～7 天 + 必要的工艺准备时间	不允许消耗
新产品项目	7～15 天 + 必要的工艺准备时间	1 个采购周期
设计改进项目	7～15 天 + 必要的工艺准备时间	1 个采购周期

（2）明确设计 BOM、工艺信息、投产放行状态的数据关系，规定投产控制明细的更改规则和配置输出物料清单的依据、要求。

（3）为了提高制度的可操作性和权威性，多次组织相关单位对业务流程进行反复讨论和优化，对有明确时间、数据等条款设置相应的考核标准。

2. 在不同阶段和不同时期为企业生产能力提高和生产线扩展发挥作用。

（1）投产控制明细作为"制造 BOM 体系"最重要的数据基础建立起来后，首先为总部总装单位的产品生产和第三方物流的实施创造条件，为零部件准备、配送到产品生产组织过程提供数据支持。同时，产品下线后作为单位档案的基本数据保存下来，为后续的备件销售和售后服务提供支持，也为财务成本核算提供了基本的数据依据。

（2）异地生产线的投产，对企业产品数据准备提出了要求，通过将总部的"制造 BOM 体系"全面复制，再按照当地生产线的工艺布置要求，通过工艺调整使异地生产和零部件组织可以顺利开展。而对异地产品生产状态进行准确控制，是通过职责划分和流程优化，由异地产品应用部门承担了与总部投产控制的业务对接，业务上由总部投产控制进行领导。分别根据异地分子企业的实际情况，在相关制度和条件的约束下，由异地分子企业代表投产控制对产品生产状态进行控制，并定期汇报投产放行情况，以及生产过程中存在的问题的反馈。

（3）随着整车产品的出口数量规模不断扩大，在国外建设生产线进行整车组装，成为汽车产品出口的一个主要形式。SKD 组装模式是既能降低销售成本又能兼顾国外工厂硬件设施等条件不完备的模式，但对国内零部件组织和包装发运工作提出了更高的要求。在现在的"制造 BOM 体系"的基础上，需要针对 SKD 组装模式制定新的业务流程和组织方式，尤其在技术资料和发运状态的准确性上要求更为严格。通过组织装趟路车，充分验证每一种新车型相关零部件的装配状态和零件数量，最后再完善相关设计、工艺、投产资料，保证每一批 SKD 发运的单车 BOM 与实际发运的零部件保持一致。

3. 对上游输出的数据的准确性和规范性提出要求。

（1）对设计、工艺等上游输出的数据提出高标准的要求，才能保证后端制造 BOM 体系数据的准确性和运行的可靠性。

（2）设计开发过程和设计 BOM 的编制、管理过程，各个环节都会形成许多错误数据，在转化投产控制明细和生产组织过程中，及时全面地反馈到研发中心，使源头数据得到更正。

（3）借助于信息化系统的实施，是提升数据管理效率的有效手段。随着 PDM 系统的实施，设计数据管理电子化为后端制造系统实施信息化创造了条件，通过企业组织实施 PLM 系统，在设计 PDM 系统的基础上进行功能和数据扩展，将工艺、投产控制的数据管理集成到统一的产品数据管理平台上来，为投产控制明细管理数字化，产品 BOM 配置自动化提供支持。全企业多地集团化产品数据平台的搭建成为可能，在现有数据管理需求的基础上，可以为"制造 BOM 体系"中产品技术状态集团化管控，以及零部件资源的集团化管理提供参考。

【实战二】

QFD 应用于飞轮信号齿工装实例

项目运行过程中充分考虑精益设计理念，成立项目组，借助 QFD 等质量工具对现有飞轮信号齿滚齿工装进行改善。运用 QFD 分析工装零部件价值性、实用性、可靠性，进而达到滚齿工装通用化，更换产品时快速化，达到快速换模要求，缩短工装制造周期、调试时间的目标，同时能够更好地避免工件在装夹中产生磕碰，提高被加工产品的质量。

（一）针对改善飞轮信号齿滚齿工装

首先需要确定本次 QFD 优化的项目：工装设计的优化与标准化。

（二）进一步需要确定项目整体相关的功能部分

组成多功能综合小组：车间人员、现场工程师、技术部人员、调试员，小组内成员分别具有信号齿工装生产的整体管理；生产现场实施的具体工作；工装的设计及修订；现场工装安装等信息的反馈的工作经验，由此实现 QFD 小组内所需的矩阵关系，加强了其中的联系，小组组成及其主要工作内容如图 3-24 所示。

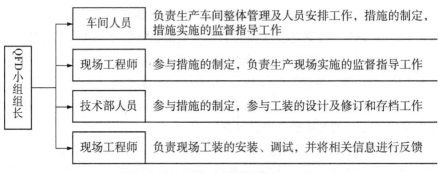

图 3-24　QFD 小组成员组成及工作

（三）客户需求的分析是质量功能配置的关键环节

通过对客户需求的收集：①定位准；②切换快；③加紧牢固；④成本合理；⑤工装的制造周期短；⑥故障率低；⑦寿命长；⑧符合人机工程；⑨装夹速要快；⑩可预防错误等，并对以上因素进行权重分析、计算出优胜系数绘制出需求权重分析表以及排列表，为后续质量屋的完成提供条件，如表3-7所示。

表3-7 需求权重分析

成对比较	①	②	③	④	⑤	⑥	⑦	⑧	⑨	⑩
①										
②	1									
③	3	3								
④	1	2	3							
⑤	1	2	3	5						
⑥	1	2	3	6	6					
⑦	1	2	3	4	7	6				
⑧	1	2	3	8	8	6	8			
⑨	1	9	3	9	9	6	9	9		
⑩	1	10	3	10	10	10	10	10	10	

将成对比较的优胜次数做成排列图，以此决定权重比，10分最重要，1分最不重要，如图3-25所示。

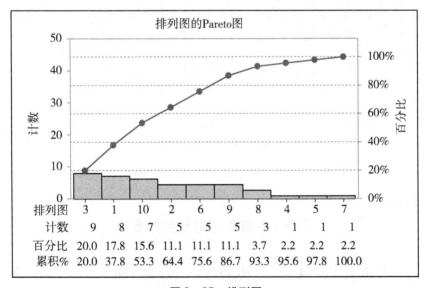

图3-25 排列图

（四）针对以上收集的客户需求分析

将关注对应的技术特性、零件需求并关注以上方面与竞争对手的产品进行对比分析，计算出各部分的重要度，确定质量屋关系矩阵并对质量屋进行进一步确认。根据重要度找到关键技术，作为控制重点，根据所得结果，形成质量屋，如图 3-26 所示。

		重要度	底座的直径	底座的厚度	底板的平面度	定位体的精度	定位轴的粗糙度	定位轴的强度		竞争对手的产品
产品功能需求	定位功能	8	1	3	9	9	9	9		
	防错功能	10	0	0	0	0	0	0		
	装夹功能	10	1	0	9	1	3	9		
	可快速换模功能	6	9	0	1	1	3	3		
技术指标得分			72	24	168	88	120	180		
相对重要性（优先度）			11	4	26	13	18	28		

图 3-26　质量屋形成

【实战三】

PFMEA 应用于电器生产实例

针对电器生产过程，采用 PFMEA（过程 FMEA）的方法，其中 PFMEA 是过程失效模式及后果分析，以此将最大限度地保证各种潜在的失效模式及其相关的起因或机理已得到充分的考虑和论述。针对电视装配、电机性能及耐压测试两大生产过程采用 PFMEA 的方式，需要对所分别包括的子系统、零件、构成过程的各个工序逐一进行分析，找出所有潜在的失败模型，并分析其可能的后果，从而制定必要的措施，以提高产品的质量和可靠性。

（一）定义范围结构分析

需要对制造流程进行详细的分解，关注流程中不同工艺的名称、整个流程中各要素的具体类型。

（二）功能分析失效分析

对要素进行上下级区分并对要素相关的功能进行描述，进一步对失效结果、失效原因、失效模式进行清晰描述。

（三）优化

针对此前分析的失效原因、失效结果，制定出建议措施，并对措施进行有效性评估，以达到减少失效原因的发生，增加探测失效原因的能力。具体 PFMEA 表格，如表 3-8 所示。

表 3-8 PFMEA 表

过程功能	潜在失效模式	潜在失效后果	严重度 S	潜在失效起因	频数 O	现行工艺控制	控制度 D	风险顺序数	建议措施	措施结果				
										采取的措施	严重度	频度	控制度	RPN
电视装配	轴心卡，运转不顺畅	使转速变低温度升高影响性能	7	1. 前、后支架定子寸不符合工艺要求 2. 定子压入后支架不到位	4	按工业文件规定进行操作并按时抽检	3	84	1. 确认各加工工艺尺寸要求、加强管控 2. 对车削设备及夹具及时校正保养 3. 检查压定子工装，调整压力和时间	按建议进行	7	2	2	28

续表 3 - 8

过程功能	潜在失效模式	潜在失效后果	严重度 S	潜在失效起因	频数 O	现行工艺控制	控制度 D	风险顺序数	建议措施	措施结果				
										采取的措施	严重度	频度	控制度	RPN
电视装配	电容焊接不良	影响电机运转性能	8	1. 烙铁温度不够导致焊接不良 2. 人为所致	1	按文件规定进行操作并按时抽检	6	48	1. 确认烙铁温度、工作状态 2. 加强人员培训	按建议进行	8	1	3	24
电机性能及耐压测试	噪音	影响电机性能、寿命，污染环境	6	1. 定子内有杂物与转子摩擦 2. 转子圆跳动过大 3. 支架与轴承摩擦	6	按设计和工艺要求生产	3	108	1. 加强定子下拉前的抽检 2. 验证转子入轴工艺，调整设备参数 3. 加强支架轴承位的尺寸控制	按建议进行	6	3	2	36
	电流过高或过低	影响电机	7	1. 线圈匝数不正确 2. 转子外径尺寸不符合工艺要求	3	按工艺要求进行，并按时抽检	3	63	1. 检查线圈匝数和直径的正确性 2. 验证转子尺寸加工工艺，加强入轴加工监控	按建议进行	7	2	2	28

续表 3 – 8

过程功能	潜在失效模式	潜在失效后果	严重度 S	潜在失效起因	频数 O	现行工艺控制	控制度 D	风险顺序数	建议措施	措施结果				
										采取的措施	严重度	频度	控制度	RPN
电机性能及耐压测试	漏电	影响电机安全性能	9	1. 定子接线头未包好 2. 套管破损 3. 定子飞线 4. 漆皮线损伤	4	按工艺要求进行，并按时抽检	3	108	1. 检查定子加工工序合理性，找出原因 2. 加强员工培训，提高品质意识 3. 检查装配工序中是否有对套管、漆皮线的损伤	按建议进行	9	3	3	81

第四章　精　益　采　购

第一节　精益采购的思想内涵

一、精益采购的定义

（一）精益采购的思想内涵

精益采购是精益思想在采购过程中的具体体现。精益采购（lean procurement）以精益思想为指导，以准时化为核心，基于质量、价格、技术和服务等标准，推动企业采购行为的规范化、程序化，选择合适的供应商，遵循5R原则，确保企业在合适的时期、按需要的数量、采购需要的物资，杜绝采购中的高成本和一切浪费，实现采购综合成本最低的目标，从而将传统采购逐步升级为 JIT 采购，精益采购的思想内涵如图 4 - 1 所示[28]。

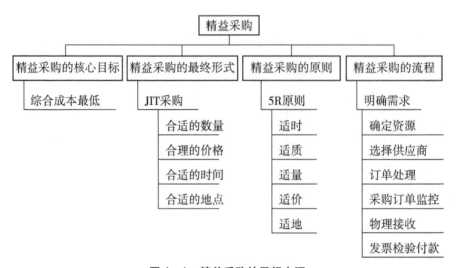

图 4 - 1　精益采购的思想内涵

（二）准时化采购——精益采购的最终形式

精益采购的最终形式是准时化（JIT）采购，其目标是将原材料和外购件的库存、缺陷降低为零。整个过程中都秉承着适量的原则，其基本思想为：供货方和买方竭力构建长期战略互助伙伴关系，双方加强信息间交流，合理配置资源，把适当数量和质量的物资以合理的价格，在合理的时间内送到合理的场所。准时化采购需要最大限度地满足用户的使用要求，可以有效地处理好库存问题，避免出现物资浪费，尽最大可能地减小企业物资采购和经营成本[29]。JIT 采购是企业内部 JIT 系统的一部分，JIT 生产经营的前提条件和必要要求就是 JIT 采购。在重复这三个步骤的过程中达到低库存的目标。达成 JIT 采购目标的理念流程如图 4 - 2 所示。

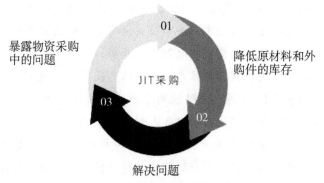

图 4 - 2　达成 JIT 采购目标的流程

JIT 采购是一种高效的采购模式，利用 JIT 采购能够节省时间、节约库存、降低成本，一个企业在需要的时候才把所需的物资通过高效的物流运输到需要的地点，进行一系列的生产活动。这其中体现了零库存、准时化的思想，即达到了精益采购中降低仓库利用率，减少库存成本的要求。JIT 采购区别于传统采购方式，其基本模式上的区别如表 4 - 1 所示。

表 4 - 1　JIT 采购和传统采购方式的区别

项目	JIT 采购	传统采购
关注重点	采购总成本	采购价格
采购批量	小批量，送货频率高	大批量，送货频率低
供应商选择	集中于少量供应商 长期工作，单源供货	分散与多家供应商 短期合作，多源供货
协商内容	长期合作关系、质量、合作价格	获得最低价格

续表 4 - 1

项目	JIT 采购	传统采购
运输	准时送货，买方负责	较低成本，卖方负责
产品说明	供应商创新，强调性能宽松要求	买方关心设计，供应商没有创新
包装	标准化容器包装	普通包装，无特殊要求
信息交换	快速可靠	一般要求
检查工作	逐渐减少，最后消除	收获、点货、质量验收

【案例】

丰田 JIT 采购

JIT 采购的前提之一是与采购供应商建立良好的战略合作联盟，防止企业因库存不足而造成的损失。丰田公司设有专门的生产规划课，在课程中需要相关人员预计市场需求在短期内的走势，每半年制定一次长期的生产计划，并及时与供应商共享信息，保证信息及时有效地流通，便于供应链的统筹安排和系统规划。让供应商了解丰田公司的生产计划、采购计划，做好必要的长期生产能力的准备，制订长期的计划。

由于丰田公司是按需生产，公司的采购与生产主要是基于客户的订单，市场需求预测在采购及生产过程中的作用较小，所以为了避免市场需求的过分变化，企业要求相关部门制订每月的采购计划，即月度计划（制订随后三个月的计划），根据客户订单和合理的预测来计划即将生产采购的产品数量。

JIT 采购需要较为稳定、较为准确的需求计划，需要采购部门与供应商有紧密的合作，达到节约成本、提高效率的目的。在丰田 JIT 采购过程中与供应商协商下达订单之后，供应商采用直供到下工序生产现场的方式，即直达供应和直送工位体系。在供应商与企业互信互利、质量保证的前提下，丰田公司实现了重要部件按小时供货、次重要部件按日供货、不重要部件按周供货的目标。

二、精益采购的原则

精益采购的目标是以最低的综合成本为企业提供满足其需要的工程、货物和服务，既降低了成本，又保障了供应、保证质量，且使库存适量。

为确保精益采购目标的达成，在采购过程中企业遵循5R原则，使采购效益最大化。

5R原则即适时（right time）、适质（right quality）、适量（right quantity）、适价（right price）、适地（right place），即在适当的时候以适当的价格从适当的供应商处买回所需数量的物品。5R原则如图4-3所示。

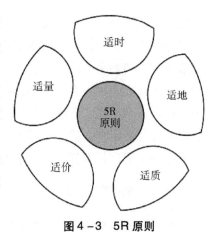

图4-3 5R原则

三、精益采购的流程

进行采购时采购流程是具体且琐碎的，不同的原材料的采购要求及采购方式也不尽相同。以原材料及外购件的采购流程分析精益采购的流程。与传统采购不同的是，精益采购从观念上就体现了精益的要求，为了尽量避免不必要的操作，对需求确定、供应商选择及订单监控三个采购的主要环节进行了严格的控制要求。精益采购的流程如图4-4所示。

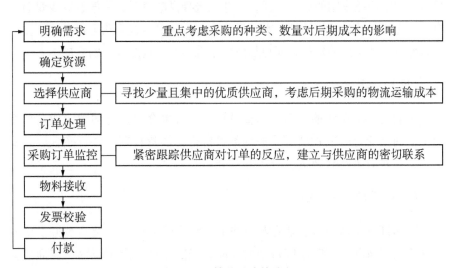

图4-4 精益采购的流程

（一）明确采购需求

明确采购需求需要对采购目标的特征进行详细的描述，一个明确的需求能够使采购合理客观地反映采购目标的特征，其中一项重要内容是原材料及外购件的技术规格，技术规格对于整个项目而言至关重要。明确采购需求是实现精益采购的重要前提，必须要考虑到采购的种类、数量与物流运输、库存之间的关系，原因是一切不合理、不合实际的采购需求都会使采购后期成本升高。采购计划部门首先对采购需求进行预测，随后汇总采购需求并且确定独立需求物资的采购数量。一般情况下，可以采用定量订货模型和定期订货模型来确定采购的需求。

（二）确定采购资源

在采购过程中，企业需要用到人力和物力。采购涉及多方面的工作，确定采购资源要明确企业自身各部门的职责，并制订相关计划。对于物力方面企业需要明确所需要的物料种类（原材料或外购件等）以及需要的数量。

（三）选择供应商

在确定采购资源、采购需求的前提下，企业需要在所有的建议和报价之后，选出一个或几个供应商，一般是通过质量、成本、交付、服务四个方面来选择供应商。[30]与普通的采购形式不同，精益采购对于供应商的选择更为严格。利用精益采购的思想内涵，企业在选择供应商时，一般选择少量且集中的供应商与其进行长期的、大批量的合作。这时精益采购不再专注于单一的原材料、外购件的价格，而更加侧重于采购及运输过程中的总成本[27]。

（四）订单处理

企业与供应商洽谈之后，需要签订采购订单合同，合同中一般需要标明供应商接受订购的物料或服务的数目价格、供货日期、供货条款以及支付条款，并对采购订单进行分类和排列。

（五）采购订单监控

采购订单跟踪要求企业在与供应商签订采购合同后，及时掌握供应商的订单完成情况，实时跟踪订单的动向，采购专员应严密跟踪供应商准备物资的详细过程，控制库存、保证物资品质，保证供应商有计划地按照订单要求安排生产，督促供应商在约定的时间前交货。采购订单监控包括供应商的备料过程和生产过程，以及生产后交货运输的过程，及时排除交货过程中发生的各类问题，目的是保证供应商按时提供符合合同质量要求的物料，促进采购合同正常执行，以满足企业的物资需求，保证合理的库存量，确保企业的生产经营活动正常进行。[31]

（六）物料接收

供应商将材料运送到场后，仓库根据供应商的送货单和公司生产的BOM报表核对原材料及外购件的规格数量，并上报质检部门检验其质量规格数目。检验完毕后将质量符合标准的原材料及外购件写入入库单，入库分类摆放至指定区域，做好标识检验；不符规格的原材料及外购件需与供应商协调进行退换。

（七）发票校验和付款

采购过程中，原材料及外购件入库后需要校验发票。供应商在交货完成后会向采购人员提供相应的标准发票，由采购部门对其进行一般性检查。同时，采购部门需要将发票定期交至会计处进行检查。符合要求的发票将进行过账处理，不符合要求的发票将会被退回至供应商，过账操作通过后便可进行付款。校验需要输入发票与代项凭证，并检查物料内容与数目是否符合订单标准。当输入的发票与订单系统符合时，系统就可以进行付款；当采购订单与物料接收发票不一致时，系统将不进行付款。

四、精益采购的意义

在进行传统采购时，常常会在采购价格和物料到货时间这两方面产生理解误差，而精益采购对这两方面做出了改善，进一步降低采购成本、提高采购效率。

（一）追求采购综合成本最低，减少采购成本占总支出的比例

采购成本是企业的最大支出源，在整个生产经营过程中，企业需要采购的物料众多，占用的资金常常是威胁企业资金链稳定的因素。传统采购常常只注重原材料的购入价格，忽视了产品质量、物流、供应商等方面所存在的问题，导致总成本远高于预算成本。精益采购需注重的是采购的综合成本，通过小批量、多批次的采购方式，在一定程度上降低每次采购的采购成本和企业采购支出对资金的要求，减小企业资金链压力[28]。

（二）严格控制采购提前期，提高采购效率

传统采购供应商行为常因提前期计划模糊而导致管理混乱，导致在进

行采购控制环节时被一味催货。不被控制的提前期往往会造成供应商货品的质量不稳定，并且由于不同提前期的货物的价格不同，对采购的综合成本也存在一定影响。而精益采购的采购控制行为主要包括对提前期的控制，必须严格控制采购原材料的到货时间，在保证库存量满足需求的同时最大限度地降低采购综合成本。

【案例】
一味地压低采购价格导致最终生产的产品质量下降

某公司管理采购部门的经理通过更换供应商的方式，将采购原材料及外购件的成本降至了最低，但这种方式影响了所需原材料及外购件的质量和交货率。该经理选出了用料较多的原材料及外购件对其他的供应商进行重新询价，随后选择了另一家供应商，然而他并没有考虑到原供应商中还保留有该公司所需要其他少量原材料及外购价的订单。对于该公司而言，采购成本的确降低了；但对于原供应商而言，从该公司得到的利益相对减少，导致其经营重心从该公司转移至其他公司，从而影响了原供应商对该公司原材料及外购件订单的交货率和质量。

该公司所需的部分原材料及外购件交货率下降，质量降低，导致了该公司最终生产的产品质量降低，丧失了长期合作的客户，最终导致亏本。虽然成本降至了最低，但是该公司合作的客户以及产品质量受到了一定程度的影响。因此，在采购过程中一味压低价格的做法是不可取的。

采购是企业进行生产的基础工作，采购的成本对企业流动资金造成一定程度的压力，在实行精益采购将成本降至最低的同时也要对于市场进行细分，了解市场的需求，提高企业的竞争力。其主要影响方面如下。

(三) 提升企业市场竞争力，凸显产品创新性

在如今消费者需求变化巨大的市场中，企业若想吸引更多的顾客，就必须做出产品创新。从根源上看，产品的创新涉及采购物料的变更。在供应商选择方面，精益采购较传统采购能在一定程度上保持采购质量最优。在采购前调查采购原材料的市场竞争压力，做出相关计划，确保成本与质量等方面符合企业生产服务的要求，能为采购到最优质量原材料提供条件。更具技术含量的新型原料可以让企业的最终产品或服务在市场中取得优势，并且精益采购的小批量多批次的采购行为相对传统采购更加适应产品快速更新的现状，能够更好地满足市场的创新性及时尚性的要求。

第二节　精益采购的推进思路

采购成本是精益采购的重点，对采购成本严格的控制是精益采购的要求。采购总成本的估算包括对采购价格成本、质量成本、沉没成本及采购综合成本的估算，因此在进行采购总成本的控制时需要聚焦于价格、质量、供应商服务及采购材料技术含量这四个焦点，考虑以上四个方面，再确定合理的库存量才能减少后期的成本。同样，采购作为供应链的第一个环节必须结合后期生产的要求，按需采购才是精益采购的目标。

一、控制采购总成本

采购总成本的控制是管理者在进行精益采购时的基本思想，明确采购成本的内容是进行采购成本控制的基本要求。采购的控制目标有采购成本、采购价格、质量成本、沉没成本及综合采购成本五个方面，其中以采购成本为主。

（一）采购价格

采购价格是采购过程中需求方需支付的价格，是影响采购成本最重要的因素。成本结构及市场结构是影响采购价格的主要原因。在进行采购时，供应商隐藏其生产产品的成本结构及定价方法是常见现象。因此，采购人员需对采购原材料的定价方法及成本结构有一定的了解。对不同的采购的原材料，考虑采购价格的主要因素如表 4 - 2 所示。

表 4 - 2　采购价格的主要影响因素

产品类别	成本结构	侧重于成本结构	50% 成本结构 50% 市场结构	侧重于市场结构	市场结构
原材料				√	√
工业半成品			√	√	
标准零部件			√		
非标零部件		√	√		
成品	√	√	√		
服务	√	√	√	√	√

成本结构通常是指生产产品成本的构成情况，其中包括人工费用、材料费用等。对于原材料、工业半成品、标准零部件等工艺、原料不会变化的物品而言，其成本结构在很长时间内不会有较大的变化。

市场结构指某一市场中各种要素之间的内在联系及其特征，也可以说是企业市场关系的特征和形式，如不同类型企业间的合作交易关系、同种企业之间的竞争关系等。市场结构通常是变化的，市场中对某产品或服务的需求也是不断变化的，所以那些没有特定呈现形式的产品或服务受市场结构的影响较大。

（二）质量成本

质量成本是指企业为了保证和提高产品或服务质量而支出的费用，其中也包括企业因产品未达到质量标准或不能满足用户需求而产生的损失。质量成本主要在工业企业中被提及，包括返工成本、退货成本、停机成本、延误成本、维修服务成本及仓储报废成本等。在采购过程中，采购的原材料的质量将影响企业产品生产销售的总成本，因采购的原材料质量所造成的退货、返工等损失的成本都可归入由采购造成的质量成本中。

企业可以采用田口玄一博士对质量的定义来理解质量成本的说法：质量是产品出库后对社会造成的损失。因此，对于工业企业来说，质量所带给其本身的损失是某项或某类产品因产品质量、服务或工作质量不符合要求而增加的成本，即采购原材料质量不合格对本企业造成的损失。

（三）沉没成本

采购的沉没成本主要是因过去采购决策失误而造成损失的成本，但与当前决策无关。如过去发生的各种费用、投资而不能收回的差额等都属于沉没成本。

沉没成本包括固定成本和变动成本。如当工业企业在撤销某个产品的生产时，沉没成本既包括原材料、零部件等固定成本，也包括原材料、零部件等变动成本。可采用一个简单例子理解沉没成本。某厂与供货商签订一价值为100万元的合同，并预付5万元的违约罚金。若该厂与供货商订单交易取消，则此5万元违约罚金不予退还，编入沉没成本相关会计目录。

因此，为减少沉没成本的产生，企业所作的决策必须为当下最优决策，尽量不要对决策进行反复调整。在决策执行过程中，一旦发现问题，要及时调整决策，及时止损；当损失已经发生时，正确处理危机，遏制事态的扩大蔓延。

（四）综合采购成本

综合采购成本是发生在采购非生产产品时产生的成本，包括财务费用、人工成本、固定资产折旧等。综合采购成本在进行采购时一般体现为非生产采购产生的成本或生产采购时的固定费用，如仓库存储费用、搬运人工成本等。

二、关注采购焦点

进行采购时，应将焦点关注于价格、质量、供应商服务及采购材料技术含量四点，从而加强对采购成本的控制。

（一）价格

控制采购总成本是精益采购的主要目标之一，调控采购价格则是进行采购成本管理的重要手段及方式。

1. 采购价格与采购的原材料的特性相关，当对采购的原材料价格进行预判时，需要考虑下列因素，以便在价格谈判时为己方得到最大利益。具体影响采购价格的因素如图4-5所示。

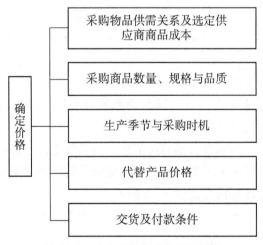

图4-5　确定采购价格的影响因素

2. 采购实际价格也受采购价格的定价、付款类型的影响，在进行价格谈判时，需要确定采购价格定价及付款类型，以防造成不必要的损失。主要采购价格类型如图4-6所示。

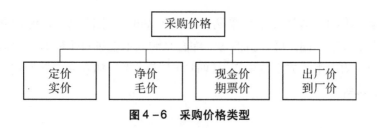

图4-6　采购价格类型

（二）质量

采购中的质量管理是要保证采购部门适时、适量、适质地向生产部门提供需要的原材料和外购件，从而保证企业及时生产，及时响应客户订单。在进行质量管理时，不仅需要对采购入库的原材料进行质量管理，还需要对生产部门要求的原材料运达的准时性进行管理。本章的质量管理主要说明采购的原材料的质量管理。

（三）供应商服务

采购服务主要指供应商交付采购原材料的准时性及售后服务，按时交付合格的原材料是采购企业响应客户订单需求的保证。当企业无法及时收到原材料时，企业后续的生产销售将难以推进，最终将会影响企业的生产效率和利润。为了达成采购交付的准时性，采、供双方必须做到以下两点：

1. 双方共同确定交货日期。

2. 制定订货提前期。订货提前期能够解决供应链中供应商与零售商关于采购货物交付时间的问题。

采购合同签订后双方共享物料信息、物流信息，以确保采购交付的准时性，在采购合同中需要对采购过程中的细节问题加以明确规定，主要采购合同签订前需明确内容如图4-7所示。

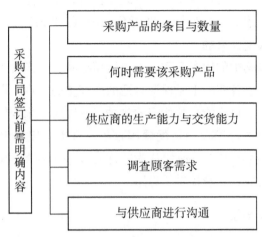

图 4-7　企业在与供应商签订协议前需明确内容

售后服务是在产品出售后由供应商所提供的各种服务活动，售后服务是供应商售后的重要环节。供应商在交货日期内交货后，由企业对采购的原材料进行质量检验和数目清点，尤其是对于关键元器件、零部件的检验更需要严加审核。检验过后应及时向供应商反馈，最后双方依据签订的采购合同和供应商下达的售后服务承诺书，对有问题的原材料进行售后服务。

（四）采购材料技术含量

采购材料技术含量是指采购需要关注采购原材料的技术含量。采购管理者在采购过程中要始终秉持着择优采用的原则做到物有所值，在保证采购原材料的规格和质量满足企业生产要求的前提下，节约资源，不仅需要注重价格，更要注重性价比，这就要求采购管理者对采购原材料的技术含量进行更加精准的把控，保证采购原材料的各项指标与质量符合企业在生产中的要求。

一般来说，企业在采购时最先考虑到的是原材料的价值，其次是其成本价格，最终选出价值高、成本价格低的采购对象。

三、确定合理库存量

（一）库存管理

库存管理又称库存控制，是对制造业或服务业生产、经营全过程的各种物品、产成品以及其他资源进行管理和控制，使其储备保持在经济合理的水平。精益采购的最终目标是准时化采购（JIT 采购），这是由准时化生产管理思想演变而来的。

对于精益采购中的库存管理，可以运用准时化生产管理的思想。在精益采购中，库存管理实际上是保证合适的库存量的管理，即不能存在过多的积压库存物品，也不能短缺所需的物品。所以对于采购管理者而言，需要了解库存管理的标准及如何配置库存量。日本丰田提出了零库存的观念，也就是 JIT 生产方式，他们认为零库存是一种高效的库存管理措施，这为其他企业的库存管理提供了思路。

（二）EOQ 模型

一般来说，企业采用经济订货批量模型诠释采购库存与成本的关系，从而确定合理库存数量。EOQ 模型是最基础的订货模型，能诠释库存与成本之间最基础的关系，为现实平衡库存与成本的关系提供一定的启发。

经济订货批量模型（EOQ 模型）适用于整批间隔进货、不允许缺货的存储问题。[32] EOQ 模型旨在解决一个订货周期内订货数量与库存之间所涉及的成本问题。经济订货批量与成本相关，其基本关系如图 4-8 所示。

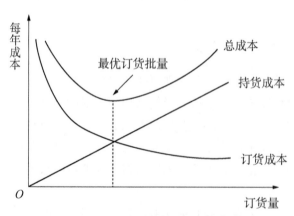

图 4-8　经济订货批量与成本的关系

即当采购过程中订货批量为经济订货批量时，总成本最低。

1. EOQ 模型的前提条件。

（1）采购原材料的供应稳定。保证存货市场的供应充足、能够在仓库缺货时及时补充存货，且存货能够集中入库。

（2）采购资金充裕，企业需避免因资金不足而造成的采购延时。

（3）采购原材料的市场稳定，采购原材料的单价 U 短期内不会发生改变。

（4）原材料的需求量 D 稳定，且可预测。

2. EOQ 的成本计算。

1）缺货成本（Cs）。缺货成本又称亏空成本，是指因缺货而产生的各种费用损失。但缺货成本与真正意义的成本有所不同，真正意义的成本是无法避免的；与之相反的是缺货成本是管理不当所造成的，是可以避免的，所以缺货成本并不属于库存成本。

2）取得成本（Ca）。取得成本 = 订货成本 + 购置成本。

（1）订货成本：订货成本与订货次数有关，分为固定成本和变动成本。订货的固定成本（$F1$）：如采购机构的基本开支。

订货的变动成本（K）：这一部分成本与订货次数有关。

有如下公式：

$$订货成本 = F1 + \frac{D}{Q}K$$

（2）购置成本：由数量和单价决定，是存货的本身价值。即

$$购置成本 = DU$$

3）储存成本（Cc）[33]。储存成本是指为保持存货而发生的费用。

$$储存成本 = 固定成本 + 变动成本$$

（1）固定成本（$F2$），诸如仓库人员工资等。

（2）变动成本（Kc 作为单位成本），如应计利息、保险费等。

以 $\frac{Q}{2}$ 为平均库存量时，有如下公式：

$$Cc = F2 + \frac{Q}{2}Kc$$

4）总成本（C）

$$C = Ca + Cc + Cs$$

即

$$C = F1 + \frac{D}{Q}K + \frac{Q}{2}Kc + TCs$$

对库存量 Q 求导，当总成本最低时，此时的库存量则为经济订货批量 Q^*。即

$$Q^* = \sqrt{\frac{2DK}{Kc}}$$

$$C(Q^*) = \sqrt{2KDKc}$$

因此，在采购时需要考虑每次采购批量，使库存成本与批量采购成本的均衡达到最优。

【案例】

EOQ 模型在物流企业中的应用

某生产机械器具的制造企业，按照计划每年需采购 A 零件 5000 个，单价为 20 元/个，年保管费率为 20%，单次订货成本为 100 元。现阶段供应商采取打折战略，即一次购买 500 个以上打九折，一次购买 700 个以上打八折。由于库存成本是整个企业成本的主要组成部分，直接关系到企业的经济效益，该企业希望寻找一个合适的订货批量来保证库存总成本达到最低，从而使企业总成本最低，该订货批量就是经济订货批量。

（一）模型假设

假定每次订货的订货数量相同，订货提前固定，货品需求率固定不变，即根据经济订货批量模型可知，持有成本随着订货批量增大而增大时，订货成本就随着订货批量增大而减少，当两者成本相等或总成本曲线最低点时对应的订货批量就是经济订货批量 EOQ。

（二）确定经济订货批量

1. 理想情况下的经济订货批量计算方法。理想状态下指不考虑缺货、数量折扣以及其他约束条件的情况下的经济订货批量。在不允许缺货，也不存在其他因素影响的前提条件下，根据上述公式，经济订货批量 EOQ 可以表示为以下公式：

$$Q^* = \sqrt{\frac{2DK}{Kc}}$$

其中，Q^* 为最优订货批量，D 为需求量，K 为单次订货成本，Kc 在本案例中为保管费。

根据本案例的实际情况可以进一步推导出经济订货批量 EOQ 计算公式：

$$Q^* = \sqrt{\frac{2DK}{PF}}$$

其中，P 为零件单价，F 为单件年持有成本与零件之比，二者相乘得到保管费 Kc。

2. 有数量折扣条件下的经济批量。供应商为了获得更高的经济收益，往往会进行促销活动吸引客户一次购买更多的商品，并规定对于购买数量达到或超过某标准时给予顾客价格上的优惠。在此情况下，企业需根据实际情况进行计算，确定合适的订货量使得企业的库存成本最低的同时，还能获得折扣。

3. 有约束条件下的经济批量。在实际工作中，订购货品的批量可能会受到仓库、资金、环境等条件的限制，所以在确定最佳经济订货批量时要根据实际的、具体的问题进行具体分析与计算，使其更符合实际客观条件。

（三）确定具体方案

根据 EOQ 的计算方法，总共有三种方法可以选择。

方案一：按照经济订货批量 EOQ 的公式直接计算，求出库存总成本如下：

$$Q^* = 500$$
$$库存总成本 = 10200(元)$$

即当每次订购数量为 500 个时，库存总成本最小，为 102000 元。

方案二：计算第二折扣区间，即八折优惠的经济批量。

计算可得经济批量

$$Q^* = 560$$

如果 $Q \geqslant 700$，则 Q 就是最佳经济批量。在本案例中，$Q = 560 \leqslant 700$，即按 560 批量订货不能享受八折优惠。

方案三：计算第一折扣区间，即九折优惠的经济批量。

计算可得经济批量

$$Q^* = 527$$

由于 $Q = 527 > 500$，所以按 527 批量订货可以享受九折优惠。

四、联系生产过程的采购

采购是服务于生产的活动，在进行采购时，需要联系生产过程进行采购，从而提高采购效率。下面依据 MRP 模型对生产及采购的关系进行一定的说明。

物资需求计划（material requirement planning，MRP）是指根据产品结构各层次物品的从属和数量关系，以每个物品为计划对象，以完工时期为时间基准倒排计划，按提前期长短区别各个物品下达计划时间的先后顺序，是一种工业制造企业内物资计划管理模式。

MRP是根据企业对市场需求的调查和预测以及顾客订单内容制订生产计划，然后通过分析产品生产的进度或时长来确定产品所需的材料，并利用有关模型制定库存，利用计算机计算所需物料的需求量和需要物料的具体时间，从而确定材料的加工进度和订货日程的一种实用技术。

MRP适用于相关需求物料的问题，大型的批量生产、创造企业，更适用于中小型批量生产；MRP在中小型批量生产的加工装配中，能够得到最有效的发挥。在制造环境复杂且不确定的条件下，使用MRP可以通过增加产品销量，降低成本，减少库存。MRP的常见适用对象如表4-3所示。

表4-3 MRP的常见适用对象

工业类型	特点	预期效益
库存装配	最终库存项目有多种零件装配而成	高
库存加工	最终库存项目由机器制作而成，不需要零件装配	低
订单装配	最终成品根据顾客所需求的零件装配而成	高
订单加工	最终成品根据顾客需求由机器制作而成	低
订单制造	最终成品的装配或制作取决于顾客的选择	高
流程工业	不间断连续生产，如石化、化工等行业	中

在采购过程中采购的数量、种类需要符合MRP计划。因此，在进行采购时，需要了解采购体系组织机构规划。MRP模型与采购的关系如图4-9所示。

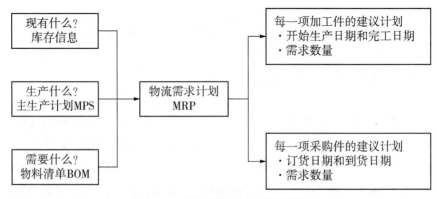

图4-9 MRP模型与采购的关系

在进行采购时，一般分为生产采购和非生产采购。生产采购是对组成产品的零部件及原辅材料进行采购，非生产采购则是对组成产品的零部件及原辅材料之外的物质与服务的采购。其中，生产采购与 MRP 计划相关性较大，且是依据 MRP 计划实时变动更新的，采购体系组织机构规划如图 4－10 所示。

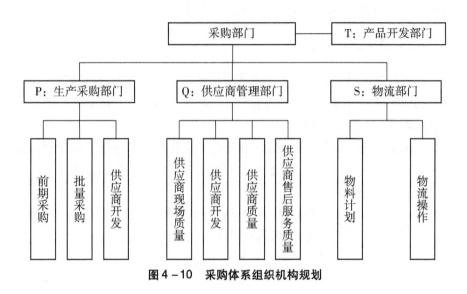

图4－10 采购体系组织机构规划

第三节 精益采购的推进内容

一、制订采购计划

采购计划按照时间可以划分为年度、季度、月度采购计划。在进行常规采购时采购部门需要确定合理的采购计划，对采购的需求进行详细的分析，了解供应商的有关情况，从而通过谈判等方式降低采购成本。采购计划的制订应充分考虑年度生产计划、生产物料的定额、库存情况、历史采购价格、当前市场价格等因素，并对需求信息进行充分收集和分析，科学制订，保证质量、数量符合使用需要，精准预测，避免过量、过高标准采购，从而产生不必要的浪费。除此之外，当采购变成突发性的临时采购时，采购成本将会上升。采购计划主要包括对采购种类、数量及采购成本的预计。

（一）采购的原材料类型确定

在进行采购时，应明确采购类型为生产采购抑或是非生产采购。在进行生产采购时，生产采购应符合 MRP 计划，非生产采购则要求采购员对组成产品的零部件及原辅材料之外的物质与服务有明确的采购需求判断，非生产需求物质的采购是保证生产的计划外要求。

（二）采购成本预计

在进行采购计划时，确定采购数量后就可对采购成本进行预估。在确定采购成本时，最重要的步骤为有依据地降低采购成本，达到采、供双方双赢的效果。主要方法如下。

1. 价值分析/价值工程。采购商通过对采购原材料进行价值分析，预估被采购的原材料最低、最高价格，从而在谈判时达到双赢的场面。

进行价值分析的工具为：

$$价值(V) = 功能(F) / 成本(C)$$

可以通过以下七个方面进行价值分析，如图 4-11 所示。

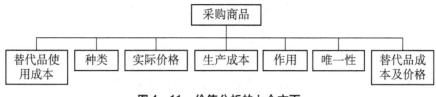

图 4-11　价值分析的七个方面

需要注意的是，采购商与生产商在进行价值分析时侧重的问题是截然不同的。

2. 谈判。在采购过程中进行谈判是降低采购价格的方法之一。在进行谈判前，需先进行价值分析，不过分压低价格，防止低价造成的质量漏洞、无法按期交货等问题，在双赢原则的基础下尽量降低自我成本。

在谈判过程中，负责人可以尝试运用联纵策略，将要谈判的多个项目条款进行组合。如在合同谈判时，把原材料及外购件的价格、交货期、质量和售后服务综合而谈，扩大谈判空间。在双方僵持的情况下，可以在时间或价格上让步。从时间上来说，采购方可以延长原材料及外购件的交货期；对于价格而言，可以在不失去采购方利益的前提下，降低原材料及外购件的价格。

3. 采购方式。

（1）杠杆采购。杠杆采购主要针对对价格较为敏感或生命周期较短的原材料的采购。由于价格变动较频繁，企业往往不会和同一供应商保持长期的合作，而是及时更换不同的供应商，以寻求更为低廉的采购价格。[34]

（2）联合采购。企业在进行一些小批量的采购时，可以联合其他合作企业进行统一的采购，形成一定的规模进行采购，提高规模经济效益，降低采购成本。[35]联合采购又称外包服务商，这是一种新的采购形式。通常来说，联合采购需要专业的采购服务机构的规划，促进不同企业之间的联合采购，从而提高企业的议价能力。

（3）集中采购。当企业内部不同部门对同一种原材料及外购件有不同程度的需求时，企业往往会采用集中采购的方式进行采购，通过增加采购数量从而提高议价能力，降低采购成本。集中采购常常用于政府性质的采购，政府将具有规模的采购项目纳入集中采购的对象中，由相关部门机关展开采购活动。

（4）不同采购方式的区别如表4-4所示。

表4-4 不同采购方式的区别

	杠杆采购	联合采购	集中采购
采购对象特征	对价格较敏感 寿命周期较短	需求量较少	需求量较大
采购方	一家企业	多家企业联合	政府
优势	降低采购物料的差异性、降低采购成本较小而带来的利润影响	降低采购成本、产生规模采购优势、提高企业的议价能力、提高采购效率	降低采购成本、形成规模运输并降低运输成本、减少企业内部各部门及单位的竞争和冲突
劣势		企业间的采购标准不统一，无法满足部分企业的采购需求	采购流程的任一环节不能按期完成，会导致采购计划难以达成

（5）标准化。在进行采购的过程中，可对采购批量大、采购次数多的原材料形成一定的采购标准，标准包括采购质量、采购价格区间等方面，以减少不同采购批量、不同采购人员、不同供应商间价格或质量不一致造成的机会成本的损失。

采购计划的具体内容和物资需求等计划相关，每次采购计划的制订需要利用先前原有的数据，并结合企业中其他部门（如生产部门）的需求计划。在采购策略的选择上，采购部门要充分分析当前市场情况，谨慎选择采购方式。

采购计划实施细则如图4-12所示。

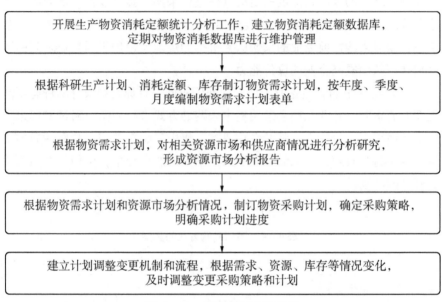

开展生产物资消耗定额统计分析工作，建立物资消耗定额数据库，定期对物资消耗数据库进行维护管理

根据科研生产计划、消耗定额、库存制订物资需求计划，按年度、季度、月度编制物资需求计划表单

根据物资需求计划，对相关资源市场和供应商情况进行分析研究，形成资源市场分析报告

根据物资需求计划和资源市场分析情况，制订物资采购计划，确定采购策略，明确采购计划进度

建立计划调整变更机制和流程，根据需求、资源、库存等情况变化，及时调整变更采购策略和计划

图4-12 采购计划实施细则

二、管理采购过程

在执行采购计划时，首先要对采购过程进行管理。下文通过对精益采购的最终形式JIT采购的主要管理内容进行阐述，从而明确精益采购管理方面，以便最大限度地辅助生产，减少各个环节的浪费行为。在进行对供应商的JIT采购管理时，应注意以下七个方面内容。

（一）采用较少的供应商

从理论而言，单源供应是实现JIT采购的要求之一，但是这在现实采购中几乎不可能实现。传统的采购模式采用多头供应的模式，通常与多个供应商合作，若某一供应商提供的物料不符合标准则结束合作。

供应商数量决定供应商的管理难度，供应商数量越少，供应商的管理难度越小。同时，供应商也可以拥有企业内部规模效益、长期订货的优势，从而促进采购成本的降低。[36]单源供应使采购商成为供应商的重要客户，相互依赖关系较强，有利于供需之间长期稳定合作关系的建立。因此，单源供应商的选择标准更为苛刻谨慎，需要考量更多的影响因素[37]。

但是，单源供应对供需双方也有很大影响，单源供应在现实交易中，于供需双方而言都不是一个长久之策。对于采购商而言，单源供应存在一定的风险，如由于某些突发因素而导致供应商交货中断等情况的发生，或是由于供需双方之间过强的依赖性导致采购方不能够进行多方选择，最终导致采购方不能得到较低的采购价格，致使采购成本升高。从现实出发，对于供应商而言，企业本身是一个独立的商业竞争者，不会轻易披露企业中的大量数据；同时供应商的目的不是成为某个企业的某个原材料库存点，而是与不同的采购方签订更多的订单，以提高供应商企业的收益。单源供应是一个长期性质的交易活动，成为某企业的单一供应商并不能达成供应商盈利的目的。

实现 JIT 采购就需要减少库存，库存成本需要利用 JIT 采购协议，从采购商转移到供应商一边，失去了控制库存成本主动权的采购商必须意识到供应商应为此承担的风险。

（二）采取小批量采购的策略

JIT 采购和传统采购的重要区别在于采购批量的大小，JIT 采购倾向于小批量多批次的采购，这也是 JIT 采购的基本特征。

由于 JIT 生产是小批量生产模式，因此采购物料时也应采用小批量的方法，以适应 JIT 生产。从企业本身角度出发，基于市场需求变化的不确定性和 JIT 采购对零库存的要求，企业必须采用小批量的方式进行采购，以保证企业所需的原材料或外购件充足。

然而小批量采购必定会增加运输成本，尤其是在供需双方运输路程远、运输难度大的情况下，JIT 采购的实现难度较大。解决这一问题的方法主要有四种：

1. 采购时不仅仅要考虑物料的价格，也需要考虑供应商与仓库的地理位置，尽量选择距离较短的供应商。

2. 建立临时仓库。此方法可以降低运输过程的成本，但是未能从源头上解决运输问题。

3. 选择专门运输商或第三方物流企业进行物料的运输。

4. 由一个供应商负责供应多种原材料和外购件，形成规模效应。

（三）改变标准

在传统的采购中，采购方与供应商之间仅仅是短期的合作交易，双方的交易存在灵活性和不稳定性。在双方的目标难以达成一致时，可以直接终止合作，需求方依然可以寻找更为优质的供应商。但在 JIT 采购中，采购方与供应商应建立长期的合作交易，供应商各方面的变化会对采购方产生一定的影响，供应商的交货时间、交货质量会影响采购企业最终的经济效益。正是由于 JIT 采购中单源采购的特点，如何选择合格的供应商成为采购方决策的重要问题。JIT 采购对供应商有较为严格的要求，采购方需从采购价格、设备条件、交货期、技术能力、批量、应变能力、质量等多方面对供应商进行筛选，保证采购物料的质量合格，交货期不延迟，价格合理。

（四）加强对交货的准时性

交货准时是准时化生产的前提条件，供应商的生产和运输条件直接决定了采购企业后期的交货准时性。采购商需要考察供应商自身的生产条件和运输条件，才能够确定供应商的准时性。

1. 生产条件考察。生产条件考察主要是考虑供应商能否连续且稳定为采购商生产供货，当供应商的生产过程稳定时，由于供应商生产的不稳定性导致的延迟交货或误点现象将会减少。

2. 运输条件考察。运输问题是决定交货准时性的最主要因素。在对供应商的物流情况进行考量的过程中，还需对供应商的物流成本、物流效率等方面进行初步计算，在条件不理想的情况下可采用第三方物流机构保证企业采购的到货准时性。

JIT 采购能够在一定程度上消除原材料和外购件的缓冲库存，这也就导致了供应商交货的失误和送货的延迟可能会带来企业生产线的停工待料。

（五）从根源上保障采购质量

实施 JIT 采购旨在降低多余的库存，减少浪费，所以在 JIT 采购进行后，企业并无应急库存，一旦采购物资出现问题便无法及时地满足企业生产需要，从而出现了比应急库存成本还要高的费用损失。因此，必须从根源上即供应商方面保证物料的质量合格，并让供应商参与产品的设计过程，利用采购方的生产需求来规范供应商的技术水平，是从供应商方面减少产品质量问题的重要手段。

（六）信息交流需求

JIT 采购要求供需双方的信息高度共享，保证供应与需求信息的准确性、实时性。由于双方的合作关系，供需双方必须进行准确的、必要的信息共享，如采购的原材料库存、质量等方面，保证能及时解决问题。同时，双方进行信息交流一定要做到及时性，信息滞后是传统采购模式的一大漏洞。如果信息交流不及时，供应商在突发情况下，无法按照协议要求进行生产，影响采购进度。只有可靠而快速的双向信息交流，才能保证所需的原材料和外购件准时按量供应。

（七）包装要求

JIT 采购对原材料和外购件的包装也提出了特定的要求。在理想条件下，采购方要求采用标准规格且可重复使用的容器，包装原材料和外购件。

三、管理供应商

（一）供应商开发

供应商管理是精益采购的重要内容，其包括供应商的开发和定期评价。在精益采购过程中，可利用 JIT 采购管理来进行一定程度的供应商管理，从而对采购的各个方面进行优化。对供应商的开发是采购体系的核心，对供应商设定优先次序，集中精力重点发展重要的供应商，即采购项目占总采购总金额比重较大的供应商；寻找较多合格的供应商，让供应商之间形成良性的竞争模式。

（二）供应商管理指标

供应商管理指标旨在规范引导供应商的行为，是评价供应管理部门绩效的重要依据，主要包括质量、成本、交货、服务、技术、资产、员工七个方面，如图 4 - 13 所示。

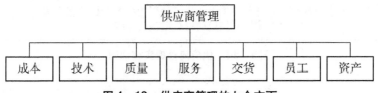

图 4 - 13　供应商管理的七个方面

不同的公司对于不同的采购对象有不同的侧重点，但最终达到的目标都是简单协调，适用于当前状况的供应商管理模式，建立供应商动态评价系统，设定评价标准，形成优胜劣汰机制。

采购是采购商与供应商之间的交易活动，供应商提供的原材料质量影响着采购方的最终产品质量，间接影响其经营活动，而供应商的经营管理和技术水平决定了采购的原材料的质量，所以在采购时必定要对供应商进行合理客观的评价，这不仅仅是对采购方的选择是否正确的验证，也是对供应商各方面水准的一大考量[29]。

为了真正地实现精益采购，梳理了采购要点之后，要能够建立以数据中心为核心的采购信息平台和决策支撑平台，通过采购信息平台实现采购流程全过程可监控、可追溯、可评价、可借鉴；通过决策支撑平台为管理者、决策者制定企业发展战略规划提供最原始的数字化采购数据，最终形成精益采购。

供应商管理首先需要根据企业的供应商管理指标制定出一套完备的供应商管理制度，同各个供应商管理制度对比后选择最优的供应商，并与其保持一定程度的信息交流，及时掌握采购物料的实况。根据供应商管理制度，企业可以在合作结束后对其进行评估，并根据实际需求决定是否需要保持长期友好合作。

供应商管理实施细则如图4－14所示。

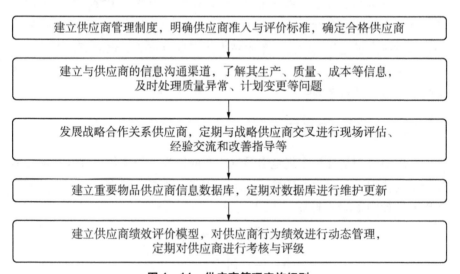

图4－14　供应商管理实施细则

四、控制采购风险

（一）采购风险的识别

控制采购风险首先要清楚地识别采购风险，在不同企业的采购活动中，各种采购风险的权重不同，企业选用的应对策略也有所不同。大部分企业将采购风险分为以下几个方面，如表4-5所示。

表4-5　采购风险的种类

采购风险种类	具体表现	一般应对策略
供应商延期交货风险	供应商由于组织管理问题或决策失误，使采购物料难以按时交货，最终影响采购企业后期的运营计划	采购企业加强对供应商的管理，健全完善供应商管理体系，及时督促供应商完成交货计划；与供应商保持密切的沟通，在出现问题时，及时反馈给企业的相关部门，快速调整生产计划或销售计划
采购质量风险	供应商提供的物料在交货检查时不能达到企业的质量标准；企业采购的物料质量与最终产品要求的质量不相符；供应商提供的产品本身存在质量问题，无法完全保证企业在未来生产使用物料时的质量	在选择供应商时，严格审核供应商质量、服务、技术、价格等方面的能力，预防收到不合格品；制定并执行质量管理制度，在交货验货时检测出不合格的物料，并及时传达给供应商，从而及时调整供货计划
采购价格风险	企业采购环节的购入价有时会由于技术、市场需求等原因远高于采购的公允价值；在选择供应商时，无法选出质量良好、价格合理的合作方；供应商之间的协议哄抬物价，使得供应商的报价存在水分，使得企业采购环节的成交价（购入价）有失公允，引起企业采购成本的价格波动，增加企业采购的风险系数[38]	在选择供应商时进行价格分析，根据物料的需求和历史价格，采用竞争性报价，选出价格合理的供应商；也可以通过学习曲线，与供应商进行谈判，降低采购价格

续表 4 – 5

采购风险种类	具体表现	一般应对策略
经济合同风险	在签订合同时，条款制定不合理导致企业在履行合同时产生损失；供应商违反合同条款，造成经济损失	企业制定完善合同管理制度，全面了解企业的整体情况；在签订合同时，必须要考虑供应商履行合约的能力，保证合约顺利进行，在供应商无法履行合同条款时，要及时与对方协商，将损失降至最低
计划风险	企业采购部门在制订采购计划没有全面联系企业其他部门和企业计划，导致计划与实际有较大差别；由于市场需求的快速变化，已经采购的物料不能满足当前市场需求	制订采购计划时要全面考虑，与各个部门沟通，实时掌握当前的市场信息，制订出符合市场需求的采购计划；利用 ERP 技术实时监控已采购物料的数量，便于进行下一步采购计划的变更；在采购计划出现变化时，要及时通知供应商，使其快速调整生产计划，保障按期交货；增设材料计划管理环节，重点负责材料计划的审核汇总、加强合同履约过程监控、工作结果考核、内外部工作协调
物料短缺风险	采购物料的数量过少，无法满足企业的生产销售	采购物料过少时，采购部门需与生产部门或销售部门沟通，寻找替代品，同时也要和供应商沟通，及时补充无物料的短缺
库存风险	采购物料的数量过多，造成货物积压，产生浪费和损失	采购物料过多时，相关部门要及时清点库存，及时上报相关信息
技术进步风险	由于技术的更新，原先采购并到货的物料的生产技术与当前要求不一致，导致库存积压	及时与产品研发部门沟通，更改产品设计工艺或采用其他替代品，保证及时满足下游客户的需求

　　企业可以采用 ABC 分类法按风险发生带来的损失程度将以上几种风险分为 A 级、B 级、C 级，损失越大，等级越高，企业在采购过程中应予以更多的重视，采用更为严格的措施进行预防，具体的划分结果由于企业的采购目标的不同而存在一定差异。

（二）第三方物流的日常监督、检查、激励

在采购过程中，往往会出现由于供应商或采购商的物流运输水平无法达到要求（如物品对运输方式、运输条件的要求，采购方对采购时间等方面的要求），或是由供应商运输的成本高于预计成本的情况，此时可采用第三方物流进行产品的高效运输。在进行第三方物流运输的过程中，极有可能会发生运输的部分要求难以达成的状况，因此采购商需对第三方物流进行日常监督、检查及激励。

（三）采购物料质量管理

提高采购质量是降低企业成本、增加企业收益的有效方法之一。各个部门对原材料质量的管理都有明确的责任分工。企业中部分部门的责任分工如表4-5所示。

表4-5　部分部门的责任分工

企业部门	责任分工
采购部门	明确采购质量目标
业务管理部门	制定质量管理相关标准文件，明确质量要求
质量检验部门	制定验收规范，明确验收方式、验收数量
使用部门	对采购商品进行一定的质量抽检

故在进行采购质量的管理时需要有科学的制度和严格的程序流程。在采购部门从开始的生产计划排单，到采购计划的制订，再到供应商的选择与谈判，最后进行跟单催货时，需要各部门之间的配合协调，如收集采购信息、供应商的考察、采购方式的选取、采购所需的谈判技巧等。在决定购买之后，还要签订采购合同，最后就是采购的跟单等工作。因此，企业需要事先制定科学的制度和程序，然后依照这些制度和程序开展工作。为在采购时能严格控制采购原材料的质量，采购部门至少需要做以下四点工作。

1. 物料采购供应的计划。采购部门通常会面临不同的采购状况，这些复杂的采购状况一般都是基于采购物品种类的多样性、物品质量要求的多变性以及采购数目的变化。所以，采购部门应该对采购物品进行详细的分析，并统计企业各个部门、工序、材料、设备、工具及办公用品等各种物料，在此基础上编制物料采购计划，并检查、考核执行情况。

2. 物料采购供应的组织。采购部门依据上述物料采购计划规定的物料品种、规格、质量、价格、时间等要求，与供应商签订订货合同或直接购置，保证质量检验的关键流程如图 4-15 所示。

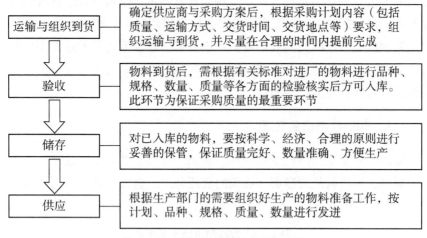

图 4-15　保证质量检验的关键流程

3. 物料采购供应与生产之间的协调。面对不同的任务采购部门和生产部门对于产品质量的评判标准可能会出现差异，这就使得两部门发生矛盾冲突。因此，必须要通过沟通来解决二者的矛盾，从企业的整体目标和整体利益出发，中和二者的观点，制定出更加科学有效的处理办法，提高产品质量和经济效益。

4. 物料采购工作的控制。采购是一项涉及多方面利益的交易活动，在采购过程中某一个人的失误或舞弊行为都会对整个生产项目造成巨大损失，因此，必须建立有效严苛的制度来约束个人行为。在采购中加强采购控制工作是规避风险的重要举措，建立采购预计划制度、采购请求汇报制度、采购评价制度、资金使用制度、到货付款制度、保险制度等均是有效措施。

科学的机制比人制更易推行。采购作为企业生产经营的重要步骤，其部门制度的完善至关重要，只有制定了科学、严格的制度，才能够保证采购部门质量管理的正常运行，进行采购质量管理。可以说采购部门的质量管理是采购质量管理的基础和保障，这其中制度的建立和完善是关键。

采购风险控制主要是对采购质量进行严格把控，不同的采购环节需要控制防范的因素不尽相同，企业需要制订一套方案，明确各环节的管理要素以及应对措施，兼顾采购质量和采购效率。

采购风险控制实施细则如图 4-16 所示。

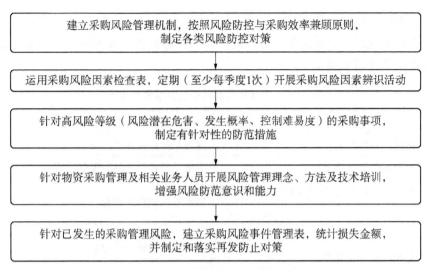

图4－16　采购风险控制实施细则

五、评价采购效果

在进行采购后，需要对采购过程、采购后仓库管理进行评价，形成采购绩效评价表，来判断采购的合理性。主要评价方面有以下几点。

（一）库存物料质量指标

质量管理一般通过物料检验来确定质量，主要检验的是原材料、外购原材料、外购配套件和外协入厂。质量检验对保证生产正常进行及确保产品质量起着重要作用。采购方采购原材料的质量可能会出现不达标的情况，如图4－17所示。

图4－17　采购原材料的质量不达标的几种情况

因此，质量检验是企业必须进行的工作。产品检验要遵循正确、及时、公正的原则，从源头上为最终产品的质量提供有效保障。产品检验作业措施及作用如表 4-6 所示。

表 4-6　产品检验的几个主要措施及作用

措施	目的或作用
严把原材料质量关	保证最终产品质量
分析产品的质量状况	有助于企业对产品的保管保养
入厂时的验收检查应有明确有效的检验标准	确保外购物料的质量
进行质量检验对供货商进行相应的质量监督	进一步评价选择供应商
发现问题分清责任	便于采取相应的措施确保产品的质量
建立科学严格的检验管理制度采取先进可靠的检测手段	便于按照规定检验内容，利用严格的操作进行产品的检验

原则上说，供应商所供应的物料应该是 100% 合格，但在实际采购过程中无可避免地会出现一些因不可抗力因素所导致的物料质量不合格的现象。在进货检验时，如果物料质量检验技术较复杂，不适宜全检，在使用抽样检验时，双方必须通过协商等方式预先规定科学可靠的抽检方案和验收制度。抽样检验的标准可根据之前多次产品质量状况随时调整检验宽严程度。

根据产品质量状况随时调整检验宽严程度如表 4-7 所示。

表 4-7　产品质量状况对采用的抽检方案的影响

产品质量状况	所采用的抽检方案
产品批质量正常	采用正常的抽检方案
产品批质量好转	放宽抽检方案
产品批质量变差	加严抽检方案
产品批质量无法好转	暂停该抽检方案

采购方根据供应商供应产品的检验结果以及长期质量水平的变化情况，对下次供应商的选择及采购数量做出相对应的改变。

（二）采购效率指标

采购效率主要是从原材料在生产需要时的充足性及采购原材料送达准时性来进行衡量。

1. 缺货指标。在采购过程中，由于生产的长期性及需要考虑采购成本的最低，常存在计划生产所需的原材料与采购的原材料数量存在差异的情况，因此，当生产需求超过库存余额并且不能及时补充库存时，就会造成缺货。

缺货所引起的停工等待对于一个连续生产的企业造成的浪费是巨大的，因此，采购部门需要保证一定量的安全库存，避免因计划生产所需原材料数量与采购的原材料数量存在差异导致的停工而造成浪费的现象存在。安全库存的数量不宜过多，以免形成过高的库存成本；也不宜过少，以免在紧急情况下无法在短时间内支持生产需求。

2. 采购的原材料到货时间指标。采购的原材料在订购之后应设定一个准确的到货时间，供应商的准时到货管理是企业精益采购的基本要求及精益生产的前提条件。当到货时间不稳定时，企业就需要对采购库存数量进行调整，以保证库存的有效利用，减少如由于提前到货而产生的储存成本或由于到货延期而造成的安全库存过多甚至停工等状况。

（三）仓库利用率指标

在采购库存管理中，使用仓库货物平均在库时间来衡量仓库利用率。由于采购行为的特殊性，采购的原材料在仓库中遵循先进先出的原则，其在库时间还与生产需求与采购批量之间的差额相关。即同一段时间内的生产需求小于采购批量时，多于生产需求的采购原材料的在库时间将会延长。因此，保证订货批量与生产需求之间的平均差额是保证仓库利用率的主要手段。

（四）仓库5S指标

5S是进行安全管理的手段之一。在采购过程中，库存在仓库中的停留时间应尽可能减少，降低仓库储存成本，因此，进行5S管理是对库存进行管理的有效手段之一。

由第三章所学5S管理内容，可知需要对整理（seiri）、整顿（seiton）、清扫（seiso）、清洁（seiketsu）、素养（shitsuke）五个项目进行管理，因此在现场需要制定《5S管理制度及考核方法》以确保5S的正常实施。

采购绩效评价在质量、效率、成本等方面重点实施，根据不同的指标，对其进行定量的检验评价，并根据结果总结经验教训，便于下次采购的顺利实施。

采购绩效评价实施细则如图 4 - 18 所示。

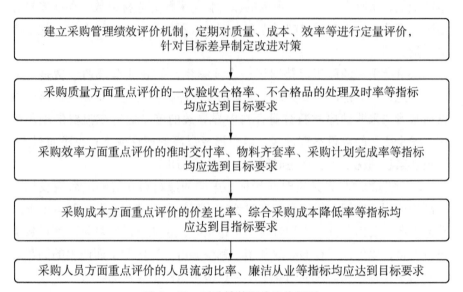

建立采购管理绩效评价机制，定期对质量、成本、效率等进行定量评价，针对目标差异制定改进对策

采购质量方面重点评价的一次验收合格率、不合格品的处理及时率等指标均应达到目标要求

采购效率方面重点评价的准时交付率、物料齐套率、采购计划完成率等指标均应选到目标要求

采购成本方面重点评价的价差比率、综合采购成本降低率等指标均应达到目指标要求

采购人员方面重点评价的人员流动比率、廉洁从业等指标均应达到目标要求

图 4 - 18　采购绩效评价实施细则

【案例】

某地级市街道政府采购绩效评价

该街道以农业发展为主，目前实行的是传统的行政村建制。近年来，政府采取多项措施鼓励街道与其他地区进行贸易，促进其发展。在产业发展过程中，该街道对外采购逐渐形成体系，并拥有一套采购绩效评价体系。

（一）采购方式及招标时间

1. 采购方式。采购采取公开招标、竞争性谈判、询价、协商、自行采购等多种方式，其中公开招标作为政府采购的主要采购方式。

2. 招标所需时间。根据《政府采购法》及《地方政府采购非招标采购方式管理方法》等相关文件规定，采购招标所需时间规定如表 4 - 6 所示。

表4-6　采购招标所需时间规定

公开招标	1. 前期代理机构组织相关专家论证、与采购者编制标书，采购者进行签字确认需2天 2. 市区两级采购办审核代理机构发布的公告需2天 3. 在省、市、区三级政府自核公告20天
竞争性谈判	1. 代理机构组织专家论证、与采购者编制招标书、采购者签字确认，代理机构发布公告需2天 2. 在省、市、区三级政府采购网络资格公告需7个工作日
询价	1. 代理机构组织专家论证、与采购者编制标书，采购人签字确认需2天 2. 在区政府采购网站资格公告需3个工作日
协商	1~2个工作日，由单位自行掌握
自行采购	时间由单位自行掌握。（每季度需上报区采购办备案）

（二）确定采购方式

不同采购金额的项目采取不同的采购方式，具体如表4-7所示。

表4-7　采购项目及其对应采购金额

采购项目	采购金额
工程类项目采购方式	单项或批量采购金额达5万元（含5万元）至50万元的，采用询价方式进行采购
	单项或批量采购金额达50万元（含50万元）至200万元的，采用竞争性谈判方式进行采购
	单项或批量采购金额超过200万元（含200万元）的，采用公开招标方式进行采购
货物类与服务类采购方式	单项或批量采购金额在30万元以下的，采用协商方式进行采购
	集中采购目录内，单项或批量采购金额达30万元（含30万元）至50万元的；集中采购目录外，单项或批量采购金额达20万元（含20万元）至50万元的，均采用询价方式进行采购
	单项或批量采购金额达50万元（含50万元）至120万元的，采用竞争性谈判的方式进行采购
	单项或批量采购金额超过120万元（含120万元）的货物和服务项目，50万元（含50万元）以上的工程勘察、设计、监理项目，采用公开招标方式进行采购

续表 4 – 7

采购项目	采购金额
自行采购方式	单项或采购批量金额 1 万元以下的，可自行采购
	单次采购金额 5 万元以下的建筑物施工、构筑物施工、装修工程、房屋、修缮项目等工程项目，可自行采购
	单项或批量采购金额 20 万元以下的普通项目，可自行采购
	集中采购目录外，单项或批量采购金额 20 万元以下的货物、服务与工程，可自行采购

在履行政府采购合同时，采购者若要追加与合同招标相同的货物、工程或服务，需要在不改变原有合同的基础上，与供应商协商签订补充合同，但所有补充合同的采购金额不得超过原金额的 10%。

（三）采购绩效评价分析

1. 原始数据的收集与分析。通过借助政府采集信息平台和多方沟通、调研等方式，得出街道采购统计指标的原始数据如表 4 – 8 所示。

表 4 –8　原始采购统计指标

统计指标	统计数据（2015 年）
年度政府采购合同总额	1548. 85
年度完成政府采购预算总额	766. 29
年度财政下达政府采购预算总额	766. 29
年度政府采购节支额	– 782. 56
年度行政经费总额	8. 82
年度财政支出总额	3219. 18
年度政府采购项目总数	26
年度教育培训类政府采购总额	0
年度采购项目废标总次数（次）	0
年度接受采购项目投诉总数（次）	2
年度公开招标项目总数（项）	11
年度政府采购信息发布总量（条）	26

续表4-8

统计指标	统计数据（2015 年）
年度人员机构培训投入总数	0
年度采购项目有效投诉总数	0
年度电子信息化总投入	0.64
年度废标、流标及延时成本	0
年度政府采购信息发布量	16
机构人员总数	2
本科学历以上人员总数	1
年度接受进修人员总数	0
上年度政府采购总额	1421.8

2. 经过处理后的指标数据。结合相关指标体系和测算方式，对原始数据进行计算处理，得到该街道采购绩效评价的指标数据如表4-9所示。

表4-9　街道采购绩效指标

评价指标	街道指标数据
政府采购预算节支率（％）	-102.12
政府采购预算完成率（％）	100
政府采购成本收益率（％）	31.18
政府采购预算节支额（万元）	-782.56
政府采购盈余总额（万元）	-791.38
政府集中采购总额（万元）	1548.85
采购规模占财政支出比重（％）	48.11
政府采购规模增长率（％）	8.94
人均政府采购额（万元）	774.43
人均政府采购成本（万元）	4.41
人均采购项目数量（个）	13
政府采购教育支出比率（％）	0

续表 4 – 9

评价指标	街道指标数据
政府采购废标率（%）	0
电子信息化建设投入（万元）	0.635
行政经费占采购支出比率（%）	0.57
废标流标及延时成本（万元）	0
违法案件涉案次数（次）	0
政府采购投诉率（%）	7.69
公开招标率（%）	42.31
政府采购信息发布率（%）	61.54
人员本科以上学历比率（%）	50.00
成员进修率（%）	0

3. 该街道政府采购绩效的评价结果分析。经过数据比对，该街道政府采购效率指数远低于预测值，即当年度该街道出现了预算外政府采购行为，且超出 50% 以上，超预算问题突出。同时，受制于单位性质与级别，政府采购规模总量不大，但采购规模占单位财政支出的比重达到 48.11%，即在规模增长率方面，该街道近年来的采购规模变化不大，浮动率超过 10%。此外，虽然该街道人均采购成本低、人均采购额大、人员工作效率较高，但是专业人员不足在很大程度上影响了资金效率的提升，直接拉低了政府采购的基础作用。

【实战一】

某公司供应商管理办法

精益采购过程中，供应商管理是最重要的流程，某公司为了整合供应链、降低成本的目的而对供应商进行管理。

（一）供应商管理"十二步"

某公司供应商管理"十二步"，如图 4 – 19 所示。

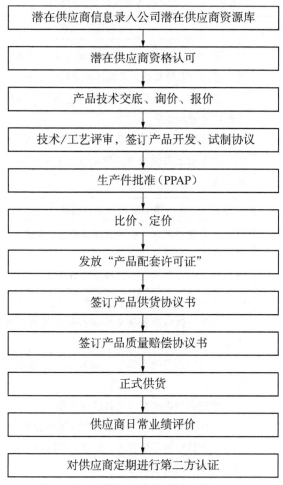

图 4 – 19　某公司供应商管理"十二步"

（二）企业采购管理职责

企业采购管理部门包括生产部、财务部、技术公司、分公司等，其职责如表 4 – 10 所示。

表4-10 某企业采购管理各部门职责

企业采购管理部门	各部门职责
生产部	（1）研究国内外先进的采购管理方法，对各分公司采购体系进行监控，引导其对其采购体系进行改进和完善 （2）组织建立股份公司"潜在供应商资源库信息系统"并进行归口管理和维护 （3）负责股份公司供应商"产品配套许可证"的归口管理 （4）参与对潜在供应商的资格认可和对现供应商的第二方认证工作
财务部	负责采购结算价格的制定及货款结算
技术中心	（1）负责潜在供应商资源需求及资源的提供 （2）负责产品目标价格的确定 （3）参与潜在供应商的选择及资格认可
分公司	（1）潜在供应商资源需求及资源的提供 （2）从潜在供应商资源库中选择供应商并参与对其进行资格认可的工作 （3）按《生产件批准程序》实施生产件批准通过认可的供应商 （4）确定合格供应商并对其进行管理 （5）具体的日常采购业务及协配件质量管理 （6）管理供应商环境行为，调查、评定供应商环境状况 （7）对供应商的业绩考评 （8）定期组织对现有供应商进行第二方认证

（三）供应商选择

该企业各分公司根据产品开发和生产需要选择供应商时可以从"潜在供应商资源库"中选择少数合格的潜在供应商，分公司与这些潜在供应商进行技术交底后，对其进行技术评审和工艺评审。经初步询价比价后确定是否对该供应商实施生产件批准（PPAP）。供应商选择流程如图4-20所示。

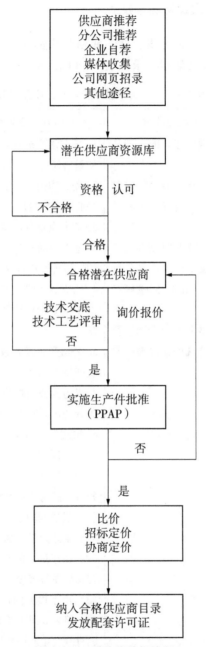

图4-20　供应商选择流程

（四）企业产品质量赔偿与激励

该公司在采购时，需与供应商达成相关的质量方面的合作协议，供需双方在质量方面的相关职责要求如表4-11所示。

表4-11 供方质量职责和需方质量职责

供方（供应商）的质量职责	需方（该公司）的质量职责
1. 供方须严格遵守与需方签订的《产品质量协议书》	1. 需方须严格遵守与供方签订的《产品质量协议书》
2. 供方必须按照已签订的供货合同（包括《产品质量协议书》）进行生产和供货，保证产品质量	2. 需方须按《产品质量协议书》的质量检验要求对供应产品进行质量检验
3. 供方必须明确产品质量保证期和服务承诺，承担在质量保证期内的产品质量责任，赔偿相应损失。同时，应做好产品的售后服务工作	3. 需方应及时记录并反馈供方产品在生产过程中的质量信息并承担不合格品标识、保管不符合要求所造成的损失
4. 供方有权就需方无故不履行合同以及由于需方责任给供方造成的损失提出索赔或申诉	4. 需方有权就供方无故不履行合同以及由于供方责任给需方造成的损失提出索赔
	5. 公司产品售后服务部门代表用户可以就产品质量责任向该公司的生产整车、总成的分公司提出索赔，同时该公司相关分公司向责任的供应商索赔
	6. 出现下列情况之一时，需方有权调整供货合同中A、B点的供货比例，直至取消合同和供货资格并建议公司注销其相应产品的"产品协作配套许可证"
	（1）进货检验连续三次批判为不合格或年度累计大于10%则批次不合格
	（2）由于供方的产品质量责任导致发生公司级质量事故
	（3）由于供方的产品质量责任，虽经赔偿，但采取纠正措施不力，导致质量问题重复发生或用户反应强烈

该公司将从供货份额、货款结算等方面优先选择信誉良好、产品质量稳定、满意度高的合作供应商，并给予一定的物质和精神激励。

公司对质量保证能力较好的供应商实行双标识合格证制度：

1. 双标识的零件到货时公司不再进行收货质量检验。

2. 若供应商所租中转仓库库存规模和条件符合质量检验要求，公司可将零件质量验收前移到中转仓库，在中转仓库检验合格的零件不再进行进厂质量检验。

3. 其他的零件供货按质量管理标准正常进行质量验收。公司对供应商到货的零件进行数量验收，过目知数的零件 100% 验数，非过目知数的零件按一定比例抽检，送货人员和收货人员对收货数量进行共同确认。

（五）采购成本管理流程

由公司主管领导、财务部和生产、技术、采购、计划、销售等部门组成的价格领导小组作为该企业价格决策机构，对采购产品价格实行归口统一管理。采购价格制定流程如图 4-21 所示。

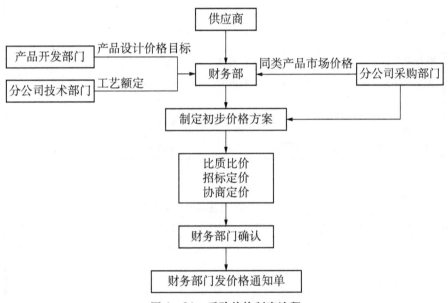

图 4-21　采购价格制定流程

为避免发生受贿或少量供应商价格高于市场的情况，该公司采用比质比价及招标进行采购。在进行招标时，供应商首先提交申请，由采购商对供应商进行调查后选择供应商。供应商申请表如表 4-12 所示，供应商基本情况调查表如表 4-13 所示。

表 4 – 12　供应商申请表

企业名称：	联系人：		详细地址：	
主要产品：	电话：		传真：	
	邮箱：		网址：	
	企业性质：		固定资产：	
	成立日期：		员工数：	
企业概况：（主要产品生产能力、主要工艺及检测设备）				
现配套状况：				
推荐理由：				
推荐单位：　　　　　　　　　　办理人： 联系电话：　　　　　　　　　　日期：				
处理结果： （是/否）纳入公司潜在供应商资源库			备注： 办理人：	

表 4 – 13　供应商基本情况调查表

一、基本状况	
供应商名称：	
供应商详细地址：	
法人代表：	
注册资本：	
企业性质：	
企业成立日期：	
开户行及账号：	
商务联络人：	
联系方式：	
网址/电子邮箱：	

续表 4 – 13

员工数：	总人数：	管理人员：
	技术人员：	
二、调查内容		
企业简介		
财务状况		
工艺制造能力		
产品研发能力		
质量保证能力		
供货能力及售后服务水平		
机构认证证书		
其他供应状况		
主要产品介绍		

（六）准时化交货管理

该公司根据自身需求，要求采购部门制订要货计划并能够依据实际情况进行调整。对于采用看板管理的零部件，采购部门需及时传达当前的看板信息，供应商按照当前要求将需要的物料送至生产线上的装配或生产点；对于其他的零部件，供应商则直接将其送至分公司协配仓库，及时补充库存，避免缺货。供应商优先选择直送供货，以实现准时制供货。当供应商无法进行直送供货时，供应商将采取必要措施保证准时供货，如在公司周边地区租用中转仓库等措施。

（七）供应商评价

企业从质量、交付、服务、价格等方面对供应商的工作进行评价。各分公司需要自行制定供应商日常业绩评价及考核管理办法和具体的考核细则。根据每一项内容的不同标准采用定量打分的方式进行评价。评价采用日常评价与第二方认证及年度评价相结合的办法由分公司根据评价结果对供应商按 A 级、B 级、C 级、D 级进行分级排序，实行等级管理。

某公司对供应商评价打分表如表 4 – 14 所示。

表 4 –14　某公司对供应商评价打分表

序号		测评标准	最高分	实得分
1	用户第一	采购部门的负责人每年至少与售后服务部门的负责人进行一次面谈，以审核采购件质量情况、交付改进的情况为准	2	
		有书面程序文件表明，采购部门的用户信息能及时准确传递到采购部门，作为其改进工作的依据	4	
		最近 12 个月对供应商的产品质量和交货时间的统计趋势表现出了连续不断的改进	5	
2	生产流程同步	生产现场存储的采购数量受到控制	2	
		生产现场无计划外的采购件，除非生产部门需要	2	
		分公司正在采用经过批准过的标准化的工位器具，对采购件进行定量存放管理	1	
		向生产现场发放的采购件数量是根据实际消耗量确定的，而不是根据推进式的计划安排进行的	3	
		采购部门的所有发料人员均按照书面的发料指令和日程表向生产现场发料	2	
		每一位采购计划员均能清楚库存改进目标，并且对库存进行监控	15	
3	将质量融入一切工作中	采用了定期审核方法来确保采购件包装标准的符合性，并对审核中发现的问题采取了纠正措施	1	
		有书面的采购入库验收标准	2	
		有书面规定和办法，以识别和确认超出计划的或已经作废的采购件	2	
		每季度对超出计划和作废的采购件进行了清理，并有报表	2	
		分公司采用了必要的措施来监控采购预算的准确性，并且指导预算员提高准确性	2	
		采购部门的负责人应当支持分公司的新产品投产，并做好新产品所需的采购	2	
		对新产品分公司采购部门应用了批量生产认证方法，以验证供应商对新产品投产的生产准备情况	1	
		采用规定的受控制的区域来存放被拒收的采购件，转送到这个拒收区的物料必须在 5 天内处置并移走	1	
		采购部门负责人能够展示出在采购存放区采取的安全防范措施	2	

续表 4－14

序号		测评标准	最高分	实得分
4	全体人员参与改进	采购部门对员工资格进行确认，以保证员工具备与其岗位相适应的素质	1	
		采购部门的所有员工均制订了年度工作计划、目标，并每年对目标完成情况至少进行两次考评	2	
		采购管理人员参加了跨职能部门的工作小组，实施内部生产流程同步改进	2	
5	设备有能力并可随时投入使用	按照设备维修保养和工艺、生产调整计划，采购计划员及时进行了采购计划调整	1	
		采购部门的转运人员为确保设备状况良好，建立了设备维修检查卡	1	
6	实现职能优化	合格的采购管理部门领导并向分管经营的领导报告工作	1	
		分公司采购管理部门对分公司所有采购业务进行统一管理	1	
		进行了采购人员的统一培训	1	
		分公司按公司的采购政策和采购管理流程实施采购管理	8	
		分公司向采购部门分派了足够的搬运专业人员和叉车驾驶员，负责向生产现场发料	1	
		采购管理部门的领导向采购部门的主要人员明确其职责	1	
		进行了叉车驾驶员培训，并进行了认可考试	1	
		采购管理部门的负责人采用了一种年度业绩评价方法，对人员的技能、培训需求和采购部门的全面发展进行评价	1	
		对于库存改进目标，并满足年度生产计划的情况，采购部门负责人至少每月一次向分公司总经理报告	1	
		分公司所有露天存放的采购件均由采购管理部门进行管理	1	

续表 4 – 14

序号		测评标准	最高分	实得分
7	建立良好的工作环境	采购部门有自己必要的通信工具来传递信息	1	
		重要的采购任务是按照书面方式下达的	2	
		对分公司总的库存情况进行跟踪，制作成图表，醒目地放在采购管理部门负责人的工作室	1	
		所有已入库的采购件均划定了存放区域，在区域内实施定置管理	1	
		分公司采购管理部门参与公位器具的回收	1	
		有规定适当的、非常醒目的、严格执行的采购隔离区	1	
		采购管理部门建立和应用了文明生产管理程序文件，以支持各类物料的定置管理	3	
		对各类信息的及时准确传递有书面规定，各类信息的传递通畅	3	
8	将供货者作为伙伴	采购部门负责人至少每季度与采购部门的同事面谈，对供应商的评价结果进行审核	1	
		采购部门负责人至少每季度与质量部门的同事面谈，审核供应商的质量情况和改进趋势	1	
		发布合格供应商名单，严格在其范围内进行采购	1	
		对供应商交货中的问题，及时向供应商进行通报	2	
		分公司每年召开一次供应商会议	3	
		对业绩优秀的供应商进行奖励	1	
		采购部门与供应商一起工作来全面降低成本	3	
		供应商交货情况表现出连续不断的改进趋势	5	
		采购管理部门制定不断改进供应商交货周期的措施	2	
9	第二方认证	对供应商进行日常业绩评价和第二方认证，并将结果向供应商进行了反馈	6	
合计			100	

第五章 精益物流

第一节 精益物流的思想内涵

一、精益物流的定义

（一）精益物流的思想内涵

精益物流由精益思想衍生而来，是精益思想在物流管理中的应用，来源于日本丰田公司的物流管理思想。精益物流强调以整体的角度寻找物流活动中的增值点，就目前而言，客户需求个性化的趋势愈演愈烈，我国的物流发展速度较为缓慢，精益物流恰好为物流产业提供了新道路[39]。

精益物流的目标是消除一切物流管理中的非增值浪费，其核心理念是以价值流为中心，包括正确认识价值流、保证价值流的顺畅流动、以客户需求作为价值流的动力及不断改进价值流等方面，以期实现动态的物流管理。利用精益的思想对物流进行管理，要坚持以客户需求为中心、寻找每一环节的浪费、遵循"五不"原则、及时创造由客户驱动的价值、及时消除浪费环节，企业协调好成本与服务之间的关系，使企业物流综合成本最低。精益物流从物流系统规划、仓储与库存管理、运输与配送管理、包装管理、信息化管理和绩效评价六个方面建立精益物流体系及物流信息化平台，发展供应链一体化物流系统，如图 5–1 所示。

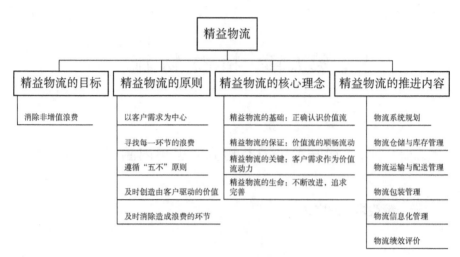

图 5－1　精益物流的思想内涵

（二）精益物流与传统物流

精益物流由传统物流演变而来，既保留了传统物流中的部分环节，如运输、包装、仓储等；又增加了其他环节，如信息处理等。二者最大的不同在于其最终目的，传统物流旨在在降低物流成本的前提下，提高客户满意度；而在精益物流中，客户满意度是首要目标，其次才是降低物流成本。正是由于二者的目标不同，其管理方式和管理思想也有很大的不同。传统物流和精益物流的区别如表 5－1 所示[40]。

表 5－1　传统物流与精益物流的区别

项目	传统物流	精益物流
主要特点	封闭、独立的物流系统	开放、综合的物流系统
最终目标	物流成本最小化，满足客户需求	物流综合成本最小化，满足客户需求同时创造增值价值
主要环节	仓储、包装、运输、配送	仓储、包装、运输配送、信息整合、
管理方式	单项物流管理物流要素独立	综合物流管理物流要素集成
产品种类	大批量、少品种	小批量、多品种
客户服务		

续表 5 - 1

项目	传统物流	精益物流
技术条件	半机械化半手工作业 先进技术有限 各环节技术手段独立	机械化、自动化程度高 大量先进技术 采用综合技术连接各环节 高效的信息整合系统
物流规模	小，所有物流活动 由同一企业承担	大，多家企业分工合作， 形成物流联盟

二、精益物流的原则

（一）以客户需求为中心

以客户需求为中心就是在物流过程中满足客户对到达准时性、产品完整性等方面的物流要求。其理念是要企业用最少的投入（最少的设备、最少的人力、最短的时间）创造最多的价值效益，还需与日益变化的客户需求契合，在企业负担最小物流成本的情况下最大化满足客户需求。在企业实施精益物流改造中，需要在现有物流系统基础上对不同客户的物流要求进行个性化定制，而非一直保持现有的物流系统服务客户。

（二）寻找每一环节浪费

精益物流涉及企业价值链的每一个环节，是一个动态管理的过程。从概念设计到采购投产，从接受订单到生产配送计划等环节都可能出现浪费，都将影响精益物流的最终结果。在精益物流过程中常通过综合成本分析进行浪费识别，即物流环节的综合成本越高，浪费越多，改善顺序优先级越高。针对已寻找到的存在浪费的物流环节，再次对每个步骤进行细分，识别浪费和分析综合成本，最后将浪费环节层层改善。

（三）遵循"五不"原则

企业可以根据不等待、不迂回、不倒流、不间断、不出废品的"五不原则"制订精益物流实施方案。精益物流要求在价值流的运行中保证任意两相邻环节连续畅通，各环节内部运行流畅，即上一个环节的结尾能够与下一个环节的开始相一致，保证不发生等待浪费。精益物流追求的是消除浪费、降低成本，价值流中一旦出现物料的迂回、倒流、间断，势必会造成与相关环节的重复，再一次消耗人力、物力和财力。若企业在交付物料时将不正确或损坏的产品交至客户，则会出现逆向物流，这样的过程与价值流目标相悖，会增加物流过程的费用，因此不出废品也是价值流运行的一项原则。

（四）及时创造由客户驱动的价值

在精益物流中，价值流驱动往往由客户提前推动，即客户提出的创新型或功能型产品推动着价值流。功能型和创新型产品的特点如表5-2所示。

表5-2　两种客户需求产品类型的特点

特点　　产品类型	创新型产品	功能型产品
需求稳定性	不稳定，不可预测	稳定，可预测
生命周期	短	长
成本	高	低
技术手段	新技术工艺	传统技术工艺
利润率	高	低
订单提前期	较短	较长

基于上表所述产品特点可知，对于不同类型产品，企业的物流活动采取的策略也不同。对于可预测的功能型产品，需利用相关需求模型预测客户需求的走向，提前策划物流服务；对于不可预测的创新型产品，需紧盯客户的需求制订物流计划，提供定制化、个性化的服务，缩短物流准备时间，提高客户服务水平。

（五）及时浪费环节

在物流活动中不能够给企业带来经济效益的环节都可以称为浪费。物流活动中的浪费有以下四种情况。

1. 库存浪费。库存包括采购到的原材料及外购件的库存、生产中半成品的库存以及生产后在售产品的库存等。库存浪费包括不必要的搬运、寻找，货物的日常检查维修，对积压货物的错判等方面。在传统的库存管理理念中，以上库存是必然存在的；在精益思想中，通常将一切库存都认为是浪费。在进行库存浪费优化时，需以"零"库存为目标，结合生产及销售流程，使全价值链的库存量及库存成本不断降低。[41]

2. 运输浪费。运输浪费通常指运输过程中绕路、空载、回流等方式。运输过程中的绕路通常是由于供需双方在空间位置上无法建立直接的联系，存在中转地；空载一般指发生于运输返回过程中的空车状态；回流一般指同一批货物在同一个运输过程中由于规划等问题重复同一运输路线。在改善运输浪费时，首先需重新重视运输规划系统，从源头上减少运输浪费；其次需加强对运输过程时间及实际运输路线的监控，防止在运输过程中发生浪费区。

3. 仓储浪费。仓储是物流中必不可少的一部分，仓储过程涉及基础设施、新兴技术、合理空间，发生在仓储过程中的成本是企业成本支出的主要方面，极易造成浪费。当库存不合理、内部设施布局不合理、仓库选址不合理、仓储流程不合理等情况出现时，物流资源的闲置常导致仓库利用率低下，造成仓储过程中的浪费。在改善仓储浪费时，首先需要结合仓库选址及规模对仓储产品类型及库存量进行调整，避免发生由于仓库选址及库存量不合理而造成产品价值的浪费；其次需结合仓储产品特性合理布局仓库空间，并对产品出入库路线等进行重新规划，调整内部设施布局使仓储空间最大化，出入库最便捷；最后需结合仓储产品种类制定出入库流程及标准，使运输、仓储环节快速连接，最大限度地保证价值流的流动。

4. 包装浪费。在供应链运行的过程中，包装环节是物流环节的基础，连接生产环节及物流环节。合理的包装对保护产品、方便物流运输、节约仓储空间、促进销售等方面起着积极的作用。包装产生的浪费是由于包装不合理而产生的，主要分为过度包装、包装材料使用不当、包装规格过多三方面。

过度包装指不合理的包装规格占用了较大的空间而导致外在空间的浪费，空间无法得到有效的利用，增加了运输装卸、物料储存的成本。由于包装产品种类的不同，进行包装也需要不同的材料制成外层包装，不合适材料的包装将造成物流途中产品破损等状况，导致总成本的上升。在保证产品的质量不受物流影响的同时，包装材料的选择大部分是基于客户的需求。市场中出现的不同类型产品对物流包装的要求也呈现多样化，包装的规格不断增多，使得物流过程中对运输产品的分拣归类、搬运移动和配送变得更加复杂，大量人工、设备的投入使得物流的成本升高。在精益物流中企业需要将不同的产品进行组合包装，既满足客户对包装的需求，又节约运输途中涉及的相关成本，同时也为包装回收及再使用提供便利。

三、精益物流的核心理念

物流是供应链中的重要环节，企业需利用价值流寻找供应链中的浪费或非增值活动。树立精益物流的核心理念，要从全价值链整体出发，正确认识了解价值流，利用客户需求拉动价值流正常流动，不断寻找物流服务中可增值的效益，最终满足客户要求并将供应链物流中的一切延迟和浪费降至最低。

（一）精益物流的基础：正确认识价值流

正确认识价值流可找到物流精益化的发展与改善的方向，即正确认识价值流是实现精益物流的基础与前提。价值流是指企业将原材料变为成品并向其赋予价值涉及的所有活动，[42]包括产品的设计制造、计划投产及运输配送等方面，最终能够满足客户需求。物流的价值流具有以下特点，如图 5 - 2 所示。

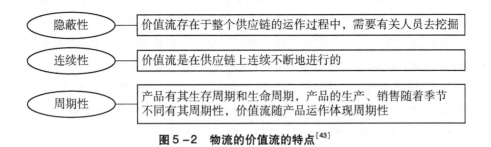

图 5 - 2　物流的价值流的特点[43]

（二）精益物流的保证：价值流的顺畅流动

物流精益化过程是价值流在物流活动中流动愈发顺畅的过程。精益物流的目标是消除一切浪费，需尽量减少价值流中每一个环节交接时的误差，如从物流的时间、库存等方面，最终使所有程序不中断地运作流动，使价值流顺畅流动。

（三）精益物流的关键：客户需求作为价值流动力

价值流中产品的最终价值是由客户提供的，为保持价值流在物流活动中的顺畅流动，物流精益化的关键在于将客户需求作为价值流动力，即物流精益化的最终目标是每一物流环节都为满足客户需求而设计和实施。客户分为企业外部客户和价值流中下一步骤涉及的企业内部客户。精益思想要求的是在客户需要时启动一个价值流的运作，让价值流连续快速地运行，而非提前做出预判，启动某个价值链，再根据客户的需要对已成形的价值流做出调整。

（四）精益物流的生命：不断改进，追求完善

精益物流将精益思想融入物流中，成为一个动态的管理过程，达到精益物流的目标必须在每一次的物流过程中进行完善，即每进行一次物流活动，都减少一部分浪费，且可以发现新的浪费，再进行改进，最终将物流的总成本降至最低。

四、精益物流的意义

（一）物流费用减少

物流成本的降低是精益物流最直接的效益体现，控制成本是企业管理的重要组成。[44]在精益物流中降低物流成本的主要方式是消除物流过程中的浪费，主要包括仓储、运输、包装、装卸、流通加工等环节消耗的成本，配送中心运营成本，与物流相关的人工成本等。

（二）工作环境改善

工作环境的改善主要体现在仓储过程中。仓储环境的改善能够极大地降低仓库人员的劳动强度，如合理的设施布局和出库入库原则能方便相关人员在仓储过程中对物料的整合统计，快速找到不同种类物料的积压库存和新入库库存，同时也减少仓储人员等费用要求。除此之外，运输过程工作环境逐渐实施标准化，和运输环境需要的通过配备必要的电子设备、安全设备等方式加以改善。

（三）流通效率提升

精益物流的建立及物流信息化的推行能够使企业物流实施做出快速反应，从而提升物料的流通效率。物料流通效率主要指物流过程中积压库存的比例，流通效率与积压库存负相关，即企业通过供应链的快速反应调整生产以避免多余的库存产生，没有积压且不出现短缺，使客户需求的物料快速进入供应链内，减少物料的损耗，保证物料的完好，从而达到流通效

率的提高。

（四）客户满意度提升

精益物流所做的一切事情都要以维护客户利益为前提。即企业在市场竞争中的绝对优势由提升客户满意度实现。企业精益物流在满足客户的一切合理需求的前提下最大限度地降低综合物流成本，对客户的需求做出快速反应，快速交货并保证物流在运输过程中的安全性，保障企业最优的客户服务，解决客户最关心的问题，提升客户的满意程度。

第二节　精益物流的推进思路

一、把握以客户需求为中心的原则

（一）客户需求分析

以客户需求为中心这一原则要求由客户拉动整个供应链的流动，为客户提供定制化、革新化的物流服务成为一大趋势，这就需要分析不同客户的物流需求。客户需求分析（$APPEALS）是企业了解客户需求、确定产品市场定位的工具，在复杂的市场环境中进行客户需求分析可从多个维度来了解客户的真正需求，从而定制物流服务，具体客户需求分析内容如表 5 - 3 所示。[45]

表 5 - 3　精益物流客户需求分析

产品价格 （$）	是大多数客户在购买产品或服务时考虑的重要因素。物流运作过程所涉及的运输价格也是客户要考虑的，能够保证物料的完好且价格合理是供应者的责任
可获得性 （A）	意味着客户可以根据自身的意愿选择购买方式，如供应商选择、交付时间。由于不同类型的物料运输对物流有着不同的要求，供应商需同客户协商，对物料的交付时间、运输方式等做出不同程度的让步
包装 （P）	包装对物流运输至关重要，不合理的包装会让物料在运输过程中受到损害，违背了客户对购买的产品完好无损的需求。包装是供应商在物流的客户分析中重点关注的方面

续表 5 - 3

性能 （P）	是客户在选择购买的关注点，产品功能属性的需求是客户对企业设计生产能力的一大考验，这就要求企业利用一切可用条件，生产出符合要求的产品
易用性 （E）	是可用性的重要方面，具有易用性的产品对于客户来说是易于学习和使用，可以减轻记忆负担，提高使用的满意程度，企业在了解这一点后根据需求设计生产出易于使用的产品
保证程度 （A）	代表产品在安全质重方面的保证，作为客户不会仅停留于购买时的产品性能，也要考虑产品的售后服务；因此，企业在进行需求分析时需要关注企业制定的售后服务规章制度是否与客户需求相符合
生命周期 成本（L）	是在产品发挥效用期间发生的所有成本，客户在购买产品时会考虑到产品的安装成本、修缮成本、折旧率等售后损失。一般来说，客户希望购买到生命周期成本较低的产品，这就需要企业生产售后成本低的产品
社会接受 程度（S）	是指影响客户购买的除产品本身价值外的其他因素，包括产品的社会认可度、企业形象、法律法规等，这些外界因素也会很大程度影响客户对产品的选择

（二）物流服务战略

物流服务战略的本质是企业提供的服务能够更好地满足客户需求，即保证客户需要的产品在客户要求的时间内准时送达。物流服务包括从接收到客户的订单开始到将产品送至客户手中并完成售后的过程中涉及的所有服务活动，包括订单处理、运输配送、仓库管理、搬运装卸、包装等。物流服务战略包括物流网络化、物流信息化及库存管理三方面的战略的设定，即一段周期内企业信息化程度，持有库存水平、物流信息化程度等。这三方面的战略需要通过仓库运营管理、装卸管理、搬运管理、配送管理及包装管理等物流服务支撑完成，主要层级如图 5 - 3 所示。

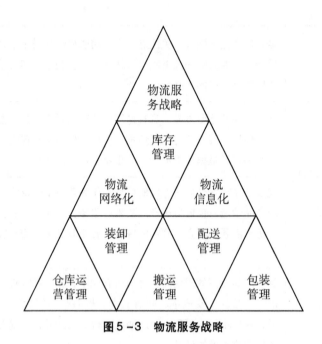

图5-3　物流服务战略

企业可制定满足客户需求的物流服务战略，为客户提供优质的服务，按照具体要求实施以客户为核心、以制造为核心或以时间为核心的物流服务，如表5-4所示。

表5-4　三种物流服务战略[46]

物流服务战略	服务战略特点	最终结果
以客户为核心	基于客户需求	提供个性化、定制化的物流服务
以制造为核心	基于产品种类	利用基本产品实现客户的特定需求
以时间为核心	基于服务速度	提供准时化的物流服务

二、控制物流综合成本

精益物流的重点是对物流成本进行合理化管理，降低物流成本需在满足客户合理需求的前提下。控制物流的综合成本可以从库存持有成本、仓储成本、包装成本、运输与配送成本及客户服务成本这几个方面入手，根据不同类型成本的不同特点，采取有效措施降低物流成本。

（一）库存持有成本

1. 含义。库存持有成本指与库存数量相关的成本，主要由库存控制、包装以及废弃物处理产生，占据物流成本组成的较大部分。库存持有成本一般包括资金成本、仓储空间成本、库存风险成本，如图 5 - 4 所示。

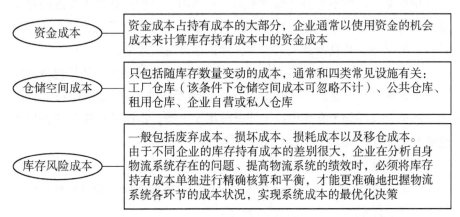

资金成本 —— 资金成本占持有成本的大部分，企业通常以使用资金的机会成本来计算库存持有成本中的资金成本

仓储空间成本 —— 只包括随库存数量变动的成本，通常和四类常见设施有关：工厂仓库（该条件下仓储空间成本可忽略不计）、公共仓库、租用仓库、企业自营或私人仓库

库存风险成本 —— 一般包括废弃成本、损坏成本、损耗成本以及移仓成本。由于不同企业的库存持有成本的差别很大，企业在分析自身物流系统存在的问题、提高物流系统的绩效时，必须将库存持有成本单独进行精确核算和平衡，才能更准确地把握物流系统各环节的成本状况，实现系统成本的最优化决策

图 5 - 4 三种库存持有成本

2. 影响因素。

（1）库存资金成本率。影响库存持有成本的首要因素是库存成本率。库存成本率是指用于持有库存付出的成本与企业资金的比值，当库存持有成本保持不变时，企业资金与库存资金成本率成反比。

（2）库存使用的仓库类型。库存采用的仓库类型直接影响了库存持有成本中的空间成本。在仓储空间成本中，公共仓库的空间成本与库存持有成本密切相关。而空间成本中的租用仓库在库存水平不频繁变动的情况下，其成本可以忽略。

3. 改善策略。

（1）制定科学的筹资策略，控制自有资金与外筹资金比例。

（2）制定合理的库存策略，控制库存周转率在合理范围内。

（3）根据企业自身业务量大小和经营特点，合理选用仓储经营方式。

（二）仓储成本

1. 含义。仓储成本指企业在开展一系列仓储业务活动中所消耗的物化劳动和活劳动的货币表现，即随着仓储作业活动的进行而产生的各种相关费用支出，包括仓库租金、仓库及设备折旧、装卸费用、管理费用等。

大多仓储成本与存货水平无关，而与仓储地点的个数相关。

2. 影响因素。仓储系统的设计不合理或盲目建设会导致日后作业过程中出现货物迂回搬运、储位浪费等现象，甚至整个仓储作业过程不顺畅，所有的这些都将造成仓储成本的增加。影响因素有以下两方面。

（1）产品进出库信息反馈不及时。产品进出库的信息反馈不及时是仓库利用率低、产生不必要仓储成本的主要原因。由于没有采用先进的仓储管理系统，通过手工记账进行库存控制，非信息化的手工记录难免会出现操作上的误差，并且消耗大量时间，降低信息反馈效率。

（2）仓库积压。企业为避免在生产过程中的缺货情况，选择保持高库存水平的原材料，这种方案必定会导致仓储部门的工作量及成本的增加。大量的物料长期处于仓库中，不能及时用于生产，占据了仓库空间，导致仓储空间紧张，降低了仓储利用率。[47]

3. 改善策略。

（1）以综合成本为依据，在保证企业的总体服务质量和目标水平的前提下降低仓储成本。

（2）改造现有装备或更新设施设备，从技术层面上提高仓储能力和仓储效率。

（三）包装成本

1. 含义。包装成本指企业因完成货物包装业务而产生的全部费用，包装是生产的终点，也是物流活动的起点，该成本主要包括包装材料费用、包装机械费用、包装技术费用、包装人工费用、包装辅助费用。这五个方面相互作用、相互转移转化，共同影响包装成本的大小，如图 5-5 所示。

图 5-5　五种包装费用的关系

2. 影响因素。影响包装成本的因素主要包括行业竞争因素、产品因素、环境因素等。

在行业竞争的过程中，对产品进行包装是提高企业竞争优势的手段之一。因此，行业往往存在为追求美观而增加包装的趋势，从而造成整体包装成本的不断上升；产品因素指由于产品的价值、密度、废品率、破损率及特殊搬运等方面会对产品包装有特殊要求，从而提高包装成本；环境因素包括空间因素、地理位置及交通状况，即物流系统中企业制造中心或仓库相对于目标市场或供货点的位置关系、交通状况。

3. 改善策略。

（1）建立包装成本控制体系。包装成本控制体系是根据企业的经营特点而制定的，企业需要按照自身对包装的需求和对包装成本的限制进行体系的建立。在包装过程中，企业需要按照对包装成本组成部分的不同要求进行包装作业的监控，并通过分析包装成本控制模式与现状，选择合适的目标包装核算方法。包装成本控制体系的建立不仅需要在方法和策略上对各包装功能成本有效控制，还需要对包装成本开展事前、事中、事后控制。

（2）控制包装使用成本。在整个物流运输环节中，企业需要根据不同产品的不同特性和形式，选择合适的包装工具和材料，减少因包装规格不适用而产生的包装成本；同时在合理的包装结构和准确的生产加工的基础上，企业包装作业应按照一定的流程完成，提高包装效率和减少人员管理，切勿随意拆装，以免增加包装成本。

（四）运输配送成本

1. 含义。运输成本是完成货物运输所支出的各项费用的总和，是运输产品价值的主要组成部分，是制定货物运输价格的重要依据。运输成本不包含原料费，而燃料、工资、折旧以及修理等占据其较大的支出。在各种不同的运输工具或者运输方式之间，运输成本存在着一定的差别，也存在着各种比价关系。

配送成本是配送过程中各环节的成本总和。配送是企业重要的作业环节，物流活动通过配送最终才得以实现，几种主要配送成本如表 5 - 5 所示。

表5-5　几种主要配送成本

配送成本类型	具体内容	含义
配送	车辆费用	从事配送运输生产而发生的各项费用
	运营间接费用	营运过程中发生的不能直接计入各站点的经费
分拣	人工费用	从事分拣工作的作业人员及相关人员工资、补贴等费用
	设备费用	分拣机械设备的折旧费用及修理费用
装配	材料费用	—
	辅助费用	包装标记、标志的印刷等支出

实际应用中，不同的配送模式，其成本构成差异较大。即使相同的配送模式，配送产品的性质不同也会造成成本构成差异。

2. 影响因素。

（1）物流网络因素。由于发货地点与收货地点的物流网络较为复杂，任意路线上的交通障碍与当地规定都使货物在运输配送中产生一定的成本。因此，选择综合成本最低的运输配送路线是物流重点解决的事情。

（2）货物本身因素。运输费用是货物移动风险的直接反映。货物的价值越大，对运输工具的要求越高，涉及的分拣、流通以及运输配送成本也随之增加。如易碎产品在运输配送中对包装、储存等环节会提出更高的要求，导致成本的增加。

（3）配送规划因素。在配送活动中，企业为及时满足客户需求有时会选择单线进行临时配送、紧急配送，虽然能保证服务质量，但不能保证配装与路线的合理性，存在造成浪费的可能。配送满足率高时，配送中心能够进行一次性、大批量的配送，使配送成本降低。

3. 改善策略。

（1）合理选择运输工具。企业应根据不同货物的特点和其运输要求选择合适的运输工具。对运输工具所具有的特征进行综合评价和比较，选择最合适的运输工具，且尽可能选择成本更低的运输工具。

（2）制订最优运输计划，减少运输环节。企业在制订运输计划时尽量选择直运的方式，同时要消除反向运输、迂回运输等不合理现象。在运输距离以及各企业的生产能力和运输量都已确定的情况下，企业可使用线性规划技术来解决运输组织问题；若企业的生产量发生变化，也可使用非线性规划解决。

（3）开展集运方式。实现运输配送成本控制的另一种方法是形成规模效益，开展集运方式的前提是运输大批量货物。但开展集运必须以及时、准确的库存信息为前提，在此基础上再进行有计划的生产。

（4）多方合作，寻求第三方物流方式。企业进行物流运输配送时应采用混合策略，合理安排企业自身完成的运输配送并将部分业务外包给第三方物流完成，使运输配送成本最低。

（5）延迟策略。延迟策略要以客户订单为信号，在接到客户订单后再确定产品的运输配送方式，这就要求企业对订单的快速反应。因此，延迟策略的基本前提是订单信息快速准确的传递。在传统的运输配送安排中，企业通常以预测为主，根据当前的市场需求预测未来的需求而进行计划调整。这就会产生一定的预测风险。当预测量与需求量有较大差距时，必定会提高运输配送成本。

（五）客户服务成本

1. 含义。物流客户服务成本指企业在客户服务环节发生的各项耗费或损失。大部分物流客户服务成本都是隐性成本，也称客户流失成本，是指因物流服务质量存在缺陷，导致客户流失而产生的潜在损失。

2. 影响因素。

（1）物流客户服务成本的不确定性。物流客户服务成本表现为只有当客户对企业的物流服务不满意时，才会产生物流客户服务成本，否则物流客户服务成本为零。

（2）物流客户服务成本的乘数效应。物流客户服务成本会随客户的负面评价的扩散而致乘数效应增大。对企业物流客户服务不满意的客户会向其他客户（包括潜在客户）诉说不满，听者可能会因此打消对企业产品的尝试欲望。

3. 改善策略。

（1）熟悉客户需求。企业的客户服务策略是保证为客户提供个性化的服务。企业应分析客户需求，提供高水平的物流服务。

（2）权衡成本与收益。产品实际上是向客户传送服务的工具，企业在物流客户服务上的开支，其目标是在市场组合要素之间合理分配资源以获得最大的长期收益，即以最低的成本实现高水平客户服务。

三、合理规划物流网络及设施

（一）物流网络的含义

物流网络指物流过程中相互联系的物流线路及物流节点的结合。企业在构建企业物流网络过程中，需确定承担物流工作所需的各类设施的数量和地点、每一种设施存货作业要求和储备存货数量及顾客订货交付地点。物流网络设施需融合提高信息与运输能力，包括与订货处理、维持存货以及材料搬运等有关的具体工作。

（二）物流网络的三个层次

在完善的物流网络中，各级物流节点承担不同的功能以促进物流活动有序进行。具体节点功能如表5-6所示。

表5-6　各级物流节点及其功能

物流节点	功能	范围
一级物流节点	集货、分拨、中转、储存、流通加工、配送、信息服务等	物流园区
二级物流节点	具备集货、分拨、中转、储存、流通加工、配送、信息服务等其中4项	物流中心
三级物流节点	配送、中转、信息服务或集货的一项或多项功能	配送中心

（三）物流网络化的措施

物流网络化可以利用数学模型的方法制订合理的方案，如图5-6所示。

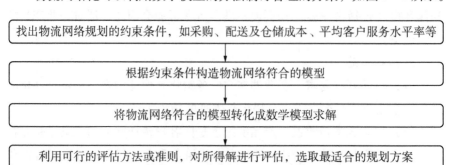

图5-6　物流网络化的流程

（四）物流设施选址

物流设施的选址是一项长远的战略性决策，不合理的选址会使企业面临设施运行成本过高、物料无法及时供应等严重问题，科学选址应符合如表5-7所示的选址原则。

表5-7 科学选址原则

原则	特点
适应性原则	结合当地经济情况、资源分布情况和产业导向
协调性原则	保证设施设备在物流作业生产力、技术水平等方面相互协调
经济性原则	保证所在地的建设、配送物料的物流费用最低
战略性原则	考虑选址位置对企业随后发展的影响
可持续发展原则	与可持续发展战略相符，保护生态环境

四、减少库存浪费

（一）库存分类

1. 安全库存。安全库存也称安全存储量，是为了避免不确定因素造成库存不足而预测的库存量，主要应对大批量的突发性订货、交货期突然提前、需求方临时增加用量、交货误期等情况。安全库存是为了解决突发情况而产生的，因此当库存物料需求稳定且可预测时，安全库存可以为零。

2. 周转库存。周转库存是企业为保证市场供应，根据产品销售任务、产品流通环节和速度保留一定数量的产品库存来保持物料的周转。周转库存量直接影响流动资金，企业可以在扩大销售和加强管理的前提下，减少中间环节，简化业务手续加快产品流转，降低周转库存量以保证资金链稳定。几种常见库存的比较如表5-8所示。

表5-8 几种常见库存的比较

库存类型	形成原因	影响
呆滞库存	需求信息在传递过程中失真，导致供过于求	浪费人力物力财力，造成成本升高
安全库存	为应对供应链中各种突发性事件而指定的库存	提升客户服务水平，降低客户损失率

续表 5 - 8

库存类型	形成原因	影响
周转库存	企业根据物料的流通环节和速度保持一定数量的库存保证周转	减少中间环节，加快产品流转，有效使用流动资金
中转库存	表示设施与设施之间正在转移、等待转移的存货	一般用于移动仓储

（二）库存对物流的影响

库存是物流的一项重要内容，企业在保证正常生产经营的前提下，控制库存的数量在合理的水平上，并使有关部门都能够掌握库存量动态，有利于控制企业在库存方面的成本，提高生产效率。库存对物流的影响如表 5 - 9 所示。

表 5 - 9　库存对物流的影响

库存量过多	库存量过少
造成产成品和原材料的有形损耗和无形损耗	造成生产系统物料供应不足，影响生产正常进行
造成企业资源大量闲置，影响合理配置和优化	影响生产过程的均衡性和装配时的成套性
占用流动资金，造成资金呆滞，加重货款利息负担	造成服务水平的下降，影响销售利润和企业信誉
增加仓库面积和库存保管费用，提高产品成本	缩短订货间隔期，增加订货次数，提高订货成本

（三）降低库存周转率

库存周转率是库存物料在一段时间内周转的次数，是反映库存周转快慢程度的指标。库存周转率可衡量企业生产经营各环节中存货运营效率，直接反映企业的绩效。其计算公式如下：

$$库存周转率 = \frac{使用数量}{库存数量} \times 100\%$$

物流周转率通过控制产品的库存量实现。库存周转率过低时，表明企业的产品周转速度较慢，库存过剩，企业应根据自身情况重新制订生产计划，从源头上减少产品的产出；但是，为避免仓储空间上的浪费，企业也应当增加出售量，保证仓库利用率的稳定。库存周转率过大时，表明企的产品周转速度较快，可能发生由于库存不足而缺货的现象；因此，企业要配合库存周转率的变化，调整生产计划，生产较多的产品。简而言之，企业应当根据库存周转率，定期修改标准库存量，满足仓库的运营要求，减少企业在库存方面的支出。

（四）控制长鞭效应的影响

长鞭效应是造成呆滞库存的重要因素。在传统物流中，长鞭效应产生的主要原因为需求信息的层层扭曲，供应链中的供应商仅会根据相邻的需求方进行供货，加剧了需求信息的不真实性。长鞭效应是供过于求现象的原因之一，在精益物流的运行过程中，信息网络信息化要求各方供应商明确整个供应链的需求，减少长鞭效应。除此之外，在采购过程中对客户需求的预测偏差、采购提前期的灵活变化、仓库盘点作业的不精确等因素都是产生呆滞库存的主要原因。[48]

五、发展第三方物流

（一）第三方物流的含义

第三方物流是企业通过合约的方式将物流服务等非核心业务外包给专业物流企业的物流管理方式。第三方物流有益于企业集中力量发展自身的核心领域，物流服务外包能够形成双方共赢的局面，也能够降低运营成本、优化企业管理，丰富供应链的发展，为其提供系列化、多功能的综合物流服务。关系合同化、服务个性化、专业功能化、管理系统化及信息网络化是第三方物流的主要特征。[49]

（二）第三方物流的运作模式

第三方物流主要包括传统外包型物流运作模式、战略联盟型物流运作模式、综合物流运作模式三种，其特征如表 5 – 10 所示。

表 5 – 10　三种第三方物流运作模式

物流运作模式	特点	优点	缺点
传统外包型物流运作模式	由第三方企业独自承担多家的物流业务	第三方企业不需新增专门的设备和部门	无法实现信息共享，导致盲目生产，提高成本

续表 5 – 10

物流运作模式	特点	优点	缺点
战略联盟型物流运作模式	负责物流不同环节的第三方企业结成战略联盟	内部信息共享，形成第三方物流网络系统；减少中间手续，提高效率	
综合物流运作模式	建成综合的物流企业	扩展物流的服务范围；基本实现信息流、资金流、物流的有效传递	

（三）选择第三方物流的优势

选择专业物流服务企业能够降低库存，甚至达到"零库存"的状态，节约物流成本；同时可精简部门，集中资金、设备于核心业务，提高企业竞争力。第三方优势如图 5 – 7 所示。

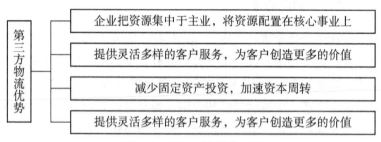

图 5 – 7 第三方物流的优势

第三节 精益物流的推进内容

一、物流系统规划

物流系统规划是通过物流系统分析、物流系统建模和物流系统评价等方式，依据经验、科学的理论和方法对当前物流系统做出合理计划的行为。物流系统规划可以从物料的仓储与库存、运输配送、装卸包装等方面制订相关计划，其规划的内容主要包括对物流的发展规划、布局规划、工程规划三个方面。

　　物流是供应链的重要组成部分，是供应链一体化的重要应用领域，对于采用精益物流模式的企业来说，需要将物流管理延伸到供应链环境中，形成供应链一体化运作。供应链的一体化需要围绕一个核心企业的一种或多种产品，形成上游与下游企业的战略联盟，继续延伸到上游与下游企业涉及供应商、生产商与分销商。供应链一体化表现为上下游企业的物流、信息流和资金流的整合集成[31]。

　　和传统的企业管理理念不同，供应链一体化要求各企业之间横向合作，信息共享。通过拉动生产发展供应链一体化是精益物流的重要特征，也是供应链一体化的实现条件。供应链一体化的物流系统，要求物流的作用得以充分发挥，减少不必要的干扰和阻碍，确保物流管理内部的流畅性，提高工作效率，达到增值企业产品与服务的目的。

　　物流系统规划需要结合物料与运输环境的实际情况，认真分析企业内外部物流现状，对企业员工开展专业化培训。

　　物流系统规划实施细则如图5－8所示。

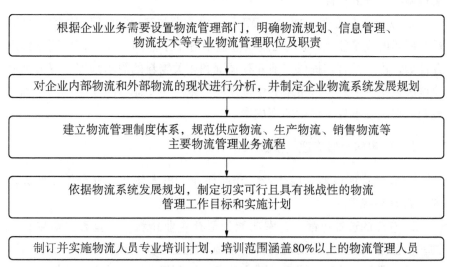

图5－8　物流系统规划实施细则

二、物流仓储与库存管理

　　仓储管理是对仓库及存储物料管理。仓储管理的目标是充分利用现有仓储资源提供高效的仓储服务，实现物料的安全保管，并利用现代技术提高仓库利用率，减少企业仓储成本。

仓储管理并不等同于库存管理，仓储管理只是库存管理的一种表现形式。仓储管理之中对仓库的物料进行入库出库、盘点保存等手段都是对库存管理的一部分。库存管理还要考虑到整个供应链的流程，从采购过程控制库存。在保证及时交货的前提下，尽可能降低库存水平，减少库存积压与报废、贬值的风险。

（一）库存管理类型的选择

出于供应商和企业双方对物流信息的不同要求，企业选择的库存管理类型也是不同的，库存管理的类型有以下三种。

1. 供应商库存管理（VMI）。VIM 利用了供应链集成化的思想，由供应商根据客户的库存信息管理客户库存。VIM 的实现要求供需双方高度共享库存信息，及时、透明的库存信息有助于供应商快速反应做出决策。[50]

2. 客户管理库存（CMI）。CMI 由供应链的客户直接管理库存。下游客户由于更贴近市场，更了解客户的需求，对客户需求的预测更为准确，可以对不同物料的库存做出更符合需求的决策，减少仓储等方面的浪费，实现精益物流的目标。

3. 联合库存管理（JMI）。JMI 是由供应商与客户共同管理库存，共同进行库存的决策控制。JMI 强调供应链中各个节点同时参与，共同制订库存计划，由下游客户提供当前库存情况和相关物料的需求预测，双方共同协调决策减少信息传递带来的牛鞭效应。采用 JMI 能够减少需求的不确定性和应对突发事件所产生的高成本。

（二）实施仓储管理的步骤

1. 仓储管理包括入库作业、在库作业、出库作业、盘点作业四大内容，如图 5 - 9 所示。

2. 仓库的选址决策。仓库功能为暂存企业物料，一旦客户需要相关物料，企业需从仓库中的现有物料中调取配送尽快送到客户处。选择合理的地理位置是节约物流成本，减少浪费，达到精益物流的必要条件。

3. 仓库的 5S 管理。仓储活动中存在如仓储空间闲置、出库操作烦琐等管理浪费，通常利用 5S 管理减少浪费的发生。

4. 仓库管理的措施。企业可以从提高库存周转率、仓储利用率、仓储作业效率、仓库应急管理能力等绩效方面采取管理措施，如表 5 - 11 所示。

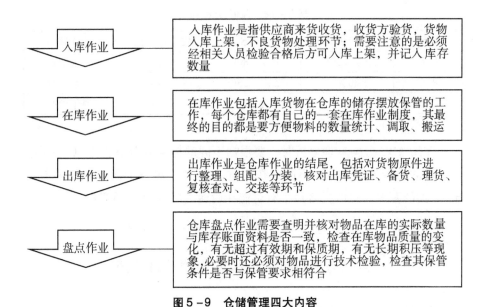

图5-9 仓储管理四大内容

表5-11 仓库管理的主要措施

管理措施	具体方式	最终结果
采用"先进先出"方式	重力式货架系统 "双仓式"储存 计算机存取系统	减少仓储物积压风险
增加储存密度	缩小库内通道宽度 增加储存有效面积 减少库内通道数量	降低成本 减少土地占用 提高仓储利用率
采用有效的储存定位系统和监测清点方式	"五五化"堆码 光电识别系统 电子计算机监控系统	提高仓储作业效率 和准确程度
实施应急预防管理	紧急疏散预案	及时处理仓库突发事故

（三）采用库存 ABC 分类管理

ABC 分类管理将库存根据数量和价值分为 A、B、C 三类。目的是根据产品的重要性，采取不同程度的库存控制手段，实现能够抓住重点兼顾其他的目的。具体分类标准及管理措施如表5-12所示。

表 5 -12　ABC 分类标准

类型	数量占比	价值比	安全库存量	检查频率
A 类	10%～20%	70%～80%	较低	经常检查
B 类	30%	15%～25%	较高	一般检查
C 类	50%	5%	允许较高	偶尔检查

使用 ABC 分类管理分析时，要根据不同的标准划分 A、B、C 三类物料，不同的情况划分标准不同；在注重 A 类客户服务的同时不能够忽视 B、C 类的客户，这两类客户很有可能在后期发展成为 A 类客户。

【案例】

某配送中心的物料 ABC 分类管理应用

某配送中心利用物料 ABC 分类管理将战略物资分为 ABC 三类，以此指导相关部门的采购计划，对战略物资的库存实施管理。

该配送中心从需部件的属性、价值、交付距离和库存量四个要素进行 ABC 分类，不同的分类标准采取不同的应对策略。

（一）零部件属性要素

按零部件属性要素区分的 ABC 分类如表 5 -13 所示。

表 5 -13　零部件属性要素区分的 ABC 分类

分类要素	零部件属性				
分类标准	大总成	特殊件	功能件	轻抛件	标小件
A	√	—	—	—	—
B	—	√	√	—	—
C	—	—	—	√	√
说明：√：有该类别；—：无该类别。					

1. 大总成主要包括价值高、体积大、重量重的发动机、变速箱、驾驶室总成、车桥总成、车架总成等。

2. 特殊件主要包括体积大或重量重的零部件或工艺合件，如座椅、油箱、保险杠、钢板弹簧、传动轴、平衡轴、蓄电池、储气筒、仪表盘等。

3. 功能件主要包括具有特定功能的小总成件、电器件、阀类件、杆件、线束等。

4. 轻抛件主要包括重量轻的外表件、内饰件、橡胶件等。

5. 标小件主要包括体积较小的卡箍、螺钉等。

（二）零部件价值要素

按零部件价值要素区分的 ABC 分类如表 5 - 14 所示。

表 5 - 14　零部件价值要素区分的 ABC 分类

分类要素	零部件价值（元/件）			
分类标准	≥500	300～499	100～299	0.001～99
A	√	—	—	—
B	—	√	√	—
C	—	—	—	√
说明：√：有该类别；—：无该类别。				

（三）零部件交付距离要素

按零部件交付距离要素区分的 ABC 分类如表 5 - 15 所示。

表 5 - 15　零部件交付距离要素区分的 ABC 分类

分类要素	零部件交付距离（km）			
分类标准	< 20	20～50	51～150	>150
A	√	—	—	—
B	—	√	√	—
C	—	—	—	√
说明：√：有该类别；—：无该类别。				

（四）零部件单位时间内库存量

按零部件单位时间内库存量的 ABC 分类如表 5 - 16 所示。

表 5-16　零部件单位时间内库存量的 ABC 分类

类别	单位时间生产量库存
A	≤4
B	4 < X ≤ 8
C	8 < X ≤ 16

仓储管理注重对仓储资源实行高效率与安全化管理,利用现代 MRP 或 ERP 技术提高仓库利用率;库存管理则在考虑供应链的基础上,在保证按时交货的同时,运用精益工具尽可能地降低库存水平,减少库存积压。

物流仓储与库存管理实施细则如图 5-10 所示。

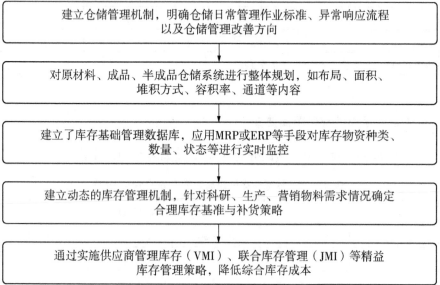

建立仓储管理机制,明确仓储日常管理作业标准、异常响应流程以及仓储管理改善方向

对原材料、成品、半成品仓储系统进行整体规划,如布局、面积、堆积方式、容积率、通道等内容

建立了库存基础管理数据库,应用MRP或ERP等手段对库存物资种类、数量、状态等进行实时监控

建立动态的库存管理机制,针对科研、生产、营销物料需求情况确定合理库存基准与补货策略

通过实施供应商管理库存(VMI)、联合库存管理(JMI)等精益库存管理策略,降低综合库存成本

图 5-10　物流仓储与库存管理实施细则

三、物流运输与配送管理

物流运输与配送都是实现物料空间位置变化的手段。实施物流运输和配送管理的目标都是在运输过程中降低成本、提高经济效益。二者在管理的侧重点又有所不同:物流运输管理侧重于运输效率的提高,采取措施使价值流高效流动;物流配送是直接与客户接触的环节,物流配送管理侧重于提升服务的管理[32]。

运输是物流系统运作的主要环节之一，是物流系统功能的核心，是实现物流合理化的关键。运输是整个物流系统中具有增值效应的环节，是第三个利润源的主要源泉。

配送环节属于物流的支线运输，在整个物流系统中为了更顺利地衔接运输和搬运，对配送的灵活性、适应性、服务性的要求较高。配送通过增大经济批量来达到经济地进货，并集中发货，代替向不同客户小批量发货的模式，减少迂回运输，使末端物流经济效益提高。

（一）选择合理的运输及配送方式

合理的运输及配送方式是降低物流成本、减少运输时间的重要途径。企业需要根据产品的交货期限，通过计算分析制定合适的运输时间表，按时交货。运输配送成本也会随着运输工具、产品的特性及运输途中状况的变化而变化，因此选择运输配送方式时须考虑综合成本。不同运输方式的比较如表5－17所示。

表5－17　五种运输方式的比较

运输方式	固定成本	变动成本	运输批量	运输距离	运输速度
公路运输	较高	较低	小批量	短	快
铁路运输	较高	较低	大批量	长	快
水运	低	较低	大批量	长	慢
航空	低	高	小批量	长	最快
管道	高	低	大批量	固定路线	慢

不同的配送方式的特点不同，主题对象不同，具体配送方式的比较如表5－18所示。

表5－18　不同配送方式的比较

配送方式	特点
配送中心配送	以配送为专职的配送中心，通常规模比较大，种类、存储量较多，专业性强，和客户有固定的配送关系
生产企业配送	生产制造企业用自身拥有的配送系统进行配送
仓库配送	以仓库为物流节点组织的配送，将仓库作为配送中心，仓储的功能上加了配送职能
商店配送	一般是零售商，配送规模较小，产品种类较多，容易组织配送

（二）采用多式联运的运输方式

多式联运是指使用多种运输方式，结合各种运输方式的优点，在最低的成本条件下提供综合性服务，也称"一站式"运输。根据有无多式联运企业的参与可以将其分为协作式多式联运和衔接式多式联运。

采用多式联运的方式能够减少运输的时间，降低物料因特殊情况受损的风险，并且简化运输前后涉及的合同流程手续，降低分段运输的有关单证和手续的复杂性，最终降低运输成本，有助于总物流成本的降低。

物流运输管理采取措施提高价值流的流动性，并且同时提高运输效率；物流配送直接与目标客户接触，即针对客户的服务反馈来调整与提升服务的水平与质量，提高企业的经济效益。

物流运输与配送管理实施细则如图 5－11 所示。

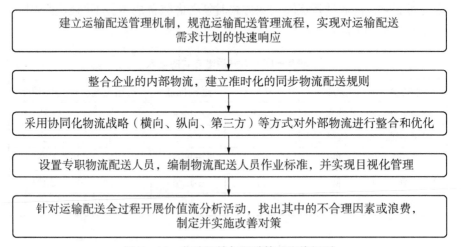

图 5－11　物流运输与配送管理实施细则

四、物流包装管理

包装管理是指对产品包装的计划、组织、指挥、监督和协调工作，包装管理必须根据企业的具体情况，用最经济的方法来保证产品的包装质量。

产品包装质量的好坏直接影响产品的质量，关系到包装产品的价值和使用价值的实现。因此，包装质量对物流的影响主要有以下两个方面：一是对于物流装载、分拣的影响，有标准规格包装的产品可以用于机械化、自动化的设备，便于产品的搬运分类，最大限度地节约人工成本；二是对于物料仓储的影响，合格的包装可以使物料有序整齐摆放，便于计数拿取。

（一）物流包装标准化

物流包装标准化是物流包装进步的重要表现，标准化意味着产品的重复生产利用。统一的物流包装提高了包装的生产效率，从原先的不同规格、小批量的生产演变到了相同规格、大批量的生产，这是包装产业的重要突破。在供应链中，各个企业必须要采用统一的包装标准，保证企业在运输物料时可以快速反应，准时保量地到达目的地。物流包装标准化主要包括包装尺寸标准化、包装标志与代码标准化、包装技术与方法标准化等方面。

（二）装卸搬运合理化

包装是否合理直接影响装卸搬运活动能否在低成本下运行。装卸搬运本身并不创造价值，在精益物流中尽量让装卸搬运成本降至最低。实现装卸搬运合理化是降低成本、减少浪费的重要途径，主要方式如下。

1. 减少无效的装卸。整个物流活动中装卸是反复的作业，其涉及的价值费用较高。可以从减少过多的装卸次数、无效物料的装卸等方面改善。

2. 提高机械化。提高机械化并非一味地使用大量机器，而是通过研究计算出合理的机器使用量，形成规模效应以降低装卸成本。可以选择间断装卸一次操作或是连续装卸的方式达到最优规模效应。

3. 实现省力化。省力包括节省人力及节省动力，主要的方式有集装化装卸、多式联运等，可以减少装卸搬运过程中的人力。在装卸搬运过程中物料的重力是一个重要的考虑因素，企业要尽量消除重力的不利影响，实现省力化；同时，企业也可以利用物料本身的重力进行有一定落差的装卸搬运，减少或者消除动力。

4. 推广组合化。组合化大大节约了装卸时间，提高了物料装卸搬运的灵活性。企业可以根据物料的种类、性质、形状、重量确定不同的装卸搬运作业方式，如分块处理、散装处理、集装处理等。对于包装的物料，尽可能进行"集装处理"，实现单元化装卸搬运，利用成熟的机械技术作业。

（三）工位器具管理

工位器具是为满足某一工位正常生产所需的设施及器具，通常包括工位现场使用的用于存储、周转、运输的零部件及生产物料的料箱、料架、料车等工具。

在进行工位器具管理时，规划部门负责监督管理生产环节，决定器具更新情况；计划物流控制部门负责制订生产计划，控制制造过程的工序，实现工位器具大循环；生产厂负责按工艺及计划生产，实现工位器具小循环。工位器具管理时，需建立以下制度。

1. 工位器具的设计与制造。工位器具的设计与制造，需结合实际生产所需申请更新工位器具计划，由技术部门统一设计并申请制造，不得自造工具。在器具制造的过程中，技术部门需跟踪委外工位器具的制造情况，确保制造周期及制造质量。

2. 工位器具的验收。在工位器具制造完成后，制造商需出具检验合格证明，技术部门负责人需对工位器具进行验证。若出现验证不合格的情况，需组织返工并二次验证。未经验证和办理接收手续的工位器具不得投入生产使用。

3. 工位器具的使用、定置及摆放。工位器具使用时，可将工位器具划分出颜色以适应不同的生产区，方便使用；各生产车间需编制工位器具的定置摆放区域图，车间内工位器具需按照区域图摆放，若因生产原因发生存放位置的变化，则需重新编制定置摆放区域图。

物流包装管理影响产品质量以及给客户带来的服务质量，通过对物流包装标准化，企业建立包装管理制度，加强物流包装管理能够提升物流装载、分拣效率，最大限度地减少操作环节，实现成本的节约。

物流包装管理实施细则如图 5-12 所示。

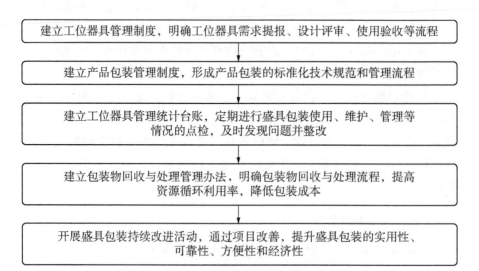

图5-12 物流包装管理实施细则

五、物流信息化管理

物流管理信息化是企业信息化的重要内容之一，物流体系能否快速及时准确地响应、跟踪并反馈物流信息，直接关系到物流服务水平能否得到有效提升。实现物流信息化重要的是构建符合需求的物流信息系统，对现有的物流管理流程进行优化，企业可以从以下五个方面构建物流信息系统。

（一）共享物流信息

企业业务信息的传递速度反映企业运行效率。企业通过终端来获取物流信息，使客户以及物流管理人员对物流信息有明确的了解。企业物流信息化管理水平越高，越有利于提供高质量的物流服务。

（二）建立物资编码体系

物资编码通过简短的文字、符号或数字来代替物料的名称或者规格。建立物资编码体系是信息化管理的基础，这要求系统对物料有精准的编码识别，必须保证编码的唯一性，提升编码的扩展性。物资编码体系的基本原则主要包括分类管理原则、"规格定编码"原则、统一编码结构原则、严格编码管理和编码执行原则、兼容性原则、扩充性原则等。

（三）建立电子数据交换系统

构建一个能快速、方便、安全、可靠的交换数据的电子数据交换平台，是为客户提供个性化的物流信息服务的基础。

（四）基于业务流程构建平台

传统构建平台方式是以企业和客户直接需求而构建的，导致平台需不断更新迭代需求的变化，增加了平台运营成本。因此，构建物流平台应基于业务成本的核算，即 ABC（activity-based-costing）原则，这使得平台对物流系统变革适应性增强。

（五）共同协调的信息平台

实施物流管理信息化后能够快速、准确地获取销售反馈和配送货物跟踪信息，提高服务水平，实现对物流过程的高效控制。

物流信息化管理实施细则如图 5-13 所示。

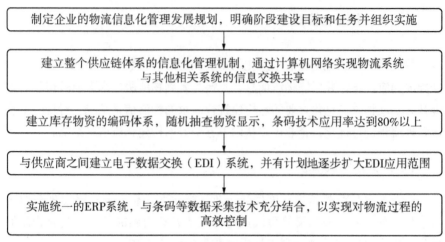

制定企业的物流信息化管理发展规划，明确阶段建设目标和任务并组织实施

建立整个供应链体系的信息化管理机制，通过计算机网络实现物流系统与其他相关系统的信息交换共享

建立库存物资的编码体系，随机抽查物资显示，条码技术应用率达到80%以上

与供应商之间建立电子数据交换（EDI）系统，并有计划地逐步扩大EDI应用范围

实施统一的ERP系统，与条码等数据采集技术充分结合，以实现对物流过程的高效控制

图5-13　物流信息化管理实施细则

六、物流绩效评价

物流绩效评价是指为降低物流成本而运用的特定绩效指标作为物流评价标准。企业采用合适的评价模型和评价计算方法，对企业物流系统的投入和产效做出客观准确的评判，其绩效可以分为内部绩效和外部绩效，内部绩效以客户满意度等作为评价标准；外部绩效分为物流系统完成度及物流功能完成度的评价，包括对仓储、运输、配送及采购过程中的物流成本、物流效率和物流质量进行评价，物流绩效评价如图5-14所示。

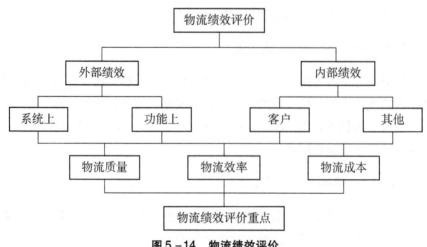

图5-14　物流绩效评价

（一）构建物流绩效评价体系的原则[51]

1. 全面性原则。对于企业而言，物流绩效评价体系不是独立存在的，需要企业各层面的协调配合。要始终从企业整体布局出发，保证物流绩效评价体系的构建不止针对一个环节或是一个部门的评价，就要具有全局观，保证绩效评价体系的系统性。

2. 针对性原则。由于物流活动涉及的环节较多，且各环节的侧重点有较大不同，系统的物流绩效评价体系不能够具体到物流活动每一个环节。企业要根据不同物流环节的不同特点，针对其不同需求，制定评价指标。以成本指标为例，各环节均涉及物流成本支出和是否降低每一环节的成本是宏观性、系统性的评价标准的问题；对于仓储环节而言，仓库利用率才是评价的重要指标，仓库利用率上升，物流成本随之下降；对于运输配送环节而言，路线规划和运输批量等是重要评价指标，直接决定了运输配送的成本。因此，在构建物流绩效评价体系时要有具体化的对象，企业才能做出具有针对性的评价。

3. 可比性原则。根据可比性原则构建的物流评价体系主要包括横向和纵向的比较。纵向比较主要基于不同时间段企业物流绩效的比较，是各企业常用的比较方法。数据是纵向比较的重要依据，包括两个不同时间段内统一企业物流活动的支出成本、仓库利用率、物料运输时间等。物流绩效评价体系不仅要考虑时间序列的可比性，还要考虑同行企业的可比性，即横向比较。不同于纵向比较，横向比较不再以数据为重要依据，而是侧重于企业绩效评价机制指标及完成情况的差异。

4. 可操作性原则。物流绩效评价的各项数据的获取、各项指标的确定都要具有一定的可操作性。由于物流绩效评价体系的结构复杂，涉及的物流信息较多，其评价指标的选择决定了绩效评价各项工作实施的难易程度。精益物流遵循可操作性原则，要充分分析各项评价工作及指标的可行性，精益物流以减少非增值浪费的目标，及时优化物流评价的指标，实现绩效评价效率的提升。

（二）建立物流绩效评指标评价体系

物流评价指标可以从物流效率、物流成本和物流质量这三个方面入手，针对仓储库存、运输配送等具体物流环节设置一定的评价标准；同时精益物流把客户需求为中心作为前提，从这一点出发，物流的绩效评价中客户服务相关的指标也成为绩效评价标准。

1. 库存仓储管理评价。库存仓储方面主要评判标准为企业物流仓储环节是否科学合理，也在一定程度上表现了企业的财务状况。指标内容包括盘点准确率、出货及时率等，计算方法如下：

盘点准确率 ＝（盘点差异次项／盘点总次项）×100%

出库及时率 ＝（非准时出库次数／出库总次数）×100%

仓储损耗率 ＝（自然损耗量／入库商品数量）×100%

物料满足率 ＝（物料领用量／客户需求量）×100%

仓库利用率 ＝（实际仓库的使用面积／仓库最大面积）×100%

2. 运输配送评价。企业从运输成本、时效性、准确性等方面评价物流运作和企业物流运输配送效率和能力。其指标包括物流损失率、准时送达率、交通事故率等，计算方法如下：

物流损失率 ＝（破损货物总量／运输总量）×100%

准时送达率 ＝（车辆未准时送达次数／车辆运输总次数）×100%

交通事故率 ＝（事故发生次数／运输总次数）×100%

3. 包装管理评价。包装是物流每一环节都会涉及的内容，与包装相关的指标也是物流绩效评价的指标，内容包括客户满意度、包装合格率、准时发货率等，计算方法如下：

包装合格率 ＝（包装合格产品数量／产品总量）×100%

准时发货率 ＝（单位时间内准时发货的订单／单位时间内的

订单总数）×100%

4. 客户服务能力评价。客户满意度对精益物流体系的完善有重要作用，可利用相关指标评判是否满足了客户各阶段的需求，企业能够根据指标评判结果所反映的具体问题，做出合理规划改善。常见指标如客户保持率、交货及时率等，计算方法如下：

客户保持率 ＝（物料领用量／客户需求量）×100%

交货及时率 ＝（上期成交客户数在统计期间成交客户数／

上期客户数）×100%

企业采取评价模型及评价计算方法对企业内部绩效和外部绩效定期评价，对物流体系进行系统性评价。

物流绩效评价实施细则如图 5 – 15 所示。

```
┌─────────────────────────────────────────────────────────┐
│ 建立物流管理绩效评价机制，定期（次/月）开展物流管理绩效评价工作 │
└─────────────────────────────────────────────────────────┘
                            ↓
┌─────────────────────────────────────────────────────────┐
│ 物流质量方面重点评价的运输、配送、存储、包装等环节物资完好率指标 │
│                  均应达到目标要求                          │
└─────────────────────────────────────────────────────────┘
                            ↓
┌─────────────────────────────────────────────────────────┐
│ 物流效率方面重点评价的运输配送的准时率、准确率、人员利用率等指标 │
│                  均应达到目标要求                          │
└─────────────────────────────────────────────────────────┘
                            ↓
┌─────────────────────────────────────────────────────────┐
│ 物流成本方面重点评价的物流综合成本降低率、库存周转率、库存成本 │
│               降低率等指标均应达到目标要求                  │
└─────────────────────────────────────────────────────────┘
                            ↓
┌─────────────────────────────────────────────────────────┐
│ 定期（次/月）开展目标与实际达成的差异分析，确定改善方向，实施改善对策 │
└─────────────────────────────────────────────────────────┘
```

图 5 - 15　物流绩效评价实施细则

【实战一】
某企业构建精益物流体系降低物流综合成本

（一）企业物流改善规划

企业通过构建包括物流分类、物流组织优化、第三方物流引入、物流网络建设、物流信息化平台建设、库存管理、仓储管理、运输及配送管理等的精益物流体系，降低物流成本，提高流通效率。

（二）物流分类

企业将涉及的物流分为供应商物流、生产物流及销售物流，制定不同物流标准，构建不同种类物流信息化网络化平台。某企业物流分类如图5 -16 所示。

251

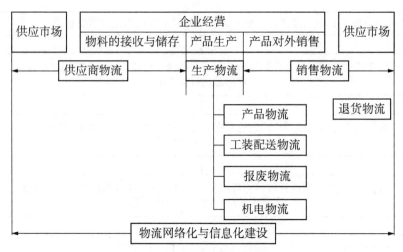

图 5-16　某企业物流分类

不同的物流运行流程包括物流网络、物流信息化、物流仓储、物流库存管理、物流运输与配送、物流包装及绩效评价等方面，但是由于每种物流发挥的作用不同，其侧重点不同。

（三）物流组织优化

企业的物流组织机构在企业物流管理中发挥着重要的作用，其目的为推动物流管理的精益化改善。具体措施如下：

1. 建立涵盖生产计划、供应物流、生产物流、销售物流环节的组织架构。

2. 企业制订了物流推进的主体计划，并定期召开会议，推动物流改善。

3. 企业设立物流规划、物流信息管理、包装技术工程师岗位等职位。

（四）第三方物流的引入

1. 企业引入第三方物流以制定物流管理的专业化水平，建立对第三方物流的监管和考核机制。

2. 企业调查社会平均物流成本，包括供应物流成本、生产物流成本和销售物流成本。

3. 对比分析企业的物流成本，找出成本降低的改善点，并通过物流成本改善项目实施，降低物流成本。

（五）物流网络建设

1. 在新品项目的物流规划中，要充分考虑物流基础设施设备及配送路线优化的要求。企业的物流路径规划在新建生产线、生产车间以及新产品试制的过程中得到实施，并且有文件化的资料。

2. 企业在新工厂的建设过程中对厂内物流进行了整体规划，绘制工程图并进行可视化标识。

3. 企业在新工厂的建设过程中分析社会道路基本条件、流量流向，并整体考虑厂外物流的路径规划。

4. 企业在新工厂的建设过程中同步考虑了供应商布局以实现最优送货、取货目标。要求主要供应商在厂区周围建厂，按照物流成本最低原则规划送货/取货路线。

（六）物流信息化平台建设

企业可以引入条码跟踪系统、制造资源计划（MRPII）、RFID技术、企业资源计划ERP系统等技术手段来建立物流信息平台以实现物流管理，如图5-17所示。

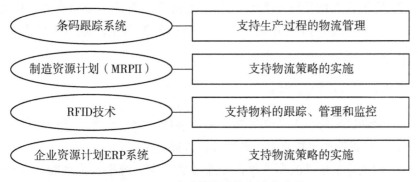

图5-17 企业的物流信息平台建设

（七）库存管理

1. 建立工业物料库存管理程序，包括进出库管理、库存量的要求、目视化管理、物料存放、报废管理及呆滞物料处理等。

2. 建立废弃物料的处置管理办法，包括废弃物料的分类、处置方式等。

3. 企业定期评审物料的使用情况，每月出具能够显示库存量趋势的总库存报告或产品、供应商分类库存的报告。

4. 建立物料看板，展示库房物料的品种、存放区域和库存量等信息，建立呆滞物料目视化标识并制定呆滞物料处理办法。

（八）仓储管理

1. 结合 JIT 与 VMI 库存理念，制定最优仓储策略，包括物料 ABC 分类，最大、最小库存量设定等。

2. 根据成品、库房面积等对成品仓储进行规划，包括成品的摆放方式，物流通道和物流模式设计等。

3. 零部件仓储系统规划应充分考虑库房面积、零部件堆积方式、存放品种，进出通道等，提升库房的容积率。

4. 仓储系统规划应涵盖检验、返修等质保系统内容。

（九）物流运输与配送管理

1. 物流配送管理流程应对货物确认、检验、卸货区数量和运送频率等详细规定。

2. 管控物料的运输和配送过程，包括到货时间、货物确认、检验、卸货、入库等过程监控并记录，设定指标分析偏差，通知供应商持续改进。

（十）供应商物流管理

1. 根据供应商的生产提前期及运输周期，企业应制订零部件的采购计划，包括供应商送货方式、送货量和送货频次。

2. 建立并更新供应商清单，并通过供应商系统平台将采购计划传递给供应商。

3. 建立紧急缺料管理程序，包括预警反应时间、信息报送、方案实施等。

4. 统计供应商交付准时率指标，等指标完成增值用于供应商的选择和供货比例调整。

5. 物料接收管理办法应包括物料接收的标准（如数量、质量是否符合规范）和抽检比例等，针对重要环节，企业应制定作业流程文件，做好记录。

（十一）生产物流

1. 生产物流路线优化。

（1）企业制订了内部物流路线优化的改善计划，考虑减少搬运环节、缩短物流距离、消除交叉倒流、提高车辆装载率和包装容积率、人机工程应用等原则，持续优化内部物流路线、物资摆放、装载模式及装卸搬运等环节。

（2）企业制定了生产物流路径，包括对摆放、装载模式、人员的搬运工作量等日常管理程序。

2. 库存管理。

（1）设定缓存区内物料的最大、最小库存量，张贴目视化标签（标签内容满足评估项的要求）。

（2）规划并可视化各物流功能区，增加培训功能区的用途。保证暂存区、隔离区、待送区等功能区域被充分使用，且员工能够清楚地了解各功能区的用途。

（3）编制物流作业指导书包括如何支持 FIFO 存储与发运。

（4）在车间物流区域建立物料缓储区，规划定置定位和目视标识。

3. 回收物流管理。

（1）制定符合本企业安全、环境规定的废旧物料的回收流程，其涵盖废弃物分类、处置方案和资料存档等环节，针对重要环节建立作业流程文件。

（2）严格执行回收物流符合相关法律法规以及企业安全、环境管理等相关规定。

（十二）销售物流

1. 针对重要环节制定详细的标准和作业流程，产品入仓管理流程应涵盖入库检验、扫描和库位分配等环节。

2. 产品摆放满足先进先出原则。

3. 设定成品的库存天数、仓储质损率等指标，分析指标的完成情况，制定措施持续改善。

4. 产品出库时必须由检查点确认出厂的成品实物与出厂的货运清单一致，货运清单必须要有发货人员的签名。有条件的企业应建立发运防错装置（如条码管理等），以避免错误的客户发运。

（十三）物流绩效评价

企业为更好地评估一段时间内的物流改善成果，建立了完备的物流评价体系，根据不同的物流指标，将物流的改善成果具体化，以保证后期物流改善计划顺利进行，具体物流评价指标如表 5 - 19 所示。

表 5 - 19　物流绩效评价

物流评价指标	主要任务
企业建立物流管理的绩效指标评价体系，包含对供应、生产、销售等环节的评价指标	建立涵盖供应、生产、销售等环节的绩效评价指标体系，明确各指标的统计途径，制定各项评估指标的目标值
企业应制定各项评估指标的目标值，并有证据显示在过去一年的全部评估指标在控制的范围内	定期计算各评价指标值，并进行原因分析和持续改进
企业逐年优化各项评估指标的标准值，并有证据显示在过去的两年中企业的各项物流评估指标呈螺旋上升的趋势	对比分析两年指标的完成情况，指标处于向好的趋势
企业建立各项指标的信息化处理系统，以便于每年物流评估指标的收集、统计、分析及目标制定	建立信息化处理系统，对指标进行收集、统计、分析和目标制定

【实战二】

某企业加强第三方物流管理降低物流成本

（一）该企业第三方物流概况

该企业于某年针对当前的第三方物流管理的实际情况，发现需要对物资出入库执行先进先出、回收物流管理和物流策略改善这三方面的内容提出针对性的改善建议。

（二）物资出入库执行先进先出

该企业与第三方物流企业协商，就其执行先进先出的原则达成一致，并针对物资出入库的操作做出以下规定。即

1. 物资入库时，第三方物流企业标示明确物资到货日期、批次和数量，并按先后批次归位存储。

2. 待物资配送上线出库时，第三方物流企业按照《库房物资先进先出操作规程》要求，针对不同的物资摆放类型：包括单一通道靠墙大件库位物资、单列多排物资、单排多列/多排多列物资、溢库物资、翻包装物资、返修物资和待处理物资等执行先进先出。以《翻转记录表》《零部件物料卡》等执行表单记录作为第三方物流管理痕迹，并由企业定期检查，如表5－20所示。

表5－20　标准操作表单

零件翻转记录表					
序号	零件名称	零件号	翻转时间	翻转数量	操作人员签字
1					

（三）回收物流管理

物资采购处以接收的废品单据为依据建立《废品台账》，每个工作日与第三方物流企业《废品流水账》进行对账工作，将不一致单据的情况反映至各相关部门；同时将与相关部门共同协商并解决单据流转不一致问题形成会议纪要。通过此项工作，废品单据传递时间由原5个工作日减少至1～2个工作日，加强了信息流传递的及时性。

待废品流转至物流废品区域后，为加强废品管控力度，要求第三方物流企业将工废品与料废品划区分类存放，有效避免了工废品与料废品，导致账物核查困难、盘点紊乱等问题的出现，有效确保账物的一致性与准确性，废品退库情况如表5－21所示。

表5－21　废品退库情况统计分析

废品退库情况统计分析										
月份	1月		2月		3月		4月		5月	
指标	项数	占比	项数	占比	项数	占比	项数	占比	项数	占比
废品回收率	521	95%	362	97%	708	98%	641	98%	669	99%
未退到物流仓库	30	5%	13	3%	17	2%	11	2%	5	1%
合计	551	100%	375	100%	725	100%	652	100%	674	100%

由表 5 – 21 可知，废品回收率由监控前的 95% 提高至监控后的 99%。其中工废招标处置 102 项，回收收入约 11000 元，最大限度降低企业经营成本。料废品及时回转至废品区、单据传递至各部门，通过测算，上半年产生的料废总金额约为 94 万元，预估可避免 3.76 万元 [16 = 94 × (99% ~ 95%)] 材料损失的发生。

（四）物流策略改善

该企业依据相关协议，结合企业当前的项目要求与现有《班组物资交接管理办法》，完善修订原物流配送方案及操作协议，制定了企业相关的仓储配送操作协议，并经企业各部门审阅。根据物流操作模式、库房现场管理、安全管理、生产管理、技术质量管理、物资系统、财务管理、综合管理、后勤保卫管理九个方面与第三方物流企业约定日常操作细则及具体的权利与义务，企业可以指导第三方物流日常管理工作。

【实战三】
某企业采用特色物流器具加快物流周转

（一）实施背景

某机械生产装配企业生产多个系列、千种产品，随着企业对外不断发展，订单数量和要求日益增加，企业内部生产暴露出工位器具不足、缺乏专用工位器具等问题。给企业内部物流带来的一系列问题：

1. 在生产过程中因缺乏物流转运器具，工序间转运完全靠人工搬运，造成工作时间的浪费，降低了生产效率。

2. 物流器具得不到有效的应用，不能根据实际情况配置特色器具，物流器具的不适用、不顺手造成员工不愿用，被闲置弃之。

3. 现场仅凭"6S"管理效果不明显，每天多次整理整顿，反而牵制了过多的人力物力，从另一个侧面影响了生产效率，物料搬运效率和周转效率太低。

4. 因没有工位器具，在转运线结束时，全凭职工以拖、拉、拽等进行装车转运，导致线缆相互缠绕，出现插头拉脱；插壳踩坏；电线拉伤等质量问题，造成质量损失率增高，返修率增大，生产成本无形中增加。

根据以上现象和问题，企业决定对生产内部物流进行优化改善，采用特色化物流器具以提升物流转运效率。

（二）特色物流器具的类型

由于市场上现有的物流转运器具的种类和型号不能满足该企业的器具需求，企业决定自行设计物流器具。经多次设计修改，企业的物流器具主要分为以下四个类型。

1. 移动型。适用于生产现场物料的搬运、转运等，节约工位面积，装卸搬运效率高，取放操作灵活，是有利于现场定置定位管理的工位器具。移动型工位器具满足了生产现场迅速存储、提取、控制、转运及管理的要求，缩短了转运过程的时间、避免了滞料和缺料现象的发生。公司共设计制作了四种规格的电缆制造部专用工位器具——产品转运车，如图5-18所示。

图5-18 移动型物流器具

2. 定位型。主要用于零部件的定置定位摆放、存储、转运，保证了加工零部件不落地摆放，使转运、存储、计数三位一体，对于生产效率的提高具有显著作用。主要体现为提高产品的防护能力、有效避免产品直接接触，减少产品磕碰、摩擦、划伤，保证了产品质量。节省了翻数零件的时间，通过定位定量摆放，数量一目了然，如图5-19所示。

图5-19 定位型物流器具

3. 组合型。主要为组立式零件盒的应用，无须挂板可以独立放置，并利用配套的四根支柱可以将多个组立零件盒多层重叠，还可将盒体侧面的连接槽左右扣接组成一排，达到取物方便、充分利用空间的目的。组立式零件盒使各种零部件做到分类存放、标识方便清晰、实现了定置合理的规划，方便员工的操作，使生产现场整洁有序，深受员工喜爱，如图 5 - 20 所示。

图 5 - 20　组合型物流器具

4. 特色型。针对产品特性进行设计的工位器具，根据每个工位生产实际需要，按取用方便、高效的原则设计，做到"伸手可及"，不同规格的同类物料按规格存储使用。特色型物流器具主要用于电器部生产电缆线束，针对性、专业性较强，做到标识清晰，将每台线架车落实到每一个操作者，使操作者做到查找快捷、拿取方便，减少了操作者来回走动的时间和距离，提高了工作效率，如图 5 - 21 所示。

图 5 - 21　特色型物流器具

（一）实施步骤及要点

1. 调研。在设计制作工位器具前，要做好前期调研，设计出符合实际需要的工位器具，以确保工位器具在搬运、储备中的作用，减少固定资产的损失，使资金投入降至最低点。

2. 设计。对经常重复使用的工位器具的结构和尺寸规格进行优化、统一，使其达到标准化、系列化，同时考虑设计多种模块组合，可以缩减工位器具的品种和数量，减少工位器具设计、制造的工作量，降低制造成本，便于现场管理。

3. 制作原则。

（1）重量轻、体积小、使用方便、价格低廉。

（2）通用化、标准化和人性化。

（四）实施效果

1. 生产效率大幅提高。操作者生产完成后需要将工件转入下道工序或交库，从开始准备到最后交接完成共需 7 道程序 33 分钟，操作者每天需重复这样的流程 2 ～ 3 次，共计 99 分钟，一个月下来就是 2970 分钟，共计 49.5 小时，浪费了大量宝贵的工作时间，生产效率低下。未使用移动型工位器具的工作流程用时如图 5 - 22 所示。

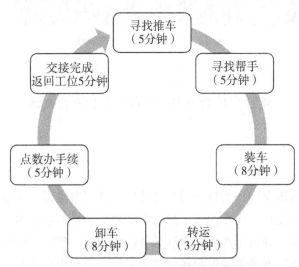

图 5 - 22　未使用移动型工位器具的工作流程用时

将移动型工位器具定置在操作者操机台前，随机随装车，完成整个流程只需用 8 分钟，节省无效劳动时间 25 分钟，提高了 76% 的生产效率。工位器具也从过去的笨重、单一、粗糙型向特色化、专业化转型。使用移动型工位器具后的工作流程如图 5-23 所示。

图 5-23　使用移动型工位器具后的工作流程

2. 生产现场得到改善。工位器具在该电器公司广泛使用以来，对现场的改善起到了事半功倍的效果，实现了生产现场环境整洁、秩序井然，道路畅通，生产过程中的各环节正常有序，如图 5-24 所示。

图 5-24　改善后的生产现场

【实战四】

某公司内饰车间采取准时化物流配送

（一）实施背景

某公司内饰车间作为该公司产品最后一道工序位置，主要进行驾驶室内饰件的装配工作。由于内饰车间物资品种多、物料状态多，上线装配节拍不同等因素，降低生产线边在制品数量减少资金积压，加快物料运转提升物资周转率和准确将物资配送至线边工位，成为内饰车间目前面临的紧迫任务。

改善分析：

1. 梳理现阶段自制冲压件产品明细、状态以及月平均消耗情况。

2. 统计冲压件工位器具规格、类型、尺寸，并依据自制冲压件产品明确各产品工位器具的码放形式和存储数量。

3. 通过现场实测研究，制订冲压件线边库物料定置方案，整体方案必须能够遵守物料"先进先出"的第一原则。

4. 梳理车间各工位产品 BOM，将自制冲压件进行筛选，结合冲压件线边库物料定制方案，确定库内零件与生产现场物料的对应关系。

5. 明确车间各生产工位物料存料、配送周期、配送数量以及物料信息传递流程。

通过以上工作的开展，年底内实现准时化物流配送探索工作，并固化成果广泛试行。

（二）主要措施

1. 异常原因分析。

（1）通过内饰车间生产异常原因和异常因素结构的统计和分析，发现内饰车间生产过程中物料配送、产品质量问题是主要、频发问题。因此，物料配送问题和产品装配过程中的质量问题是内饰车间最主要的瓶颈问题，如图 5 – 25 所示。

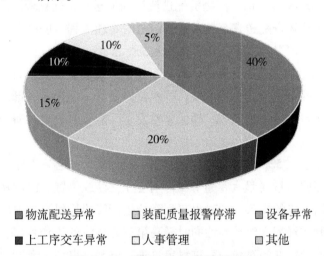

图 5 – 25　装配过程中的质量问题

（2）相关部门根据内饰车间物资配送问题和质量问题因素进行了深入研究和分析，发现主要问题存在于产品技术资料准确性不高，物料信息传递渠道不规范，物资配送数量、批次无标准，从而导致生产现场物料混放、错放、漏放，影响整体生产节拍和产品装配准确性。因此，公司决定提升内饰车间的技术资料准确性，打通物料信息纠错通道，建立"第三方物流配送区"，改善工位作业环境，并结合5S管理工作，明确现场物料信息。生产过程中存在的问题如图5-26所示。

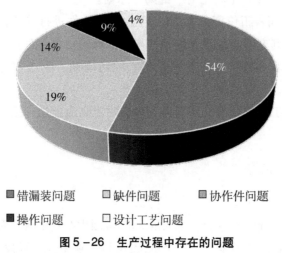

■错漏装问题　　□缺件问题　　■协作件问题
■操作问题　　□设计工艺问题

图5-26　生产过程中存在的问题

2. 制定措施。

（1）梳理现行内饰车间物资配送流程和配送异常处置程序。明确由生产计划下达至物资配送直至技术资料纠错的管理流程；明确各管理内容具体输出的标准，以此逐步实现管理流程的标准化。

（2）制定物资配送异常管理办法。明确针对物资配送异常发生、提报异常、下达补料信息、物资上线、技术核对资料、反馈相关部门调整技术资料等相关问题的处置流程，确保异常发生后能及时处置，避免同类异常问题重复发生。

（3）结合"5S"管理，开展生产现场物料"三定"工作。明确生产现场物料存放当量（最大存量和最小存量）、存放位置。以此从管理中避免超量配送物资的现象，同时也起到降低生产线边物料资金占用的作用。

为提升物资配送的准确性同时提高第三方物流的工作效率，该公司与第三方物流公司共同对线边库物料定置进行改善，以内饰车间生产工位为准制定第三方物料配送区，配送区内物料与内饰车间各工位一一对应，并依据生产计划施行，以此提前检验技术资料异常的情况并及时核对调整，保证物资上线准确率。内饰车间现场对比如图5-27所示。

改善前　　　　　　　　　　　　　改善后

图 5 - 27　改善前后内饰车间现场对比

（4）制定物资配送批次和标准。梳理标准件、专用件、通用件的存放特性和使用频次，结合各类物品最大存量确定标准件、专用件、通用件的存放区域，明确其配送周期和配送数量。

（三）实施效果

某公司内饰车间通过对准时化物资配送的摸索，现已初步总结出一套适用于自身的物流管理方式，并已在生产现场实施。

1～10 月内饰车间生产异常明显降低，物资配送导致的错漏装、缺件下线问题明显改善，生产线边物资退库物料明显减少，由物资配送错误导致的产品错漏装、缺件下线问题明显改善，如图 5 - 28、图 5 - 29 所示。

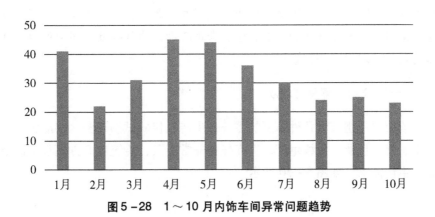

图 5 - 28　1～10 月内饰车间异常问题趋势

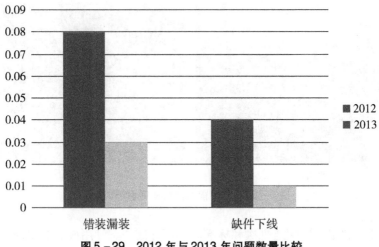

图5-29　2012年与2013年问题数量比较

【实战五】

某公司建立迈向精益的"1+1"物流工程

某公司是商用车零部件制造知名企业，拥有包括动力、机加、热处理、粉末冶金、装配、检测等各类现代化专业设备1300多台（套），是国内大型现代化机械加工制造企业。公司以精益生产为指导思想，本着管理越简单越易操作的理念，开展了"1+1"物流工程活动。为减少工序间在制品数量，降低在制品资金的积压，通过对在制品管理的考核，引导、激发班组自主管理实现在制品的有序、合理流动，达到降低公司生产经营成本的目的，取得了明显效果。

（一）公司经营管理现状

该公司承担着十几种车型的零部件生产及科研试制任务，多品种、小批量、交叉作业、混线生产，生产任务非常艰巨，传统生产方式很难满足企业生产需求，如图5-30所示。

图 5-30　推行中清理出的在制品将机床淹没的情景

（二）存在的主要问题和矛盾

生产现场由于在制品积压较多，分布在生产现场的各个角落，造成现场凌乱且这些不易被察觉的在制品使公司在制品资金占用长期居高不下，仅 2010 年公司在制品资金占用就月均达到了 7500 多万元（高峰期甚至达到 9314 万元）。此外，生产车间班组长的在制品管理意识淡薄，超量投入、超量产出现象普遍存在；在组织生产时也存在调度频繁变更生产计划，计划严肃性被弱化的现象时有发生。

（三）主要工作思路

为了扭转公司在制品资金占用长期居高不下的不利局面，公司领导层决心以精益生产为指导思想，在公司范围内推行 "1 + 1" 物流工程。首先，根据大型机械加工企业的实际，运用 "1 + 1" 物流工程的方式能够降低制品资金的大量占用，并且能够减少货物积压。其次，通过精益生产方式导入，员工树立提前生产、超量生产也是崭新的思维方式，接受先进的管理方法。

（四）主要工作目标

在制品降低 20% 的工作目标。

（五）主要实施步骤

1. 引入 "1 + 1" 物流工程思想。"1 + 1" 物流工程思想即一个机台前只能存放 1 项正在加工的零件；一名员工要对所加工的这一项零件的标识负责；一项零件入区超过一周以上必须流动；其中原理其实非常简单，因为一台机床运作时只能对单件货品进行加工，在完成一件货品加工的前提下再进行下一件货品的加工，超出一项所剩的在制品，实际就是在制品的积压即是浪费，而这种现象在生产现场比比皆是。过去经常发生一项零件已完成加工，但管理人员还以为正在加工中的错误判断导致生产组织的滞后。实行"1＋1"物流工程后，零件加工就好比是接力赛，员工干完一项零件后必须得先考虑这项零件要向哪道工序流动（暂时无法转移到下道工序的零件可放入半成品区），这样物流方向就由过去生产管理人员指挥调度向下道工序流动，变成员工参与的"自觉"快速流动。改善前后的车间现场如图5－31所示。

改善前　　　　　　　　　　　　　　改善后

图5－31　改善前后的车间现场对比

2. 优化零件标识。零件标识解决管理人员忙不过来漏加的问题，又因为员工只负责一项零件的标识，可保证数量、状态的准确。能够加快管理人员对现场生产状况的了解速度，从而方便管理者采取决策，最终加快了物流速度。"1＋1"物流管理有效解决了零件加工过程中存在的摆放杂乱、数量混杂的问题。

3. 分析数据，贯彻"1＋1"物流工程思想。公司经常开展生产数据的分析，通报了每月公司在制品资金占用金额、利润以及改善度，通过数据分析，统一了要着重降低在制品资金占用的思想。其次，做好班组长的思想转变工作。公司对班组长进行了现场实地培训，真实面对过去隐藏在生产现场角落里的在制品，如此大量集中的摆放在一起，给员工在视觉上产生了强烈的冲击，取得了明显的教育示范效果。

4. 布置系统内的检查工作。业务系统管理人员现场监督、检查、指导也是必不可少的环节。一项新的管理制度的推行除了统一思想、提高认识外，就是坚决地执行。前期给员工自查整改时间，后期碰到不能遵守的员工要宣传教育；公司将管理人员分片承包车间专项辅导和全面推开，将

"1 +1"物流管理思想灌输到每一位员工。

5. 开展5S红牌战略活动。为了减少中间在制品在现场的停顿，开展了"5S"红牌战略活动。"5S"红牌战略指对停留在生产现场毛坯区、半成品区、成品区、待处理品区一周以上的在制品及待处理品挂"5S"红牌，并纳入对单位的现场管理考核，通过"5S"红牌活动，促进生产、技术、质量部门快速解决问题，及时对车间存在问题做出（办理偏差、返修、报废）处理，减少生产现场被多余在制品挤占的现象。推行"5S"红牌战略后，各车间、班组受到了"零件入区超过一周必须流动"的压力，对公司的生产系统的组织协调能力提出严峻考验，过去的职能科室超计划、超量投入，生产车间超计划要毛坯、超计划接收的现象得到了有效的控制；相反，出现了超期、超量投入的毛坯到了，班组不接受、计调室计划组拒收的"好现象"。

（六）推进成效

"1 +1"物流工程是机械加工行业工序物流管理的一个大胆的探索与尝试，通过"1 +1"物流工程的实施，使精益思想已经深入每个干部员工的头脑中，开始进入每个生产系统的班组管理中，为机械加工行业精益生产方式的开展起到了很好的探索示范作用。

自2010年9月开始推行"1 +1"物流工程后，2011年1~12月某公司在制品资金占用均有大幅回落，同比月均较2010年减少资金占用2309.12万元，月均降幅达到了30.9%。

【实战六】

某公司全面推行准时化物流改善活动

（一）实施背景

2011年5月某公司召开了精益生产项目启动大会，宣布了精益物流项目正式启动。2011年8月成立精益物流改善小组，一同与精益顾问推行精益物流。同年8月将供应商库房管理由采购部划归生产计划部，并在生产计划部成立物流组。2012年4月专门成立物流管理部，负责公司生产物流系统的管理。通过物流管理部成立，制定了以服务　线为理念，以打造零件超市为目标，全面推行准时化物流配送体系建设。

（二）基本概念描述

1. 准时化配送是一种整个供应渠道对生产或客户需求同步反应的理念。它强调的是在确保送货及时的条件下，具备通常的配送功能。准时化配送是一种有别于库存满足需求的运作理念，目的是使得企业能在适当的地点、合适的时间获取适当的货物。"准时化配送"管理理念下，计划的整体效果即实现实际与需求协调一致的产品流动。尽管与以库存供应的理念相比，准时化配送理念管理供应链需要付出更多的精力，但是由此带来的好处却是能够在供应链运转过程中保持最低的库存、降低各方的成本以及提高服务水平。

2. 准时化配送是指配送中心利用已具有的现代化物流信息技术的配送方式（如条码技术、自动分拣系统、计算机网络系统、认址系统、定位系统等），以实现货物的快速识别、分拣、搬运、跟踪，确保送货准确及时。对于商家的配送中心来说，由于借助了现代化的集成配送软件和先进的物流技术，保证了对货物的即收即发，实现了及时送货。从这个意义上讲，实现了商业企业的零库存，简化了流通环节，节约了流通成本，而这正是 JIT 物流理念追求的目标。

（三）实施步骤

1. 夯实现场 5S 管理改善。第一阶段现场改善：对钢板库、钢带库、Y 库、三日计划库、成品库开展整理、整顿，把一些不必要的物品进行清理，分类摆放，制作标识，易于查找与管理，经过现场改善使库房整体变得整洁、明亮，改善前后对比如图 5 - 32 所示。

改善前

改善后

图 5 -32 5S 管理改善前后对比

第二阶段现场改善：对钢板库、钢带库、Y库、三日计划库、成品库开展清洁、清扫工作，对现场的工位器具，货架进行清扫，并对产品进行定置、定位改善，对现场进行目视化管理。

2. 加强产品包装改善。改善前：该公司的零件包装是用麻袋包装，麻袋包装不易于保管，而且包装数量多，不易于配送到生产线。改善后：该公司使用物流盒配送，物流盒便于保管、数量统一，并且配送方便。如图 5-33 所示。

改善前麻袋包装　　　　　　　　改善后物流盒包装

图 5-33　包装改善前后对比

3. 重新优化三日计划库现场布局。改善前：三日库布局凌乱，没有固定的产品区域，产品、零件、物流器具摆放在一起、未进行分类，零件都是用木拍子存放。改善后：优化了三日计划库的布局，产品统一放置到一个区域，并且分类标识，现用流利架存放产品，能够准确分类并了解产品数量，这种集中摆放方式方便了生产线配送，提高了工作效率。

4. 开展工位器具改善。改善前：工位器具体积较大，配送的物料较多，很沉重，不易于人员配送，并且物料在拿取时不方便，且标识不明显，很容易送错货配送车，而采用人力推送作业，浪费时间，且工作效率低。改善后：工位器具的体积较小，配送的物料也有所减少，配送的小车采用统一标识，改善后的配送车代牵引结构，能够用牵引车、叉车配送，这样节约了配送人员且降低作业工时，提高了工作效率，如图 5-34 所示。

改善前工位器具　　　　　　　　　　　改善后工位器具

图 5 - 34　工位器具改善前后对比

5. 重新制定物料标识。

改善前：（1）物料标识是统一使用的标示卡，作为区别产品的依据，但是有些产品较为相近，不易区分，容易造成配送错误，影响产品质量。

（2）物料标示卡不利于查找产品，也不利于管理。

改善后：（1）采用新的标示卡，新的标示卡带有产品照片，能够准确及时地核对产品信息，不会配错货，保证产品质量。

（2）物料标示卡带有最高、最低储备，且带有图片，有利于目视化管理，如图 5 - 35 所示。

改善前　　　　　　　　　　　　　　　　改善后

图 5 - 35　物料标识改善前后对比

6. 严格遵守物料先进先出原则。

改善前：（1）零件存放在托盘上，产品放置于同一区域内，很难实现先进先出管理。

（2）产品数量很难控制，容易造成产品积压。

（3）零件产品数量大，无法控制，占用资金多。

（4）托盘放置浪费空间。

（5）库房没有看板管理，管理难度大。

改善后：

（1）采用流利架集中摆放，保证产品的先进先出。

（2）流利架摆放能控制零件数量，避免零件采购超储。

（3）零件产品数量能够有效控制，降低了资金占用。

（4）库房增加了看板，进行目视化管理，减少寻找时间，提高工作效率，如图 5 - 36 所示。

改善前　　　　　　　　　　　　　　　　改善后

图 5 - 36　物料进出原则改善前后对比

7. 开展物流配送改善。

改善前：

（1）采用人力推物料车配送到装配分厂暂存区，由装配分厂人员进行统一分配到生产线，增加一次中间转手作业环节，浪费时间。

（2）每次配送只能分配一辆物料车到装配分厂，整体运输需要多次作业，作业频率高，浪费工时，作业效率低。

改善后：

（1）采用叉车牵引物料车配送到产线供应站，消除中间转手作业环节，降低工时，提高工作效率。

（2）使用叉车配送后能够同时牵引多辆台车，减少了配送频次，节约时间，节约工时，作业效率高。

（四）保障措施

1. 为了保障物流配送体系的实施，该公司制定了相关的工作流程，把物流配送体系作为 JIT 项目的一个重要组成部分。

2. 形成由物流部负责公司的库房管理和物流配送体系。

3. 制定了物流部的管理职责和 KPI 指标以利于物流部的整体发展，制定《库房 6S 评分标准》、产成品管理办法、库房管理制度等相关制度保障。

4. 每周开产销协调会，保障产销平衡，降低在库数量，降低资金占用。

5. 该公司制定了内部物流控制办法，建立快速响应机制，保证物料及时供应。

第六章 精益制造

第一节 精益制造的思想内涵

一、精益制造的定义

第二次世界大战以后，为了顺应市场需求向多样化发展的新阶段，要求工业化生产向多品种、小批量的方向发展，日本丰田公司提出了精益制造方式。精益制造是指在适当的时间只生产必要数量的必要产品。精益制造方式的提出，把丰田生产方式从生产制造领域扩展到产品开发、协作配套、销售服务、财务管理等各个领域，贯穿于企业生产经营活动的全过程，使其内涵更加全面、更加丰富，对指导生产方式的变革更具有针对性和可操作性。因此，将精益制造推广到企业的生产管理旨在建立以"零浪费"为最终目标的高效、柔性和敏捷的生产系统，按照"四个追求"（即追求零库存、追求快速反应、追求企业内外环境统一、追求人本化）的核心思想，从生产计划与控制、安全环境健康管理、过程质量控制、TPM 管理等十个方面全面推进，实现均衡化、流程化的拉式生产系统和过程质量控制体系，如图 6 - 1 所示[52]。

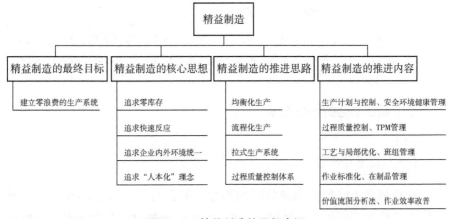

图 6 - 1　精益制造的思想内涵

二、精益制造的原则

精益制造的最终目标是打造"零浪费"的生产系统，简单来说就是在适当的时间按所需的量，快速生产需要的产品，绝不会出现多余的产品。精益制造和传统制造的不同直接体现在产品的生产时间和产品质量上，这也是零浪费生产系统的重要条件。精益制造在不断改善的过程中消除一切非增值浪费，如工人及其岗位的安排原则必须存在一定的价值、消除一切非增值的岗位，旨在以最优品质、最低成本和最高效率对客户需求做出最快速的响应。具体表现在 PICQMDS 七个方面，如表 6-1 所示。

表 6-1　精益制造的 PICQMDS 原则

原则	原则细述
"零"转产工时浪费 （products）	多品种混合生产：将加工工序的品种切换于装配的转产时间，使浪费降为"零"
"零"库存 （inventory）	消除库存：改变市场预估生产为接单生产，将库存降为"零"
"零"浪费 （cost）	全面成本控制：消除多余制造、搬运、等待浪费，实现"零"浪费
"零"不良 （quality）	高品质：不良不应在质检位查出，而应在生产的源头消除，追求"零"不良
"零"故障 （maintenance）	提高运转率：消除机械设备的故障停机，实现"零"故障
"零"停滞 （delivery）	快速反应、短交期：最大限度地压缩前置时间，要消除中间停滞，实现"零"停滞
"零"灾害 （safety）	安全第一：看板作为一种核心工具，可对现场进行可视化管理，出现异常可第一时间通知相关人员并采取措施进行改善

三、精益制造的核心思想

（一）追求零库存

库存虽然能够避免突发状况的产生，但在订单需求很难预测的情况下，毫无疑问会增加企业的相关成本，很有可能造成产品的浪费，同时也会降低产品的生产质量。精益制造所追求的零库存是一种特殊的库存理念，指制造系统所利用的物料在生产的各环节中始终处于快速周转的状态。企业可以利用看板管理、柔性生产、生产均衡化等方式构建高效的拉式生产系统，持续性提高物料的周转率，最终实现零库存。

（二）追求快速反应

企业作为产品的供应商所面临的订单是随机的，这就要求企业必须快速响应客户的需求。企业的各部门之间要高效协同，快速将订单信息传达至下一级。而在生产制造过程中，每个零部件生产都要做到无缝衔接，并要在生产时间和生产质量等方面实现标准化。企业可以利用单元化生产、固定生产等生产编程方式，创新生产方式以快速响应客户的订单需求。

（三）追求企业内外环境和谐统一

精益制造成功的关键是将企业内部的生产活动与外部的市场需求统一于企业自身的发展目标。在企业的精益制造系统中，企业所进行的一切生产活动都是由市场客户需求拉动的。因此，企业内部的生产活动与计划在面对不同的订单时，要做出不同程度的改变，最终要与外部的客户需求保持一致，企业内部要与外部的合作伙伴、客户等保持密切的协作关系，信息共享，及时供货，保证客户满意度。

（四）追求"人本化"理念

精益制造强调人在企业中的重要性，"人本化"理念就是以人为本，重视人的需求，尊重人的劳动价值，实现人的全面发展，以提高生产效率。企业可根据不同岗位的不同需要，向相关人员提供培训，制定多种奖惩机制，激发员工的生产积极性，增强其专业能力。要利用班组管理的方式团结员工，营造良好的工作氛围，维护员工的权益，合理分配岗位，打造高效默契的生产团队。

四、精益制造实施的意义

（一）降低生产库存

精益制造推行的是拉式生产系统，即及时响应实际生产需求，由下游向上游提出实际生产需求的生产系统。利用订单数量控制生产产品数量，能够最大化降低企业生产产品的库存。在企业实现库存为零的过程中，通常会暴露出原先传统制造模式所存在的问题。如生产缺乏计划性、生产线运行不均衡、快速反应时间较长等问题。这些问题一旦解决，企业生产产品的库存就会大大下降，从而逐步达到零库存的要求。

（二）减少生产浪费

在传统的制造过程中，普遍存在过量生产、等待时间过长、库存过多、产品缺陷等浪费，这些浪费可以通过实施精益制造消除。如利用精益制造中的价值流图，企业能够识别出生产制造过程中的增值活动和非增值活动，发现浪费和需要改善的地方进而优化整个生产制造流程；同样通过工艺与布局的优化，对于生产车间的设施布局、工艺流程顺序等进行改善，提升生产系统的效率及稳定性，缩小产品的生产周期，减少不必要的浪费。[53]

（三）提高生产效率

生产效率是实际产出与标准产出的比率，单位时间的产出越多则生产效率越高。精益制造实现的是零浪费的制造系统，这包括时间、物料的浪费，企业通过改进生产的流程布局等方式能够减少各环节的生产时间和环节间的转换时间，提高生产效率。同时，由于"人本化"理念的贯彻，企业会根据员工的能力技术合理调度员工岗位，从人员方面提高生产效率。

（四）改善客户关系

企业改善与客户之间的需求关系，主要是通过不断提高客户满意度来实现的。精益制造能够准确快捷地满足客户定制化产品的需求，能够在尽可能少浪费的前提下实现小批量、多品种的连续生产。同时，制造系统内部的快速反应机制也为定制化产品的生产创造了条件。因此，通过客户订单来拉动生产，积极响应客户需求是改善客户关系的重大突破。

（五）提升产品质量

高质量的产品并不是通过后期检验得到的，而是在先前的制造过程实现的。精益制造秉持着精益求精的思想，持续跟踪分析产品质量信息，找到并消除影响产品质量的因素，保证产品质量提升。制造高质量产品内化于均衡化生产、流程化生产和标准化生产等具体手段的实现，确保将产品的质量控制在一定的范围之内。

第二节　精益制造的推进思路

一、实施均衡化生产

（一）均衡化生产的定义

均衡化生产也称平准化生产，要求产品的生产节拍与需求节拍一致，保证生产按计划进行，保证产量稳定或稳步增长，实现充分的生产负荷。[54]均衡化生产是精益制造的一项基本要求，它保证了产品稳定、均衡流动，不仅能够减少原材料的浪费，通过对加工装配顺序的合理安排也能够减少加工过程中半成品的浪费。在均衡化生产中，各条生产线可以生产不同种类的零部件，以实现柔性生产，快速适应市场需求的变化。

（二）均衡化生产的特点

均衡化生产主要体现在产品数量、产品种类和工作负荷这三方面的均衡，如表6-2所示。

表6-2　均衡化生产的特点

特点	含义
产品数量均衡	生产线上单位时间内的产品产量保持基本稳定，这就需要生产现场中上游工序与下游工序在时间与数量上的配合协调
产品种类均衡	指在单位时间内尽可能生产出种类不同的产品，以满足市场多样化的需求
工作负荷均衡	在产品数量均衡与产品种类均衡的前提下，按照订单需求在总装配线上混合装配各种产品，使企业在相同时间内生产出较多种类的产品，满足多样化订单节拍需求

（三）均衡化生产的实现途径

1. 制定柔性生产节拍。实现均衡化生产的方式之一，就是制定生产节拍时间。生产节拍时间平衡了生产速率与客户需求速率，同时生产节拍也稳定了每日的生产数量，保证了产品数量均衡，避免了生产能力瓶颈。生产节拍制定必须满足不同客户订单的节拍时间，能够简化生产计划及控制流程，也方便上游供应商建立稳定的供货计划。

2. 追求满负荷生产。为了避免产能浪费，在精益制造的过程中，往往会充分利用每条生产线，也就是使其满负荷运行。因此，在安排生产的过程中，必须要制订合理的计划尽量使得每条生产线的工作负荷平衡。当然，当需求不足时，企业也可以在完成生产后，将剩余的时间用于现场培训学习和设备维护等活动。

3. 科学合理排程。排程是指在考虑生产能力和设备的前提下，对各生产任务的生产顺序安排，通过优化生产顺序，减少等待时间，实现平衡各设备和人员的生产负荷。[55]企业根据生产线中各零部件的生产速率及使用数量决定排程顺序，保证各零部件的取用数量和取用速度基本不变。交错排程能够使得总装配线均匀地向上游加工工序输送零部件，保证整条生产线的均衡化生产。

二、实施流程化生产

（一）流程化生产的定义

流程化生产是指企业根据产品的类别，将机器设备按照使用顺序依次排列，最终使每个工序紧密地连接在一起，形成一条不间断的流水线。流程化生产强调的是利用产品布置来改善混乱的流程，按照非传统生产中的机群布置进行生产。相较于传统的生产方式而言，流程化生产能够及时地发现质量不合格产品出现的时间、工序和原因，容易暴露出生产线中的问题，更加适应当前多变的市场需求。

（二）流程化生产的特点

流程化生产使各道工序间的在制品数量接近或等于零，这代表一道工序完成后立即进入下道工序，形成一个不间断的过程。流程化生产由一个一个单独的流程组成，相对于批量式生产方式，其特点如表6-3所示。

表6-3　流程化生产的特点

特点	含义
生产周期缩短	由于每个流程每次只会进行一个产品的加工，因此不具有批量等待时间，使得生产周期缩短

续表 6 - 3

特点	含义
及时发现问题,控制成本最低化	在整个流程化的生产过程中,每一个工作中都有品控监管的能力和责任,发现问题之后及时处理,不让问题流入下一个流程
简化运输过程,使其最小化	简化运输过程中交接次数与运输长度能够减少在运输过程的风险,创造出安全的生产条件与环境
在制品存货减少	每道工序只存在一个在制品,从在制品数量最低,直接使得库存降低,直接或间接杜绝等待、搬运等浪费

(三) 流程化生产的实现

流程化生产实施有五大要点:单件流动、生产同步化、员工多能化、站立式走动作业、按加工顺序布置设备。

1. 单件流动。单件流动要求每道工序每次只做一个,传送一个,检查一个。单件流动强调的是小批量的流转,并不需要过多间歇和等待,因此必须保证同一设备加工不同零件的快速转换和快速转移。在单件流动过程中严格按照生产节拍进行生产,只有生产实现同步化,即每道工序生产速度一致,才能使每道工序没有在制品堆积,使得生产顺畅。

2. 生产同步化。生产同步化就是零部件生产要按照生产节拍进行,保证工序间的在制品数量基本为零,并使在制品在生产线上顺畅地流动。每道工序的生产节拍不同,企业必须要制订详细的计划和标准,避免零部件的积压和停滞。

3. 员工多能化。多能工指一个员工能承担多个工序或多种设备的操作。通过多能工实现少人化,可以降低生产人员成本,同时保证员工劳动效率的不断提升。

4. 站立式走动作业。站立式走动作业可以让多能工在产线上操作不同的工序,平衡生产节拍,提高生产效率。在流水线上作业时,多能工不断地走动,能够快速获取现场信息,及时调整岗位上的作业,保证了在制品的顺畅流动。

5. 按加工顺序布置设备。设备布局能够保证物流、人流和信息流的畅通,流程化生产的设备布局是按照产品加工的工艺顺序进行布局的,目的是实现一人多机操作。设备布局必须具有弹性化,即设备不能被永久固定布置,不能依附于其他设备,不能与产线脱离或被单独隔离。

三、构建拉式生产系统

（一）拉式生产系统的定义

拉式生产系统是相对于传统的推动式生产系统而言的，拉式生产系统是一切从市场需求出发，根据市场需求来计划生产产品，借此拉动前面工序的零部件加工系统。拉式生产系统体现的是以客户需求为导向，下道工就是客户，是一种由下游向上游提出生产制造需求的生产控制方法，能够最大限度地关注产品物料的流动以及满足市场需求的变化。其核心思想是"一个核心、七大支撑"，如表6-4所示。

表6-4　拉动式生产系统的核心思想

核心思想	一个核心、七大支撑	细述
一个核心	准时化生产	以合适的劳动产出在合适的时间生产合适数量的高质量产品的生产管理模式
七大支撑	均衡化生产体系 与生产计划组织体系	均衡化生产体系： 各生产环节按照既定计划完成生产，产品的生产节拍和产品的需求节拍一致，实现生产负荷
		生产计划组织体系： 根据订单要求输入到生产计划部门，合理制订生产计划，按时交货并保证生产质量
	生产快速转换体系 与有效的物资 保供体系	生产快速转换体系： 根据产品的生产节拍和生产计划，优化工艺流程，改善现场工艺布局，实现生产快速转换，减少产品转换时间
		有效的物资保供体系： 通过对采购环节的规范，保证用于生产的物资质量合格，数量充足，实现有效的物资保供
	同步产品设计 开发体系	同步产品设计开发体系： 产品的设计过程及时传递至生产环节，同步进行生产过程的开发，以保证最终产品符合客户需求
	高效内外部物流 响应体系	高效内外部物流响应体系： 采购物流、生产物流和销售物流要保证物流信息同步化，及时响应相关物流状态的变化

续表 6 – 4

核心思想	一个核心、六大支撑	细述
七大支撑	完善的设备管理体系与 TPM 同步实施体系	完善的设备管理体系： 制定一系列设备管理制度保管设备，以保证设备的安全运行
		TPM 同步实施体系： 通过开展计划性、目的性的全面生产维护活动，提高设备运行的综合效率，建立全方位的设备保全管理体系
	现场 5S 标准化体系与人才育成体系	现场 5S 标准化体系： 依据 5S 原则建立生产现场管理标准持续不断地改进工作环境，为提高产品质量创造条件
		人才育成体系： 通过计划性培训工作培养有知识、有能力、有敬业精神的技术人才，以适应拉式生产的发展要求
	合理化建议体系	合理化建议体系： 鼓励员工提出合理建议，并对其进行一定的奖励，以改进现有的生产方案

（二）拉式生产系统的特点

传统的推式生产系统，是利用客户订单的预期数量控制供应生产的需求。生产部门按照计划的生产批量成批地送至下游工序，这样的集中控制并不考虑实际某个工序的实际节拍，不会形成连续的生产流。在这种情况下，产品市场需求的较大波动和生产的实际节拍难以统一，这两个问题会产生大量的浪费。而精益制造中的拉式生产系统能够规避这两个风险，减少了以上问题造成的浪费，主要体现为以下特点。

1. 以客户需求生产。拉式生产简单来说就是以客户需求拉动生产安排，即订单生产模式。在这种模式下，产品的生产不再依赖于传统的生产计划，而是依据交货提前期和现有库存进行主生产计划的预测，并安排生产，实现以销定产、以产订购。按需生产能够减少由于过量生产带来的浪费，减少产品的库存量，构造零浪费的生产系统。

2. 生产同步化。拉式生产系统是依据下游的需求来安排生产的，整条生产线的信息流是逆向流动的，也就是生产信息从最后的生产计划部门依次向前传递到车间的工作点，拉式生产系统信息流和物料流的流动如图6-2所示。

图6-2　拉式生产系统信息流和物料流的流动

从图6-2中可以看出，生产计划部门并不直接控制工作点的制造，而是将需求层层传递。这条生产线的生产节拍由产品生产制造的每个工序的实际生产节拍共同决定，解决了推式生产系统带来的生产的实际节拍不统一的问题，实现生产同步化，保证生产各个工序的生产速率协调，减小在制品库存。

3. 生产均衡化。生产均衡化是指企业生产在某一单位时间内按一定的比例均衡生产各个产品，均衡生产要求各工序无时差地紧密衔接，使生产线的生产周期最短。生产均衡化能够满足拉式生产多品种、小批量的要求，能够及时应对市场订单需求的变化，同时企业可以生产出适量的产品，不会产生大量的在制品库存。

4. 持续改进。拉式生产系统的运行过程也是不断自我完善的过程，包括建立规则、异常处理、培训执行及更新规则，涉及生产计划的制订、生产流程、物料出库入库的流程等与生产相关的操作。其运行过程如图6-3所示。

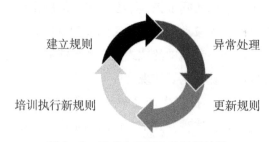

图6-3　拉式生产系统的运行过程

在自我完善的过程中也要遵循 QCDS 原则，其中 Q 表示质量，生产车间要严格执行产品设计流程，每个工序的生产节拍都要按照生产计划执行，并在生产时要严格控制次品率，减少不良品出货；C 表示成本，企业要从各方面减少成本支出，更新技术、改良工艺，保证产品质量，减少损失，合理安排人员，减少不必要的岗位等；D 表示交货期，通过新技术、新工艺缩短交货期，按时出货，同时也要具备一定的应急生产能力，以应对异常情况的发生；S 表示现场，对生产现场进行 5S 和目视化管理，保证生产设施布局合理。

5. 拉式生产与推式生产的区别如表 6-5 所示。

表 6-5　拉式生产与推式生产的区别

区别内容	拉式生产	推式生产
生产安排	积极的、紧张连贯的生产控制	传统的、计划等待的管理
生产流程	以交货日期、数量为始点，逆顺序依次确定各生产环节的产出、投入时间和数量以编制生产作业计划	接到客户的订单后，顺序安排生产周期和生产提前期，顺次确定各生产环节的完工、交接时间
生产环节特点	分散控制，关注物料的流动	集中控制，独立的工序控制，无连续流
企业生产性质	小批量、多品种、生产周期短的企业	大批量，品种少，生产周期宽裕的企业
改善重点	实现均衡化生产	确定精确的交货时间

（三）构建拉式生产系统的途径

1. 详细制订生产计划。生产计划是企业进行生产管理的重要依据，指导企业的生产活动有计划地进行，具体包括生产产品的品种、数量、质量和进度。根据不同阶段的不同生产目标，企业在制订生产计划时，将其分为短期、中期、长期三种计划，具体区别如表 6-6 所示。[56]

表6-6 三种生产计划主要区别

区别内容	短期计划	中期计划	长期计划
时长	一周及一个月以内	一个季度或未来数月	一至两年
具体计划	物料需求计划 生产能力需求计划	生产计划大纲 产品出产进度计划	年度生产计划
计划内容	规定短期内车间生产的产出进度，规划车间内部生产任务分配与工作监控	规定生产产品的产品品种指标、质量指标、产量指标	规划各生产产品的品种和数量
侧重点	保证及时出货给客户，并使产品库存最小化	解决如何适应需求的变动安排好生产能力	解决企业发展与外部环境的关系问题

企业在编制生产计划时，要考虑到客户要求的三要素"交期、品质、成本"以及生产的三要素"材料、人员、设备"，从这两方面制订合理的生产计划。生产计划编制流程如图6-4所示。

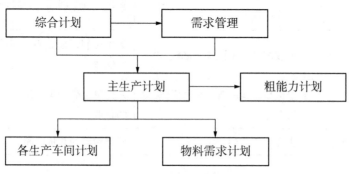

图6-4 生产计划编制流程

主生产计划（MPS）制定了每个时间段内每一类型产品的生产数量、品种、型号等，详细确定生产什么、生产多少。主生产计划根据市场需求进行预测，将企业的经营计划与生产纲领中的产品具体化，起到了从综合计划向具体计划过渡的起承转合作用。

编制主生产计划的流程如图6-5所示。

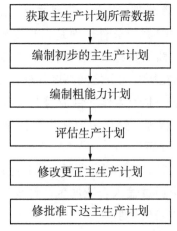

图 6-5　主生产计划的编制流程

2. 合理应用看板系统。实现由需求拉动整条生产线的流动生产主要是依靠看板系统。在看板系统中，当某岗位的工人需要前面岗位的物料或工作时，就使用看板卡片向前面岗位发出信号，没有接收到发出的信号就不能移动零部件或继续工作。看板系统运用最直观的方式来显示工位上的生产情况，最大的优势在于通过看板卡的数量呈现生产中存在的问题并确定明确的改善方向。看板能够很好地控制生产的产量，看板数量减少，则生产量也相应减少，同时控制看板的数量也能够实现生产同步化。

在使用看板系统时，要遵循如下的六个原则：

（1）后工序只有在必要的时候，才向前工序领取必要数量的零部件。

（2）前工序应该只生产足够的数量，以补充被后工序领取的零件。

（3）不良品不送往后工序。

（4）看板的使用数目应该尽量减小。

（5）使用看板以适应小幅度需求变动。

（6）积极改善生产现场。

生产现场的改善在拉动生产系统中具有重要的作用，拉动生产系统中零部件的生产必须按照计划生产，且没有零部件库存的出现，最终旨在以较短的交货期完成订单，这就需要合理安排生产现场。企业需要运用科学的标准和方法对生产现场各生产要素（人、机、料、法、环）等进行合理有效的计划、组织、协调、控制，使其处于良好的衔接状态，实现优质、高效的生产。

3. 广泛推行 ERP 系统。ERP 系统是拉式生产的常用工具，它从供应链的角度对企业的现有资源匹配优化。需要注意的是，这里所提及的 ERP 系统不局限于具体的 ERP 系统软件，而是一种资源管理的理念，具体的 ERP 系统软件由于开发商的目标客户不同，其功能也各有不同。在 ERP 系统中企业的所有数据在所有业务之间高度共享，涵盖了财务管理、人力资源、销售与客户服务、生产运作、供应链与物流、企业文化这六大模块，其核心是生产控制管理。这里主要从生产控制管理方面推广 ERP 系统，主要包括以下五个方面：

（1）主生产计划。主生产计划必须要精确到生产产品的具体数量和具体时间，在 ERP 系统中通过输入企业的生产计划和客户订单等信息直接得出企业未来产品的主生产计划。

（2）物料需求计划。物料需求计划是根据主生产计划、物料清单和现有库存得出的，企业利用这些信息可以了解到仍需生产的产品数量，并根据财政预算制订出合理的采购计划。

（3）能力需求计划。能力需求计划是一种短期的计划，ERP 系统能够平衡工作中心的工作负荷与能力，最终得到更为详细的工作计划，以确定企业的生产能力能否满足原生成的物料需求计划。

（4）车间控制。这是随时间变化的动态作业计划，ERP 系统将作业排序动态的作业分配到具体各个车间，实施作业管理与监控。

（5）制造标准。在编制计划中需要许多生产基本信息，这些基本信息就是制造标准，包括零件、产品结构、工序和工作中心，都用唯一的代码在 ERP 系统中识别。

四、建立过程质量控制体系

（一）过程质量控制的定义

质量控制是在产品生产的各质量控制环节中，利用统计等方式分析产品质量原因，从而控制产品质量，使之符合标准的一种手段。现代质量工程技术将质量控制分为质量设计阶段、质量监控阶段、质量控制阶段。质量设计阶段发生在产品开发设计时，质量监控阶段发生在生产产品的制造过程中，而质量控制阶段是在生产过后的抽样检测时。精益制造的企业必须严格监控质量各环节中所有不合格的因素，以保证产品的质量。

（二）过程质量控制的特点

质量控制的基础是过程控制，虽然质量控制存在于产品产生的每一阶段，但秉持着精益制造零浪费的目标，企业的对产品的质量控制重在预防。在产品生产制造过程中对其进行严格的质量控制，能够从源头减少不合格品的出现。过程质量控制重在"控制"二字，控制的对象主要包括生产物料、产品关键特征、质检状态等方面，具体阐述如表6-7所示。

表6-7 过程质量控制的特点

主要控制对象	质量控制的特点
生产物料	严格控制生产所需原料的类型、数目和质量对各类产品进行过程状态标识并保存完好，保证产品可追溯性
产品关键特征	按照生产设备的机床能力分析验收合格标准，针对产品和过程关键特征统计
质检状态	对于生产完毕的产品进行检验状态的标识，通过标识区别未验证品、合格品或不合格品，提高过程质量控制的效率
客户关键特征	及时关注客户的需求信息变化，在生产过程中也要与客户保持一定的沟通，以满足客户需求
偶然误差	采用防错法控制偶然变差，建立企业的防错法数据库，调动员工创新的积极性，及时制订成本低、效率高的防错方案
不合格品处理	制定不合格品控制程序，及时发现并处理不合格品，对不合格品加以明确标识并隔离存放

（三）建立过程质量控制体系的途径

1. 广泛开展质量意识培训。企业中生产操作人员的基本素质均不高，更多以劳动作业为主，并非真正的技术人员。这些员工对质量的理解较专业技术人员有所偏差。因此，提高产品的质量，首先从提高员工的质量意识开始。

2. 严格执行工艺流程。产品的生产加工必须严格执行工艺要求，对每一流程进行高质量的生产。制造过程是产品形成的直接过程，过程是否得到合理控制直接决定了产品质量的好坏，任何一个环节的疏忽都可能导致不合格品的出现。在严格按工艺要求生产的同时，提高生产人员的操作技能与素质也是稳定生产高质量产品的保证，提高多能工在生产线员工中的占比，抓好生产过程的关键环节，严格监督和管控影响产品质量、工序能力以及生产效率等因素。

3. 设置合理的质量控制点。质量控制点的合理设置是产品质量得到保证的前提，因此在质量控制的过程中必须设立相应的控制环节，如原材料的进货检验、半成品的过程检验和成品的最终检验；通过建立起"三检"制度，设置内部质量管控人员，在生产的各个关键工序建立控制点，并确立各级主管为质量第一责任人；还需设立专职或兼职的质量监督、巡检人员，其中质控人员必须独立于生产部门。

4. 建立畅通的质量信息传递渠道。质量信息滞后会影响产品质量持续提升，畅通及时质量信息的反馈渠道，保证信息的时效性和准确性是十分重要的，这也是质量控制中需要解决的关键性问题之一。

5. 有效控制不良品。企业在处理不合格产品时往往会忽略不良原因的分析，对问题的处理仅局限于表面的责任落实和处罚，并不能从本质上解决产品质量上存在的问题。因此，要对所面临的问题坚持"三不放过原则"，包括"不良原因分析不清不放过、责任人未受处理和教育不放过、未制定纠正预防措施不放过"这三点。

第三节　精益制造的推进内容

一、生产计划与控制

生产计划在精益制造中规定了未来计划期内的生产目标和生产活动，企业需要根据生产计划调节生产、控制产量、合理配置人员及设备数量对生产资源配置进行改进。

制定、执行与控制生产计划是一个持续改善的过程，包括交货期、产品数量以及产品质量等指标是衡量生产计划与控制是否成功的关键因素。因为市场存在动态变化，为了实现快速响应市场变化及满足客户的需求，需要生产计划和控制在每个层次都进行系统性的考虑和分析，保证在库存尽可能低的情况下，快速响应客户的需求，为客户提供高质量的产品。

（一）提高企业生产计划目标控制水平

企业想要提高生产计划目标控制水平，需要严格控制生产计划的编排方式和执行手段。从编排方式上看，企业要坚持紧急度原则、饱满性原则、资源原则等多项原则，保证产品的生产时间、生产物料、产品质量符合订单要求，并保证生产计划的科学性、合理性、准确性、可实施性。在执行手段方面，企业要兼顾不同生产计划的不同要求，合理分配作业人员和作业设备，并定期对员工进行培训，大力培养多能工，使之适应多种生产计划和生产安排，要统筹兼顾所有计划的实施，保证生产过程顺利进行。[57]

（二）全面动态生产计划控制

由于市场需求是不断变化的，为应对激烈的市场竞争，企业需要实行动态的生产计划控制模式，保证生产的产品数量和质量符合市场需求，并将生产过程视为一个整体，从整体的角度考虑生产安排，而非仅依据某一个或某几个环节就调节生产计划。企业需要对每个生产环节进行评估，多方面、多角度、多层次地确保企业生产和控制管理顺利实施。生产计划控制管理可从以下五方面进行：

1. 产能负荷评估。生产能力即产能，是根据当期现实情况分析得出的，要能够保证实际生产时人、物、机之间的良好配置。生产计划的安排承载超出最大产能，就不能同时满足客户对质量和功能的要求，同时也会造成在制品和库存的增加；如果无法达到正常产能，就无法满足订单需求，造成成本浪费。对最大产能和正常产能的评估分析如图6-6所示。

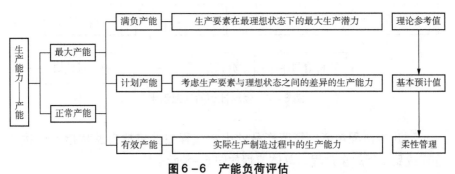

图6-6 产能负荷评估

2. 订单评审。订单评审包括外部评审和内部评审两个部分。外部评审是企业根据市场需求、客户信誉、订单需求量等数据进行评审，有选择性地与客户进行合作。内部评审是企业根据生产部门目前的机器设备、生产工艺、采购周期等对交货期、产品质量等方面进行评审，保证按时交货。[58]

3. 生产计划设计。生产计划指的是一方面为满足客户要求的三要素"交期、品质、成本"而计划，另一方面使企业获得适当利益，而对生产的三要素"材料、人员、机器设备"的精确准备、分配及使用的计划。按时间周期划分，生产计划的各种类型如表6-8所示。

表6-8　按时间周期划分生产计划种类

划分种类		对象	期间	期别
大日程 （长期）	长期计划	产品群	2～3年	季
	年度	产品群	1年	月
中日程 （中期）	中日程	产品别	季、半年	周、月
	月份	产品别、零件别	周	日
小日程 （短期）	周生产计划	产品别、零件别	周	日
	日生产计划	产品别、零件别	日	小时

4. 物料计划设计。物料计划指为配合企业生产或服务的顺利进行，对物料需求事先加以分析，以计划物料的需要情况。物料计划的处理程序为：销售计划、成品库存计划、生产计划、用料分析计划、物料存量计划、物料需求计划、物料申请计划。在进行物料控制过程中，需遵循的程序如图6-7所示。

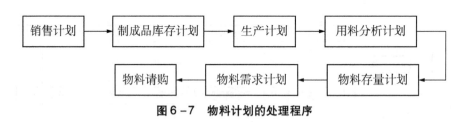

图6-7　物料计划的处理程序

5. 出货流程规范。规范产品的出货流程主要包括自发货指令下达到仓库成品发货的全过程，具体流程如图6-8所示。

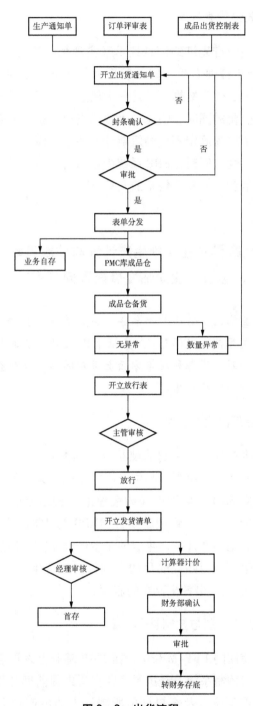

图6-8 出货流程

（三）采用先进信息技术

企业可以通过引进先进的信息技术来实现精益制造的生产计划安排，最常见的就是 ERP 管理系统。ERP 管理系统覆盖了企业多方面的信息，如库存、采购资源、生产数据等，是一个信息高度集成的系统，ERP 系统能够在市场需求变化的同时，快速导入数据进行分析，并及时得出中长期生产计划，打破了原先固定不变的短期计划的生产模式，保证了生产计划的稳定性和可执行性。同时，ERP 系统中还包含了供应链中与核心企业相关的其他企业的信息，实现了信息的共享。[59]

【案例】

某家具企业实施生产计划与控制策略，
缓解企业面临发展瓶颈问题[34]

某家具企业虽然已良好运营十余年，但随着市场竞争日益激烈，企业生产运营管理模式存在一定问题。[60]企业管理层对存在的问题进行调查分析，发现在生产计划、库存积压等方面上存在问题，因此企业采取了以下有关生产计划与控制的改善措施。

（一）构建合理的生产计划

对家具企业生产计划与控制的现状分析如图 6 - 9 所示，单一的控制系统无法满足企业生产订单管理与生产能力匹配，无法使生产计划顺利进行。企业对此建立 MRPII 与 TOC（约束理论）相结合的生产计划与控制体系。根据实际情况，企业管理者集合 MRPII 与 TOC 为一体，以客户订单与需求预测形成主生产计划，生成的主生产计划需要通过整合资源与数据，达到与企业生产能力匹配的目的，制订出符合生产能力的作业计划，同时利用 TOC 系统识别出各步存在的瓶颈。

（二）制订生产计划与控制管理方案

目前企业所使用的 ERP/MRPII 是在 MRP 基础上发展起来的具有多重功能的生产计划与控制系统，是家具企业在考虑提前期与生产周期的基础上，根据市场需求预测以及客户订单所制订出的生产计划与物料需求计划，根据 ERP/MRPII 系统有效确定物料采购及订单生产的各项计划与最佳时间。该企业选用网络计划法对生产资源进行合理的调控。网络计划法

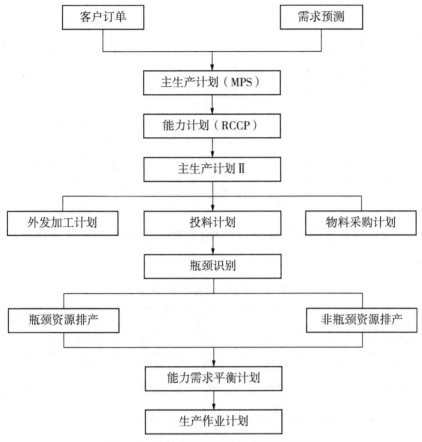

图6-9 某家具企业生产计划与控制系统

强调订单项目中的管理线路，及关键线路中的关键工作。对该企业来说，确定了订单中涉及的产品金额、数量、生产周期等重要的工作因素，据此建立计划对各项工序的起止时间进行设定与相对应资源进行调配。与此同时，对关键线路上的各项工作实施管理，保证物料及时供应，避免因物料不足而影响工期。

（三）制订具体的生产计划

企业首先制订了主生产计划以规定企业生产时间、产品数量等，作为纽带将生产计划与销售计划联系起来，如图6-10所示。该企业是属于中长期计划模式，主要面向订单与市场需求，因此通过设计主生产计划解决当前生产与市场需求存在差异的瓶颈。该企业针对自身生产能力与产品提前期，确定了产品生产类型、生产时间、生产数量，对不同的产品设置不同的制造工艺与生产周期，根据不同品类特点制订不同主生产计划。

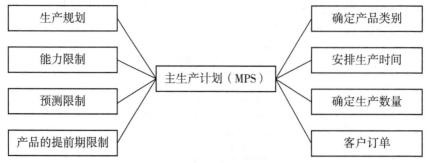

图6-10 某家具企业主生产计划编制

该家具企业预测餐桌椅在一个月内的需求量，制订了企业生产计划如表6-9所示。

表6-9 某家具企业周主生产计划

产品名称	当前周	后1周	后2周	后3周	后4周	后5周
餐桌椅	3900	4521	4689	4989	5034	5565
茶几	2355	2576	2788	3050	3577	3899
电视柜	2432	2588	2800	2950	3422	3969
鞋柜	2055	2300	2468	2566	2900	3500

在对主生产计划实施的过程中，也要注意对主生产计划进行维护，主生产计划会随着时间的变化而改变，计划员对主生产计划的准确性与时间性进行负责。任何一项数据的变化，都会对主生产计划产生一定影响，包括设计结构变化、采购拖期、零部件质量不合格、需求预测变化、任务变更等。

（四）制订物料需求计划

为了优化物料需求计划，改善物料供应对家居订单生产的影响，该家具企业从物料分类、与生产计划的关联性、物料需求计划中的事务管理角度对物料需求计划进行改进。该企业的家具品类与型号繁多，涉及的物料品种众多，对其进行合理分类能够极大地改善运营管理混乱的局面，从而减轻库存积压，保证了物料的及时供应与有效存储。通过分析物料需求计划与生产计划所具有的动态关联性，考虑订单产品生产所需的物料需求，制订好各项计划并实施,将变化控制在合理范围内。

该企业经过一段时间对企业生产活动各方面进行整改与升级,暂时缓解了企业所面临的发展瓶颈问题。企业为保障生产计划与控制措施继续有效进行,并起到助力企业发展的效果,从全面升级生产计划与控制及系统、落实生产计划与控制责任等角度保障了生产计划与控制策略的有效实施。

生产计划与控制需要根据生产的过程以及实际的投入产出来进行,对企业生产纲领的分析、制订相适应的计划和人员配置,并在此基础上对瓶颈工序和生产过程制订方案并监控。

生产计划与控制实施细则如图 6 – 11 所示。

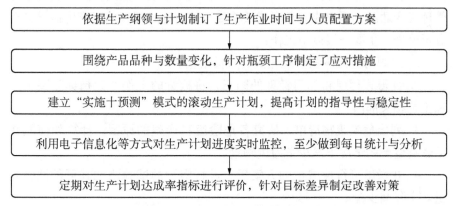

图 6 – 11 生产计划与控制实施细则

二、安全环境健康管理

安全环境健康管理也叫 EHS(即 environment、health、safety),是环境管理与职业健康安全管理两种体系的结合。这种管理体系是通过第一个循环从而获得经验、吸取教训的,然后将获得的经验、教训用于下一个循环来改进和提高管理水平。该体系将企业的 EHS 方针、经营策略与企业的一系列合法要求联结在一起,实现对与企业 EHS 方针相符的整体 EHS 业绩的持续改进。EHS 管理模式(以下简称 EHS-MS 模式)是帮助编制与加强 EHS-MS 的一种方法或模板,具有很强的灵活性和适应性,企业可以根据设施作业的规模、复杂性等因素,适当地增减管理模板与方法以满足要求。

（一）环境管理的持续改善

危险废弃物具有一定的危害，如破坏生态环境、影响人类健康和制约可持续发展等。而危险废物在随意排放、贮存的情况下会存在污染土壤、水源以及降低环境的功能等级的可能性。人类如果长期吸入或摄入危险废物会引起癌症、畸形等。[61]同样危害废物不规范处理处置或不处理给土壤、水源及大气等造成的污染，也成为制约企业及社会整体经济活动的一大重要因素。

企业需要提高关于减少危险废物量的意识，将危险废物管理的一大重点放到减量上去，即接下去的改善很大一部分集中于减少危险废弃物的产生。从废物管理的源头杜绝污染，不产生废弃物就不制造污染。在与企业管理层沟通后，提出成立危废减量项目团队，针对现有危废产生情况进行分析改进。主要开展以下工作：

1. 组织与危险废物管理相关的人员培训。

2. 征得管理层和部门经理的同意，将减量的工作作为指标放到生产和工艺相关部门。

3. 列出危险废物清单，研究各危险废物产生的原因。计算如何能在不影响生产的情况下减少危险废物量。

4. 在做出可行性减量的方案后，进行实际的试验测试其可行性并测量其实际减少量。

5. 如果方案可行，则全面实行；如果方案不可行，则继续寻找减量方案。

（二）职业健康管理的持续改善

员工的职业健康管控改善是职业健康管理方面的一个持续改善。企业对于现场人员的职业健康监护已经有正规的流程进行管控，对作业场所的职业危害因子也有程序进行监督监测。如何控制职业卫生的风险，监督员工的身体健康，为职业健康管理持续改善是重点。

1. 编制职业健康管理体系文件。企业的职业健康管理实施文件化管理，因此必须制定相关书面材料。该文件是组织实施职业健康管理标准的重要依据，主要包括职业健康管理的目标、职业健康管理的保障措施和部门、医疗卫生保障措施等内容。

2. 制定职业健康管理制度。由于企业内部的具体工作划分不同，工作性质有一定的差异，职业健康管理制度有所不同。但最终目的依然是保障员工安全健康，基本条款如下：

（1）建立健全职业危害防治制度和作业流程。

（2）存在职业危害的工作场必须符合法律法规和国家标准、行业标准的其他规定。

（3）对从业人员要进行岗前、岗中职业健康培训，监督从业人员遵守相关职业危害规定，同时必须按规定对员工进行岗前体检和职业危害体检。

（4）企业必须为从业人员配备符合国家标准和行业标准的职业危害防护用品，并督促指导从业人员正确佩戴使用。

（5）企业必须对职业危害防护设施进行定期的检测、维护、检修和保养，保证其处于正常状态。

3. 执行"三同时"规定。这是针对企业新建、扩建、改建设施提出的标准，规定要求企业的职业健康管理要与主体工程同时设计、同时施工、同时投入生产和使用。规定主要内容包括：

（1）项目在实际实施前要进行职业安全健康的论证，明确可能对员工造成的危害范围和种类并做出相关防范措施，结果以书面文件的形式记录。

（2）设计单位在编制建设项目的初步设计文件时，应当同时编制《劳动安全卫生专篇》，职业安全健康文件的设计与编制，必须符合国家标准或者行业标准。

（3）项目工程的竣工成果验收标准必须严格遵守国家有关职业安全健康标准，不符合职业安全健康章程和行业技术规范的，不得验收和投产使用。

（4）项目工程正式投入运行后，依旧要重视职业健康管理，生产设施和职业安全健康设施必须同时使用。

（三）安全培训的持续改善

安全培训在整个安全管理过程中非常重要。再好的文件流程，再好的员工，再好的组织，如果没有将培训做到位，还是无法很好地将安全环境健康执行到位。企业通过开展各类有效的安全培训，不仅能提高员工的安全意识，防止不安全行为，还能从本质上预防各种安全事故的发生。

1. 识别各层能力需求。根据识别培训需求结果来设定员工的各类培训计划。培训计划的基础条件是识别培训需求。识别培训需求的内容包括培训人员、培训周期和培训内容。培训内容包括安全意识的培养、安全技能的培训以及安全知识的普及。培训周期按时间也可分为年度、季度、月度、每周等。也可根据不同岗位的风险、职责和性质来识别培训需求。根据 EHS 各项法律法规要求及改善目标进行的分类如表 6 - 10 所示。

表 6 - 10　安全培训计划分类

培训类别	内容
法规强制要求的安全培训	根据法律法规要求识别需要安排的安全培训，制定相应的培训流程
针对管理层的安全培训	针对管理层各岗位的工作要求以及当年培训预算，制订相应的内部培训计划，或者外部培训计划
针对安全岗位的培训	根据工作岗位需求以及个人能力的情况，安排取证培训、外部培训和其他内部培训计划

2. 实施有效跟踪和评估。除了全面开展安全培训之外，对安全培训的有效性进行评估，同时对落实的情况进行审核也是非常重要的。因此，在改善现有培训制度的同时，也对 EHS 部门实施的各项培训要求增加培训有效性的考核，即有培训必须有考核。为了增加培训的生动性和互动性，对一些特殊项目还需增加实际操作方面的培训和考核，例如一些设备安全操作等。对一些应急消防灭火之类的培训必须结合实际进行演练。日常检查时，除了对不安全行为和不安全状态的检查外，还要增加一些对人员培训内容掌握度的检查。

【案例】

某企业制定《岗位安全生产标准化手册》，
对车间开展安全环境健康管理

（一）企业安全健康管理的实施背景

某汽车企业规模庞大、作业环境复杂、作业种类繁多，目前虽形成具有空中和地下交替作业特点的立体式作业方式，但车间生产存在众多危险致害因素，致使员工作业危险程度高。为解决目前生产安全管理问题，企业需要将安全作业标准化分解并执行到岗位和机台。因此，该企业从危险致害因素识别作为起点，全面筛查可能产生的安全隐患，从作业状态、工艺设备操作规程等方面进行调查、研究和分析，编制了一整套适用于各车

间的《岗位安全生产标准化手册》并陆续进行修订。

(二)《岗位安全生产标准化手册》的编制

《岗位安全标准化作业手册》是在对所有生产作业岗位的作业环境、岗位作业特点、岗位物料摆放标准、岗位劳动保护、岗位作业设备设施操作要求、岗位作业工艺特征以及岗位致害因素等进行充分调研与分析的基础上，对现行岗位作业方法的每一个操作程序和每一动作进行分解，以科学技术、规章制度和实际经验为基础，以相关标准与规章制度为依据，结合各岗位多年积累的工作经验与员工改善需求，固化形成《岗位安全作业标准》。

标准制定首先要对危险因素进行识别。经过组织各职能科室、车间生产员工从自身岗位和作业区域全面识别与查找得出，存在人员伤害的主要有害因素有起重伤害、机械伤害、触电、火灾等其他安全事故隐患；人员的违章行为、设备设施本质安全制度存在缺陷、生产作业环境不良、员工安全意识缺乏与制度不健全等因素也可能导致安全生产事故。其次要对标准的结构进行设定，该《岗位安全标准化作业手册》分为三部分。第一部分对行为安全进行规范，包括劳动保护用品穿戴标准化与作业人员行为安全标准化；第二部分是对物品安全进行规范，包括机电设备安全防护标准化、物料定置标准化、转移吊运标准化以及作业环境标准化；第三部分则是对工艺流程进行规范。

在对标准结构合理构建后，企业组建安全标准化课题小组对标准进行策划与实施。企业组建由安全管理组部门、设备管理部门、技术管理部门的专业人员组成的课题组，共同学习《国家安全生产标准》等资料，排查岗位作业中的危险致害因素，编制防范措施。课题小组要对标准进行试行与校验勘误，对试行过程发现的问题进行修订。修订完成后正式导入生产单位实施，组织车间员工对该作业手册进行知识培训，要求各班组执行《岗位安全操作标准作业手册》的工作计划和时间节点。最后将标准全面推广和运用，该企业将《岗位安全生产标准化作业手册》编制成册并下发各级领导与班组，要求各班组以此为标准进行管理；并且利用班组园地形成目视化看板，点对点粘贴标准作业手册的相关内容，作为员工自学基地、安全培训教育基地，以此为依据开展各类安全检查，如图 6 - 12 所示。

为了保障标准的有效推广与应用，企业制定《岗位安全操作标准作业手册考核细则》对标准正式运行的过程进行动态监控；成立由经理带领的

图6-12 标准目视化管理培训与宣传看板

安全管理专业检查、指导小组，对标准实施的结果、班组自主管理检查的结果进行周点评、月考核奖励。

（三）安全健康管理的实施成果

《岗位安全生产标准化作业手册》经过一段时间的运行已初见成效，在全体员工不断学些实践过程中，作用发挥得更加明显，各车间虚惊事件发生数量得到大幅减少，具体数目如表6-11所示。

表6-11 某企业各车间历年虚惊事件统计

单位：件

车间	2007年	2008年	2009年	2010年	2011年	2012年	合计
物资	3	5	0	2	0	0	10
冲压	5	4	4	2	0	0	15
焊装	2	3	3	1	0	0	9
涂装	3	4	5	1	1	0	14
内饰	1	2	3	0	0	0	6
质量	0	0	1	0	0	0	1
技术	0	0	0	1	0	0	1
综合	0	0	0	0	0	0	0
财务	0	0	0	0	0	0	0
生产	4	6	2	0	0	0	12
合计	27	32	19	8	1	0	87

随着《岗位安全生产标准化作业手册》的学习和推广，现场"三违"现象明显减小，隐患整改效率大幅提高，形成了较好的安全氛围，如图6-13所示。

安全环境健康管理是通过相关工具对环境、健康、安全等进行评估，

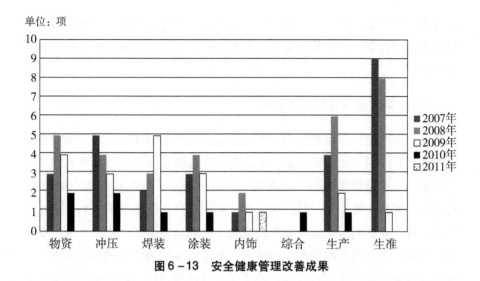

图6-13 安全健康管理改善成果

从而不断地改进并制定措施和预案。同时对员工进行培训，保证企业的安全健康管理能落实。

安全环境健康管理实施细则如图6-14所示。

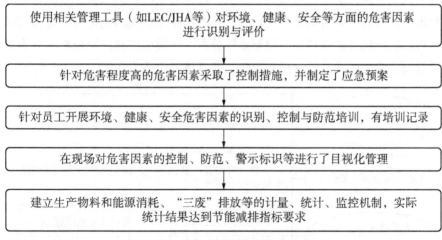

图6-14 安全环境健康管理实施细则

三、过程质量控制

过程质量控制是根据产品质量标准监控生产过程，在保证生产出高质量的产品的基础上全面提高操作者、机器设备、原材料、工艺手段、计量和检测手段、生产环境六大因素的质量与水平。该方法通过监控人、物、设备、方法等变化点，建立"后工序是客户"的精益思想，确保在工序内造就高品质产品，建立以不生产、不流出、不接受不良品为目标的现场质量管理运行机制，运用质量管理工具和方法持续开展质量分析、控制和改进工作。

（一）制定质量控制发展战略

企业生产过程质量控制需要制定质量控制发展战略，战略要始终坚持"以客户为中心"的发展原则，以提高客户的满意度作为目标和发展方向来制定。随着市场经济不断地发展，为适应制造业运用科技生产的浪潮，每个企业都在向高新化、科技化发展。在对客户与企业利润进行调查的过程中，其企业的利润率会随着客户流失率的降低而增加。由此可见，提升客户的满意度是当前制造产业的重点，制定以客户为中心的发展战略，集中做好市场调查工作，结合客户的需求开展经营活动，以此来提升客户对产品的关注度，增强市场竞争力。

（二）优化质量控制管理体系

优化质量控制管理体系是企业生产过程质量控制的关键，要从企业本身出发，根据实际情况和企业目标对质量控制体系做出优化。企业相关部门可以利用统计过程控制、测量系统分析、失效模式和效果分析等五大工具对现有管理体系进行分析和优化，其具体的使用方法如图 6-15 所示。

统计过程控制（SPC）	依照控制对象的特性收集数据，通过过程分析和过程标准化，找到异常之处，并采取改善措施恢复
测量系统分析（MSA）	对分析重复读数的系统，评定系统质量并判断产生数据的可接受度
失效模式和效果分析（FEMA）	是FMA（故障模式分析）和FEA（故障影响分析）的组合，分析评价各种风险，旨在现有技术的基础上消除风险或减少风险到可接受的程度
产品质量先期策划（APQP）	确定和制定产品使客户满意所需的步骤。目标是促进所设计的每个人之间的联系，确保所有步骤按时完成
生产件批准程序（PPAP）	在第一批产品发运前，通过产品核准承认的手续，验证由生产工装和过程制造出来的产品符合技术要求

图 6-15　优化质量控制管理使用方法

（三）构建质量管理控制系统

构建质量管理系统旨在及时准确地传达生产现场的信息，企业的生产过程中会涉及大量数据和信息的记录，利用数字化技术构建质量管理系统，能够保证信息的快速录入，并且减少人为因素导致的信息错误，能够方便信息的收集、整合、管理，加快部门间的衔接，使企业的生产过程质量控制朝自动化与科学化的方向发展。[62]

（四）在生产过程中落实过程控制

生产过程中进行质量控制是为了确保生产过程处于受控状态，对直接或间接影响产品质量的生产、安装和服务过程中所采取的作业技术和生产过程进行分析，诊断和监控。[63]通常采取以下措施，如表 6 – 12 所示。

表 6 – 12　生产过程采取的措施

措施	细述
设备的控制和维护	设备使用前需要测量其精度，使用之后必须按照相关规定合理存放保存，对于长期闲置的设备，企业要对其进行定期维护和测定，并且制订预防性设备维修计划，保证精度和生产能力[64]
物资控制	严格控制生产所需的原材料和零部件的规格和数目，保证其质量合格，并按照相关规定，对过程中的物料予以状态标识，保证物资识别和验证状态的可追溯性
保证文件有效	保证各产品各工序操作作业指导书和质量检测版本正确
生产过程的检查	通过首检，在首检过程中要保证生产校验模具、工作台、机器等设备安装正确并能正常运行，在试产品的生产方式确认后进行批量生产，且试产品不能存于批量生产的产品中。在制造过程中进行巡检，检查产品生产的关键工序，并进行抽样检测从而保证检测结果服从正态分布
质检状态的控制	对完工产品的检验状态进行标识，通过标识区别不合格、合格或未经检验的产品
不合格产品的隔离	制定和执行不合格产品控制程序，按照质量检验标准发现不合格品时，要对其进行标识并隔离，消除进一步加工所需的费用，避免客户收到不合格品

续表 6 – 12

措施	细述
原因分析	分析不合格产品出现的原因，并提出整改意见，随后检验整改方案是否有效并继续找出其他的不足之处，如此循环下去，能够降低不合格品出现的概率

（五）加强质量培训与发展

注重加强人才的培训是企业进行过程质量控制的核心。企业的发展离不开人才的支持，企业需要定期开展相关内容的培训，对于生产过程中存在的问题进行讨论和解决，便于后期质量控制工作的进行。积极引导员工养成质量意识，充分了解过程质量控制的重要性，并提升质量控制管理人员的业务水平。对于表现优异的员工可以予以一定的奖赏，从整体上提高企业的质量控制管理水平。

【案例】

某总装公司通过设计"质量门"提高质量管理效率

某企业近年来发展迅速，新产品研发也随之加快，主要产品的类型设计也逐步多样化。企业生产特点也逐渐趋向于"多品种，小批量"，以满足市场不同用户的需求。因此，随着各类产品的多样化，以及员工对产品的熟悉度不同等原因，在部分装配过程中存在着质量缺陷的隐患。因此，该企业使用质量管理工具，设计"质量门"以提高企业运作效率，提升产品的质量。

（一）存在的主要问题

"多品种，小批量"的生产方式给企业的生产带来很大的困难。品种的多样化，必然要求物料的储备和技术状态的分解、员工掌握的技能、管理的分工等方面更加翔实细致。如果哪一方面的工作没有及时做到位，就会直接影响整车的生产效率和装配质量，因而随着产品的不断更新，企业的生产质量需进一步提升。

（二）主要工作思路

1. 品质管理模块围绕总体目标质量设计的三大部分进行期初导入：即质量管理模式确定、过程质量保证和质量改善。

2. 质量管理模式确定主要通过质量管理组织确定、岗位职责确定、质量指标设计、质量目标管理等方面的优化形成公司质量管理体系。[65]

3. 过程质量保证通过规划总装底盘线的质量门：设计质量门相关检验标准→质量信息统计→故障统计与分析→针对主要故障进行改善，拉动总装形成暴露质量问题机制，通过不断暴露问题、分析问题、解决问题确保总装质量，不断完善质量管理体系和产品质量的提升。

4. 通过质量目标管理选定课题，以 QC 课题活动的逻辑和方法改善总装痼疾性问题，同时项目组成员通过 QC 工具和方法的系统培训和课题运行实践，逐步形成改善文化。

（三）主要工作目标

定性目标：

1. 提高质量管理和检验人员对于精益的感性认识。

2. 提高基于质量问题的解决和现场的执行力。

3. 通过质量检查的目视化，监督和检查过程质量控制能力，提升质量管理效率。

4. 给员工提供质量问题改善的平台。

定量目标：

从 2011 年 6 月起，一次下线合格率从 23.4% 提升到 30% 以上。

（四）主要做法

1. 对质量管理处的巡检和专检人员重新进行了职责划分，并明确了每日工作具体内容，检查员工作更具规范性。

2. 根据工作量设置了 6 个"质量门"，编制《各质量门检查标准》和《各质量门检查表》等，对过程单台缺陷率进行了统计，明确过程检验内容和工作量，通过"质量门"展板内容填写情况，能够有效地检查和监督过程检验的执行情况，质量门展板如图 6-16 所示。

图6-16 质量门管理看板

质量管理处专检人员职责量化表如表6-13所示。

表6-13 质量管理处专检人员职责量化表

质量管理处专检人员职责量化表			
岗位职责	1. 严格按照检验规范、质量门检查内容对产品进行检查验收		
	2. 按规定认真进行产品检验工作，正确填写各项检测数据及检验记录，并登记好台账		
	3. 严格把关，坚持"三不放过"原则，对出现的不合格品按规定正确填写有关质量记录，并登记好台账		
	4. 积极参与质量管理质量控制活动，发现质量隐患或问题及时上报，认真做好质量预防、质量纠正		
	5. 对难以判定的质量问题及时上报检验技术人员，并做好原始记录，及时开具相应单据，为仲裁提供依据		
	6. 正确使用各种检具、量具，并完成日常的维护保养工作		
	7. 完成领导临时交办任务		
项目	时间	工作内容	重点解决问题

续表 6 - 13

		质量管理处专检人员职责量化表	
完成工作日	7：5.～8：10	班前会	记录当日班前会重点强调的质量、安全、现场、工艺等内容，在当日生产过程中予以重点控制
	8：10～9：10	核对生产线车辆技术状态	避免车辆出现批量性状态问题
	9：10～9：30	与质量门Ⅰ专拣人员对关重工序进行抽检	避免关重工序出现批量和严重性问题
	9：30～9：50	与质量门Ⅱ专拣人员对关重工序进行抽检	避免关重工序出现批量和严重性问题
	9：50～10：10	与质量门Ⅲ专拣人员对关重工序进行抽检	避免关重工序出现批量和严重性问题
	10：10～10：30	与质量门Ⅳ专拣人员对关重工序进行抽检	避免关重工序出现批量和严重性问题
	10：30～10：50	与质量门Ⅴ专拣人员对关重工序进行抽检	避免关重工序出现批量和严重性问题
	10：50～11：10	与质量门Ⅵ专拣人员对关重工序进行抽检	避免关重工序出现批量和严重性问题
	11：10～11：55	核对生产线车辆技术状态	避免关重工序出现批量和严重性问题
	14：00～14：20	与质量门Ⅰ专拣人员对关重工序进行抽检	避免关重工序出现批量和严重性问题
	14：20～14：40	与质量门Ⅱ专拣人员对关重工序进行抽检	避免关重工序出现批量和严重性问题
	14：40～15：00	与质量门Ⅲ专拣人员对关重工序进行抽检	避免关重工序出现批量和严重性问题
	15：00～15：20	与质量门Ⅳ专拣人员对关重工序进行抽检	避免关重工序出现批量和严重性问题
	15：20～15：40	与质量门Ⅴ专拣人员对关重工序进行抽检	避免关重工序出现批量和严重性问题
	15：40～16：00	与质量门Ⅵ专拣人员对关重工序进行抽检	避免关重工序出现批量和严重性问题
	16：00～17：00	核对生产线车辆技术状态	避免车辆出现批量性状态问题
	17：00～17：55	整理填写当日关重工序抽检情况，填写记录	

3. 每日在总装现场召开质量现场会，生产、质量、物资、技术等相关部门领导参加，对各质量门关重问题进行原因分析，制订措施计划并形成会议纪要，第二天质量现场会时通报昨日措施落实情况。

（五）推进经验

1. 推进工作要遵循计划、实施、检查、建立标准的 PDCA 原则，每一个项目的课题选定→原因分析→建立改善措施的一系列步骤都是"P"的阶段，所以前期的 P 阶段是重中之重。

2. 坚持 80/20 原则，即 80% 的故障都是由 20% 的原因造成的，在分析故障时，要把一个大问题层别为若干个小问题，取其中重要的影响因素，即占 80% 的问题作为课题来研究。

（六）推进成效

经过从质量门的控制、现场质量会议持续解决问题，以及课题的攻关，目前总装公司的一次下线合格率比前期有所提升，超过目标值 30%，达到 34.6%，如图 6-17 所示。

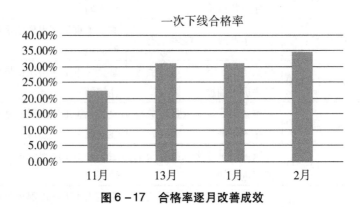

图 6-17 合格率逐月改善成效

过程质量控制通过制订管理方法和计划，使用合适的质量工具，在生产线质量检测中能够快速反应质量异常情况。

过程质量控制实施细则如图 6-18 所示。

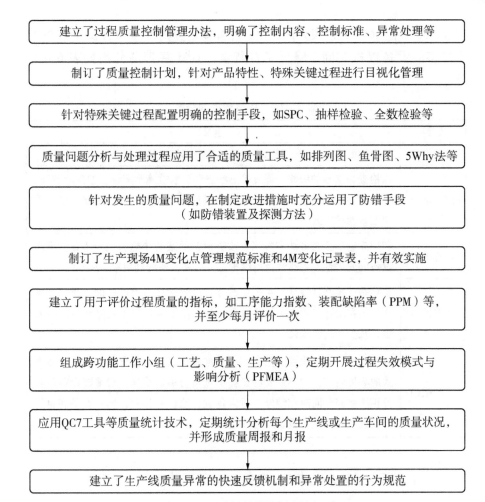

建立了过程质量控制管理办法，明确了控制内容、控制标准、异常处理等

制订了质量控制计划，针对产品特性、特殊关键过程进行目视化管理

针对特殊关键过程配置明确的控制手段，如SPC、抽样检验、全数检验等

质量问题分析与处理过程应用了合适的质量工具，如排列图、鱼骨图、5Why法等

针对发生的质量问题，在制定改进措施时充分运用了防错手段
（如防错装置及探测方法）

制订了生产现场4M变化点管理规范标准和4M变化记录表，并有效实施

建立了用于评价过程质量的指标，如工序能力指数、装配缺陷率（PPM）等，
并至少每月评价一次

组成跨功能工作小组（工艺、质量、生产等），定期开展过程失效模式与
影响分析（PFMEA）

应用QC7工具等质量统计技术，定期统计分析每个生产线或生产车间的质量状况，
并形成质量周报和月报

建立了生产线质量异常的快速反馈机制和异常处置的行为规范

图 6 - 18　过程质量控制实施细则

四、TPM 管理

TPM 管理即"全面生产性维修"管理，是以提高设备的综合效率为宗旨，建立起全方位的设备维护的管理体系，通过有组织、有目标、有计划地开展全面生产维护活动，使得设备的故障率、可靠性、维修费用率等绩效指标明显提高。在 TPM 管理活动初期，应重点开展以操作者和专业人员为中心的专业保全活动，并通过建立一个全系统员工参与的生产和维修活动进而优化设备的性能。

TPM 管理在很多企业中被广泛使用，并取得良好的反馈。在许多世界驰名的企业中，如福特汽车、柯达、戴纳等，都表示在成功实施了 TPM 之后，生产效率得到显著提高。尤其是柯达，在实行了 TPM 技术后，得

311

到了 500 万比 1600 万的投入产出比，而其他企业则声称 TPM 减少 50% 甚至更多的设备停机时间，降低了存货量。TPM 管理的分类如表 6 - 14 所示。

表 6 - 14　TPM 管理的分类

分类	定义
事后维修	最早期的维修方式，即出了故障再修，不坏不修
预防维护	以检查为基础的维修，通过检测状态和诊断故障预测设备的健康状态，有针对性地排除潜在故障，减少和避免停机损失，分为定期维修和预知维修两种方式
改善维护	利用先进的工艺方法和技术，改进设备的某些缺陷和先天不足，提高设备的先进性、可靠性及可维护性，提高设备的利用率
维护预防	实际是可维修性设计，主张在设计阶段要认真考虑设备的可靠性和维修性。在设计、生产上提高设备质量，从根本上防止故障和事故的发生，减少和避免维修
生产维护	以生产为中心，服务于生产的一种维修体系。它包含以上四种维修方式的具体内容。对不重要的设备仍然实行事后维修，对重要设备则实行预防维修，同时在维修中对设备进行改进和保养，选择设备和自行开发设备时则注重设备的维修性

（一）以 5S 活动为突破口，夯实 TPM 管理基础

传统企业一直被视为"脏、乱、差"的传统观念，应以 5S 活动为突破口，重点抓三个专项整治：整治生产现场的"脏、乱、差"，以净化作业环境；整治设备的"跑、冒、滴、漏"和"脏、松、缺、锈"，以提高设备完好率。

（二）抓关重机台设备，树典型示范全面推广

TPM 管理局限不能仅局限在 5S 活动的整治上。采用"学习、对照、推广、验收、巩固"的方法，由简单到复杂，从单机设备到大型机组的思路循序渐进地将 TPM 管理带往更高的层次上，健全区域 TPM 管理责任制，使每个工作人员参与到管理环境卫生、处理隐患和维护保养等工作中。

（三）坚持周例会制度，突出 TPM 管理计划性

推进落实 TPM 周例会，使其成为企业推进工作组织化、制度化和日

常化的保障和纽带。采取分阶段的推进方法，对设备参差不齐的运行条件和技术状况的现象进行整改，重点把握三个环节。一是分解，即将月计划具体细化为每周按天的推进任务；二是落实，在每周的例会上逐项落实上一周推进任务的完成情况；三是协调，即要解决各单位计划实施过程中遇到的各种问题，使作业人员进一步了解管理职责。

（四）以点检定修体制为落脚点，建立健全标准化检修机制

为了规范生产、点检、协力三方权责合一，将点检定修作为 TPM 体系建设的落脚点，以专职点检为核心，在"运行点检和操作点检为支撑"的"三位一体"点检模式的基础上，形成一整套系列化、标准化、模型化的按岗位和机台的全员参与的设备点检作业标准，并以此为中心，在全企业初步建立起"以点检为核心，以定修为重点，以大年修为辅助"的设备点检定修体制。

（五）以视频录像曝光为手段，严格检查并实施整改

严格按规定标准检查是使各项规章制度落实到现场的有效手段。遵循"敢于暴露问题，力求解决问题"的原则，制订详细的检查计划。采用视频录像的方式，每周制作问题点曝光录像，摆脱以往单纯扣罚的惩罚制度，更好地实现"三个结合"，即检查与指导相结合、检查与整改相结合、检查与树立典型相结合。

（六）实施动态管理，做到持之以恒

坚持对 TPM 管理体系的运行实施动态管理。一是利用周例会及时征求各单位的意见，调整和推进计划方案；二是现场大量使用"推进 TPM 管理显示板"，使各个推进阶段的工作内容和管理目标能快捷、准确地传递给现场所有员工，同时根据新形势、新任务，时刻更新推进工作的各类信息；三是对于已达标的机台，应改变以往星级设备挂牌终身制的管理方式，进而采取颁发验收证书的办法，对其实施终身管理。

（七）坚持以人为本，搞好教育培训工作

坚持"始于素养，终于素养"的以人为本的管理理念。从培训和引导两个方面入手，通过建立健全员工上岗培训机制和开展全员参与的岗位技能培训，大大提升全体员工的自主维护和检修能力以及综合素质。组织现场观摩、征集成果论文、举办展示板巡展活动、在基层班组播放录像片、

开展班前 5 分钟 TPM 理论学习，以及举办研讨会、座谈会、总结表彰会等多种形式的宣传和引导工作，使全员对推进 TPM 管理在思想上达成了共识，并积极参与其中，为 TPM 管理体系的有效运行奠定坚实的实施基础。

【案例】

某企业通过引入 TPM 管理工具降低设备故障率

（一）TPM 管理背景

某企业自搬迁厂房以来，生产任务量逐渐增加，生产车间的生产压力增大。因厂房搬迁，人员部分流失，对设备的熟悉程度较低，维修力量薄弱，设备发生故障无法得到及时解决。另外，设备维护不到位使得故障频频发生。生产任务的加大对人员、设备的要求更高；更重要的是由于设备故障造成的停机损失，以及因设备故障产生的不合格损失等十分严重。因此，企业决定开展全员 TPM 管理，希望降低设备的故障率。

（二）TPM 管理实施要点及思路

1. TPM 管理理念普及。管理层首先引进 TPM 管理概念，在员工中开展宣传活动，选取积极、有能力的员工进行初期培训，TPM 管理最主要在于基层操作人员对设备进行的维护保养，因此在培训中培养操作工人"自主维修、每个人对设备负责"的信心和思想。再由管理层人员组成的 TPM 推进机构制定 TPM 目标与总计划，总结提高设备综合效率的措施，建立自主维护保养的管理制度以及设备维护保养计划后，建立其设备管理体制，全面实行 TPM 管理。

2. 保障措施。在实行 TPM 管理过程中，也要制定保障措施以保证管理正常运行。该企业成立了由总经理领导的专项 TPM 精益推进工作领导小组，负责单元成本效益管理模式推进工作的统一部署，组织体系建设、资源调配以及评价考核。小组制订详细的 TPM 工作计划，使 TPM 工作能够有效地在公司内展开，并定期召开总结汇报会议；每周按时进行 TPM 自主保全活动，制定详细的工作流程，并对每次活动进行检查考评，对检查结果进行公文通报，最后开展多次如自制工具竞赛等 TPM 专项活动，以激发员工参与的积极性。TPM 自主保全小组活动流程如表 6-15 所示。

表6−15　TPM自主保全小组活动流程

序号	时间	项目	内容
1	活动前		(1) 工具负责人根据下次活动内容，提前确保清扫工具、材料等 (2) 安全负责人根据下次活动内容，提前确认安全注意事项，并整理安全教育内容 (3) 小组组长提前通报/确认参加小组活动的（小组外）人员
2	15：00～ 16：00	活动前准备	(1) 小组全员集中在会合场所，签到 (2) 工具负责人提前准备清扫工具、材料，放置在活动区域附近 (3) 安全负责人提前准备安全教育内容，准备讲课
3	16：00～ 16：10	活动前会议	(1) 书记通报本次活动内容，并做好详细分工 (2) 安全负责人实施安全教育（针对本次活动内容） (3) 喊小组口号，进入活动现场
4	16：10～ 17：30	现场活动中	(1) 小组成员实施现场设备清扫，及时查找不合理事项（1人1次活动5个以上） (2) 对可以自行复原改善的不合理事项进行复原改善 (3) 定点照相担当负责执行定点照相（改善前后） (4) 组长监督管理整体小组活动过程 (5) 安全负责人做好活动过程的安全监督
5	17：30～ 17：40	活动后会议	(1) 对于不能改善的工作，填写改善对策、期限、委托部门，由组长统一上报 (2) 小组成员各自记录不合理清单要求内容，相互共享内容，讨论问题对策 (3) 讨论确定下次活动内容，并做好下次活动前各自分工 (4) 工具负责人收回使用工具，统一保管
6	活动后		(1) 书记负责更新活动板的内容（不合理清单/OPL/改善表等） (2) 小组成员各自完成自己的分工，做好平时自己设备的维护 (3) 组长总结本次活动内容，制定相应对策
说明：所有TPM自主保全小组成员须遵守活动内容时间安排，不得迟到早退，组长负责自主保全小组活动的全过程，各部门单位积极配合、参与、支援TPM自主保全小组活动			

（三）实施成果

TPM 管理通过建立推进组织，从领导、推进、实施三个角度在企业中推进 TPM 管理。对企业设备运行情况进行分析，并针对设备维护和故障产生情况制订相关方案，保证计划执行率以降低设备的故障发生率。自主保全活动共计投入 7388 人次，查找不合理 10348 项，改善 9683 项；平均故障时间降低 20%，保障企业生产任务增长 44%。

TPM 管理实施细则如图 6-19 所示。

图 6-19 TPM 管理实施细则

五、工艺与布局优化

工艺布局原则就是按照产品的工艺流程顺序将不同设备或工作台排列在一起组成生产线，产品加工基本没有停滞和等待。流线化布局有多种形式，单元式生产布局是其中一种，许多企业采用新的生产布局，用于机械加工生产线。

工艺与设备布局的优劣程度对生产效率起着决定性作用，科学地对工艺与设备的布局进行设计和优化，能大幅提高生产效率和生产系统的稳定性。可通过工艺创新与优化、方法研究、生产线平衡等方法和工具对工艺生产过程进行分析与改良，从而解决工艺过程中所产生的问题，提高生产能力。生产布局方式受工作流的形式限制，由三种基本类型（工艺导向布局、产品导向布局、固定位置布局）和一种混合形式（成组技术或单元布置）。[66]

四种生产布局形式及其优缺点如表 6-16 所示。

表 6-16　四种生产布局形式及其优缺点

类型	主要内容	优缺点
工艺导向布局	工艺导向布局能同时处理各种不同的产品或服务，它是一种典型的在小批量、高度多样性生产中所使用的策略，在工艺导向布局中，最为常见的做法是合理安排部门或工作中心的位置，以减少材料的处理成本。这种布局是将相似的设备放置于同一区域，而被加工的零件则根据预先设计好的流程顺序，从一个工序转移到另一个工序，每道工序都有特定功能的机器进行加工。在实践运用中，要根据企业的实际情况，扬长避短，力争取得最大的经济效益	优点： 1. 设备和人员安排具有灵活性 2. 机器利用率高，可减少设备数量 缺点： 1. 设备使用的通用性要求较高的劳动力熟练程度和创新 2. 在制品数量较多 3. 生产周期长、库存量相对较大

续表 6 – 16

类型	主要内容	优缺点
产品导向布局	该布局是按照产品的加工工艺过程顺序来配置设备，形成流水线生产的布局方式，适合于大批量的、高标准化的产品的生产，在这种布置下，设备是按照某一种或某几种产品的加工路线顺次排列，所以常称为生产线或流水线。生产线可采取 U 型、L 型等	优点： 1. 单位产品的可变成本低 2. 物料处理成本低 3. 生产周期短、存货少 4. 对劳动力标准要求低 缺点： 1. 投资巨大，维修保养费用高 2. 不具产品弹性，一处停产将影响整条生产线
固定位置布局	该布局是指产品（由于体积或重量庞大）停留在一个固定的地方，生产设备按照加工顺序移动到产品的相应加工岗位进行加工，如造船厂、建筑物和飞机制造都是这种布局	优点： 1. 加工时间短、物流效率高 2. 高度柔性，可适应产品和产量的变化 缺点： 1. 人员和设备的移动增加 2. 设备需要重复配备 3. 会增加面积和工序间储存
成组技术布局	该布局是根据一定的标准将结构和工艺相似的零件组成一个零件组，确定出零件的典型工艺流程，再根据典型工艺流程的加工内容选择设备和工人，由这些设备和工人组成一个生产单元。成组技术布置和工艺导向布置的相似点是用加工中心来完成特定的工艺过程，加工中心生产的产品种类有限	优点： 1. 改善人际关系，增强参与意识 2. 减少在制品和物料搬运及生产过程中的存货 3. 提高机器设备利用率 缺点： 1. 需较高的控制水平以平衡单元间的生产流程 2. 班组成员需掌握所有的作业技能

　　选定合适的设施布置类型，除了考虑生产组织方式战略以及产品加工特性外，还应考虑其他因素使得设备、人员的工作效率以及企业的工作效

益尽可能高。因此，还应考虑以下因素。

（一）投资规模

工艺布置在很大程度上决定了所需的空间、所需的设备和库存水平，从而决定了投资的规模的大小。如果生产规模小，设施设计人员可以选择采用专业的工艺对象设计，这可以节省空间，并且提高设备利用率，但会导致库存水平的提高，因此存在一个平衡问题。与潜在利益相比，更需要考虑所需投资是否具有成本效益。

（二）物料搬运

在进行各个经济活动单元位置设计时，应考虑物流的合理性。使用量较大的物品的物流距离尽可能小，使用量较小的物品的物流距离保持适中，并且保证相互之间搬运量较大的单元尽量靠近，使得搬运的时间和资金成本尽可能小。

（三）柔性生产

设施布置的柔性指对生产中存在的变化具有应变能力并能够对不合理的布置环境进行调整，以适应不同的变化情况并且达到原有满意的效果。因此，在设计前期应对未来进行充分预测并考虑后期的可调整性。

【案例】

某工业企业针对车间进行工艺与布局优化

某工业企业针对车间进行工艺与布局优化如表6－17所示。

表6－17　车间进行工艺与布局优化

改善前问题描述	1. 数控设备一人一机，人员等待浪费大 2. 现场在制品存量过大 3. 物流器具种类多，大小不一，缺少目视化管理内容 4. 物流转运混乱无序，物流周转距离长，代表产品缸筒改善前搬运距离为186米

续表 6 - 17

问题原因分析	1. 设备"背靠背"集群式进行布局，设备间距过大 2. 在制品存储缺乏日常监管，多为年底盘存 3. 无物流规则，造成物流周转随意混乱 4. 由于物流器具未标准化，物流周转多依赖行车或叉车，物流效率低
改善前布局	
改善对策	1. 按工艺流程进行设备布局优化；设备面对面布局，缩小设备间距 2. 建立物流规则，物流器具标准化，并实施目视化管理 3. 设备间设置进出货道，按物流规则供货 4. 设计工序间单件物流传递滑道 5. 制品必须入箱，不能落地，重新规划功能区
改善效果评估	1. 定性效果：实现局部一人多机、一人多序 2. 定量效果：在现在制品存量下降 50% 以上，物流距离缩短 68%，生产效率提升 15% 以上
改善后布局	

工艺与布局优化需明确需要优化的对象、时机、方法等，遵循工艺原则、经济原则和安全环保原则对生产设备进行系统的改善，并兼顾各方面

要求，合理布局和精心安排，讲究整体效果，使生产效率、生产周期、在制品存量等指标得到明显提升。

工艺与布局优化实施细则如图6－20所示。

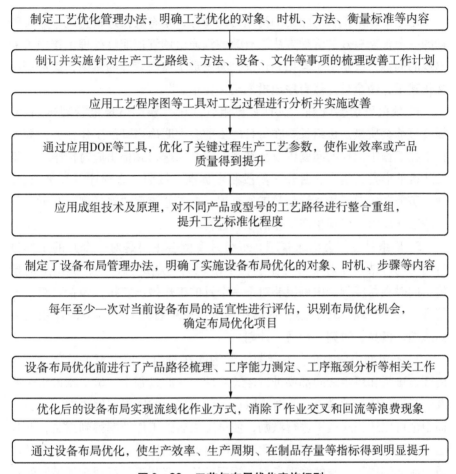

制定工艺优化管理办法，明确工艺优化的对象、时机、方法、衡量标准等内容

制订并实施针对生产工艺路线、方法、设备、文件等事项的梳理改善工作计划

应用工艺程序图等工具对工艺过程进行分析并实施改善

通过应用DOE等工具，优化了关键过程生产工艺参数，使作业效率或产品质量得到提升

应用成组技术及原理，对不同产品或型号的工艺路径进行整合重组，提升工艺标准化程度

制定了设备布局管理办法，明确了实施设备布局优化的对象、时机、步骤等内容

每年至少一次对当前设备布局的适宜性进行评估，识别布局优化机会，确定布局优化项目

设备布局优化前进行了产品路径梳理、工序能力测定、工序瓶颈分析等相关工作

优化后的设备布局实现流线化作业方式，消除了作业交叉和回流等浪费现象

通过设备布局优化，使生产效率、生产周期、在制品存量等指标得到明显提升

图6－20　工艺与布局优化实施细则

六、班组管理

班组是企业内部从事生产经营活动和最基层的管理工作的组织。班组是企业根据内部的劳动分工与协作，按照不同种类产品的需要，划分的基本作业单位。不同的班组会承担不同的生产任务，是企业基本的生产单元。班组将企业内部生产活动进行了细化，必须将生产质量和效率的提高、技术的改进、库存的控制落实到对班组的管理中。同时，企业也要在

班组管理中培养各类优秀的员工,不仅要提升作业技术和业务能力,更要从精神层面培养员工的积极上进的工作态度和科学文明的工作方法。

(一)建立高效快捷的沟通协调机制

健全以班组例会为纽带的沟通协调管理,是有效推进精益班组建设管理的一项长期有效的管理方法。有效的沟通协调管理能够处理工作中可能出现的问题,收集员工意见和建议,激发员工参与管理的意识,促进班组文化建设,使全员井然有序地投入到工作中。[67]

1. 规范班前会管理。在日常班组管理中,要严格规范管理班前会,提高班前会质量。班组长要在每日的班前会中明确当日的工作任务,简要指出在工作中出现的问题以及会涉及的安全问题,并提出应对措施。班组长从班前准备、集合、召开三阶段制定标准,按照一定程序召开班前会。通过班前会的召开能够增强员工的意识、对工艺流程的熟悉度,并激发员工的工作动力,保证生产工作的顺利进行。

2. 班组月度例会沟通管理。班组月度例会主要是对一个月的工作进行简要的总结,并对本月工作过程中出现的问题进行讨论,提出应对措施,同时在月度例会中班组要对下一个月的工作做出安排,包括班组生产管理、安全管理、5S 管理、质量管理等。班组召开月度例会的作用主要是总结、提高、协调、沟通、计划。

3. 不定期协调沟通。不定期协调沟通在班组管理中至关重要,班组内部、班组和班组之间都要进行沟通协调。在此过程中,员工或班组长要及时指出问题的关键点,及时听取员工的建议,共同寻找解决方案;在沟通中也可以适当对员工进行激励,使员工之后的工作效率得到提高,并且通过不同的方式激励员工的素质和技能也能得到提升。班组间的不定期沟通交流能够展示自身的管理亮点和管理特色,有利于班组间相互借鉴管理经验。

(二)多形式班组人才培养

1. 员工综合素质提升管理。生产离不开班组成员的努力,实现精益生产,就要从员工开始,需要员工成为熟练掌握精益知识、专业生产技能的精益人才。建立班组精益人才培训体系,从多方面对员工进行培训,如生产技能培训、安全培训等一般改善方法和工具培训等。可以利用停产检修时间进行现场教学,利用空余时间组织多种形式教学并通过实操提升班组员工的综合素质。

2. 多能工培养管理。培养多能工能够全面提高员工的综合技能，使其能够掌握多种岗位的多项工作，实现柔性生产的少人化，提高生产效率。在培训过程中，班组制定《多能工评价表》为员工设定指标和学习周期，并定期进行量化考评。对于经过培训并满足多能工标准的员工，班组可以对其进行薪酬激励，保证员工的作业热情和积极性。

3. 班组长成长培养管理。班组长作为生产计划的直接组织和参与者，肩负着提高班组作业效率和作业质量的责任，是最基层的管理负责人员。班组长必须要具备专业技术能力，具有丰富的生产、技术和安全实践经验，起到技术示范作用。企业在培养班组长时需要从不同方面提升班组长的综合实力，采取自学等方式不断提升班组长的管理水平和能力。

（三）激励班组全员参与改善

激励全员进行生产过程和生产工艺的改善是精益班组管理的重要内容。班组定期召开全员会议，提出问题，共同拓展思路进行创新，并将创新的观点落在实处，应用在之后的生产中。同时，企业可以将员工创新行为纳入班组奖惩机制中，对于提出创新观点和新工艺的员工进行物质上的奖励，能够大大提高员工的积极性和主动性，激发全员参与改善创新。

（四）开展程序化异常问题管理

对于生产过程中出现的异常问题，班组可以通过问联书这一工具建立健全一套程序化的异常问题处理机制。通过问联书，班组能够快速识别班组管理异常类型，并及时做出应对措施。班组的异常管理以预防为主，并通过各种方法尽量避免异常的产生，在日常工作中对员工进行培训，提高员工的防范意识。而对于频发的异常事件，班组需要建立管理档案，实时对出现异常的环节或设备进行数据监控。

（五）创新现场管理

1. 构建精益班组安全管理机制。作为企业生产的基本单元，班组必须完善生产过程中的安全管理。坚持"安全第一、预防为主"的方针，健全完善班组安全管理机制，层层分解安全责任，做到"谁主管，谁负责"，杜绝违反安全章程的行为。通过多项安全管理制度，从不同角度进行安全管理和预防，如安全文明生产检查制度、安全生产奖惩制度、危险作业管理制度。并定期对员工进行安全教育，明确各类危险行为及其应对措施。

2. 建立精益班组质量闭环管理机制。班组利用 QC 七大工具对生产过程进行质量管理，依据 PDCA 循环建立闭环式的质量管理。定期开展生产产品和过程的质量分析活动，找出问题关键所在，明确产生不合格品的原因，并及时制定纠正措施，用于下一轮的生产活动，实现质量闭环管理。同时班组也规定了 4M 控制标准和控制程序，重点管控 4M 变化点，防止因变更不当或变更控制不当，产生质量缺陷，确保变更后生产出的产品满足客户要求[36]。

3. 优化班组设备设施 TPM 管理。班组需要进入现场对设备的运行操作、维护、点检、润滑、检修等过程的执行进行验证，保证检查到位，并定期开展自主保全工作，明确自主维护管理的要求，并在工作过程中不断优化管理要求，逐步推行至整个班组；同时班组可以依据目前设备的生命周期数据，利用 ERP 等信息管理系统建立设备的数据管理库，其中包含设备台账、设备维修及保养数据等内容。

4. 细化分解成本管理。企业将整个生产成本目标进行细分，划分到每个班组中去，通过班组这个基本单元对成本进行更为直接高效的控制。班组在开始生产前要先根据生产目标计算出应使用的物料成本，并在生产过程中记录每一环节的资源消耗，尽可能以最少的人工和资源设备创造出更优的质量和更多的经济效益。同时，财务部门和生产技术部门要建立健全各项经济定额，应用数理统计工具进行成本分析活动，将成本纳入班组绩效管理。

5. 优化现场管理。制定整顿基准书、5S 日查月查和考核开展班组5S。推行"三定"（定点、定物、定量）和"三易"（物品易见、易取、易还）的整顿方法。建立了班组生产现场定置和目视化管理看板，班组制定定置图，合理分区，设置标示，图物一致，通道畅通，提高效率。

6. 拉动式生产管理。为实现精益制造，班组选择采用拉动式生产，以下一道工序的需求作为信号进行生产，而非依据生产线上游的计划安排。在此过程中，班组需要时刻关注生产节拍，并及时做出调整，严格控制过程质量，减少生产时间和物料的浪费，保证按时生产出符合客户要求的产品。

（六）采用绩效考评管理

实现精益班组管理，不仅要在生产经营过程中对班组做出规范，也要定期在生产结束后对班组进行绩效考评，企业需要根据内部班组的实际分工建立科学的班组绩效考评机制。通常从"安全管理、质量管理、基础管理、设备管理、现场管理、班组培训"这六个方面开展定期考评。需要明确的是，班组绩效考评机制必须要包括考评对象、考评主体、考评指标、考评方法等，可以采用关键绩效指标法、平衡记分卡等工具对班组及其内部员工进行考核。

【案例】
某针织企业班组管理实践

（一）合格班组管理制度的重要性

好的班组离不开建立健全的班组制度与设定具体的班组目标，好的制度是保证班组工作顺利进展的最基本条件。班组长要充分使用企业赋予的权利：在制度公正合理的前提下，对于违反制度的员工绝不姑息，班组长要有一定的表率作用，严格遵守班组制度，带动其他员工共同实现班组管理。

（二）建立班组目标

班组建立具体有效、符合实际的目标，可为员工设定好工作的方向，在制度的约束以及明确方向的引领下，员工会通过自我管理，在工作中发挥最大潜力以完成任务。整理组在工作任务较少的情况下正常下班，在任务多的情况下需要员工进行适当加班，保证产品质量。随后根据企业的大目标制定了每天的班组目标，并根据员工个人能力制定了个人目标。员工可在保证质量完成目标后下班，对于超过目标的员工进行表扬并奖励。此后，员工的积极性和工作效率大大提高，工作场所的工作作风有所改变，为企业节约了成本，提高了质量。

（三）实施有效的班组管理措施

1. 知人善任和授权激励。班组管理最佳的管理方式就是1人管10人，如果员工人数超出此范围，班组长会顾及不暇，就要在班组里找几个各方面能力都强的人安插在不同工序，并适时授予权利，替班组长分管一部分工作，此时被授权人因得到领导信任会加倍努力积极参与管理，成为组长的得力助手。该企业班组有50多人，烫熨、包装、检针、入库等工序分别指定一名精明能干的人负责，4个被授权的人员因得到信任不仅自身工作更出色，还带动其他员工积极工作，成为组长的得力助手。

2. 生产现场管理。生产现场的整洁和顺畅是影响员工情绪的重要元素，所以要求班组长善于观察和分析，在同等条件下使现场处于最整洁和最顺畅的状态。例如，流动车到处乱放，显得现场杂乱无章，班组必须规定摆放位置，排列整齐，现场宽敞明亮，提供一个舒适的工作环境，能够调整好员工心情，以提高工作效率。

3. 合理分配生产工具。流动小车不足是一个很大的问题，检针室放着多少盛着产品的小车就会有多少人在排队等车（把包装好的产品放到流动车上，过完检针再装箱）。经分析发现，每人3辆车就可以满足生产需要（一辆放未包装产品，一辆放正包装产品，一辆放包装完等待检针后装箱产品）。而当时包装工只有16人，流动小车有80辆，平均每人5辆，车辆不能正常周转，在等待上浪费了很多时间。因此，把车辆平均分给员工自己管理，并在车上标记员工姓名。现在包装工虽然达到了20人，平均每人只有3辆车，但看不到人等车的现象，班组平均效率提高了20%，而且责任落实到人，使得保证了车辆卫生。

4. 奖罚分明。班组每月都对犯错误的员工进行适当的扣罚，同时对进步较大和对班组有贡献的员工进行奖励，在质量上层层把关，使人人都意识到：除了做好本员工作之外，他人工作的好与坏和自己也是息息相关的，而且无论哪个环节出现问题或流通不顺畅，员工都会积极地与组长沟通，由此减轻了管理工作。

5. 打造和谐班组。员工情绪的好坏直接影响着产品的质和量。作为班组长一定要学会察言观色，当发现员工有异常时，一定要弄清原因，及时给予一些关怀，并对该员工所生产的产品要多加检查，有必要时要调整工序；同时，班组长要学会调节气氛，让员工能在一个舒心的环境里工作。灌输车间文化是一个很有效的工作手段。

6. 增加车间文化特色。整理组组织举行本工序的技术比武，现已进行了两届，效果很好。第一届通过比赛和观摩，生产效率提高了12%；第二届又让员工观摩后发表意见，把认为好的和不好的说出来，大家一起评论分析，相互取长补短，通过技术比武仅烫熨工序就纠正了4个不标准的操作手法，不但保证了质量，而且产量提高了20%。

7. 注重细节管理。细节决定成败，由于产品全部返销日本，对于整理工序来说，责任非常重大，不能有半点差错。对于生产出口针织内衣的车间来说，整理工序的两个重点是烫花和检针机；对于内销产品，服装上的烫花图案经过洗涤后脱落，部分客户可能觉得无可厚非，但是对于其他有较高要求的客户，在遇到相同的情形时会向生产厂家索赔，即使烫花图案经过多次洗涤后才脱落的。由此可见，细节管理在班组管理中占着举足轻重的地位。

（三）总述

近年来不断学习先进的管理理念，从小组式生产到站立式改造，从提高单人效率到降低成本，并广泛应用 5S 管理（整理、整顿、清扫、清洁、素质），生产方式每天都在发生变化。通过对企业生产制造现场进行班组管理，不断健全班组管理，同时以班组为单位对员工进行培训，并制订员工激励计划，提升班组整体的技术水平。

班组管理实施细则如图 6-21 所示。

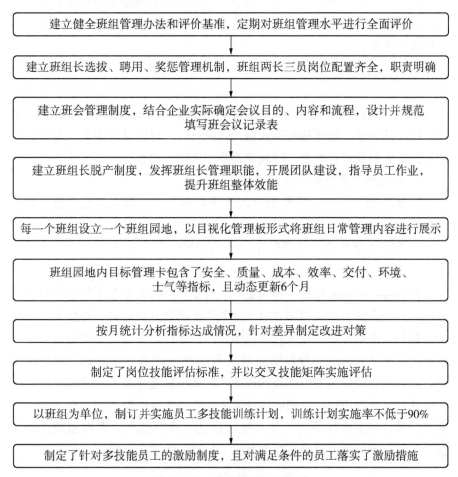

图 6-21　班组管理实施细则

七、作业标准化

标准作业是以人的动作为中心制定的、以节拍时间为基准，安全高效地生产出高质量产品的一种方法。标准作业追求组合方法，需要对人和设备毫无浪费，以人为中心、适应于循环式作业（重复作业）的作业。而作业标准化则是通过改进、规范作业过程生产要素及技术、质量、安全等，来形成一种安全、准确、高效且便于操作的作业程序，达到增强技术储备、提高效率、防止错误再发、教育训练的目的。

其中，标准作业的"一票三表"是企业实现作业表示标准化的有效途径，"三表"指时间观测表、工序能力表和标准作业组合表，"一票"是指标准作业票。

（一）时间观测表

把人、机器的作业、搬运、等待等作业过程，使用秒表进行观察、测定、记录的环节。时间观测需要理论知识培训、时间计划编制、专题测时启动会的策划及过程管控。时间观测步骤有如下四点：

1. 观察操作者完整作业循环步骤。

2. 罗列要素作业，填写到时间观测表内，同时填写其他信息。如对象工序、日期、时间等。

3. 按照要素作业，对操作者进行时间测绘。

4. 时间测绘中，关注着眼点（问题点）并填入时间观测表内。

进行测时计划编制时，需确定产品类型、测时人员及工作内容与完成时间节点。在测时时，利用评价打分表考核测时人员每日工作质量，按评价分数制订激励方案。评价打分表包括人员评价、测时内容评价及异常问题解决，其中，人员评价包括测时人员的自身评价，如出勤、工作纪律等，测时内容评价包括时间观测表的准确率、完整率及计划完成率等。

测时工作结束后，要把收集的问题点整理并及时整改。主要步骤包括收集分类、判定责任部门、发布整改计划、监控整改计划措施及总结汇报。问题点的梳理整改是有效提高作业标准化的重要过程。

（二）工序能力表

工序能力表是表示各工序加工零件的生产能力。表中需填入手工作业时间、自动加工时间、工具安装和转换时间以及手动工作时间。工序能力表用于计算一个工作单元里相关的每台机器的产量，可以清楚地反映出生产线中拖后腿的作业工序，为改善生产能力提供依据。

（三）标准作业组合票

标准作业组合票是将人和机械的动作相结合，明确在时间节拍内所担当的作业范围，通过绘制作业组合表分析手工作业、自动加工、步行移动等瓶颈所在，找到改善切入口，通过消除浪费提高效率。

（四）标准作业票

标准作业票是用来表示每个作业者作业范围的图示，将标准作业的三要素，即节拍时间、作业顺序和标准手持与质量确认、安全注释登记号一并填入表中，能揭示作业现场，使得生产线作业状态透明化，可作为监督人员改善管理的指导依据。

【案例】
某企业编制标准化作业手册提高资源工作效率

（一）某企业标准化作业的实施背景

随着某企业的持续发展，产能拓展和各方面的生产需求日益扩大，人力资源部门将生产岗位上的许多骨干操作人员调至其他岗位以满足企业需要，这对生产车间组织正常生产以及操作人员的技能传授产生了非常大的影响。然而，对于操作复杂的岗位，具备娴熟技能的操作人员被调走导致现有产能持续在高位徘徊。企业新产品研制的快速更新，这一系列紧张局面导致车间乃至公司很难在繁忙的生产之余抽出大量的时间来进行岗位培训和操作指导。新上岗的员工不得不在极短的时间内简单熟悉一下机床操作就投入正常的生产作业中去，对所用设备的操作安全和所加工零件的质量保证带来很大的隐患，也给公司的持续健康发展带来了不利的影响。

因此，该企业制定了针对矿用主减速器总成、分动箱等一系列现场实用标准化作业手册，结合工艺规程，辅以零件装夹、定置摆放、机床参数、精度要求、程序解释、刀具参数等各方面的图片和说明，使新上岗员工或转岗操作人员能够在第一时间对所加工零件和机床有一个比较清晰的认识及了解，极大地缓解了生产车间内部由于产量和质量的高要求与操作人员技能水平不足之间产生的矛盾，在一定程度上代替了岗前教育，在生产第一线为公司的稳定发展打下坚实的基础。

（二）实施过程

企业通过编制不同加工的标准作业手册，让新上岗员工对操作流程有了充分的认识。例如，编制所加工零件的概况及定置摆放图，细化作业环境，便于标准化作业以及现场 5S 管理的持续开展和有效运行；编制壳体零件的正确装夹效果图和说明，从开始阶段就让操作者养成良好的操作习惯，避免后期因误装夹造成的零件报废和刀具损毁；零件在夹具上的定位及夹紧方式说明，其中附有各轴零点的确定方法，便于了解，使模糊而且抽象的加工位置空间尺寸变得直观具体，有助于操作者更加了解自己所加工的零件。企业编制该手册的内容立足于现场实际，所有有关机床系统及参数均以生产现场为主，所有加工内容均为生产工艺规程。标准手册对岗位中出现的各种情况进行操作说明，能够有效帮助员工快速使用，如图6-22 所示。

图6-22　工序夹具定位与夹紧操作说明

（三）实施效果

该手册已经在该企业全面推广，操作者快速结合手册内容对照程序来熟悉工艺和工序，并在其后的程序调整和加工难点上有了有效的参照，零件报废和刀具损毁情况大大降低。该标准化管理的实施，有效地提高了车间员工素质，并夯实了企业整体精益化生产管理的基础。

作业标准化对生产现场的各种作业制定规范,并对员工进行标准化培训工作,使员工能对现场作业规范操作,提高产品质量和工作效率。

具体实施细则如图6-23所示。

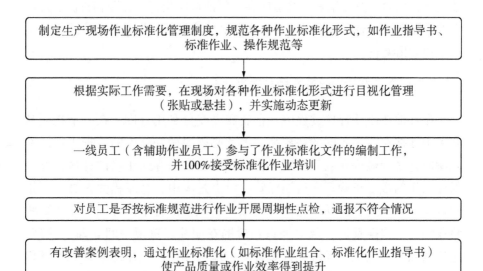

制定生产现场作业标准化管理制度,规范各种作业标准化形式,如作业指导书、标准作业、操作规范等

根据实际工作需要,在现场对各种作业标准化形式进行目视化管理(张贴或悬挂),并实施动态更新

一线员工(含辅助作业员工)参与了作业标准化文件的编制工作,并100%接受标准化作业培训

对员工是否按标准规范进行作业开展周期性点检,通报不符合情况

有改善案例表明,通过作业标准化(如标准作业组合、标准化作业指导书)使产品质量或作业效率得到提升

图6-23 作业标准化实施细则

八、在制品管理

在制品管理是对在制品的投入、使用、周转、产出和库存过程进行计划控制,保证生产能顺利进行,避免发生因缺料、质量不佳等问题导致的交货期延迟的现象。对于企业来说,在制品管理工作就要是要平衡各个车间、各条流水线的生产,保证在制品、半成品、成品的数量合理,并将其保存完好。严格控制三者的质量和库存量,降低成本。

(一)建立和健全在制品、半成品的收发领用制度

在制品和半成品在收发领用时,要持有入库单、领料单等凭证,严格遵守收发领用制度。收发领用在制品时,企业可以建立在制品增减数字管理制度,及时反馈在制品的数量和状态。收发物料通常遵循先进先出的原则,使库存的半成品及时更换,保证质量常新。同时,企业要严格控制在制品的流转加工路线,实时监控在制品的去向需要建立。

（二）及时核对在制品和半成品的可靠性

在整个生产和物料流转的过程中，相关部门需要对在制品和半成品的数量进行核对，及时记账、结清库存，保证账实相符、账账相符。通过所得的记账记录，企业能够及时掌握在制品的流转情况，并对生产进度和生产节拍做出调整。

（三）合理存放和保管在制品和半成品

在日常在制品管理过程中，企业需要充分利用仓库，在一个在制品仓库中往往存放了不同的在制品，因此必须要做好仓库的管理工作。在入库时，必须做好在制品核对工作，保证在制品存入正确的区域，并且保证入库的数量正确；在后期保管、盘点过程中，仓库相关人员要严格执行仓库相关规定。同时仓库管理工作要积极配合生产计划，在接到物料通知时，快速反应，及时提供相应的在制品。重视中间仓库的管理，包括两点：一是生产部统一设库管理，适用于生产产品复杂、生产不稳定、生产环节衔接较多的企业；二是车间分散设库管理，适用于封闭式生产车间。

（四）做好在制品和半成品的清点、盘存工作

在制品和半成品的数量和质量在生产过程中可能会发生变化，实行在制品管理必须要在这方面做到及时清点、盘存，并且相关人员在工作过程中要及时与生产部门沟通，清点盘存的时间和范围要根据实际情况确定。对于因质量问题而减少的数量要及时上报并记录在册，保证在制品和半成品的数量和质量不影响下一步的生产使用。

【案例】

某企业的在制品管理工作

（一）实施背景

为强化企业在制品管理工作，加强企业对积压在制品的处理力度，企业确定了积压在制品处理的精益项目，完善在制品管理流程，以控制在制品数量，节约流动资金。该项目的申请表如表6－18所示。

表 6 – 18　在制品管理制度精益项目申请表

项目课题名称			课题类别		
课题组长			成员		
项目课题内容					
现状分析					
方案拟订					
项目目标	定量指标				
	定性目标				
预期效果	有形价值				
	无形价值				
具体措施		实施日期	完成日期	责任单位	责任人
立项单位意见					
精益项目管理办公室意见					
精益项目管理委员会意见					
注：详细内容可附报告及表格					
填报人：			单位负责人签字：		

（二）在制品制度各部门责任分工

该企业在制品管理实行统一领导、分级管理，分为集团公司、子公司和车间三级管理，对投入到生产线的零部件、生产工序间流转的成品半成品以及其他属于财务账目核算范畴在内的产品进行在制品管理，具体分工职责如表 6 – 19 所示。

表6-19 在制品管理制度各部门责任分工

级别	分工	职责
制造安全部	对在制品进行日常监督管理	根据销售年度大纲,科学合理地制定年度生产大纲,为各单位分析预算年度在制品资金占用提供科学依据
		根据财务部提供的各单位月度在制品资金占用情况报表,组织各单位分析本单位月度在制品资金占用情况并提出要求
		对各分(子)公司进行在制品控制的日常检查工作,检查频次为每季度1次
		检查在制品管理制度是否健全,是否按照集团公司《在制品管理制度》的要求制定了相应的管理制度
		检查在制品管理是否按照本单位的在制品管理制度组织执行
		检查现场在制品管理是否执行定置管理、定量管理、标识管理
		检查现场在制品有无超量库存等
子公司	负责本单位在制品管理工作的开展	根据本制度的要求结合本单位特点,制定本单位在制品管理制度,经制造安全部和集团公司主管领导审核后方可正式下发
		对本单位的在制品管理工作进行日常自查,检查频次为每月1次
		本单位在制品管理制度是否健全,是否按照公司《在制品管理制度》的要求制定了相应的管理制度
		是否按照本单位的在制品管理制度组织执行
		检查现场在制品管理是否执行定置管理、定量管理、标识管理
		检查现场在制品有无超量库存等
		在盘点后分析本单位长期不参与周转的在制品情况。针对长期不参与周转的在制品要按照零部件类别、名称、数量、资金占用、形成原因、处置建议等要素进行汇总分析,并报制造安全部,对改善结果负责

续表 6 – 19

级别	分工	职责
车间	在制品管理工作的主要实施单位	车间根据本单位的在制品管理制度,制定相应的在制品管理三级制度,经本单位正职领导审核后方可正式下发
		严格按照生产计划组织生产,不得随意增加计划项目及数量,严格控制在制品资金占用
		在制品在工序转移或交库时,必须按照本单位检验制度的规定办理检验手续,无检验标记,下道工序不得接收
		建立健全的在制品台账,做好出入库的统计和妥善管理原始凭证工作,做到入库零件和线边零件不损、不丢、不混、不锈,因保管不善,出现锈蚀、变形等现象,要追究责任,并委托零件所属单位或自行组织返修

在制品管理实施细则如图 6 – 24 所示。

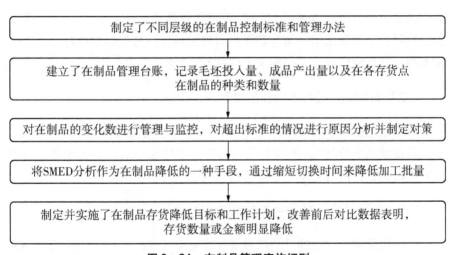

图 6 – 24 在制品管理实施细则

九、价值流图分析法

价值流是当前产品通过其基本生产过程所需的全部活动(包括增值和不增值活动),从用户到供应商跟踪产品的生产路径,在材料和信息流中仔细画出每一过程便于看清的代表图形,然后询问一组关键问题并画出希望的价值流的"未来状态"图。

价值流图对生产制造过程中的周期时间、当机时间、在制品库存等信息流动情况进行记录，从用户端到供应商跟踪产品的生产路径，有利于企业对生产流程进行全面了解，便于分析和改善整个生产流程。

价值流图作为一个有效的工具，可以通过作图的方法，帮助生产车间观察和理解产品通过价值流过程时的物料流动和信息流动，以及其中的增值和非增值活动，从而发现浪费和确定需要改善的地方，为改善活动定下一个蓝图和方向。通过对产品族的分析，选择和定义合适的价值流，应用价值流图析工具，绘制当前和未来的价值流图，将改善的工作方向始终聚焦于价值流的时间陷阱，即不增值的时间，不仅能够消除浪费，还可以消除产生浪费的根源。

价值流图从设计到实施要经过一系列的步骤，主要包括对现状分析并绘制当前价值流图、识别生产过程中存在的浪费、设计并实施精益的未来价值流及绘制未来价值流图、未来状态图四个阶段。

（一）现状分析并绘制当前价值流图

当前价值流图是描述目前存在的完整价值流，包含物料、产品等因素。绘制当前价值流图，能够获得当前现场运作信息与数据指标，以及界定库存及其存放位置，并呈现出当前的物流状态。

（二）识别生产过程中存在的浪费

要根据精益思想的基本原则——"从客户的角度而不是从某个企业、部门的角度确定价值"。把浪费分为两种：不增加价值但目前生产、开发等系统必要存在的浪费和不增加价值且可以立即消除的浪费。

（三）设计并实施精益的未来价值流

绘制价值流现状图的目的就是要使当前生产状况所存在的浪费用画图和计算的方式充分display出来，找出原因，采取措施逐步完善。

价值流图析未来状态图就是使得当前价值流变成精益的价值流。在进行精益的未来价值流设计及实施时，需通过七个准则进行操作和计划，如表6-20所示。

表6-20　未来价值流设计及实施七个准则

准则	操作内容
按客户节拍生产	生产节拍与交付客户节拍要保持一致，实现准时化生产

续表 6 - 20

准则	操作内容
尽量保持连续流动	消除和减少库存和等待，保证生产过程连续进行
看板拉动管理	在节拍相差悬殊、种类繁多的无法流动过程中，采用看板管理
订单只发到一个过程	保证信息的一致性，按照流程生产，避免生产过量
均衡化生产	按时间均匀分配多品种产品的生产实现均衡生产
由一个单位的工作初始拉动	拉动的"动力源"一定要来自客户
上游工序能够制造各种零件	上游过程减少换型时间和生产批量，提高对下游过程变化的反应速度，减小在制品库存

（四）绘制未来价值流图

绘制出未来状态图是精益改善的目标蓝图，依照精益思维和精益价值流的准则来分析现状图，可以发现存在很多浪费，以便改善。分析研究现状图的关键步骤具体分为八步：

1. 确定有效工作时间和客户需求节拍。

2. 确定发运过程是采用客户拉动方式或建立成品发运仓库。

3. 确定使用连续流动的过程。

4. 确定采用拉动系统的过程。

5. 确定生产需求传送到价值流具体过程。

6. 确定如何在启动过程中均衡生产将变化传递到整个过程来实现均衡生产。

7. 确定发运过程为价值流启动过程。

8. 确定设计未来状态图能够实现精益化的过程。

【案例】

某企业运用价值流图改善产品制造过程

（一）实施目的

某药品生产企业为提高生产效率、降低成本与改善加工质量，利用价值流图对生产开展精益改善。以生产计划、物资采购技术工艺、质量控制、生产管理等各种制约因素为改善点，通过价值流优化，系统地获取和分析数据，并根据精益生产的原理，找到非增值的部分，消除掉不创造价值的动作或工序等达到精益改善的目的。

（二）企业现状价值流图及现状分析

企业从产品的生产计划、采购、技术管理、制造过程等环节全面梳理，形成了相关信息流与物流。通过采用秒表法对该药品生产线各工序时间多次测量，取各工序平均时间作为实际操作时间，对生产线的收发货信息、信息流、物料流开展分析。根据产品价值流动的过程，结合收集的数据针对价值流图的特定符号，结合现状数据进行分析现状价值流图，如图6-25所示。

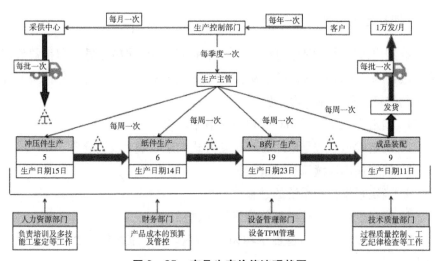

图6-25　产品生产价值流现状图

结合价值流现状图分析产品以前生产期间出现的问题及当前各种相关管理环节进行，本着价值创造的原则，以全流程的视角，分别从各个环节发现许多问题。首先在指标方面，该产品主要零部件的废品损失率、材料成本均超出目标（预算）值，且在成品一直维持原价的情况下该产品的各种原材料价格均有不同程度的涨幅。在采购方面，该企业采用传统的推动式生产方式，工艺技术、设备全员维护、品质管理、班组管理等方面存在一定缺陷，导致生产计划执行不严、工艺老化、质量水平低、材料投入超出定额等问题的出现。同时针对产品的完成情况通常只对质量、成本方面出现的问题进行考核评价，对生产计划的执行情况不评价，导致分厂疏于对生产计划进行及时性与准确性的管理。

（三）改进思路及未来价值流图

该企业首先通过设定指标，对产品从投入到产出的整个管理及技术全过程进行分析，针对产品全流程存在的问题，拟定改善目标并进行全流程改善。企业建立了物资计划调整变更机制流程、生产计划实施分析评价管理制度、工位器具管理制度、相关物资库存最低、最高数量基准等，同时完善了材料消耗定额、物资的采购及完成、生产日报、在制品台账等相关信息表单，这为产品全流程的有效管理奠定了标准基础。

企业同时制订科学的计划，摒弃以往按经验下计划的操作方法，首先对该产品的重点材料根据良品率及工艺定额重新核定了材料消耗定额，并对多年以来的库存物资从技术角度进行了筛查。通过对各部门的生产情况进行调查研究分析，最终确定了严格合理的采购数量。

在计划的同时加入 PDCA 循环，在采购方面围绕效率、质量以及价格三项指标进行改善，降低了原料采购成本。最后在生产过程中根据生产、设备、工艺质量、成本等职能部门均存在的关键性问题，本着价值创造的原则下发了具体的改善实施计划，配置精益管理看板系统，对零部件生产制造开展 ECRS 改进，对整个生产作业过程进行了优化。

通过对该产品实施全流程的管控，采购成本、计划执行、工艺技术水平、制造成本、生产周期、班组管理能力等方面都有了不同程度的变化，最终实现了较好的未来状态，如图 6 - 26 所示。

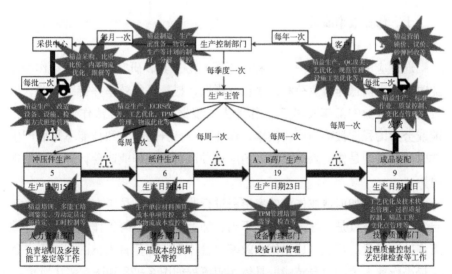

图 6 - 26　产品生产未来价值流图

（四）实施成果

该企业通过对产品全流程的精益改善，采购流程有序规范，生产计划有效执行，从主管技术人员到班组员工均运用精益工具去解决在价值流程上发现的不增值点，使得产品生产全过程的浪费显著降低，精益改善效果逐步显现，与周期相比共计节创价值约473万元，与目标相比共计节创价值约190万元，废品损失率达到了改善指标要求，产品按期交付且一次交验合格率均实现100%。

价值流图分析法实施细则如图6-27所示。

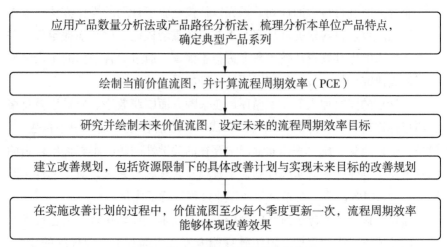

图6-27 价值流图分析法实施细则

十、作业效率改善

通过应用操作平衡图（或称山积图）等工具，研究人员作业动作和作业时间，平衡操作者负荷和工序循环周期，提高平衡效率并持续改善，以提高作业人员的工作效率[68]。作业人员根据所规定的方法作业时投入技能或努力的程度被称为作业效率，作业人员自身的努力和技能不足而产生的时间浪费则是作业效率浪费，消除这种浪费就是作业改善，即作业效率改善。

下面将对如何造成作业效率浪费进行改善分析，员工在工作时，由于自身身体条件或是人际关系处理不当，加上技能不足与工作环境不佳导致工作效率浪费。可通过建立作业效率改善体系，在监督人员的指导下，逐步提高作业人员的自身技能，具体实施流程如图6-28和图6-29所示。

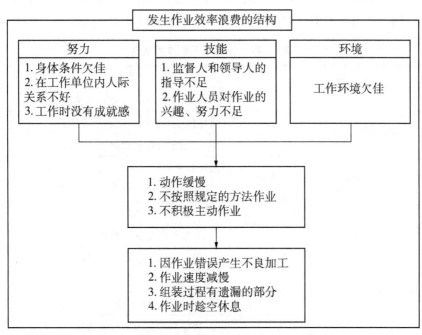

图6-28 造成作业效率浪费的原因分析

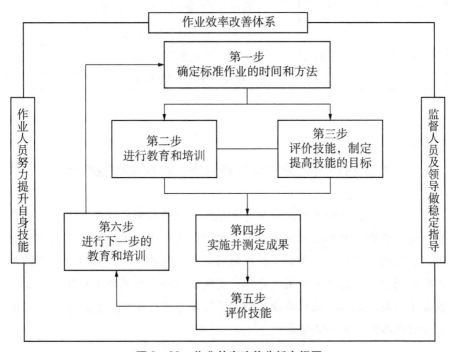

图6-29 作业效率改善分析主视图

对作业效率进行分析的同时要找出导致作业效率降低的主要原因，且制订相应的改善方案，主要原因和改善重点如表 6 - 21 所示。

表 6 - 21　主要原因和改善重点

主要原因	改善重点
暂时性作业停止	指导作业人员严守作业和休息时间
	指导作业人员迅速准备作业工作
	制定打扫整理的标准
	消除作业时不必要的离开岗位和闲谈
作业	按学习曲线管理作业人员
	制订正确的培训计划
	实行高度集中的培训
	加强作业人员的自觉性
	监督人员的领导力
标准作业方法的无视	规定和实行正确的设备运转方法
	遵守标准的人员配置数字
	规定标准的作业程序并指导作业人员加以遵守
	使作业人员熟练于作业，提高作业效率
作业人员生产次品发生损失	管理易产生次品的人员
	管理易产生次品的环节
	使作业人员遵守标准的作业方法、条件及程序

【案例】

企业利用人机分析指定新方案，以改善作业效率

某零部件机械加工企业承担着水冷发动机的零部件的加工任务。近年来，由于水冷发动机装机需求量逐年增加，该企业决定结合现有的生产能力，利用精益思想，对于加工存在的问题进行改善，该企业通过对生产加工物流图和工序能力平衡图的分析，发现了工序能力不均衡以及动作搬运浪费等问题，随后通过人机分析制订了改善方案并组织实施。具体人机操作分析改善如表 6 - 22 所示。

表 6 - 22 人机操作分析改善

人机操作分析							
受测部门：		受测者：		工序名称：			
作业设备：		观测者：		观测日期：			
人		时间		机器 1		机器 2	
在机床 1 拿取工件	8		43	空闲		削切工件	63
在机床 1 安装工件	33						
启动机床 1 按钮	2						
检测上一件工件尺寸	15						
移至机床 2	5						
机床 2 加工结束，提升设备	8		283	削切工件		提升设备	8
机床 2 卸下工件、清理设备	11					空闲	54
在机床 2 拿取零件并安装	43					削切工件	255
启动机床 2 按钮、开始加工	2						
检测上一件尺寸	15						
移至机床 1	5						
机床 1 加工结束，提升设备	8		8	提升设备			
机床 1 卸下工件、清理设备	11		11	空闲			
统计	人：空闲时间：214 s 操作时间：166 s 周期：380 s 利用率：43.7%						
	机器 1：空闲时间：54 s 操作时间：291 s 周期：345 s 利用率：84.3%						
	机器 2：空闲时间：54 s 操作时间：326 s 周期：380 s 利用率：85.8%						

从提高人机作业效率的观点出发，该企业调整生产线布局采用 U 型传送带连接，使得物流顺畅、效率提升，并满足企业生产节拍要求。日产量由原来的每天 50 件提升至 70 件，生产效率提高了近 45%。生产作业周期也得到了显著缩短。

作业效率改善实施细则如图 6 - 30 所示。

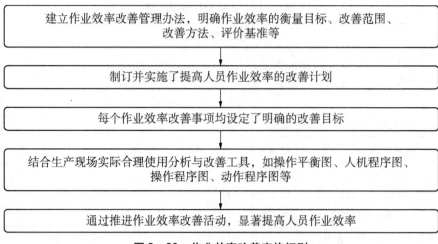

图 6-30　作业效率改善实施细则

【实战一】

某企业建立"全价值链"拉动式生产模式提升综合管理水平

为适应市场变化需求，某企业的制造系统以"缩短生产交付周期、提高生产效率、降低在制品占用"为核心目标，以企业精益制造作总体要求，从 2013 年 3 月开始，通过对标同行业先进企业，分析制造系统现状，查摆管理缺位等问题，全面导入"精益（拉动式）生产管理模式"。确立了"以订单拉动整车生产"和"以安全库存拉动零部件生产"的拉动式生产核心组织，取得了一定成效，为全面提升企业业务系统管理水平起到了积极示范的作用。

（一）精益（拉动式）生产管理模式及其特点

1. 总体构架及内涵如表 6-23 所示。

表 6-23　总体构架及内涵

级别	体系模块	内涵关键词
核心	目标管理	效率、成本、交期、安全、质量、育人
率先突破	生产组织模式	整车：订单拉动
		标准、流程及日关闭的机制、强化防止再发生的措施
	异常管理	部件：合理库存拉动（建立安全库及在制品标准）

续表 6 – 23

级别	体系模块	内涵关键词
同步跟进	TPM 设备管理	全员保全、专业保全、品质维修、保障基础
	5S 现场管理	准时化物流配送、标准化、目视化
	安全生产标准化	以"标准化达标"为途径，开展推进
	班组建设	聚焦"精益（拉动式）生产阶段目标达成"推进开展
	合理化建议	

2. 生产管理板块组织流程及特点。

（1）组织流程如图 6 – 31 所示。

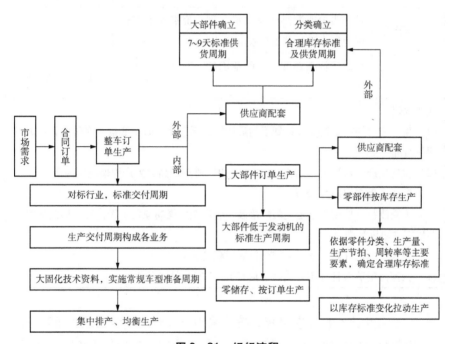

图 6 – 31 组织流程

（2）管理模式特点。该模式主要特点为销售订单拉动整车生产及标准库存拉动零件采购和生产。通过对标同行业产品生产交付周期和分析历史产品生产交付周期，企业将产品重新分类、确定标准交付周期，以此为核心构建周期内各业务系统的标准工作时间，固化技术资料，实现常规车型"0"准备周期。通过平衡生产能力、产量、设备可动率、周转频次、运输距离确定各项零部件的标准库存、生产周期和投入数量。

(二) 保障措施

1. 对标同行业"产品分类"和"生产交付周期"情况，以当年价格表为标准，重新调整企业产品分类，并设定"缩短生产交付周期"的目标如表 6 – 24 所示。

表 6 – 24　企业产品分类与交付周期

产品分类	定义	生产交付周期	
		国Ⅲ	国Ⅳ
常规产品	价格表中匹配潍柴发动机车型，价格表中标配车型	14 天	22 天
非常规产品	价格表中匹配潍柴发动机车型，价格表中在选配范围内选其他配置的变化车型	20 天	25 天
特殊产品	超过价格表标配、选配范围的，有较大变化的车型	评审确定	评审确定

其他规定：
(1) 生产交付周期是指销售计划下达后的第二天开始计时至底盘车交付销售库时的间隔时间
(2) 重庆生产"后取力发动机、P12、国四"机型产品的生产周期顺延两天
(3) 宽体车生产周期为 25 天
(4) 大委改在三地周边指定上装厂落装，生产交付周期顺延 5 天，其他加路途时间并以三方协议为准
(5) 指定产地、气瓶厂家，生产交付周期顺延 5 天
(6) 国家法定节假日（不含周六、周日），生产交付周期顺延

2. 围绕生产交付周期目标，确定各业务系统的标准工作时间，执行过程中结合市场环境变化，适时调整、修正标准，更加基于实际、基于市场，保证了标准的适应性。

3. 营销系统、设计系统、物资系统，依据标准业务周期分别制定、落实"生产交付周期"达标的跟进措施，并组织实施。

4. 在原"问联书"管控异常问题的基础上，调整为"异常问题管控单"和"现场快速反应会"管理、解决、监督、考核异常问题，过程中适应性调整、策划实施"影响生产问题内部索赔机制"。

5. 完善主要生产指标的信息统计业务，通过信息统计分析生产问题、整理历史数据提前预测季度生产量、确定季度整车生产总体方案。

（三）实施效果

1. 生产交付周期改善情况。

（1）指标：常规14天、非常规20天、特殊约定（暂按25天测算），三类产品改善后的企业产品平均交货期为19.6天。

（2）4～12月总体达标情况：三类产品平均生产交付周期19天，较一季度21.2天减少2.2天。其中，常规产品16.7天，非常规产品18.4天，特殊产品21.9天。

（3）4～12月三类产品分别达标情况：常规产品生产数量占总数量的19.12%，平均生产交付周期16.7天；非常规产品生产数量占总数量的45.19%，4～12月平均生产交付周期18.4天；特殊产品生产数量占总数量的35.69%，4～12月平均生产交付周期21.9天，其中48%达到20天非常规产品的标准。

2. 生产效率改善情况。

（1）实施精益（拉动式）生产模式后，通过对产品类型的细分及各业务板块支持的跟进、深化，生产交付周期缩短，产品生产交付周期有明显改善，平均生产交付周期达标；生产效率逐步改善，较同期有明显提升。

（2）加班时间大幅减少：周六、周日生产加班时间持续改善；正常工作日全线加班时间得到控制较前期有明显改善。

（3）完成生产组织模式的转变，管理模式构成体系并在实际中得到有效运行。

（4）生产效率指标有所提升，人工成本降幅明显，能源消耗等制造成本进一步降低。

（5）提升产品客户满意度，提高产品市场竞争能力，减少因交期违约导致的客户投诉，企业综合管理水平得到明显提升。

【实战二】
某企业运用G8D方法改进卡车抖动质量问题

卡车抖动主要是指卡车在平滑路面运行中驾驶室产生的振动，是卡车抖动问题中最常见且最难解决的质量问题。这种振动不仅会使卡车乘员感到不适而且影响其正常操作，甚至会增加交通事故的发生风险。抖动问题是客户反复要求改正的质量问题，直接影响客户对产品的认知。该企业提出G8D方法建立了解决卡车抖动问题中的改进模型，运用一种通用的流程有效地识别根本原因并实施合适的纠正措施方法，这种方法强调团队协作，增加管理层对问题本身和解决方法的理解，预防类似问题的重复发生，与传统的研究方法相比 G8D 方法对车辆抖动问题的系统解决更具有普适性。

G8D 方法是制造过程中防止不合格重复发生最广泛使用的问题解决工具之一，通常用于汽车行业的投诉管理。应用 G8D 方法时，将步骤 D1 "成立小组"和步骤 D8 "总结与表彰"省略未写。因此，主要从 D2 至 D7 来阐述抖动问题的改进模型，具体模型如图 6 – 32 所示。

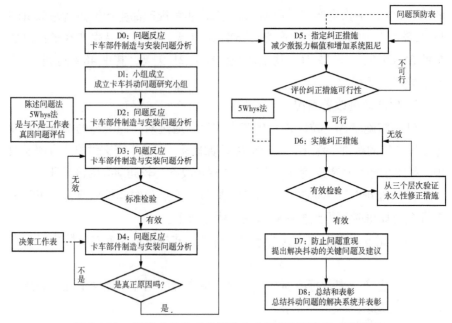

图 6 – 32　G8D 方法在系统解决卡车抖动问题中的改进模型

当前该企业生产的相同型号的卡车，部分车辆存在抖动问题，但其余车辆却不存在此问题，此说明车辆的设计不存在问题。因此，可认为是某些部件的制造与安装导致了车辆的抖动。运用 G8D 的方法首先要求定义使用这种方法需解决的目标，一是解决卡车的抖动问题，二是确认驾驶室的抖动是否存在，三是判断问题的存在是否严重影响车辆的交付。再对卡车的抖动问题进行精确的描述，包括抖动特点的描述、表现形式的陈述。针对描述得出的结果，采用五问法"反复问为什么"，从而找出相应的问题，定义发生抖动的根本原因，如表 6 – 25 所示。

表6-25 "5Why"法找出根本原因

问题	原因
为什么驾驶室有抖动?	因为车架有抖动,车身悬置对抖动有所增强
为什么车身悬置对抖动有所增强?	因为悬置刚度匹配不当,驾驶室模态与激振频率耦合引起共振
为什么车身悬置匹配不当?	因为对供应商控制不严,没有质量检查,车身悬置状态不一致
为什么车架会在65~70 km/h抖动?	因为车轮系不平衡激振力大,激振频率在该车速下与整车后偏频耦合
为什么车轮系不平衡激振力大?	因为没有质量控制和检查,轮辋、轮毂、制动毂的圆度与平面度不符合技术要求
为什么驾驶室的振动没有被衰减掉?	因为前后桥板簧、阻尼器与驾驶室悬置减振器没有很好地工作
为什么阻尼减振器没有很好地工作?	因为接受这些减振器时,没有经过质量检查,有些阻尼器不工作

运用五问法获得卡车发生抖动的根本原因后,要对根本原因进行分析及确认。初步确定卡车抖动的原因是车辆有车轮系统不平衡激振力,激振频率与系统固有频率耦合导致共振现象出现,同时系统存在减震功能不足的问题,详细说明如下:

1. 车轮系统(包括轮胎、轮毂、轮辋)有明显制造上的缺陷,如轮毂、轮辋的不圆度,轮辋内外边缘的不平度(即内外边缘不是在同一个平面内),造成轮胎系统的不平衡,在车辆运行中,这些不平衡力成为系统抖动的激振力。

2. 驱动轴系统的不平衡是造成系统抖动的一个因素。

3. 因为轮系在车辆运行中在65~70 km/h产生的激振力频率约为5.5 Hz,这个共振频率显然与上述的三个振动系统的某频率相重合而产生了共振,在通过系统到驾驶室的连接引起了驾驶室的共振,或者是驾驶室本身的固有频率与激振频率相吻合而产生共振。

4. 车辆的减振器因为制造质量的不一致性,导致该部件无法满足技术要求,即在共振时提供足够的阻尼,从而降低系统的共振幅度;前桥的减振器阻尼力不够大,在前桥共振时,无法衰减共振的振幅到设计水平,发动机与驾驶室的减振器同理。

最终分析确认卡车抖动的原因为：车速 65 km/h 时，中后桥旋转件产生的不平衡激振力较大；经过后桥板簧时，与整车后偏频耦合，所以传递到车架上的加速度有所增强；经过驾驶室悬置时，又与驾驶室某阶刚体模态相耦合，所以由车架通过驾驶室前悬置传递到驾驶室的加速度又有所增强，从而引起卡车抖动。

确定永久性纠正措施，就是要减少激振力的幅值，各系统模态分离，增加系统的阻尼力。该企业针对传动轴、轮毂、轮辋以及轮胎总成的动平衡进行改善，并向供应商提出强化动力总成悬置橡胶的硬度要求与技术要求，督促并帮助其实现这些技术要求以及产品特性的一致性。实现上述完备的改善模型后，卡车抖动性能的座椅导轨加速度由原车状态时的 1.04 m/s^2 降低到了 0.6 m/s^2，降低了 42.3%，达到了国内主流车型的水平 0.6 m/s^2，减少了用户退车的现象，为公司降低了一定的经济损失。

【实战三】
某企业实施 SMED 改善提升作业效率

（一）实施背景

SMED 也称快速换产或快速换模，这是一种提高多品种、小批量生产系统反应能力的有效手段，也是精益制造中的典型技术。该企业主要以生产汽车零部件为主，目前多品种、小批量生产方式导致生产线频繁更换工装。而更换工装时间过长成为车间生产的重要问题，这意味着要想满足当前的生产任务，更换一次工装就会生产出大批量的产品，这将导致生产现场的在制品多、交付周期长，生产效率低下。要从根本上解决问题，就必须缩短工装更换时间，实施 SMED 技术改变现状。

（二）实施步骤

由于车间的冲压设备较多，所以 SMED 改善方案首先从冲压设备开始，以 80T 冲床改善为例共分六个实施步骤：

1. 采集换模现状数据。采集目前有关冲压换模的数据，确保观测人员、使用换型工具、模具等因素相同，观测整个换模过程（从换模前最后一件产品直至换模后第一件合格产品）的时间，通过录像记录下所有的动作。

2. 区分内部作业和外部作业。分析采集数据，将冲压内部换模时间与外部换模时间区分开来。

3. 将内部作业转换为外部作业。将冲压内部作业转化为外部作业，对内部活动进行严格的检查分析，制定新作业标准化，确保每件物品在正确的时间摆放在正确的位置。

4. 减少内部作业时间。采用统一化的工具、统一化的器具、统一化的尺寸等减少或优化内部作业时间。

5. 优化外部作业时间。采用标准化工具车、换模车、建立换型备件库等措施优化外部作业时间。

6. 制定换模作业标准。将内部、外部作业标准化，建立换模作业标准，减少时间浪费。

（三）实施成果

1. 该方案的实施改变了车间原有的换模过程，原有换模过程所有步骤均由设备操作员一人完成，如图6-33所示。

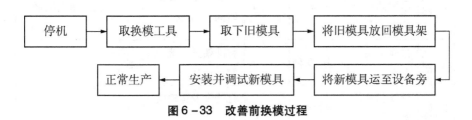

图6-33　改善前换模过程

经改善，换模过程中步骤2、步骤4及步骤5的内部作业变为了外部作业，原来换模过程中的步骤2、步骤4及步骤5由设备操作员以外的人员在设备运行的时间内来完成，其余步骤由设备操作员来完成。改善后换模过程如图6-34所示。

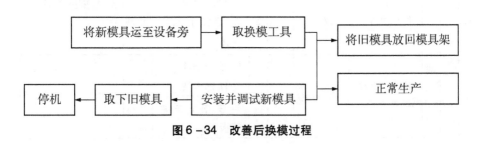

图6-34　改善后换模过程

2. 经现场实战，录像分析后，有关部门组织进行问题点分析会，并制作了"80T 冲压机换模记录及 SMED 改善对策"如表6－26 所示。

表6－26　80T 冲压机换模记录及 SMED 改善对策

80T 冲压机换模记录及 SMED 改善对策							
改善前				SMED 改善方案			
步骤	作业类型	名称	时间	备注	改善结果		
1	外部	等待吊车	10 分	等待时间	内部作业步骤	7 项	外部作业步骤 4 项
2	外部	开车吊料	4 分 8 秒		可转为外部作业的步骤	步骤9	
					SMED 改善		
3	内部	换模吊起	20 秒	步骤	改善措施	时间	备注
4	外部	将换掉模具吊到模具存放区	52 秒	1	启动吊车前准备时间 10 分钟	0 秒	生产准备时间
5	外部	吊起工装至车床	1 分 19 秒	2	移除架子，统一制作模具	0 秒	
6	内部	调整工装位置	43 秒	3	订购专业运输模具车	15 秒	模具车要求： 1. 可升降 2. 台面安装牛眼 3. 尺寸满足需求 4. 具有防护措施 5. 每班组2 辆
7	内部	紧固上下模具	1 分 34 秒	4	使用模具车运输	0 秒	
8	内部	调整闭合高度	52 秒	5	使用模具车运输	0 秒	
9	内部	准备物料	17 秒	6	1. 固定设备 2. 定位于工装一体	30 秒	
		调试、试生产	1 分 53 秒	7	1. 卡块一体 2. 阶梯卡块 3. 使用十字套管扳手	45 秒	

续表 6 - 26

		80T 冲压机换模记录及 SMED 改善对策					
10	内部	紧固闭合	47 秒	8	1. 更换高度尺 2. 确定闭合高度	25 秒	
11	内部	试生产检验	53 秒	9	经以上步骤优化	50 秒	
总时长			23 分 38 秒	10	紧固螺丝加长至可正面进行调节	10 秒	
内部作业时间	7 分19 秒	外部作业时间	16 分19 秒	11	购置专用工具车	10 秒	每班组 1 辆
改善后换模时间：3 分 5 秒							

3. SMED 现场实施分析之后，制作了"标准换模作业指导书"，从标准化规范内容和时间，如表 6 - 27 所示。

表 6 - 27　标准换模作业指导书

作业顺序及注意事项					
步骤	换模人员	线外辅助人员	时间	辅助工具	关键点
1	持续作业	将模具上下擦拭干净，用行车起吊放在模具专用升降车上，模具安全转运到需更换工装的冲床处	前一产品生产结束前 15 分钟	模具专业升降车、行车	定置摆放到需要更换工装的冲床处
2		将工具车推到要进行模具更换的冲床旁，并检查更换工装所用工具是否齐全		换模工具车	检查所需工具是否齐全
3		准备好下一个型号产品所需要的原材料，并送到指定区域		周转车	

续表 6 – 27

作业顺序及注意事项				
4	停机，拆卸工装上的夹板等固定装置	对冲床周围进行清洁擦拭，上一产品所生产的废料需马上清理	35 秒	换模工具车、棉纱及其他清洁设备	
5	将拆卸下的工装放到专用模具车上，两人同时将待换工装推到冲床台上		50 秒	模具升降专用车	两人同时进行
6	调整工装位置紧固上下模具	将换下的模具放至工装指定存放区	75 秒	换模工具车、模具专用升降车、行车	工装固定设备
7	调整闭合高度		30 秒	换模工具车	确定闭合高度
8	开机，调试		10 秒		
9	下一产品试生产	完成操作	10 秒		
10	检验试生产产品		15 秒	换模工具车	

（四）总结评价

通过对生产线各种工装增加快速换模功能设计，减少了换模调整时间和换模动作，掌握了快速换模工具，较好地满足市场小批量多品种的生产节拍。

【实战四】
基于 VSM 及仿真技术的 Z 产品生产线改善

为改善 Z 产品的生产运作效率，该企业以其生产线为研究对象，针对其工序能力不平衡、生产周期过长、人员结构不合理等主要问题。提出以价值流图、ECRS 原则等方法对其关键问题分析并提出改善方案，再利用仿真技术从空间角度上对改善方案加以验证后实施，达到提高生产线平衡率、缩短生产周期的目的[38]。

（一）建立 Z 产品生产线改善的原理模型

为强化可持续性改善的思想对该企业 Z 产品生产线的应用，逐步形成一种生产线的自循环自改善长效机制，该企业建立了基于价值流图分析、ECRS 原则和 Flexsim 仿真技术的生产线改善的原理模型。此模型由改善前、改善过程和改善后三部分构成：改善前利用生产节拍分析、工序平衡率分析，找出瓶颈工序半精车外锥，对生产线认真梳理，绘制价值流现状图；改善过程中通过价值流图分析，明确关键改善点，并引入 ECRS 原则提出改善方案，结合 Flexsim 仿真技术模型验证方才具体实施，重组和优化生产线，检验改善结果的有效性；改善后对改善结果综合对比，以消除浪费，持续改进，依据此改善全过程建立 Z 产品生产线改善的原理模型。

（二）开展 Z 产品生产线改善

1. Z 产品生产线现状分析

Z 产品是该生产线批量生产的一项重要产品，批次周期为 10 天，每月需求量为 500 件，每班每天有效作业时间 7.5 h（27000 s）。为找出问题确定改善对策，现对 Z 产品生产作业现状进行分析，作为 Z 产品生产线改善基准。

（1）生产节拍分析。生产节拍（T. T）是指完成一件产品所需的平均时间，用于定义一个生产线中某一具体工序的单位产出时间。根据以上 Z 产品的生产现状，计算得出生产节拍 540 s/件

$$生产节拍 T. T = 有效作业时间 / 客户需求量$$

（2）瓶颈工序分析。Z 产品生产线由 8 名操作者完成 8 道工序，每道工序分别为粗车直柱端面、粗车内锥、粗车外锥、精车内锥、半精车外锥、精车外锥、砂光去工艺夹头、取长度钻孔去毛刺。通过时间观测、统计并绘制出工序作业时间直方图，如图 6-35 所示。

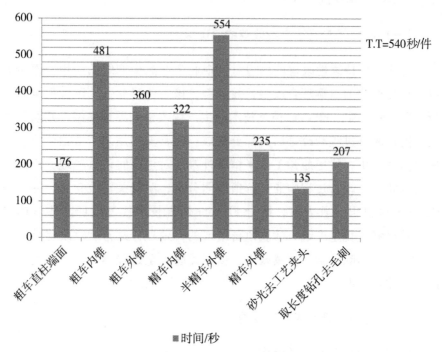

图6-35 改善前的Z产品生产线工序作业时间

只有半精车外锥工序为554 s，超过了节拍时间540 s，确定为瓶颈工序。其他工序均没有超过节拍时间，但也等待时间参差不齐，如砂光去工艺夹头、粗车直柱端面等工序等待时间竟是有效作业时间的3倍以上，生产均衡率严重失衡。

（3）工序能力平衡率分析。根据改善前的工序作业时间图计算可知Z产品的工序能力平衡率为

$$ R = \frac{\sum\limits_{i=1}^{n} T_i}{T_{max}^{n} \times n} $$

其中，R 表示工序能力平衡率；$\sum\limits_{i=1}^{n} T_i$ 为各工序时间总和；T_{max}^{n} 表示瓶颈工序时间。计算得生产线平衡率为55.7%，可知Z产品的工序能力平衡率较低。

（4）价值流现状图绘制。对Z产品的生产过程进行分解和时间观测，绘制该产品的价值流现状图，如图6-36所示。

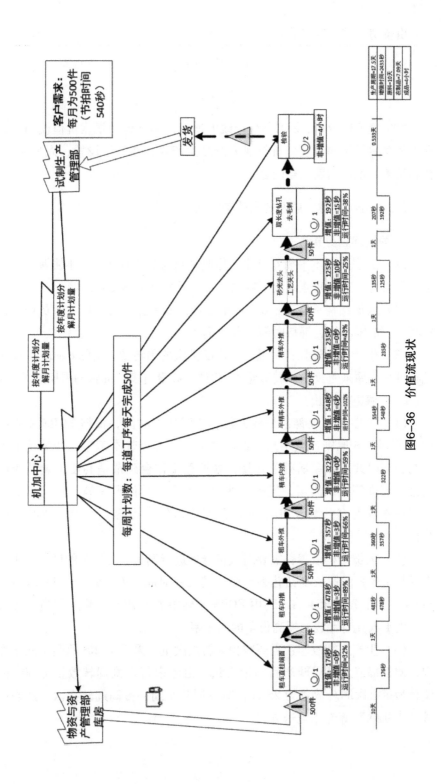

图6-36 价值流现状

由价值流图计算 Z 产品生产线的增值比：

$$AT = \sum_{k=1}^{n} (CT)_k$$

$$UT = \sum_{k=1}^{n} \overline{(CT)_k}$$

由价值流图分析，Z 产品生产线的增值比非常低。根据价值流图的数据以及车间系统的调查分析发现 Z 产品生产线存在工序设置、人员配置、在制品多、生产周期长等问题。

（三）分析关键问题及提出改善方案

1. 关键问题分析。

（1）工序能力不平衡：工序间作业时间与等待时间严重不协调，存在生产不均衡、工序间连续流不畅通、生产线严重不均衡等问题。

（2）人员结构不合理：Z 产品的生产由 8 名操作者完成，人员作业存在冗余，忙闲不均，等待时间浪费严重。

（3）生产周期过长：每道工序产品批次的周转量，由图 6 - 36 价值流现状可知，原来每批次周转数量为 50 件，数量过多，周转的周期过长。

2. 改善方案提出。

（1）工序能力改善：为减少瓶颈工序加工时间，根据 ECRS 原则中的 E 原则和 S 原则，选用高熟练度的工人专人负责本工序，并简化加工工艺，同时改善设备所处的环境，如调整工作台到最适高度，调节照明至最佳照度等人机因素，提高单件生产效率。其他严重等待时间长的工序采用作业内容分割及 R 原则，合理均衡作业内容，实现作业时间的分摊。

（2）人员结构改善：需要对人员结构进行调整，工序 7 的砂光去工艺夹头与工序 8 的取长度钻孔去毛刺，其工序时间（7～8）= 135 + 207 = 342 s，接近 T. T = 540 s，利用 ECRS 原则中的 C 原则，将此两道工序合并，由 1 人独自完成，提高设备的利用率。

（3）生产周期改善：需要减少周转批次量，采用 ECRS 原则中的 S 原则，调整每道工序周转产品的批次量，由原来每批次周转数量为 50 件，调整为每批次周转数量为 25 件，减少周转时间，提高周转批次，适当引进"水蜘蛛"等专用配送方式。

(四) 采用 Flexsim 仿真技术开展模拟改善

企业采用一种适用于产品离散制造生产线仿真的 Flexsim 仿真技术，从理论角度验证改善方案的可行性，弥补价值流只能在静态短时间反映生产状况的不足。通过模拟改善方案，依据仿真结果不断修正方案，以此控制改善风险，降低实施成本，不断优化方案。

1. 构建仿真模型。以 Z 产品生产过程为对象建立仿真模型，首先在模型中添加所需的模块：放置发生器对象表示原料由物资与资产管理库房产生，各关键工序由处理器对象定义，各关键工序前后放置暂存区表示堆放库存，并在"检验"对象后紧接设置一个吸收器表示最终的发货，并依照各工序的工艺流程关系选择连接方式连接各个模块，建立起的仿真模型如图 6 - 37 所示。

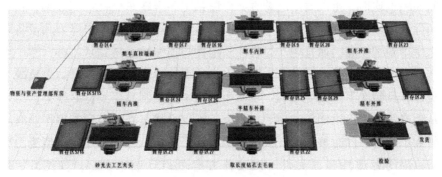

图 6 - 37　仿真模型

2. 运行仿真模型及结果分析。模型建立后，各时间参数参照图 6 - 36（价值流现状）设置，为了达到"各工序每天生产 50 件"，即当天产量达50 件时暂停生产，另外设置各工序后暂存区的触发器：首先设置进入触发，设置条件"content（current） = = 25"及其操作"closeinput"；然后设置离开触发，设置条件"content（current） < = 24"及其操作"openinput"，最后设置工序后暂存区每天将库存送往下一工序。所有参数设置完成后打开"dashboard"模块，插入"发送"的"容量 – 时间图"并把统计的对象改为"Totally input"，然后对模型进行编译，最后运行模型，导出"dashboard"。同理，对改善方案进行参数模拟以进行效果对比，可得出产品生产时间与数量的关系，如图 6 - 38 所示。

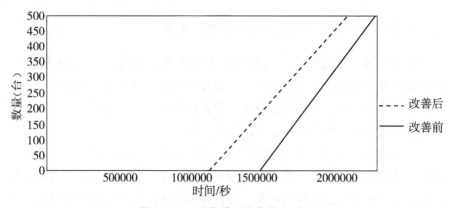

图6-38　改善前后生产能力对比

由图分析可知，模拟改善方案实施后，随着时间的增长，与改善前相比，不仅相同时间产品生产数量增加更快且短触发生频率更均衡，而且时间间隔也均衡。可以看出改善方案使瓶颈工序半精车外锥得到改善，相邻两件产品完成的间隔时间更平稳。改善后该生产线不仅生产能力和设备利用率得到了提高，而且生产过程的稳定性与连续性也得到了改善，整个生产线生产周期有所降低。[69]改善后随着时间的增长，一是在制品数量减少更多，且频次下降幅度较大，说明生产线中间在制品得到良好改善；二是从生产线角度可推知各工序更加平衡，不仅半精车外锥瓶颈工序作业时间得到了改善，同时整条生产线的产能得到了释放。综合验证了价值流图分析结果的客观性和可靠性，该改善方案可行且效果良好，如图6-39所示。

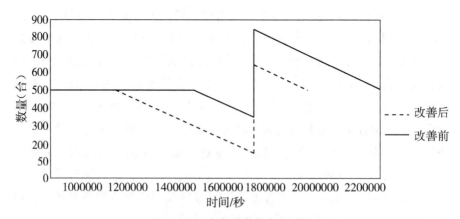

图6-39　在制品数量变化对比

（五）改善方案实施和结果分析

1. 工序能力改善。经改善后瓶颈工序的作业时间缩短为 503 s，在节拍时间以内，且砂光钻孔为合并工序，工序作业时间为原工序时间之和，使得生产线工序能力愈平衡，总体生产线取得了较大成效，提高设备使用率达到 100%，提升了生产效率，如图 6 – 40 所示。

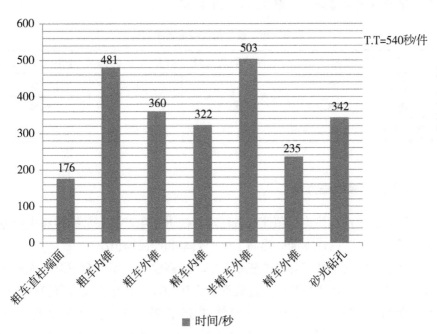

图 6 – 40　改善后的 Z 产品生产工序作业时间

根据改善后的工序作业直方图计算可知 Z 产品的工序能力平衡率为

$$R = \frac{\sum\limits_{i=1}^{n} T_i}{T_{\max}^n \times n}$$

其中，R 表示工序能力平衡率；$\sum\limits_{i=1}^{n} T_i$ 为各工序时间总和；$T_{\max}$ 表示瓶颈工序时间。计算得生产线平衡率为 68.7%，可知 Z 产品的工序能力平衡率得到了改善。

2. 人员结构和生产周期改善。经过改善后的工序合并，由 1 人独自完成砂光钻孔工序，即生产线 8 个操作者进行的作业生产改为由 7 个操作者完成，使得生产线上的人员结构更为合理，提高了生产效率。同时，调整每道工序周转产品的批次量，由原来每批次周转数量为 50 件调整为每批次周转数量25件，使得转运更灵活；在制品天数由原来的7.09天减少至3.09天，提高了56.4%；成品天数由4天降为2天，提升了50%。因此，生产周期由17.6天缩短至13.4天，改善了23.9%。

3. 改善效果综合对比。由仿真结果可直观看到改善后生产线的设备利用率和各关键工序利用率远大于改善前的，且方案实际实施后，生产线的增值率和平衡率均大幅提升，说明仿真技术对于改善方案的实际应用具有指导性。改善前后的数据如表6-28所示。

表6-28　改善前后综合效果对比

生产线	平衡率（%）	生产周期（d）	操作人员（人）	增值率（%）
改善前	55.5%	17.6	8	0.51%
改善后	68.7%	13.4	7	0.67%
改进效果	提高23.8%	缩短23.9%	减少12.5%	提升31.4%

（六）持续改进方案

通过在Z产品生产价值流改善活动，改进了生产线人员结构和生产方法，降低了生产的成本同时提高了生产效率和产品增值率。

该模型优化半精车外锥的瓶颈工序，提高生产效率，合理调整人员配置，使各工序作业能力平衡，重构产品周转的批次，在制品显著较低，生产周期得到缩短。使生产线平衡率提高了23.8%，生产周期缩短了23.9%，人员减少了12.5%，增值率提高了31.4%，使得生产能力和经济效益持续提升。

【实战五】

某企业零件柔性生产线布局优化精益改善

该企业在零部件生产中往往存在由于批量大、批次多、工序长、占用设备多、人员技能水平不高、生产组织模式单一等因素所导致零件生产不均衡、生产效率低、质量不高等诸多问题，通过精益生产理念的引入，主要运用布局优化工具进行生产线改善，实现生产线平衡和效率提升。

（一）背景

1. 实施产品确定。通过 PQ、PR 等方法确定产品族，并结合生产实际确定零件类型后，改变以往物流距离长、设备布局散乱、在制品量大、生产周期长、设备老化严重等状况，实现多个零件之间的快速换产，构成柔性生产线。

2. 改善前问题分析。

（1）改善前生产现状。该零件生产任务逐年递增，从 2009 年的 8.5 万件增加到 2015 年的 30 万件，与实际生产能力严重不匹配，导致零部件供应能力不足，合同产品履约风险增大。同时，因生产组织模式落后，各生产工序间产能不平衡，工序在制品堆积，关键工序设备故障率高，生产瓶颈和质量问题日益凸显。

（2）改善前工艺流程。该零件加工工序长，改善前产品加工工艺包含有 23 道工序、11 种加工设备。

下料成形→滚光→清洗→车平面及倒角→清洗→道检→铣扳手槽→去端面毛刺→清洗→打印记→去外圆毛刺→划小孔→倒小孔口部→倒大孔口部→清洗→成品检验→修正螺纹→修大孔→修大外圆→清洗→批的验收→探伤→退磁。

（3）改善前物流距离如表 6-30 所示。

表 6-30　改善前物流距离

操作	距离	操作	距离	操作	距离
机械六轴	82 m	半成品库	41 m	检验一班	52 m
半成品库	34 m	打字机	41 m	转塔六角车	64 m
滚光室	34 m	半成品库	48 m	半成品库	26 m
半成品库	66 m	台车	48 m	检验一班	50 m
双轴车床	66 m	半成品库	64 m	滚丝机	62 m
半成品库	52 m	转塔六角车	64 m	半成品库	26 m
扳手槽专铣机	52 m	半成品库	57 m	检验班	0
半成品库	63 m	传动工具	57 m		
去毛刺工作台	63 m	半成品库	26 m	总计	1381 m

（4）零件加工质量现状如表 6 – 31 所示。

表 6 – 31　2009～2014 年零件首次检验合格率

年份	2009 年	2010 年	2011 年	2012 年	2013 年	平均
首次检验合格率	25.5%	14.0%	19.0%	25.0%	32.7%	23.2%

（二）实施要点

1. 改善指标分析确定。布局优化的最终目的是实现准时化生产，其目标为库存量最低、准备时间最短、生产提前期最短、零件搬运量最小、废品量最低、机器故障率最低。其改善目标是实施布局优化精益改善，同时优化工艺和生产设备，建立柔性生产线，实现均衡生产。物流距离缩短50% 以上，首次检验合格率提高 15 个百分点，生产效率达到每月 3.5 万件合格品。

2. 布局优化前加工工艺分析。

（1）新工艺方案确定的原则。①以人的动作为。研究人的动作要领，按照无浪费的操作顺序高效生产，减少等待，实现均衡生产。②加工尺寸的工序分担。该零件在机械六轴下料需保证的尺寸多、工序长、尺寸链较复杂，一次保证 15 个尺寸，在当前设备精度情况下，加工质量不高，导致工序平衡率低，生产周期长，应建立各工序分担对应量加工尺寸的精度要求。③设备更新和降低劳动强度的需求。该零件的生产设备均为旧设备，其特点为：设备老化、精度降低、劳动强度高；下料成形工序普通六轴机床设备已运行 30～40 年，常年超负荷运转方式，精度严重下降，零件尺寸不稳定；车端面的双轴半自动车床和铣扳手槽所用设备一直以来采用人工装夹零件的装夹方式，精度低、劳动强度高，严重阻碍生产能力的提高。

（2）新工艺方案和加工设备的确定。针对以前工艺流程中存在的不足，对其下料成形工序进行分解，重新将工序进行编排。新的工序流程如下：下料成形→清洗→铣扳手槽→去端面毛刺→去外圆毛刺→滚压螺纹→划孔→清洗→打字→倒角→清洗→成品检验→批的验收→磁粉探伤→退磁。

由原来的 23 道工序减少为 16 道，同时对部分陈旧、精度不高的设备进行更新。下料成形工序由普通六轴机床改为数控六轴，配置铣扳手槽工序专用机床和滚压螺纹的专用滚丝机。

3. 工序能力平衡。

(1) 工序时间统计。分别对各工序操作时间测完 10 次，各工序时间统计表如表 6 – 32 所示。

表 6 – 32　各工序时间统计表

工序名称		下料成形	批量清洗	铣扳手槽	去端面毛刺	批量清洗	去外圆毛刺	滚压螺纹	划孔	批量清洗	打印标记	批量倒角	批量清洗
或一个循环时间节拍	1 次	29.6	1.0	35.7	1.3	1.0	6.3	5.8	68.3	1.0	3.2	1.0	1.0
	2 次	29.5	1.0	36.7	1.3	1.0	6.6	6.3	67.6	1.0	3.1	1.0	1.0
	3 次	29.8	1.0	37.3	1.3	1.0	6.4	6	68.7	1.0	3.2	1.0	1.0
	4 次	29.3	1.0	38.2	1.3	1.0	6.7	6.2	69.5	1.0	3.3	1.0	1.0
	5 次	29.7	1.0	38.8	1.3	1.0	5.9	6.1	67.8	1.0	3.4	1.0	1.0
	6 次	29.6	1.0	36.3	1.3	1.0	6.5	5.9	68.5	1.0	3.6	1.0	1.0
	7 次	29.5	1.0	37.5	1.3	1.0	6.3	5.8	69.2	1.0	3.7	1.0	1.0
	8 次	29.8	1.0	38.6	1.3	1.0	6.6	5.3	68.6	1.0	3.7	1.0	1.0
	9 次	29.3	1.0	35.9	1.3	1.0	6.3	5.4	68.3	1.0	3.9	1.0	1.0
	10 次	30	1.0	37.4	1.3	1.0	6.6	5.3	67.7	1.0	4.0	1.0	1.0
CT/s		29.6	1.0	37.2	1.3	1.0	6.4	5.8	68.4	1.0	3.1	1.0	1.0

通过工序时间测定，计算出节拍时间和生产线平衡率等数据进行分析，为建立柔性生产线提供基础数据。

由表 2 计算出时间各工序生产节拍和为：

$$\sum CT = 156.8 \text{ s}$$

生产线平衡率 = 各工序生产节拍和 / (瓶颈工序生产节拍 × 工序数量)

$$= 28.7\%$$

(2) 生产节拍确定。2014 年该产品生产任务为 20 万件，需在 6 个月内完成确保总装任务。按照当前该零件 85% 的合格率，月均生产数需达到 3.98 万件，每天任务量为 1532 件。每天有效工作时间按 6.5 小时计算，6 个月负荷时间为 3603600 s，计算出生产节拍 T·T 为 15.3 秒/件，如表 6 – 33 所示。

表 6 - 33　生产节拍

序号	类别	
1	年度生产目标（件）	200000
2	产品质量水平（年合格率）	85%
3	负荷时间	3603600
4	节拍（s/件）	15.3

（3）工序能力计算如表 6 - 34 所示。

表 6 - 34　工序能力计算

工序名称	工序 CT（s）	工序能力（件）	需求数量（件）	设备台数（台）	人员数量（人）
下料成形	29.6	90.5	1532	1.94	2.0
清洗	1.0	23400	1532	0.07	
铣扳手槽	33.4	700.6	1532	2.19	1.0
去端面毛刺	1.3	18000	1532	0.09	
清洗	1.0	23400	1532	0.07	2.0
去外圆毛刺	15.0	1560	1532	0.98	
滚压螺纹	5.8	4034.5	1532	0.38	
划孔	58.5	400	1532	3.80	1.0
清洗	1.0	23400	1532	0.07	
打印记	3.1	7548.4	1532	0.20	1.0
倒角	2.0	11700	1532	0.07	
清洗	1.0	23400	1532	0.07	

（4）设备类型、数量、班次及人员确定如表 6 - 35 所示。

表 6 - 35　设备类型、数量、班次及人员

工序名称	工序 CT（s）	设备台数（台）	班次	人员数量（人）
下料成形	数控六轴	1	2	2
滚压螺纹	滚丝机	1	1	1

续表 6 - 35

工序名称	工序 CT（s）	设备台数（台）	班次	人员数量（人）
铣扳手槽	数控扳手槽专铣机	1		
去端面毛刺	手工	1	1	1
去外圆毛刺	自动车	1		
划孔	数控车	3	1	2
	自动车	2		
打印记	压力机	1	1	1
倒角	传动工具	1		

4. 生产线布局优化和实施。

（1）确定设备布局图优化。依据生产布局六大原则，结合机加实际布局和设备产品结构特点，制定以专用设备集中柔性生产线布局，如图 6 - 41 所示。

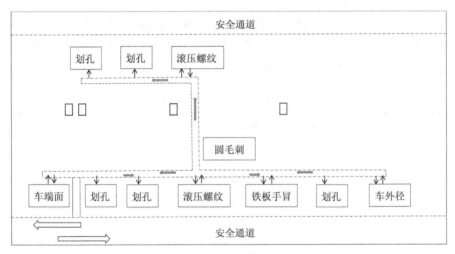

图 6 - 41　局部优化布局

（2）确定物料投入点、取出点。物料投入点：精加工班数控六轴工作区域。物料取出点：传动工具工作区域。

（3）确定物流方案。物流路线：数控六轴→半成品库→扳手槽专铣机→去毛刺工作台→现场清洗器具→台车→滚丝机→数控车床→半成品库→打字机→传动工具→半成品库→检验班→退磁间。物流器具：设计专用的物流周转器具，如图 6 - 42 所示。物流规则：配备专职周转人员进行多频次的产品周转，避免产品在工序间积压。

图 6 - 42　物流周转器具

5. 工序标准作业。根据布局优化前期测时、TT 以及工序能力分析，制作各工序标准作业指导书，确定各工序 CT、标准手持量等，并对操作人员进行标准作业培训。

6. 生产线管理。经过布局优化精益改善，实施生产线小时别产量跟踪管理。对没有完成班产的情况进行分析，找出问题及时解决，并做好记录，小时别产量跟踪如表 6 - 36 所示。

表 6 - 36　小时别产量跟踪管理

小时别	计划产量	实际产量	问题记录	问题分析	解决办法	备注
8：00～9：00						
—						
—						
—						

（三）精益布局优化实施效果

1. 生产效率提升。该零件加工过程布局优化后新建的柔性生产线顺利投产，零件生产效率得到明显提升，从 3 月开始生产到 8 月 15 日顺利完成 2014 年的 20 万件合格品数量。截至 2015 年 9 月 15 日，完成 31 万件合格品数量，月均生产合格品 4 万件。

2. 物流路线及距离如表 6 - 37 所示。

表6-37 物流路线及距离

操作	距离	操作	距离
数控六轴	96 m	数控车床	44 m
半成品库	48 m	半成品库	30 m
扳手槽专铣机	2 m	打字机	18 m
去毛刺工作台	2 m	传动工具	64 m
现场清洗器具	13 m	半成品库	17 m
台车	11 m	检验一班	138 m
滚丝机	4 m	检验	0

布局后物流距离经实际测量，共492 m，与改善前的1381 m相比，改善后物流实际缩短了64.37%。

3. 零件加工质量提升。改善后，统计了2014年4～9月的首次检验合格率，平均为53.9%，较2013年的32.67%提高了21个百分点，如表6-38所示。

表6-38 2014年4～9月零件首次检验合格率统计

月份	4月	5月	6月	7月	8月	9月	月平均
投验数量	29688	35781	15190	51590	13350	51600	32867
首次检验合格数	16897	19703	9140	31563	6011	23220	17756
首次检验合格率	56.9%	55.1%	60.2%	61.2%	45.0%	45.0	53.9%

4. 人工成本降低。

人员由2013年前的25道工序12人改善为当前的14道工序8人。

【实战六】
某企业落实"三化管理"提升基础管理效率

（一）背景

该公司建厂投产以来，经过5年多的发展，生产规模和产能不断扩大，如今已经形成单班日产整车60台，双班日产整车130台，年产整车25000台的产能规模。随着产能和产量的不断提升，基础管理薄弱、单台成本过高、下线车返修率偏高、工人质量意识淡薄、物流配送混乱、设备故障频发、生产效率低下、资金占用过高等问题陆续暴露出来。

为贯彻企业"十二五"战略规划的实施，围绕"提高效率、提高质量、降低成本、降低消耗、优化工艺、优化环境"这一目标，扎实推进精益化生产、精细化管理、合理化建议的"三化管理"持续改善和提高活动，不断提升企业经济效益和核心竞争力。

（二）存在的问题

目前企业生产车间主要问题列表如表6-39所示。

表6-39　主要问题列表

序号	问题
1	现场基础管理薄弱，现场"三定"管理不规范
2	目视化管理停留在静态的宣传层面上，班组日常工作动态的可视化管理缺失
3	设备管理只是在简单的清扫，TPM的自主保全还未真正实施
4	生产组织不顺畅，物流配送不具备准时化的理念和方法
5	生产计划的严肃性及可执行性差
6	在制品过多，管理成本大，应急反应速度慢
7	没有形成围绕七大任务（SQDCME）为核心的班组管理建设
8	全员参与的自主改善氛围不足
9	质量管理粗放，质量问题频发： 1. 质量故障的统计方法存在缺陷，统计人员的分析能力不足 2. 高频故障整改后监控手段不到位，有效性验证不足 3. 未设置具体指标，缺少数据统计

为了适应企业战略发展要求，贯彻精益生产思想，把推进精益生产、塑造精益文化作为企业强化管理提高效益的重要措施；通过全员参与，逐步形成持续改善的机制，通过精益化生产、精细化管理、合理化建议持续改善和提高活动，在生产制造运营方面获得绩效提升，不断增强企业对市场环境的快速应变能力。

（三）实施方案

1. 项目启动，达成思想共识。

（1）建立企业精益生产推进组织机构和制度体系。该企业成立了专职精益生产推进办公室，由副总经理直接领导及 8 名专职推进人员构成。建立了项目沟通、点检、汇报三级组织机构。项目组织由领导组、推进组及 9 个实施组组成，实施组涵盖了生产、质量、产品、工艺、设备、物资、物流、车间等各相关部门。形成了纵向贯穿总经理到班组长、横向联结各职能部门的强大推进组织。公司制定下发了《企业精益生产管理办法》、《精益生产工作考核评价机制》和《精益生产例会制度》，建立了沟通点检机制，明确了各部门在精益生产方面的职责。形成了精益办牵头、各职能部门联动的工作格局，为精益生产扎实推进提供了可靠的组织制度保证。

（2）宣传培训，营造良好推进氛围。党群办公室在精益办的统一要求和指导下，从员工思想观念入手，举办相关活动，多方位宣传，广泛开展精益生产宣传工作。充分利用公司 OA 网、广播、报纸、宣传栏、横幅、精益周报等多种形式宣贯精益理念。

在培训方面，公司举办了多次培训，共培训 2386 人次。公司 8 月组织了高层领导、中层领导及相关管理者去丰田公司参观学习，让大家看到精益生产给企业带来的变化，坚定了精益变革的信心。

2. 精益化生产的推进。

（1）现场 5S 及目视化管理。为了保证 5S 管理持续性推进和改善，制定了《企业 5S 推进管理办法》及《5S 评价考核标准》，试点车间按照精益办下发的 5S 管理标准，各个班组每周开展现场 5S 改善工作。车间班组定期对卫生死角清理、拍照，要求各班组有针对性地整改，同时将长期不用的物料、料架、设备等上千种物品清理出车间。通过班组开展定品、定量、定位"三定"管理，使现场物料得到规范定置，确保了生产流畅有序。每个星期精益办依据 5S 评价考核标准，对每个班组进行 5S 点检评价，有问题的班组制订整改计划，每月把 5S 评价结果在车间公布。

（2）设备 TPM 管理。设备自主保全方面，对班组长和设备管理人员进行 TPM 自主保全培训，对关键设备制定了设备的《清扫润滑点检基准》、《设备自主保全管理制度》和《设备自主保全评价标准》。设备管理部在车间建立了设备自主保全活动管理目视板，通过班组每周一次的小组活动，发现设备的微缺陷及不合理，及时通过小组活动进行解决，提高了班组员工自主保全的意识和能力。

设备专业保全方面，设备管理部门制定了《设备维护管理规定》、《设备突发故障管理规程》和《设备故障停机报修流程》等相关的管理制度和流程，并对关键设备制作了专业保全日历卡，让设备管理人员清晰地知道设备点检维护的时间和周期，保证了设备点检维护的及时性和有效性。

（3）精益班组建设。班组建设紧紧围绕班组七大任务，逐步展开各种管理流程及标准的搭建。试点班组确定了统一格式的班组管理板 17 块，并围绕班组七大任务（SQDCME），梳理和完善班组管理表单。通过班组管理目视板暴露现场问题，拉动各个职能部室对现场问题的关注，要求职能部室相关人员定期对看板管理内容进行点检确认，给予指导并解决。通过发现问题解决问题，用这种循环持续改善的模式强化现场基础管理。

认真落实《班组建设工作实施办法》，实行月度综合检查考核、季度综合评比奖惩、年度综合评定表彰的办法。为了提高班组长自身的业务能力和管理能力，制定了《班组长测评办法》，通过班组员工民主评价＋车间主任业绩考评＋班组长互评＋相关处室工作评价的方式，每半年对班组长进行综合排名。

3. 精细化管理的推进。

（1）生产管理流程优化。根据《企业精益生产试点线生产计划编制、执行及物流配送管理规定》的要求，完善生产计划的管理方式：即月度上线计划、滚动周生产计划、锁定三日生产计划、日作业计划。对应提出月度采购需求纲要和计划、滚动周采购需求计划、滚动三日采购发货计划、执行日发货计划，并进行日到货准确率的评价管理，及时发现问题、解决问题。

建立了生产线的生产实绩和异常管理，制定《车间异常处理流程》，生产管理处每天对前一天的异常问题以《每日生产问题汇总》《异常、分析、变更率》的方式记录，并且在每周二的《生产例会》中对多发的突出问题点分析，提出合理对策。为了使生产作业严格执行三日滚动计划，生产管理部对计划变更率进行了统计和管理，对影响计划变更的要素进行统计分析，各责任部门对相关问题点制定改善对策。

（2）品质管理流程优化。为了强化全员品质意识，质量部门建立了《现场质量异常快速处置流程》，建立质量问题与车间班组联动环节。质量管理处在各车间生产现场制作了质量目视管理板，通过看板在第一时间向车间工段长、班组长、操作者传达最新的质量问题，使品质信息更加快速地传递到班组，让班组第一时间了解品质状况，避免批量发生。并且建立"质量管理零距离"目视管理板，实现质量问题日清日结。

对于高频次项质量问题，由质量管理处召开质量提升会议，将每一条故障分配到相关部门并设定第一负责人，成立 QC 质量攻关小组。每周针对质量高频次问题改进总结，将整改情况通过现场质量看板进行目视化管理。质量检验人员以公司工艺作业指导书、工艺规范、质量规范为基础编制"检验作业指导书"，提高工序检验人员检验能力；设置检验漏检率指标，通过指标强化检验效果。

（3）准时化物流配送优化。为了实现准时化物料配送管理，对内物流管理方式全新梳理，对组织结构及人员的职责职能重新规划，把物流人员划分为仓库组、配台组、物流组。为了使物流作业规范化和标准化，制定了《物流标准作业要领书》、《收货作业要领书》及《配台作业要领书》。规范物料配送准时化、多频次、小批量的配送，编制配台计划及物流计划，制定了《大部件及相关零部件的配送标准》。通过准时化物流配送优化，使工序间在制品大幅度减少。

（四）精益推进结果

经过为期一年的精益工作推进，企业员工的思维方式以及观念发生巨大转变，生产管理方式也根据客户的需求能够及时调整。生产现场 5S 管理更加规范化和标准化，开设 TPM 管理有了明显提升。企业形成了全员参与自主改善的氛围，存货数量平均下降了 33.21%，在库日数平均下降了 28.04%，存货资金平均降低了 63%，生产效率提升了 32%。

第七章 精 益 营 销

第一节 精益营销的思想内涵

一、精益营销的定义

精益营销也被称作营销精益化，是精益管理的重要组成部分[70]。其定义是在营销过程中消除无法为产品或服务增加价值的活动，也是在营销领域应用精益理念的创新实践。具体而言，精益营销就是企业要将产品在合适的时间、地点，以合适的营销方式销售给合适的客户，给客户提供合适的利益。

精益营销的目标是占领有效市场，通过细分、市场聚焦等策略建立战略区域市场和基础市场，根据市场规划合理配置营销资源；以客户为基础，将重要资源集中于大客户身上；整合不同营销要素，有意义、有效率地配置营销资源，提高营销战略管理能力；同时也要注意以人为本，建立高效团队。实施精益营销旨在提升产品或服务增加价值，不断追求精确的产品定位、精准的产品定价、精简的营销渠道和精炼的客户沟通，逐步实现从精细化营销到精确化营销，最终完成精准化营销的发展层次，如图7 -1 所示。

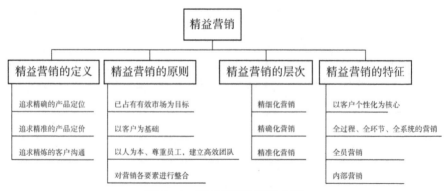

图7 -1 精益营销的思想内涵

（一）精益营销追求精确的产品定位

其实质在于精确地捕捉并满足客户需求，在确保产品功能的前提下，消除产品的冗余功能。在实施精益营销时，企业必须准确地开发产品，并根据客户要求生产符合质量需求的产品；与此同时，为了更好地辨别客户的要求，企业应提高与客户的沟通技巧，这样既能提高了解客户需求的能力，又能在客户需求和产品研究之间建立有效的信息渠道，明确客户需求。

（二）精益营销遵循精确的产品价格

顾客总体价值指的是顾客在采购产品和服务时一系列的期望利益，包括产品的价值、人员的价值和服务的价值；客户的总成本则包括时间成本、经济成本和能源成本。精益营销要从顾客价值和客户成本两方面着手，以此确定精确的产品价格。

（三）精益营销追求精简的营销渠道

其实质在于优化从生产到客户的渠道。随着市场环境的不断改善和顾客行为的不断变化，企业应重构现有的分销结构，探索新的营销渠道，提高自身的市场核心竞争力，创建一个更精简、更舒适、更快捷和更高效的渠道结构。

（四）精益营销的本质是建立与客户的双向沟通机制

借助现代互联网技术，精益营销可以打破距离等障碍，实现高效沟通和精准信息传递。传统的分离式信息传递工具只允许信息的单向传播，客户往往处于被动地位，信息和媒体难以统一；而现代网络环境要求信息的双向沟通和传播。企业可以利用网络的互动功能，与来自世界各地的客户进行沟通，客户可以直接提交对公司产品和服务的要求和建议，得到企业积极及时的响应。同时，信息可以在互联网上直接、真实地呈现给客户，可以有效改善企业与客户之间的沟通渠道。

二、精益营销的原则

精益营销的本质是企业通过提供给客户有用的服务和产品以获得长期利益。其核心在于先创造客户的"益"，再产生企业长久的"利"。在营销过程中，持续树立起精益的思维模式，持续性地改进营销活动，最终使得营销收益最大化。通过全方位整合资源，提高市场营销能力，采取有效营销策略，对目标市场有效策划，切实实现如下四大原则[71]。

（一）以占有有效市场为目标

如果企业想要追求长期发展，就应该强调拥有一个有效的市场。有效的市场占据份额包括三层含义：致力于培养照顾大量忠诚客户，不断提高客户的重复购买力；创造长期利益和确保长期有效竞争力的义务；致力于最大化市场收益，实现企业的快速发展。

（二）以客户为基础

企业的一切活动都应以为客户创造价值为核心，以客户需求为基础，以双向沟通为重要手段，视客户为公司不可分割的一部分，以优质的服务和深厚的情感与客户保持长期的合作关系。完善好服务系统，考虑客户需求并设计客户要求的产品；通过对客户满意度查询，将收集的服务信息用于改进服务，为尽可能满足客户要求，提高客户满意度。

（三）以人为本，构建高效团队

员工的发展是企业发展的本质，人力营销是营销活动的本质，只有员工充分参与企业的活动，并在活动中不断提高自己的能力和素质，企业才能拥有长期发展的资本。因此，精益营销原则上应尊重并进一步发展员工，允许员工参与企业的各级营销活动；逐步建立、充分运营一支互补高效的团队，以提高营销绩效；营造学习型团队的文化氛围，建立良好的沟通和知识交流机制，提高员工的合作意识，最终转化为营销的动力。

（四）对营销各要素进行整合

精益营销强调营销过程从产品概念开始到售后服务结束整一个阶段，需要整合不同的因素，集中所有的营销资源，提高市场中存在的差异化运作能力，实现营销策划和实施能力的提高[72]。在设计阶段，营销活动更注重市场调研，准确定位产品；在售后阶段，除了解决客户认为的产品带来的不便外，还要注意去发现新的客户需求。

三、精益营销的层次

精益营销包括三个主要发展层次，即精细化营销、精确化营销和精准化营销。

精细化营销是在准确定位的基础上，利用新时代的信息技术创建个性化的客户服务沟通系统，以实现企业营销成本的效益最大化运营。同时，必须仔细区分市场，实现经营集约化，进一步了解和深化市场，进而达到预期效益。

精确化营销以微调营销为基础，强调通过全面量化和及时获取营销信息来提高营销水平，其主要手段是建立可靠性系统。在数据收集和分析之后，开发营销数据库和统一高效的营销流程。

精准化营销强调系统思维，抓住重点，将突出市场需求为导向，设定精准目标，实现企业整体营销效果最佳，资源定位准确，真正做到低成本、高效率。营销和营销决策不应该仅仅是精细和精确，而且应该是科学的和精确的。

通过分层次、多角度的精益营销活动，企业可以实现营销活动精准化、精确化，在不断地自我改善、自我创新中，达到企业营销管理的新高度。

四、精益营销的特征

与传统营销活动相比，精益营销具有如下特点。

（一）以客户个性化需求为核心

精益营销旨在将企业的所有营销活动建立在准确测量客户需求的基础上，将满足客户的个人需求提高到最大限度。为了建立持久的客户关系，向客户提供更多产品附加值，提高客户满意度。营销管理的重心已从注重业务量增长转向质量管理提高，营销目标已由提高效率和降低成本转变为提高客户忠诚度和业务发展。

随着科学技术的高速发展和全球经济的一体化，客户的竞争成为企业竞争的焦点，电子商务的快速发展的背景改变了客户的传统购买行为。现代科学技术赋予客户选择信息价值的权利；此外，个性化和多样化的客户行为也要求企业保证将营销管理的重点可以随时随地地转移到客户需求的开发和维护上。

（二）全过程、全环节、全系统的营销

不同于精益营销理论，传统营销行为只关注终端的缺陷，而精益营销要求企业对产品的生产、加工、库存、分销、促销和售后给予足够的重视，从价值链的源头上为客户满意度打下坚实的基础来实现企业的价值，是每个活动链接功能的总和，因此删除任何一个环节都会导致客户失去兴趣。

传统的服务是着眼于整个产业，营销是关注于整个行业。但与普遍认知的营销与服务的关系不同，精益营销力求对企业生产全过程的关注，不局限于某一环节的行业营销，更是着眼于产品产业链中各个环节的服务，对其中生产、加工、仓储、销售和售后服务进行全局的规划与服务。

此外，企业应树立下一道工序是上一道工序客户的理念，由此来强化企业内部服务意识。如果每个环节都能达到较高的产品质量和工作质量，那么内部价值链的总价值就非常高。然而，营销价值链管理对每个环节的处理都不同，距离终端或下游连接越近，其对最终总价值的影响越大，就必须做出更大的努力[73]。

（三）全员营销

营销不仅是营销部门的业务，也是所有部门和员工的共同参与。企业员工应注重"以客户为中心"来从事日常业务，不应因部门利益而损害客户利益。员工的服务质量、个人性格、言行举止以及与客户接触的方式和态度将直接影响营销的实现。

为确保营销服务的有效性，企业应为其员工提供标准化培训，用于了解企业需要提供的营销服务的内容和要求，并具备必要的服务技术和能力，来确保员工提供的服务符合公司的服务目标。员工的言行会传达给客户，影响他们的心理和行为，而团队意识、价值观和行为准则会影响客户满意度是否达到最大化。

（四）内部营销

一方面，内部营销是服务营销的重要组成部分，客户越来越关注企业的内部服务质量；另一方面，现代企业希望通过提高员工满意度来提高客户满意度，是否对客户忠诚的设计取决于公司的规模。公司的员工是让渡价值的实现者，为了实现向客户提供的价值，员工的效率和质量直接决定

了员工交付价值的水平。因此，在考虑外部市场工作时，我们还应考虑公司的内部服务质量管理。

在公司实践中，劳动力的使用水平取决于内部服务管理的质量。如果企业能够加强内部管理，更好地为员工服务，那么它就能通过提高员工满意度，去创造更高的客户让渡价值，实现顾客满意和顾客忠诚，最终实现企业盈利。精益营销和传统营销在营销的理念、目的、手段、方式、目的和宗旨上都有所不同，具体如表7-1所示。

表7-1 精益营销与传统营销的对比

项目	精益营销	传统营销
营销观念	以客户个性化需求为核心，把客户吸引进来	以市场需求为核心，把产品推向市场
营销目标	保持良好的客户互动关系，实现双向的信息交流，追求尽善尽美	保持良好的客户关系，实施单向的信息传输，做到尽可能好
营销手段	基于电子商务的整合营销，采取拉动式营销	整合营销，采取存货式营销
营销方式	柔性化营销，适时地调整产品生产和营销活动	刚性化营销，稍有调整产品生产和营销活动
营销目的	满足客户生理、心理的健康需求	仅满足客户的生理需求
营销宗旨	体现企业、客户、社会、生态环境利益一体化，实现社会可持续发展	仅体现企业、客户、社会利益的极大化，并未实现社会统筹可持续发展的一体化

第二节 精益营销的推进思路

一、精益营销的推行原则

精益营销强调的是建立基于全价值链的一个完整高效的营销体系，推崇产品生命周期的全价值链各环节推行精益营销原则。因此，企业要在重视内部价值链的前提下，考虑与供应商、经销商等多主体形成战略合作关系，在为客户减少时间成本、精力成本、财力成本等需求的基础上，寻求各营销要素高效运行为客户全面服务，并实现企业长足发展。主要推进过程中遵循以下原则：

（一）以全价值链思维重新构建客户关系

价值链主要目的在于价值增值，通过利用价值链的思想重构客户关系。但价值链对客户关系的理解是单向性的，只考虑客户的让渡价值，忽略客户回馈给企业的关系价值；价值链对客户关系的理解侧重于产品本身的价值，而忽略了关系价值的重要性。企业价值的创造是通过价值沟通完成的，需要被消费者感知、认同、接受、消费与传播。因此，要从价值链的双向关系上，积极建立互信互利的良好客户关系，为了共同成就对方加强有效沟通。

（二）以价值增值角度统筹构建精益营销体系

从价值创造的角度出发，以精益思想为基础将价值链引入营销，建立基于价值链循环的精益营销体系。对企业营销体系而言，基于精益思想优化流程，消除浪费，利用持续改进的营销体系，使企业营销体系完善高效，为企业提供长期竞争优势和丰厚企业利润。

（三）以价值链增值为目标整合营销体系各要素

基于价值链的精益营销需要企业与客户共同参与进来，通过价值沟通和传递链形成闭环的企业价值链。同时，系统中的营销要素保持相互关联、相互独立。通过系统的增值路径，将各子系统整合到企业营销系统中，完善整个系统的营销功能，使得系统营销效率高于各子系统的总影响力，使公司获得持久的竞争优势。

二、精益营销的运行机理

以整个价值链为基础的精益营销体系，能够在激烈的竞争环境中识别目标客户的价值需求，决定要交付的核心价值，进而整合有价值的营销资源进行识别，这些价值要求可以转化为公司产品的相关销售渠道的卖点，为客户创造最佳的交付价值，使公司获得经济利润。这种高效的精益营销机制是一种重要手段，为了促进价值创造，最终实现企业利益与客户价值的共同价值创造，其主要运行机制包括四个方面：价值发现、价值创造、价值转移和价值管理。

（一）市场研究（价值发现）

市场调研是一项有计划、有针对性的活动，旨在收集、整理和分析市场信息和资源；其提供了一个正确的基础，就是以捕捉当前形势和供需趋势，制定营销战略和企业决策。通过市场调研，深入了解和分析现状，得出客户需求，从而预测市场，这一过程在价值链精益营销体系中起着重要的价值发现作用。因此，市场调研是企业制定长期营销战略和短期营销战略的必要保证。

（二）产品赋值（价值创造）

价值创造不仅是企业精益营销体系的重要组成部分，也是企业价值链中重要的价值创造过程。企业通过创造产品将客户关系的价值转化为客户让渡的价值，通过优化流程、提高生产和运营效率来实现价值创造。企业内部价值创造过程首先包括技术开发、产品开发、产品设计和制造。同时，企业应努力从品牌、创新和公益方面重视产品和服务。

（三）产品交易（价值传递）

产品交易是营销系统中关于价值传递和转化的过程，交易过程主要通过营销渠道完成。构建完善的营销渠道，使企业准确并广泛地接触目标客户群，帮助产品快速到达目标客户群，利用营销推广提高营销绩效，降低交易成本。这是企业实现产品价值转移的关键过程。

（四）客户关系管理（价值管理）

客户关系管理是企业营销系统的核心环节，是通过客户关系管理实现客户交付价值向客户关系价值转变的过程。本质上是追求客户关系价值最大化的过程。一方面，企业通过营销产品或提供服务获得资金，实现企业的经济价值；另一方面，企业通过客户关系的管理与客户保持长期关系，采用密切的沟通和频繁的互动来提高客户忠诚度，获取真实有价值的客户反馈和需求信息，从而为企业制定正确的营销策略。同时，企业的客户价值不仅需要企业自己创造，更需要企业与客户的高效沟通。系统中的价值传播是为了推动企业营销系统，让顾客建立感知价值，从而影响他们的购买行为。

三、精益营销的推行方法

精益营销是一种以客户为导向的战略营销方法，在为客户提供所需服务和营销组合的同时，最大限度地提高营销效益和资本回报。"细化"就是要有针对性、有效率地进行每一次营销投入，不断优化服务营销组合，"效益"是为了照顾顾客的利益。精益营销的实施方法主要从两方面五项工作进行。

其中一个方面是以数量和利润贡献为标准，从品牌细分评价入手，确定四种类型：战略型、潜力型、基本型和普通型。另一个方面是根据价格回报标准计算服务回报率。将每个专业岗位的日均工资成本、合并后与客户经理和营销经理拜访客户的成本及客户能贡献的毛利进行比较，分析服务效率和成本回报，制定估值标准，优化资源配置；无法提升品牌和客户价值的冗余措施、流程、标准和规范应该通过改进、简化、弱化和删除进行控制。

五项工作是开展精益营销的重要方法，具体内容如下：

（1）关于品牌的引进、撤销、采购和交付，确定了一定数量的优秀产品，明确了市场处于领导地位的品牌名单，制定了四种品牌类型的培育和维护策略，即战略、潜力、基础和常态。

（2）制定各区域市场和辖区的市场规划，准确配置人员和资产，制定四个市场的资源配置策略。

（3）建设企业生产经营、工作和员工生活的基础设施建设，落实精益营销的内部服务理念，为经济发展提供基础且必备的条件。同时，基础设施建设涉及居住建筑、办公商用、交通运输和邮电通信等方面，贯穿于产业的每个环节，也涉及企业对员工的关怀，是精益营销落实的重要因素，直接反映精益营销对产业全流程和内部服务的重视思想，也是成功实施的精益营销的必要基础。

（4）在终端客户的客户服务和终端建设方面，针对战略客户、潜在客户、基础客户和普通客户，建立多个简化的营销渠道，明确估值标准，制定服务规范，细化客户沟通，实施现代终端客户建设。

（5）在企业标准化领域，全面梳理营销、客户服务和品牌维护的内容和流程，实施一系列精细化的客户沟通和营销措施，对工作标准和流程进行全面讨论和诊断，并采取措施，为了削弱或取消不能提高品牌和客户价值的冗余行为和标准、流程，方法和规范采取缓解或取消措施。

四、精益营销的 PDCA 循环

精益营销体系的原理就是在 PDCA 的基础上保持持续改善。其中，PDCA 分别是计划、执行、检查、行动，表示的是一个从设立计划到实施计划再到分析结果加以改善的不断循环过程。精益营销应用 PDCA 具体定义如表 7 - 2 所示。

表 7 - 2　精益营销体系中的 PDCA 循环定义

计划（plan）	通过具体的格式和流程去实现营销策略的统一
执行（do）	根据客户需求，将企业的总体策略转化为适应当地情况的形式去执行
检查（check）	从定性、定量两个层面去评价实施的结果
行动（action）	以提高营销水平为目标，在企业系统中实现智慧、经验的共享

在精益营销体系中，一个价值动态流动的过程由价值发现、价值创造、价值传递和价值管理组成。每个子环节都有小批量、连续运行、快速有节拍的 PDCA 循环。企业的正常运作中 PDCA 循环是正常现象，因为量产工序都是短周期的，比如冲压、重复组装等。这些过程中会出现问题，综合分析问题或机会，找出根本原因，制订实施计划，然后评估计划的实施效果，获得预期的目标或结果，最后确定新的流程或方案和制度，定位标准流程，解决方案或生产模式。虽然营销环节更加灵活易变，但运营过程中的问题仍然需要 PDCA 来解决。

此外，为了有效推进 PDCA 循环，企业需要构建工作模式和营销信息系统，使相关人员能够及时、清晰地了解存在的问题、事件发生的原因、效果、对策和进展程度等关键点，同时尽量用量化的数值来描述当前的情况。

第三节　精益营销的推进内容

精益营销的推进内容从营销体系建设、营销渠道管理、营销策略管理、客户管理、品牌管理、售后服务管理六个方面对企业提出具体建设要求。

一、营销体系建设

营销体系建设包括组织架构、管理机制、执行与监控、信息化管理等方面，企业要全方面建立健全精益营销体系，以保证精益营销工作的正常运行，使企业能够满足产品的发展需要，快速响应市场需求。

为了构建行之有效的精益营销体系，企业要着眼于长远的发展战略，采用精益管理的理念，将营销过程中的每个要素视为相互联系、相互作用的子体系，将其纳入精益营销总体系中，使营销过程成为系统的、全方位的有机整体，在构建精益营销体系时要以客户为中心。

企业在进行精益营销体系建设时，首先要制定适宜的企业营销战略，确定营销发展方向以及建设目标。合适的策略目标能为企业的营销计划、市场开拓和企业管理提供有理有据的科学保障，能使企业各个部门和全体员工员共同活动、有序协作，以达到全员参与的目的。精益营销目标的质量关系到企业在市场中的竞争能否成功，是企业在竞争中立于不败之地的关键所在和前提条件。

此外，也要创新精益营销的管理模式。在实践探索中，逐步形成规范的流程式作业方法，创新出台营销激励约束机制。以市场需求为导向，以为客户创造实用价值和改善营销管理为手段，以竞争分析、市场调研与分析、产品战略研究等营销活动为重点，加强营销计划实施监控和营销成本管理，以改进营销计划的可执行性和响应性。

【案例】

丰田公司的精益营销体系的特点分析

丰田公司通过银色宝典、全球知识中心、优秀经验公告的组合方式，将全球最优秀的企业作为标杆，并将成功的营销经验快速传达到每一位企业员工。拥有不同寻常的营销体系和营销方式是他们能够在短短几十年的时间内，从一个小厂发展成为全球领先的生产厂家的原因。丰田公司的营销目标是"必要的产品、零件、信息，只在必要的时间提供必要的数量"，同时，这一思想也是精益思想的延续与扩充。

丰田公司的精益营销体系有两大支柱思想。

（一）持续改善

持续改善是指企业不能满足于现状，需要不断追求更高的附加值。

（二）尊重人性

尊重人性是指企业要尊重客户、员工、股东等所有的企业利益相关者，将利益相关者的成长与公司的发展密切地联系起来。

根据以上精益营销思想，丰田公司搭建出了成功的精益营销体系。这一体系所具有的特点如表7-3所示。

表7-3　丰田公司的精益营销体系特点

提供独特价值	行之有效的精益营销体系要显示出一个企业区别于其他企业的独特性，这种独特性能够更快地获取客户信任，提高企业市场竞争力，帮助企业获得更多的收益。在营销过程中，各个营销要素相互支持和推动，共同构成一个丰富而周密的体系，无论改变体系中的任何一部分，都可能对整体造成影响
竞争者难以模仿	行之有效的精益营销体系在短时间内不易被竞争对手模仿，这一特点能够帮助企业在瞬息万变的市场竞争中脱颖而出。同时，这也要求企业在建立营销体系时因时因地，具体分析企业的客观条件，从而构建特有的企业精益营销模式
脚踏实地的适应性	行之有效的精益营销体系未必是最优秀的，但一定是最恰当的。它能够根据企业所面对的市场环境、企业的性质而进行调整，并且可以帮助企业尽可能地适应市场环境的变化和客户需求的变化

【案例】

某公司精益营销体系建设的方案

为了规划整体营销资源，提高公司营销资源的利用率，建立系统的精益营销体系，某公司结合实际业务情况制订了本方案，根据精益营销的一般逻辑和基本理论，为公司的发展奠定了系统性和前瞻性的战略基础，具体方案如表7-4所示。

表7-4　某公司精益营销体系建设具体方案

产品策略	根据目标特点，确定精准的产品定位，以产品定位为核心，制定公司的规划服务体系和产品发展战略，打造核心的市场竞争力
	建立健全产品开发机制，依据产品的五大层次理论，深入研究目标市场需求变化，适时进行产品服务升级。积极应对市场的新变化，及时满足市场的新需求，保持产品的持续竞争力
	由于宏观市场正在快速发展，而公司目前的营销渠道体系仍旧处于不完善的状态，成长空间很大，且公司整体的经营规模有限，所以不必进行多品牌细分营销，选定目标市场采用单一品牌策略，集中资源打造核心竞争力是更适合公司当前实际情况的营销方式
价格策略	制定原则：价格策略的制定需综合产品定位、市场竞争以及品牌形象等相关因素，统筹兼顾，相辅相成，不仅要实现利润最大化，还要追求整体利益最大化
	定位价格：优质优价，当前价格定位于中等偏高水平，随着品牌形象的提升和产品服务系统的完善，逐步提高价格
渠道管理	明确各机构职能、个人职责，制定清晰的工作流程，实行责任到人，责权对等的行政原则。以SMART原则建立健全绩效考核机制，赏罚分明，究之以严
	建立健全计划、会议、登记统计、工作汇报等相关制度，并严格执行落实。建立清晰的文书体系，使各类管理规范形成有形典章，不仅有规可依，而且有据可查
	构建和维护管理伦理，避免人性化管理风气泛滥导致决策者多议而不决，建立高效的执行文化
	构建系统的目标管理体制，企业年度目标逐级分配，范围任务到人，时间上目标精确到月

精益营销体系建设的实施细则具体如图7-2所示。

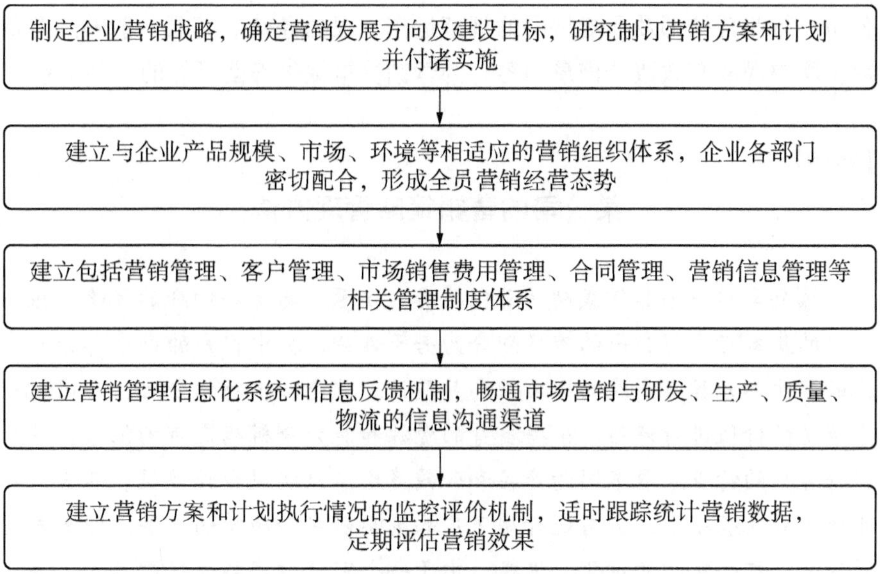

制定企业营销战略，确定营销发展方向及建设目标，研究制订营销方案和计划并付诸实施

建立与企业产品规模、市场、环境等相适应的营销组织体系，企业各部门密切配合，形成全员营销经营态势

建立包括营销管理、客户管理、市场销售费用管理、合同管理、营销信息管理等相关管理制度体系

建立营销管理信息化系统和信息反馈机制，畅通市场营销与研发、生产、质量、物流的信息沟通渠道

建立营销方案和计划执行情况的监控评价机制，适时跟踪统计营销数据，定期评估营销效果

图 7 - 2　精益营销体系建设的实施细则

二、营销策略管理

营销策略管理是企业以客户需要为出发点，根据企业营销经验，获取需求量、购买力等客户信息，有计划地对各项营销活动的方法和策略进行系统管理；也是企业针对目标市场采用多种营销方法（如产品策略、公共策略、价格策略、渠道策略等）的综合。企业要善于大胆探索，寻找科学的适宜的精益营销策略。

营销策略在企业中有着毋庸置疑的重要地位，起到控制全局的作用。企业在进行营销活动时，要全面统筹，从全局进行考虑，建立清晰明确的企业市场目标。将企业各方面资源有效利用起来，根据指定的市场目标分配企业资源和运营要素，以此来加强企业运营的稳定性、市场的可扩性。因此，进行精益营销策略管理也是必不可少的一部分。

在进行精益营销策略管理的过程中，要深度地把握细分市场需求和目标客户群，确保营销方案贴近客户，并能够产生实际效益。在数据管理上，要加强过程管控，建立健全数据库，以保证精益营销数据的可靠性。在执行模式上，要注意创新，做到抓好每个细节，让客户产生便捷舒适的体验，以提高精益营销策略的效率。

　　同时，要建立健全精益营销数据库，通过数据的动态维护促进地区分公司、行业营销部及职能部门的规范运作。根据经营的需要，能够随时从数据库中提取有效数据信息内容，为营销决策提供确凿可靠的一手资料。

【案例】

某公司的营销策略管理方法

　　该公司的一个非常成功的营销策略主要源于其市场细分的策略，根据一定的基本标准将公司的市场划分为若干部分，其中客户的每个部分与客户的其他部分具有高度的同质性和异质性。首先，市场细分后，公司对每个市场的价值进行评估，根据自身的资源和能力分析确定市场细分，然后根据客户的特点采取不同的产品和营销策略，以实现最佳效益。其次，在市场细分的基础上，公司还开展了广告策略研究和独特的方法，即客户利益细分，广告定位的细化、选择。由于每个客户对产品的兴趣不同，关注点也不同。当公司针对不同的客户群体推出不同性质的产品时，伴随着不同性质的广告，使产品深入人心。

　　营销策略管理的实施细则如图 7-3 所示。

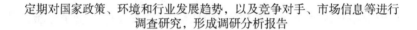

> 定期对国家政策、环境和行业发展趋势，以及竞争对手、市场信息等进行调查研究，形成调研分析报告

> 建立针对主要竞争对手的动态信息跟踪机制，根据竞争对手情况变化及时调整营销策略

> 定期开展产品竞争力分析，包括产品市场定位分析，市场占有率分析、产品获利能力分析、产品结构分析等

> 建立营销计划执行监控机制，对计划执行偏差进行原因分析，制定并落实后续纠偏、预防、改善对策

> 制定符合市场与企业发展需要的合理营销费用测算标准和方法，监控和评估营销费用预算实施情况

图 7-3　营销策略管理的实施细则

三、营销渠道管理

营销渠道管理指的是进行科学管理下的企业营销渠道，从而达到合理配置资源，实现渠道效益最大化。健全的精益营销渠道管理机制能够帮助企业扩大市场份额，稳定营销渠道。因此，在精益营销渠道的规划、选择、控制和维护方面，企业应加强管理，落实责任，合理投资，巩固和提高市场份额，以畅通的营销渠道确保营销战略的实施，使企业具有差异化的竞争优势。

营销渠道是企业与客户之间的纽带，管理营销渠道是提高企业市场竞争力的主要长期战略。随着市场经济的发展，实施精益营销渠道管理甚至成为现代企业关注的焦点[74]。如果公司想要动态地开发市场，他们需要创造更多经济效益的销售渠道。

"得渠道者得天下"，健康、通畅、高效的营销渠道将对市场以及企业产品营销绩效带来重大影响[75]。企业在进行精益营销渠道管理时，需重点把握好一些注意事项。

（一）对营销渠道成员进行平衡的资源分配

在整个营销渠道体系运行中，各渠道间的冲突时常发生。由于企业的性质不同，渠道内各成员在营销资源的分配上形成了不平衡。因此，企业必须坚持平衡原则，即在共同目标的大前提下，每个营销渠道成员都按自己在渠道中所扮演的角色分配到应有的营销资源。处于同一渠道层面的营销渠道的营销资源基本相当。当然，在实际操作中，每个渠道有质量上的差异，对于质量好的营销渠道允许可有一定的资源侧重，但也必须同时考虑对其他营销成员所产生的影响。

（二）对营销渠道成员进行合理的利润调动

营销渠道本质上是依靠利益来维系营销渠道成员，并形成一个利益网络。在网络中的任何成员，一旦在其中无法获得相关收益，那么营销渠道所建立的网络就会变得脆弱，甚至有被摧毁的可能。因此，企业必须减少不同营销区域间水平渠道间的价格差，通过合理利润的获得而调动渠道各层次成员的营销积极性；并且在发展的不同阶段，做出相应价格体系的动态调整以适应发展的需要[76]。

（三）搭建营销渠道顺畅沟通的信息平台

在企业营销渠道体系中，另一个重要的问题表现在各渠道成员间信息沟通的不通畅，市场信息反馈的不及时。信息沟通的顺畅有利于营销渠道成员间行为的规范和有效，避免因信息传达的不流畅和信息偏差，而引起渠道成员内部无谓的消耗和冲突。因此，可以聘请专业公司设立相关的信息系统平台，负责公司信息在各成员间的准确传达和市场情况的客观反馈，同时能促进营销渠道成员间的信息交流。全面地收集来自各方面的信息，对营销渠道的发展和调整具有重要的指导意义，并且为企业的决策提供依据。

（四）制定营销渠道合理的监督和奖惩机制

市场上往往会出现某个零售渠道所售的产品价格低于企业所定的最低限制价格，这是零售渠道监控机制匮乏的主要表现。对此，企业需要加强监督和奖惩机制，对有可能形成渠道冲突的资源投放进行有效的监督和控制，从而在源头上杜绝可能出现的问题。

（五）科学优化电子商务渠道

随着互联网的普及，电商营销平台的优势愈来愈明显，网络营销渠道和传统渠道原则上是针对不同的消费群体，而在网络营销和传统营销相重叠的区域必须考虑两者的均衡性。首先，针对网络营销的特点，厂家需要制定网络营销和传统营销的价格体系，促使产品在线上和线下渠道基本保持一致。其次，要调整网络营销和传统营销渠道的品类结构，采取差异化的营销方式。最后，在营销资源的使用上，网络营销渠道更多地投入到网页的美化、会员的建立、产品形象的推广等方面，而避免单纯地使用在产品价格上的让利。

【案例】

苏泊尔的营销渠道建设的特点

苏泊尔是国内小家电市场的领先品牌之一，但与其他领先品牌相比，苏泊尔在产品层面的差异化竞争并不明显，品牌的竞争力主要体现在具有强有力营销渠道的建设上。营销渠道的运营效率高，对市场尤其是价格战快速响应、运营的灵活性等方面有着明显的优势，成为苏泊尔一直致力于家电行业优势地位的法宝。随着市场的扩展，苏泊尔选择专业公司建立了数字化渠道协同平台，实现了实现与经销商和终端的高效协同，主要优势特点如下。

（1）经销商高效协作：灵活的价格政策、高效的订单处理，并且经销商可基于门户实现在线下单、跟踪和对账。

（2）终端管理：完整的终端数据库，对终端资源投放（样机、导购等）进行管理，并收集终端的营销情况。

（3）移动应用：整合微信实现营销团队、导购员随时随地的业务处理和数据访问。

营销渠道管理的实施细则具体如图7-4所示。

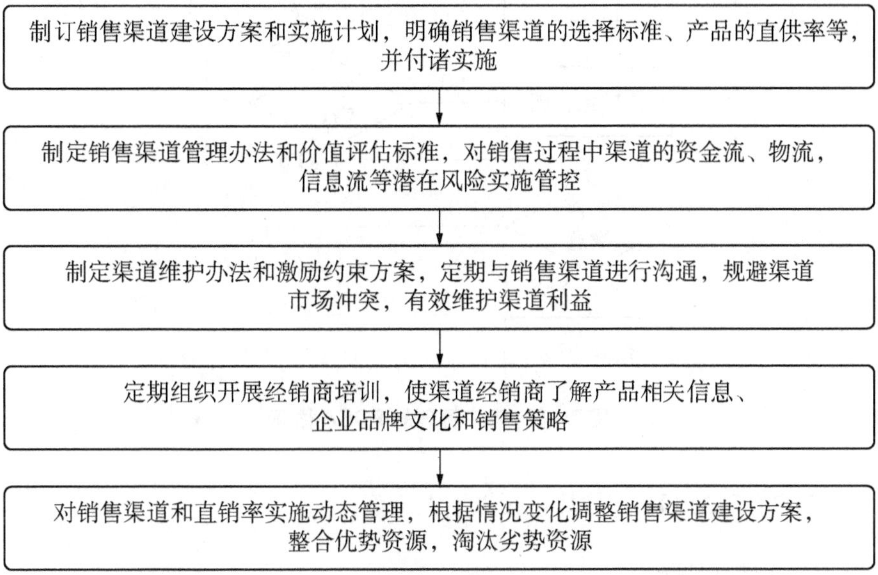

制订销售渠道建设方案和实施计划，明确销售渠道的选择标准、产品的直供率等，并付诸实施

制定销售渠道管理办法和价值评估标准，对销售过程中渠道的资金流、物流、信息流等潜在风险实施管控

制定渠道维护办法和激励约束方案，定期与销售渠道进行沟通，规避渠道市场冲突，有效维护渠道利益

定期组织开展经销商培训，使渠道经销商了解产品相关信息、企业品牌文化和销售策略

对销售渠道和直销率实施动态管理，根据情况变化调整销售渠道建设方案，整合优势资源，淘汰劣势资源

图7-4　营销渠道管理的实施细则

四、客户管理

客户管理是指客户价值管理，通过各不相同的营销原则，以不同的价值满足客户的个人需求，提高客户忠诚度和保有率，实现客户价值的持续贡献，提高公司的整体盈利能力。

客户是企业发展的重要力量。企业应以客户为导向，双向沟通，针对客户需求，将客户视为生产过程的重要组成部分，以深厚的感情和优质的服务与客户保持长期的合作关系。同时，企业应注重完善研究和服务体系，以客户需求为导向，注重产品设计和客户需求；开展客户满意度调查，收集服务信息，改进服务，尽可能满足客户需求；加强客户分类管理和客户满意度管理，定期沟通和客户拜访，有效维护客户关系。

精益营销推行的客户管理具体包括五方面内容：客户评价、客户分类、差异化管理、客户满意判断、培养忠诚客户。这一过程是不断改善不断上升的 PDCA 循环，如图 7 - 5 所示。

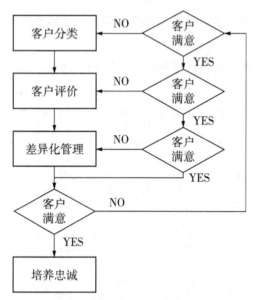

图 7 - 5　客户管理的 PDCA 循环

客户管理的 PDCA 循环包括以下五个部分。

（一）客户评价

客户评价要以精益思想的客户需求拉动价值，同时将评价纳入持续改善的范围，客户价值评价从当前价值和潜在价值两个方面进行。没有客户价值的量化评价，企业就难以做到依据精确的客户价值制定合理的决策，难以实现企业资源的合理配置。所以，对于客户价值的精确评价是客户管理的重要基础。

（二）客户分类

客户分类是以最精确的方式将不同价值的客户进行分类，不同价值的客户为企业带来的收益是不同的，按照"80/20"理论，企业有80%的营销收入都是由 20% 的客户创造的，这 20% 的客户被称为重点客户。不同价值客户进行不同投入，最大限度地提高资源利用率。

（三）差异化管理

差异化管理是指根据细分客户特点制订差异化的管理方案，有效配置和合理使用企业资源，以最合理的资金和人力资源投入，并不断进行细节改进，最终为企业谋求最大限度的经济效益。

（四）客户满意判断

客户满意判断是指针对顾客对其明示的、通常隐含的、对必须履行的需求或期望已被满足的程度的感受进行合理的分析判断。通过针对顾客满足情况的反馈，对产品或者服务性能以及产品或者服务本身的评价的一个综合考量[77]。

客户不满意的原因是多方面的，可能是对客户的定位存在问题，导致高价值的客户被低估而得不到重视；可能是管理过程中出现了问题；也可能是企业营销过程中的细节存在问题。

客户不满意的信息可以帮助企业及时修正和完善工作中的不足。根据精益思想持续改进、尽善尽美的原则，企业针对客户不满意的调查和反馈及时追溯到客户管理过程中的上一环节，一步步寻找问题，改进不足，完成一个客户管理的 PDCA 循环，这样的循环可以将问题消灭在最初的阶段，节省不必要的浪费，提高客户群的整体质量和价值。

（五）培养忠诚客户

客户管理的最终目标是通过精益改进为企业培养更多忠诚客户。美国学者雷奇汉的研究结果表明，只要增加 5% 的忠诚客户，就可以增加 25%～100% 的利润，因此要从细微处培养忠诚客户。

【案例】
某公司客户管理的工作方式

该公司使用适当的技术来协调公司与客户在营销、营销和服务方面的互动，改进其管理模式，并为客户提供创新和个性化的客户互动和服务。目的是留住老客户，让现有客户成为忠诚客户。

公司使用适当的技术来协调公司与客户在营销、营销和服务方面的互动，改进其管理模式，并为客户提供创新和个性化的客户互动和服务。目的是留住老客户，让现有客户成为忠诚客户。该公司对于客户管理工作十分重视，这不仅可以帮助公司高效为客户解决问题，还可以提高客户满意度，提升企业形象。

根据"客户有效信息的收集是分类的前提"的基本原则，该公司对客户进行分类，采取了以下方法。

（一）建立客户信息数据库

完善的客户信息数据库可以收集能够有助于业务顺利高效发展有效信息，帮助公司分析客户出现的问题。该公司致力于寻找满足公司需求、需求明确、消费周期稳定、消费习惯良好的客户，与这些客户建立持续稳定的合作将有助于企业建立有效的客户信息模型。

（二）明确客户管理工作的原则和标准

要落实客户管理工作首先要明确工作的原则和标准。该公司从树立目标，强调目标开始，制定客户管理的流程和相应规矩，稳步前进，完善客户管理系统，同时进行盘点总结，在求同存异中使公司的客户管理工作更加成熟。

（三）定制属于客户的专属服务

定制客户服务不是用所谓的 VIP 标签给客户贴标签，同时也应该给予客户 VIP 待遇，要做到这一点，该公司从产品业务入手。首先，产品设计要以市场为导向，在每个客户之间划分产品定位，针对不同的客户调整产品包装和营销形式，同时营销信息的传递应尊重客户习惯，以客户为导向。

（四）培养客户的忠诚度

客户管理的出发点是调查消费者的使用习惯。其工作不仅仅是收集客户数据，而是为客户带来附加值。通过研究客户习惯，我们可以设计出满足客户需求的产品，帮助客户最大化收获，从而使公司的利益最大化。

客户管理的实施细则如图 7-6 所示。

```
┌─────────────────────────────────────────────────────────────┐
│   根据客户重要性实施了客户分类管理，并制定有针对性的客户管理策略和目标   │
└─────────────────────────────────────────────────────────────┘
                              │
┌─────────────────────────────────────────────────────────────┐
│        对客户关系管理有明确的责任分工和响应流程，保证客户反馈信息         │
│                   能够快速、有效传达                            │
└─────────────────────────────────────────────────────────────┘
                              │
┌─────────────────────────────────────────────────────────────┐
│       建立客户满意度调查、回访管理机制，了解客户反映的问题，制定并落实      │
│                改善措施，持续提高客户满意度                       │
└─────────────────────────────────────────────────────────────┘
                              │
┌─────────────────────────────────────────────────────────────┐
│      制定大客户开发维护管理办法，建立大客户名录，由专项团队负责大客户开发、   │
│                维护、交流及快速响应工作                          │
└─────────────────────────────────────────────────────────────┘
                              │
┌─────────────────────────────────────────────────────────────┐
│      建立大客户价值评估机制，明确大客户认定标准和审批流程，定期组织第三方    │
│                开展企业客户资源忠诚度评估                        │
└─────────────────────────────────────────────────────────────┘
```

图 7 - 6　客户管理的实施细则

五、品牌管理

品牌管理是指企业应制定清晰、准确的品牌发展战略，建立品牌管理职责和流程，定义品牌定位、品牌战略、品牌信息等内容。通过提升产品品质管理、品牌推广管理，持续提升品牌的知名度。品牌管理建设的成功与否很大程度上取决于主动传播和新闻舆论导向。因此，在企业外部，企业不仅要注重宣传正面形象，还要增强社会责任感，为品牌管理助力。而在企业内部，品牌管理指的是企业应鼓励创新，增强职工责任感；建立机制体现荣誉感。真正优秀的品牌文化，不是企业领导人的个人文化，而是融有管理者的思想和智慧、得到员工认同、符合时代潮流、促进企业全面持续健康发展的文化。品牌管理只有落实在员工层面上，把员工个人目标融入整体目标，才能提升企业核心竞争力，凸现品牌文化的整体效应。

要创建强势的大型品牌，关键是围绕以下内容做好企业的品牌管理。

（一）以核心价值为中心规划品牌识别系统

进行全面、科学的品牌研究和诊断，全面地调查市场环境、消费群体和竞争对手，为品牌战略决策提供详细、准确的信息；在品牌研究和诊断的基础上，提炼出品牌的核心价值观，这些价值观高度差异化、清晰、易于感知、包容，能够触及客户的内心世界；规划以核心价值为核心的品牌识别体系。基本识别和强化识别是核心价值的具体化和生命力，使品牌识别与企业营销传播活动的联系发挥作用；使用品牌识别管理企业的营销传播活动，使任何营销传播活动都被解读为传递品牌的核心价值、精神和追求，以确保企业的每一项营销投资都被添加到品牌中，并为品牌的推广积累品牌价值。

（二）理性地扩张品牌延伸战略

打造强势品牌的最终目标是不断实现更好的营销和利润。鉴于再利用无形资产的成本较低，只要有严谨科学的态度来规划品牌扩张战略，就可以通过合理的品牌扩张，充分利用品牌资源的无形资产。因此，品牌战略最重要的内容之一就是对品牌扩张的各个环节进行科学的、面向未来的规划。

（三）科学地管理各项品牌资产

打造具有鲜明核心价值观和个性、丰富品牌联想、高品牌知名度、高溢价能力的强势品牌，积累丰富的品牌价值。首先，要全面了解品牌价值的构成和品牌价值的各项指标，如知名度、质量认可度、品牌联想度、溢价能力，深刻理解品牌忠诚的内涵及其相互关系，在此基础上，结合公司的实际情况，制定品牌发展要实现的品牌属性目标，使公司的品牌建设有一个明确的方向，其次，在"品牌构成"的原则下，实现品牌价值目标，创造性地规划成本效益提升，规划品牌价值的营销传播策略。同时，应不断审查品牌资本提升目标的实现情况，并使其进一步适应品牌资本建设的目标和策略。

【案例】
某卷烟"精益＋"的品牌培育工作方法

品牌培育不仅是烟草企业不断进步的源泉和动力，也是烟草市场发展的动力。为夯实高端品牌培育基础，提高卷烟市场建设能力，卷烟产品聚焦品牌发展战略，以"精益＋"品牌发展为中心，积极发挥企业在烟草品牌发展中的引领作用。具体方法如下：

（一）精益品牌布局

联系需求和辩证，差异化营销是保证。在品牌维护过程中，不能"一刀切"。过于统治的力量会使顾客产生逆反心理。相反，企业应该及时进行差异化营销，将激励营销与竞争营销相结合，提高辖区内客户的订购品牌积极性，将不同品牌的营销压力传递给每个客户。结合"客户在哪里，我们在哪里"的主题营销活动，企业将客户体验作为品牌建设的重要起点，与烟草公司合作，开展广告宣传、培训等多项活动，持续采用新的品牌导入策略和OTC策略，针对客户品牌偏好，分解与市场状况相关的季度任务，实施品牌建设。

（二）精益客户需求

关注订单进行品牌分析和获取客户盈利能力是核心。客户营销是否良好，订单是否积极，一方面，取决于市场的实际需求和辖区的实际消费；另一方面，这取决于客户是否能从每个订单中受益。只有抓住客户盈利能力的"牛鼻子"，才能始终让客户接近公司，让品牌建设成为客户盈利能力的朋友。企业结合所辖市场的实际情况，通过观察核心客户的订单，为客户的品牌订单寻找利润点，以激发客户的订单欲望。推广品牌特征、销售点、文化内涵、销售策略等品牌知识，提高员工对卷烟品牌的认识和理解，强化员工营销意识。

（三）精益品牌宣传

近年来，随着消费者需求的急剧下降，品牌建设变得越来越困难已经成为事实。所有的培育方法和手段都不是"一劳永逸"的，企业应该从客户立场出发，深入不同市场，为了营造浓厚的市场氛围，开展品牌宣传活动，开启新的卷烟消费征程，对消费者反馈、品牌回购率、柜台率、销售率等进行品牌监测，完善客户价格等指标，根据市场信息动态调整投放市场的客户数量。坚持高端咨询，坚持"一品一策""为品牌找客户、为客户做品牌"，重点培育国家重点品牌、区域优势品牌和创新特色品牌，以品牌发展推动结构优化，做好精准营销和低焦油培育工作，有效满足卷烟用户差异化品牌需求。

(四) 精益服务监管

加强管理、控制标准和公司监督是一种手段。创新服务理念，优化服务方式，从各部门寻找思路和方法，号召全体员工提出共同实施的措施，发挥集体的智慧，团结全体员工，促进卷烟销售量稳定增长；营销人员需要分析市场、调查客户，根据不同业务环境和不同层次客户的差异捕获营销需求，重点了解客户反馈和新产品交付率等关键指标，并结合区域市场的特点，采取有针对性的宣传定位策略，促进品牌的良好发展。

客户经理深入市场，引导终端客户买卖，告知终端客户最新的交付供应政策，加强与终端客户的沟通，进一步提高终端客户的忠诚度；通过深入分析农村市场的经营特点，加强农村客户服务，制定有针对性的管理策略，提高农村客户的创业能力。通过积极研究和认真实践，调查有效的市场管理，规范客户行为，优化卷烟市场，维持卷烟市场价格，扩大卷烟市场。

品牌管理的实施细则如图7-7所示。

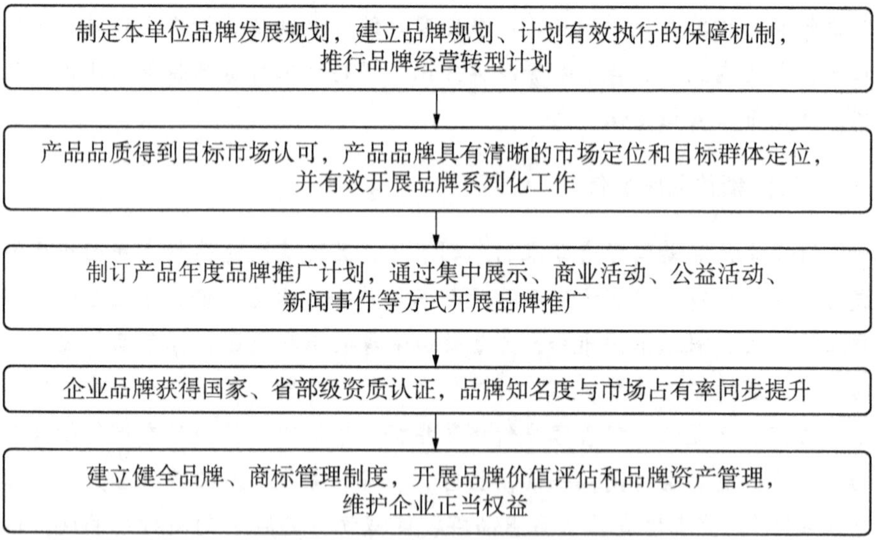

制定本单位品牌发展规划，建立品牌规划、计划有效执行的保障机制，推行品牌经营转型计划

产品品质得到目标市场认可，产品品牌具有清晰的市场定位和目标群体定位，并有效开展品牌系列化工作

制订产品年度品牌推广计划，通过集中展示、商业活动、公益活动、新闻事件等方式开展品牌推广

企业品牌获得国家、省部级资质认证，品牌知名度与市场占有率同步提升

建立健全品牌、商标管理制度，开展品牌价值评估和品牌资产管理，维护企业正当权益

图7-7 品牌管理的实施细则

六、售后服务管理

售后服务管理是指企业对售后服务进行精细化管理，制定售后服务的管理流程及职责，做好市场信息的采集、整理、反馈工作，及时解决客户投诉问题，建立起响应客户的管理机制。售后服务管理有助于企业提高资源利用率，节约服务运营成本，提高客户满意度。

售后服务管理的目的是通过服务为客户创造价值，提高客户满意度，从而带来良好的口碑和后续营销。要紧紧围绕以"客户"为工作中心，对整个售后服务过程进行精细化、自动化、智能化管理，以客户和服务为基石，维护客户关系，挖掘客户需求，为客户提供个性化服务，以服务为导向，进一步优化企业的各个流程，提高内部团队的协作和信息共享，提升企业核心竞争力[78]。

售后服务管理是最重要的环节。如今售后服务已经成为企业必不可少的因素，售后服务的质量决定客户满意度。在购买时保修和售后服务等相关条款可以解除客户的疑虑和波动，从而让客户决定购买商品。

售后服务是品牌管理的产物。在竞争激烈的市场中，随着消费者观念的转变和客户维权意识的提高，客户不再只关注产品本身，同类产品的质量和性能大同小异。在这种情况下，客户选择具有优质售后服务的公司。因此，有效的售后服务管理对于企业提高客户满意度至关重要[79]。企业应建立健全售后服务管理体系，要从产品发展规划入手，结合产品特点，制定产品售后服务相关规划，同时建立客户技术培训机制，以及客户投诉快速处理机制和客户定期沟通机制，对于客户进行全方位服务，以提高客户满意度。

【案例】

某汽车公司售后问题闭环管理流程

在当今激烈的市场竞争中，竞争中的一个关键要素就是"售后问题及时处理"。售后服务反馈问题的及时处理、协调、回复和跟踪等闭环管理是提高售后服务管理水平的一种非常有效的方法。某汽车公司在探索处理售后问题上，建立了一套有流程、有实施标准和实施人的较为完整的工作流程，在售后服务管理过程中起到了积极作用。某汽车公司售后问题闭环处理工作流程如图7-8所示。

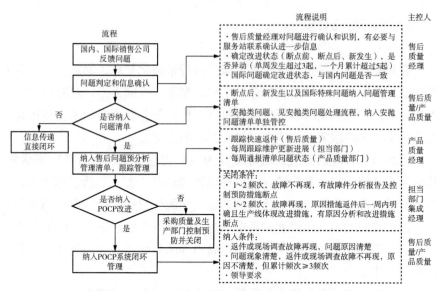

图7-8　某汽车公司售后问题闭环处理工作流程

售后服务管理实施细则如图7-9所示。

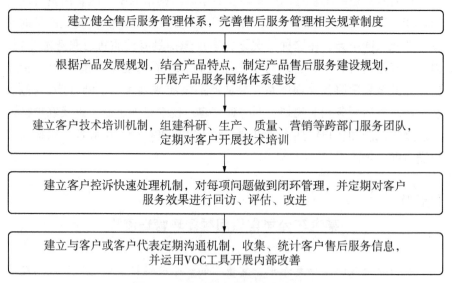

图7-9　售后服务管理的实施细则

【实战一】

某公司的"5P"精益营销模式

近年来，该公司以提高客户服务水平为目标，通过探索一种围绕精益营销的 5P 模式，即精益营销目的（purpose）、人（people）、原则（principles）、过程（process）、实践（practices），推进营销服务业务流程向精益化管理逐步转型，实现由"供应满足"到"服务满足"。

（一）目的（purpose）

将经销商、营销公司和集团公司组成三位一体的营销团队，公司强调的精益营销的"目的"是与经销商建立长期、密切的信任和合作，并作为平等的合作伙伴成长，同时相互信任和尊重，如图 7 – 10 所示。

（二）人（people）

1. 要以相互沟通和换位思考为基础，通过协同合作去实现对于问题的完美解决。

图 7 – 10　该公司精益营销团队

2. 要用创造和挑战的勇气，通过努力去完成起初看起来不可能完成的工作。

3. 营销要体现准时制，即"必要的产品、备件和信息只在必要的时间提供必要的数量"。

（三）原则（principles）

1. 为客户提供最适合的产品和服务。

2. 为客户提供最好的（优于其他厂家的）的产品购买服务和产品使用体验，进而产生二次购买意愿，甚至成为终身客户。

3. 营销公司应将客户的声音及市场的动向及时准确地捕捉并反馈，让采购、研发和生产等部门明确客户的意愿，实现"双向沟通"。

（四）过程（process）

营销的过程要做到彻底满足客户的需求，就需要每时每刻提高客户的满意度，实现再次购买。这就要求营销全过程都要站在客户的立场去思考问题。

1. 让客户更简单便捷地获取产品信息：建立"客户与市场的双向沟通"，将产品的信息准确有效传递给客户的同时，再将客户的要求与意见及时反馈，并在市场机制上采取相应的对策方法。

2. 让客户更轻松愉快地进行参观选择：通过体现对营销、备件和服务的重视，让客户安心地在经销商的营销店进行选购，这就要求公司努力培养符合公司价值、认可公司营销理念、关心客户需求的高素质经销商营销人员。

3. 让客户产生更强烈自主的购买意愿：客户只有在认可了公司产品的价值之后才会做出购买行为，该公司对各种各样的客户需求要做到随机应变，尽最大努力寻找营销的突破点。

4. 让客户更顺利快速地获取产品：按照合同时间准时提供符合客户需求的车辆或服务，减轻客户的担心。同时，要尽量营造"拥有该公司产品是多么自豪"的满足感。

5. 让客户更安心地使用产品，拥有更大的满足感：要建立无论何时、何地、哪个零件出现问题都能够及时得到修理的售后服务体系，赢得客户的信任，提高客户的满意度，从而带来"二次购买"乃至"终身客户"的机会。

（五）实践（practices）

制定营销全过程各个阶段的行动准则，并根据瞬息万变的市场需求进行机敏灵活的对策。

1. 信息沟通阶段。

（1）构建经销商、营销公司和集团公司三位一体的公司营销系统，制定并实践营销的相关措施。

（2）以市场扩张为最终目标，实现长期市场战略与短期营销活动的紧密结合。

（3）通过各种方式，获得营销地区目标客户的信任与支持。

（4）有效地利用各种媒介渠道，让各类信息快速到达客户端。

（5）积极听取客户意见，努力提升产品魅力。

2. 参观选择阶段。

（1）以重视"营销、备件和服务"为标准，尽可能扩大与客户的接触面。

（2）选择认同公司理念的经销商，在明确权利与义务的同时与经销商达成一种"共赢"的合作关系。

（3）结合营销地区的实际情况，搭建具有公司特色的店面。

（4）利用各种资源，打造符合营销地区的营销模式。

（5）通过长期的人才培养机制（包括对经销商营销人员的培养），建立集团公司与经销商相互信任的关系。

3. 决定购买阶段。

（1）用专业的知识和真诚的态度去解答客户的问题。

（2）倾听来自营销现场的意见（客户与营销人员），并积极提供有针对性的培训和支持。

（3）让经销商和营销公司形成一个并肩作战的团队，对每个团队确立适当的目标并定期评价。

（4）将营销活动分解成具体的流程，使其更加清晰、明确。

4. 提取产品阶段。

（1）根据营销情况制订生产计划，让营销与生产紧密结合，最大限度地减少浪费。

（2）积极推进经销商库存信息的透明化，努力探索经销商库存产品的合理值。

（3）通过资金入账情况管理经销商产品的分配，努力实现产品分配的及时化。

5. 使用产品阶段。

（1）以客户的意见为基础，积极推进性价比的提升和品质的改善。

（2）通过高效快捷的售后服务体系实现二次购买，甚至得到"终身用户"。

【实战二】

某公司应用 VOC 工具提升售后服务质量

客户的声音（voice of the customer，VOC），即通过及时与客户进行沟通，了解客户对产品的意见，并反馈到研发、制造、营销、服务系统进行内部改善。某公司在售后服务管理时常遇到以下问题：

从客户角度：

1. 对客户服务热线缺乏了解，用户遇到困难没有第一时间联系服务热线的意识。

2. 对服务网点信息缺少关注，大量车辆出现故障时只清楚就近服务站，而不清楚全国服务网点信息，车辆坏在异地，导致不能及时有效维修，出现无人联系的困境，导致延误工期、浪费金钱等不必要的损失。

从公司角度：

1. 未对用户建立一份详细的客户档案，缺乏对客户的有效管理与监控。

2. 对服务网点及服务热线没有对客户进行有效沟通与宣传，导致客户缺乏了解。

3. 呼叫中心缺少用户定期回访等沟通方式。

4. 缺乏客户产品及反馈信息统计，包括报修类别统计、抱怨类别统计、咨询类别统计等。因此，此公司运用 VOC 工具，对这些问题进行改善，提升售后服务质量，具体实施步骤如下。

（一）报修受理流程改善，提升问题闭环率

1. 前期报修阶段。呼叫中心座席接到用户报修电话后，在呼叫中心系统内建立报修单据，根据用户故障地点、故障内容、安排最近的服务站进行派工并申请委派服务申请单，如用户在维修站内报修，将取消 1 小时回访，后续直接进行 24 小时回访。

在服务站外报修，座席要对用户进行 1 小时首次回访，确认是否有服务站人员与用户联系，如果没有人员联系，座席将服务站计入考核，并通知分公司服务人员及服务站，设立新的回访节点，直至有人员与用户联系并安排。后续座席会在 24 小时之内对用户进行跟踪回访，直至闭环处理。

由于呼叫中心是受理全国的服务投诉、技术咨询的平台，为了能够准确及时地解答用户的各类投诉抱怨及技术咨询，呼叫中心设立了两位专家座席，凡是用户来电投诉或咨询技术问题均由专家座席直接接听受理，大大降低了用户的投诉率，提高了用户的满意度。

2. 故障排除阶段。故障处理完毕后座席将回访用户，将相关的维修内容及更换的故障件填入维修工单内。服务站三包单据上报后，由呼叫中心根据报修单中记录的所换故障件对三包单据进行查询关闭报修单据；查询不到的进行电话回访，确认维修结果。如不符，将结果反馈至三包科，形成闭环验证，直至用户满意。

3. 备件问题。若接到用户或服务站反映备件问题时，座席应在第一时间上报"呼叫中心备件信息反馈表"，由备件班长整理后上报备件营销一处，同时通过 OA 发至备件公司相关领导。备件公司在落实完毕后，将落实结果反馈至呼叫中心，呼叫中心将继续跟踪直至闭环处理。

为了提高服务效率，快速为用户排除故障，呼叫中心要求座席接到用户报修车辆停驶时，第一时间通知分公司、服务站与用户联系，确定用户故障及准备所需备件，同时短信通知各级相关领导，1小时回访的时间提升至3分钟；备件没有只能等的做法变为20分钟内备件公司反馈，30分钟内完成备件组织，由专车或空运进行调拨。全程跟踪服务过程，直至回访用户满意为止。通过此办法的实行，大大地提高了服务的及时性和用户的满意度。进一步体现服务的及时性，提高用户满意度。

（二）建立客户档案，提高服务效率

呼叫中心建立了客户档案，一手掌握了终端客户的信息，实现了对终端客户的管理与监控，呼叫中心定期对用户进行关怀回访。首先，对进行过三包服务的用户进行回访，进一步监控了服务的及时性、准确性。其次，每天还会对新购车用户进行关怀回访，第一时间了解用户的需求，及时解决用户的问题。呼叫中心将大用户及忠实用户设为VIP，并定期对VIP用户进行关怀。通过呼叫中心GPS系统，可以实现对全国服务站的统一指挥、统一调度，还可以通过GPS定位功能实现对全国车辆动态跟踪与监控。

（三）优化业务统计功能，支撑产品改进

呼叫中心还配备详细的业务统计功能，可以对公司各项业务进行统计。包括报修类别统计、投诉类别统计、咨询类别统计，还可以对呼叫中心内部人员进行监控。呼叫中心会将上述统计数据上报至质保部、研发中心及相关领导，为日后生产质量的不断改进提供有效数据。

（四）完善相关制度，优化服务流程

1. 制定首问制服务流程。为了实现首问责任制，对于用户报修时需等备件的情况，呼叫中心重新制定了流程，要求落实用户所在地区及服务站，并落实所等备件的零件号。座席会在第一时间将所等备件信息上报至备件公司并短信通知备件公司领导。由值班班长负责跟踪备件公司反馈结果，并及时反馈至服务站和用户。通过制定这项流程，大大缩短了用户因缺件而误工的时间，也减少了用户的投诉，提高了用户的满意度。

2. 完善客户质量问题处理流程。呼叫中心重新完善并制定了一般信息、重大信息、军车、大用户、送车司机等事件的报修流程，确保各类事件均按相关流程进行安排并及时通知相关部门及领导，大大地提高了内部质量问题的改进效率。

3. 制定调度带班制度。由于呼叫中心执行全年 365 天、全天 24 小时不间断服务，为了避免星期六、星期日及法定节假日期间座席因受理安排不及时的情况发生，呼叫中心于设立了星期六、星期日及节假日服务中心调度带班制度，此制度的执行能够帮助座席提升处理问题的能力，并能不受休假的影响，及时解决用户的报修问题。

（五）创新服务模式，提升客户满意度

以专线服务、区域服务、驻点服务等为主要特征的服务方式，支持主要产品和重点区域市场开拓。如对新产品制定了服务保障预案，以保证新产品在投入使用后如发生问题能进行及时反馈处理。

对特殊产品设立专项服务站，由于特殊产品的性质，针对其设立专项服务站，具体问题具体分析，对于售后服务升级具有很强的推动作用；对特殊专线建立专项服务站，特殊专线也是该公司的特色之一，建立专项服务站可以使售后服务更具针对性；对大客户实行驻点服务，使大客户能够获得更优质的售后服务体验等。

（六）加强人才培养，提升业务素质

1. 一班一省，促进交流。每个班次的座席代表下班后，对当天的重要工单、业务难点进行总体点评，做到每日事每日毕。对个人当天的工作进行简短小结，反省错误、交流经验，随着时间的推移每个人对呼叫中心的工作都能熟能生巧、独当一面。

2. 一周一课，促进学习。每周由班长在一周内的话务质检情况在录音点评上给予分析，让大家多学习服务态度好、工作认真负责的座席的工作录音，通过比较学习，检查自身工作的缺陷，来改进自己的工作态度和工作方法。

3. 一月一星，促进竞争。开展月度"服务之星"评比和岗位竞赛活动，从业绩、服务技巧等方面评选出当月最佳服务之星，展示在班组园地"服务之星"展示牌上。

【实战三】

某重卡集团"同步全程跟踪服务"体系的构建与实施

鉴于国内重型卡车市场竞争日益激烈，客户对服务的需求不断增加，以提高竞争优势和客户满意度，结合"营销一体化"模式，建立并实施"同步全过程跟踪系统"通过推广积极的服务、正确的备件交付、提高整车交付质量、加强现场操作培训，不断提高售后服务质量和客户满意度，积极扩大品牌效益，加快对质量问题的快速响应，考虑客户沟通和回访等[80]。

"同步全程跟踪服务"是指从合同评审环节、车辆转运环节、车辆交付环节、跟踪服务环节、总结评价环节五个环节，通过进行组织监控，全过程各环节同步进行主动跟踪服务，如图 7-11 所示。

图 7-11 "同步全程跟踪服务"五大环节

（一）整合营销一体化，构建"同步全程跟踪服务"体系

在市场竞争加剧和战略适应的情况下，在产品设计、销售、促销、保修、客户服务、备件供应和客户期望等方面，以产品的设计价值为重点，提高市场竞争力，使内部营销单位的资源位置和营销标准有效地适应价值链[81]。"营销一体化"的核心价值在于为营销部的产品价值和技术保障、服务保障部的营销理念创造附加值，以实现更高的客户满意度，提高服务营销的整体水平，提高营销的核心竞争力。

随后，该公司通过对"营销一体化"运行及售后服务体系现状的分析，构建了"同步全程跟踪服务"的体系，旨在推进"营销一体化"模式。在"同步全程跟踪服务"的推行下，不断完善售后服务制度，将市场反馈的服务问题及时分析，将"用心服务"做到实处，切实提高顾客的满意度。

（二）确定服务保障方案，顺利实施"同步全程跟踪服务"

1. "同步全程跟踪服务"适用的范围。该公司结合终端市场车辆营销情况，制定了同步服务合同范围，明确范围后，分公司按照适用范围在合同中进行标注或填报"同步服务合同申请单"进行上报，营销人员（合同签订人）为"同步服务"执行的第一责任人。

2. 服务保障方案的填报。"同步全程跟踪服务保障方案"是执行同步服务的主要依据，为规范填写，提前设计了保障方案的模板，合同签订人需根据模板格式内容逐条认真填写。

（三）实施备件精准投放，奠定"同步全程跟踪服务"配套基础

在此行业中，由于型号众多和产品改进，备件种类复杂。为了达到服务备件的准确储备，在一定意义上影响服务及时性的因素已成为主要因素。"同步全程跟踪服务"注重备件的准确交付，并通过多种措施最大限度地实现备件的准确交付。

1. 备件精准投放额度的确定。依据同类型车辆在三包期内发生的故障件频率及费用，针对不同区域，按车型制定出备件投放额度，并进行滚动投放。

2. 备件精准投放计划。认真分析此批车用户的使用工况和特点，结合车辆系统提出准确的备件清单。再次依据生产配套表，落实零件状态及数量，确定备件计划的最终明细，并做好投放额的分配。

3. 备件精准投放流程。对专项保障服务站及配送中心库存备件进行梳理，对照已确定的易损件清单，制订发运计划及数量，做到易损件精准投放、车到备件到，按周监控易损件消耗情况，并及时调换补充。

（四）严控车辆交付，从产品初期导入"同步全程跟踪服务"

1. 设立客户代表。同步服务体系设立了专职的客户代表，在车辆下线后，站在客户角度，协同质量管理部对"同步全程跟踪服务"的合同车辆逐台进行验收，将此车型前期易出故障确定为"禁止故障清单"，列入验收重点，从车辆营销的源头严格控制车辆的出厂质量。验收过程中出现禁止故障的，对责任单位进行双倍考核。

2. 强化新车检查。加强监控车辆转运质量，车辆发车时，由送出司机对车辆进行完好性检查，如在交车时出现问题，经销商或用户不予签字，对送车公司的送车费用不予结算，保证车辆在送车过程中整车的完好，提升车辆转运质量。

3. 车辆交付培训。车辆交付培训可以提升驾驶人员的操作技巧，减少误操作，提升驾驶安全和节油效果，提升车辆的使用寿命。同步服务体系，要求培训讲师提前详细了解产品基本配置和特殊要求，对于特殊车型，要求从产品制造的源头开始详细掌握产品细节，直至产品完全下线。培训讲师依据产品基础课件，结合产品配置和工艺指令，编制定制版的用户产品操作、维护、保养及维修技术课件，解决客户使用产品"安心"的问题。

（五）加大主动回访力度，确保"同步全程跟踪服务"质量

1. 回访要求。"同步全程跟踪服务"体系要求每份合同的签订人必须定期对客户进行实地走访，要求首月到用户处进行实物检查两次，次月和第三个月每月前往一次，主要是主动和客户沟通，了解车辆使用情况及提出的改进意见，其次对所有车辆进行检查，及时解决问题，将车辆运行情况，及时以微信形式进行通报。

2. 客户档案建设和全寿命期的支持和关怀。公司及时建立了"同步全程跟踪服务"合同客户档案，及时做好电话监督回访工作，呼叫中心首月每周回访一次，第二个月和第三个月每两周回访一次，同时记录回访情况。每月末、季末，将对"同步全程跟踪服务"进行总结评价。对营销各分公司执行"同步全程跟踪服务"合同的数量、效果进行排名，总结好的经验，不断改进不足之处。

3. 针对不同客户进行合同差异化制度的执行。该公司将不同客户的需求全部纳入"同步全程跟踪服务"体系中，按照主要做法执行的同时，采用服务工程师驻点跟踪服务模式，现场进行保障系统模式，结合客户的使用特点和特殊要求，使车辆问题能够及时有效得到解决，并以最佳状态运行，完成既定任务目标。

（六）强化质量问题快速反应，确保"同步全程跟踪服务"各环节落地

将"同步全程跟踪服务"的各环节责任落实到人，专人负责每项工

作，有效利用微信平台进行监控督促，并实施"周通报、月评比"予以激励考核，确保各环节执行到位。

该公司成立工作小组，各尽其职，以强化车辆入库质量，提升车辆交付质量，提高服务备件精准度，加强与终端用户的沟通。同时，建立微信平台，由于微信平台的便捷性和及时性，从环节监控、快速调度、技术交流等方面传递信息，不仅可以有效监控所有连接，而且还可以第一时间捕获重要的故障信息，提高通信效率。

此外，该公司针对"同步全程跟踪服务"合同车辆，在交付客户时建立客户档案，列入 VIP 用户开通快速通道。呼叫中心在接到用户报修后，及时通知就近服务站进行处理，在派工后每小时行一次回访，直至车辆修复完毕。在车辆发生较大问题或现场无备件时，及时升级处理，直至闭环。

该公司制定并严格执行考核评价制度，做到"周通报、月评比"。根据"同步全程跟踪服务"重点合同的上报比率、服务保障方案上报质量、各环节的执行情况、新车检查、培训和微信回访上报质量及客户满意度回访情况进行评价，将考核结果落到实处。同时，总结好的经验，树立积极典型，不断完善制度。

"同步全程跟踪服务"作为该集团近年来强化服务的新制度，经过数年的推行，在客户满意度提升的同时，服务费用明显下降，并产生了多方面的积极效应。同时，该集团构建的售后服务创新的"同步全程跟踪服务"体系对行业也有很好的推动和借鉴意义。

第八章 精益人才育成

第一节 精益人才育成的思想内涵

一、精益人才育成的定义

精益人才是指理解精益思想理念、掌握精益方法和工具、具有持续改进能力、能够结合本岗位实践、以问题和价值为导向进行精益改进的人员。这类人员能够通过一系列精益改进工作促进公司内部业务流程的优化，从而提高公司的生产质量和效率，降低成本，最终推动企业经营业绩指标的改进和提高[82]。精益人才工作的业务领域涵盖整个价值链所有业务部门的不同层次的人员，包括生产、采购、物流、财务、人力资源和营销等人员。

而精益人才育成，是指企业围绕精益管理人才战略目标，运用全面、系统地精益工具方法，精准把握人才育成核心意义，根据不同发展阶段人才需求，建立定位精确的精益人才推进思路，从建设管理人才、科技人才、技能人才三个人才队伍出发，建立起满足自身需要的精益人才团队。这个过程需要全员参与到精益管理活动中，统一精益人才育成本质核心，建立科学合理的人才育成评价体系，有计划地开展内外部培训，培养一支具有全面改善能力的内训师，健全和完善精益人才培养体系，将精益人才育成逐渐演变成企业的一种共识文化。精益人才育成的思想内涵如图 8－1 所示。

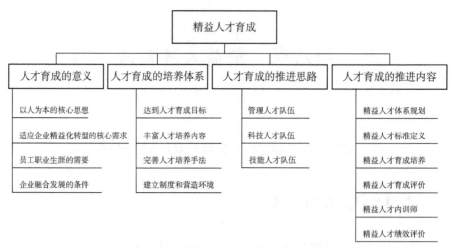

图 8-1　精益人才育成的思想内涵

二、精益人才育成的意义

人是企业最重要的资源核心思想，体现"重在育人"是实现企业理念的重中之重。企业要以价值创造为导向，坚持"尊重人性，以人为本"的原则，通过精益人才选拔、培养、使用、评价、激励五大路径，构建高效精益人才育成体系，育成一支具有较高精益素养的，由中高层精益领路型领导人才和精益管理改善型人才组成的高素质人才队伍。这样一支具有精益理念和持续改善能力的人才队伍是助推企业变革转型、增强企业竞争力、促进企业持续健康发展的核心骨干力量[83]。同时，不断探索建立企业精益人才育成体系，为企业高质量发展提供人才支撑，实现企业需求和人才规划的相辅相成。

（一）体现以人为本的核心思想

以人为本是科学发展观的核心，为了实现对人才的尊重，要求企业自上而下贯彻以人为本的理念，通过实行人才育成活动，把开发人才资源、激发人才工作热情放在首位，最大限度地发挥个人能力。尊重人才是要平等待人，激发人才潜能的动力；爱护人才是要对人才不断培育成长，培养人才的核心能力。通过建立相互信任、相互尊重、团结协作的企业精神，充分发挥人才的智慧和创造力。

（二）适应企业精益化转型的核心需求

在企业面临升级转型的关键时期，为了降低成本和提高效益，逐步转型为精益企业，需要增强人才育成能力，培养具有高素质、高技能的人才以支撑企业转型。但当前缺乏具有相当精益素养的领导人员和专业人才，严重制约了管理精细化，不能有效地将精益思想、解决方法高度融合到生产经营过程中。为此，各企业迫切需要构建高效的精益人才育成体系，培育一批具有精益改善能力的高素质人才队伍，为企业转型升级提供人才支撑。

（三）融合员工职业生涯规划与企业发展的需要

企业实现高质量发展需要具有精益素养的人才，而精益人才的自我价值实现需要企业提供展示平台和发展通道，二者相辅相成。为此，建立完善人才育成激励机制，为人才搭建良好的育成平台和职业发展通道，激发人才活力，促进企业高质量发展；同时，人才要契合企业发展，不断在精益管理中实践，提升自身精益素养，成为专家型人才，为企业持续高质量发展贡献智慧和力量。实现企业与人才间价值创造的共建、共进、共享、共赢局面。

三、精益人才育成与传统人才育成的对比

（一）传统人才育成

传统人才育成尚不能满足企业转型发展需求，未能建立起科学、完善、可持续的人才培养机制，人才培养力量相对薄弱，具体培养方法也存在不少缺失，主要体现为如下问题。

1. 培养机制缺失。很多企业还未建立专门的人才培养系统，这在一些非公有制的中小企业尤其普遍，由于培养机制欠缺，员工的水平只能长期停滞不前，或者只能依靠工作经验来提高自己。大多数员工的水平没有差别，也没有足够的机会提高自己的知识和技能，导致失去了很多优秀人才。因此，建立健全的人才培养机制是现代企业必须考虑的首要问题，只有更好地培养和管理人才，企业才可以实现长期稳定的发展。

2. 培养力量薄弱。在构建完善的人才培养体系的同时，企业还要具备专业人才的培养能力，以提高精益人才的专业知识水平。但是，许多传

统企业对人才培养重视不够，这一部分资金投入不足，对具有讲师能力的潜在人才开发重视不够，而第三方培训机构又可能因为不熟悉企业而造成培养效果不佳，这都大大降低了人才培养的效率。企业缺乏积极性和探索性的扶持政策和保障措施，直接影响人才培养的效果。

3. 评估方法不足。在人才培养过程中，需要对培训的员工进行考核，以评估培训的效果，并采取更有针对性的培训措施，每次培训结束后，对所有员工的学习成果进行适当的考核。而考核带来的压力会引起员工对人才培养的重视，提高人才培养的效率，然而，一些企业缺乏合适的评估方法，或者评估方法的可行性和实用性不高，使人才培养难以长期有效地进行。

（二）精益人才育成

精益人才育成注重在培养理念、培养机制、人才引进和激励制度等方面全面建设，企业充分创造条件实现传统的人才管理迭代升级向精益人才培养体系转型。

1. 树立正确人才培养理念。企业首先要树立正确的人才培养观念，加强探索，积极采取各种切实可行的措施，借鉴同行企业的经验，将企业文化与行业特色相结合，树立具有公司特色的人才培养理念，在明确人才培养理念后，再明确公司对优秀人才的需求，即明确了人才培养的方向和目标。

2. 完善人才培养机制。人才培养机制是一个需要各方面的合作配合的有机体系，为了促进人才的持续成长，发挥人才培养机制的长期效果，企业要从长期发展的战略角度出发，发挥出凝聚企业人才力量的功效，形成人才之间的新型的"竞争与合作"的关系。创新型竞争包括新型的竞争关系和方式制度化，能够更好地满足企业业务发展和人才成长的需要。因此，在制订人才培养计划的时候，要根据不同人才的实际情况，制订更加详细的培养计划，同时建立起人才培养的评价标准，进一步明确人才培养的方向。

3. 畅通人才引进效率。通常，有些企业无法完全避免人才的流失，同时也会通过不同的方式不断引进新的人才。引进新的人才后，将他们迅速纳入人才培养体系中，使其更好地适应企业业务发展的需要，尽快发挥出优秀人才的作用[84]。这就要求企业的人事部门制订出合理的人才配置需求计划，同时其他部门也应该充分参与到人才引进工作中来，认真分析本岗位所需的人才要求和长期发展目标，尽可能详细地明确本岗位的职责和技能要求，为人事部门的人才引进和技能培训工作创造有利条件。

4. 建立健全人才激励措施。人才激励措施是现代企业管理中重要组成部分，绝大部分企业都有自己的一套激励措施，在促进人才成长方面发挥出了巨大的作用。但是，随着企业成长和发展时期不同、人才结构和特点不同，企业的人才激励措施也不能一成不变。企业需根据人才特点、属性、企业发展目标及愿景等进行相应的变化，不断完善其实际作用。企业可以选择打破以往单一的晋升通道，建立健全较为多元的人才激励制度，如技术技能岗以发展技术水平设置为主，管理行政岗以发挥组织协调能力设置为主，建立多岗位轮流激励机制等。这对所有员工来说都是一种激励，也能促进企业内部的"血液循环"，优化人才配置和结构调整。

（三）精益人才育成与人力资源管理的对比

传统意义的人力资源管理是利用招聘、培训、薪酬等形式对人力资源进行管理工作，主要划分为人力资源的规划、招聘与人员配置、人员的培训和能力开发、绩效和薪酬福利的管理以及劳动人员关系的管理，是企业实现人尽其才、事尽其人的管理方式。而精益人才育成是对传统人才管理的进一步改进，注重"以人为本"，旨在通过人才培育和相应管理体系将人才培养为企业转型精益化的有利助力，使得员工职业发展与企业发展方向高度匹配，并完善整体流程的制度，达成人才的培育要求。而员工作为企业的前进推动者，对其实施有针对性的精益人才培养和管理，符合企业精益化管理和发展的需求，能够进一步促进企业的精益化发展。

四、精益人才育成的培养体系

企业期望建立精益人才体系保障全价值链精益管理持续改善，则必须将人才发展这一主题提升至企业战略层面进行规划，牢固树立"尊重人才、崇尚知识、重在实用"的意识，通过企业的发展愿景来传递出企业对人才发展的态度，努力把人力资源优势转化为人力资本优势，把人才优势转化为竞争优势。聚焦企业人才育成战略目标创造，以建设全价值链精益培养内容和精益人才培养方法为抓手，围绕协同发展的精益人才培养方案、讲师团队、组织协调为核心，以知识、技能、心态为主要培养内容，以岗前训练、在岗培训、方案训练、轮岗训练为培养方法，深度融合人才培养制度和人才育成环境，形成人才育成环境，打造全价值链一体化协同的精益人才培养体系，如图8-2所示。

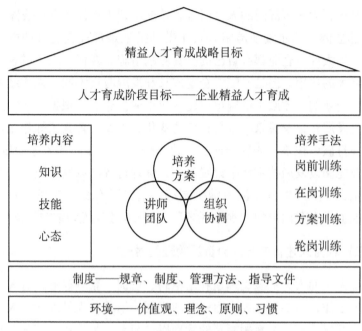

图 8-2 精益人才育成培养体系

（一）建立人才育成目标

在企业精益化的过程中，需要大量的精益人才作为支撑，就是要将企业价值理念与育人标准结合起来建立科学合理的人才育成目标。把企业文化的要求贯穿于整个人才育成的过程中，在考核和评价中融入企业文化要求，逐步建立和达到每一个人才育成的阶段性目标，最终实现企业拥有大量精益人才和完善的精益人才培养体系，保障全价值链各环节持续改善和不断进步。

（二）丰富人才育成内容

在企业精益人才育成的培养体系中，培养内容作为其中一大支柱，主要分为知识、技能、心态。不仅要把标准化作业、班组建设、看板拉动、现场管理等基础知识作为精益人才培养的内容，还要把精益战略、过程控制、准时化物流、拉动式生产等更综合实践内容作为提升能力培养。知识方面，需要学习精益工具方法等内容。主要包含精益理论，即运用精益思维，用最小的资源投入，创造出尽可能多的价值，为顾客提供新产品和即时服务。现场 5S 理论，从五个方面进行整顿，训练员工，强化文明观念，使得企业每个场所符合 5S 精神。TPM 即全员生产保全，以提高设备综合效率为目标,以全系统的预防维修为过程,全员参与设备保养和维修。在技能方面,着重提高解决问题的能力。生产运营过程中要具备发现问题的能力、处理问题的能力、持续改善的能力;在心态方面,要根据不同企业文化更好地融入精益理念,建立精益管理良好心态,包括尊重信任、反求诸己、持续改善、以身作则、勇于挑战、以身作则、身教言传、团队和谐等。

(三)完善人才育成方法

企业要按照员工不同阶段和不同岗位分阶段培养。第一阶段是岗前训练。对新入职员工,企业将必要的知识、技能、工作方法准确及时地传授给他们,并结合"三现主义",采用道场训练等方式,搭建一个集实战、模拟、研讨为一体的多功能训练基地,为岗前员工提供良好的实习机会。第二阶段是在岗培训。这一阶段主要采用在职培训(OJT 培训),强调让员工自己在实践中进行学习,采用问题解决(TBP)学习方法,结合多技能培养以及工作教导,完成这一阶段的目标。第三阶段是方案训练,即制订明确的符合不同岗位的人才培养方案,合理有计划地通过项目来筛选精益先锋作为培养对象,方案具体包括知识技能培训、项目实践、达成项目指导与提升三个方面。最后一个阶段是轮岗培训,这一阶段的员工已经符合精益人才的基本要求,更多的是补充新的知识和能力,让员工能获得不同岗位的工作经验,这样使其对整个企业各个工作环节都有所了解。

(四)建立人才育成环境

作为精益人才培养体系中的基础,企业需要针对员工详细严谨地拟定相关的文件、规章制度、管理办法,将制定的内容落实到细节,给予员工足够的信任感和安全感,让人才的培养体系都有迹可循、有章可依。同时,在企业环境中,根据企业文化树立良好的价值观、理念、习惯原则,营造出尊重人才、开放包容的氛围,创造一个更公平、更宽广的平台,让人才自身价值得到充分尊重和实现。

第二节 精益人才育成的推进思路

优秀的、素养高的人才队伍是企业的核心竞争力,是企业发展最宝贵的资源,是企业不断成长的关键。要从管理人才队伍、科技人才队伍和技能人才队伍三个方面加强专业领域的人才选拔和培养，逐步推进企业的人才培养体系建设，为企业的可持续发展提供重要保障。

一、管理人才队伍

管理人才是指企业董事、高层经理以及从事经营管理的专业性人才，即对企业进行管理性、统筹性的劳动，对企业发展壮大起重大促进作用的人。企业要想发展得持续长久，必须在复杂激烈的生存环境中保持旺盛的生命力，培养一大批优秀的管理人员以及高素质的企业家。

管理人才队伍首先要突出管理者的综合素质，即组织协调、规划企业发展、科学性地组织人、财、物等特点。管理人才的价值不在于任劳任怨、埋头苦干、服从领导，也不在于提供各种精专的知识、工具、观念和

选拔优秀管理人才	企业应注重选拔具有较高学历和良好思想素质的优秀青年人才，针对具有巨大发展潜力的优秀人才，实施持续跟踪培训。注重保护优秀青年人才工作的积极性，为他们的健康成长提供必要条件。同时，建立预备人才的工作责任心，实施"一人一策"的培训计划，实行重点定向培养。坚持备用结合，实行带职制度，采取助理制、交叉任职挂职等多种方式，大胆使用成熟的预备人才，在实践中培养优秀的企业管理人才
调整管理人才队伍结构	企业着力培养优秀的管理人才队伍，一是要加快企业管理人才队伍结构调整，不断掌握现代手段，不断提高企业管理人才的市场运作能力和管理能力。进一步健全和完善企业管理人才储备库，实行动态管理，不断优化结构；综合运用企业内部培养、市场公开招聘和外部引进等方法，建立一支数量充足、结构合理、素质优良的企业管理后备人才队伍。企业要鼓励管理人才以企业管理为终身职业，维护企业管理队伍的稳定，促进专业企业家的培养
丰富管理人才培养方式	促进企业管理人才参加在职学习，提高人才教育水平，加强MBA、EMBA等高级企业管理人才的培养，定期邀请国内知名人士、专家、学者和实战派讲师授课，向国内外派遣优秀企业管理人才进行培训，通过各种形式的培训和锻炼，加快造就一批掌握现代企业管理知识、熟悉国际惯例，适应企业快速发展的需要的优秀企业家和企业管理人才队伍
建立后备管理人才制度	企业要注重抓好后备人才的培养和储备。建立后备人才制度，引导和督促企业管理者加强对后备人才的选拔培养，确保企业健康持续发展。注重培养高级财务管理、市场营销、经营管理等管理人才，培养能够参与国际市场竞争的外向型、复合型人才

图8-3　建立管理人才队伍流程

术语，更不在于职称、头衔或地位；而在于依靠自身的努力、才干和贡献意识促进组织产生有效的成果。为实现人与企业的协调发展，企业必须加强高层次、复合型的管理人才队伍建设，要在选拔培养上下好功夫，着手调整管理人才队伍结构，不断丰富人才培养方式，建立好后备管理人才制度，努力培养一批高素质、专业性强的管理人才队伍，建立管理人才队伍流程如图 8 - 3 所示。

【案例】
某公司职业经理人的培养

某公司的人才理念是一个相当完整的体系，其中最主要的一条就是不断培养职业经理人。

职业经理人即以经营管理企业为职业，通过管理企业来实现自身价值的专职管理者。职业经理人内涵包括两个方面，一是职业化的经理人，职业化以职业素养、职业技能和职业行为规范为标准，职业化的经理人就是以经营管理企业为谋生手段的人，他必须具有良好的专业素质和职业操守，既要有理论功底，又要有实战经验。二是经理人的职业化。经理人的职业化是指经理人按照市场化的方式被配置到经营管理的岗位上去，经理人位居的不再是一种"官位"，而是一种职业岗位。

(一) 某公司职业经理人三大核心素质

某公司确立了全面培养职业经理人的管理思路，逐步完善分权与授权机制，建立了投资、决策的专业委员会运作模式。在这样的运作平台上，董事会与经营班子之间是"委托与代理"的关系，战略决策和具体执行彻底分离。与此同时，提出了该公司职业经理人的三大核心素质，如图 8 - 4 所示。

(二) 职业经理人的胜任素质模型

经过不断的实践，该公司提炼总结出 36 个指标的胜任素质模型并在全公司正式推行。模型分"通用胜任素质模型"和"领导力胜任素质模型"，并划分"销售""设计""工程""客户服务"等 5 个分专业的胜任素质模型，如图 8 - 5 所示。

工作理念	要求勇于承担工作责任，有进取意识；公司利益至上，具有全局观念；以积极的态度对待困难和遗留问题；接纳差异，用人所长的领导心胸；善待客户，一切从市场出发；尊重规范，不断改进；具有开放的心态，善用、整合资源，善于创新突破，有能力找到解决问题的办法；不回避矛盾，大胆管理；思维严谨，工作计划性强；客观敏感把握，控制到位
管理技能	要求是善于激励，有号召力；能营造有效沟通的氛围，让沟通成为习惯；有效授权，控制得当；培养直接下属，鼓励别人学习；科学决策，压力管理；组织管理以及时间和会议管理
专业技能	要求是精通本行业的专业技能，知道如何应用；有系统的理解能力和专业创造力

图8-4 该公司职业经理人的三大核心素质

管理自己	首先要有职业精神，热爱自己的岗位和工作，主动、敬业、有责任心、诚信，愿意把时间和精力投入工作中；要有学习能力，寻求、吸取与企业或自身工作有关的信息或知识，发展和提高自己的工作能力；还要有应变能力，能对自己的行为方式进行调整，以适应企业快速发展所带来的变化和个体差异，能够承受压力
管理他人和团队	首先要激励下属，通过树立榜样影响下属，注重下属的发展需要，鼓励下属并帮助其制订计划，指出其不足使其能采取合适的行动以获得提高；其次良好的人际沟通，就是通过多种途径有效地交换、表达、倾听信息，与同事和客户建立信任关系，有效开展工作；最后坚持团队意识，要求能与本部门或其他部门的员工进行协同合作，实现共同的目标，并能在团队中担当领导角色
管理任务	这方面的要求有四项能力，一是具有企业意识，理解公司的核心观念和目标，了解公司运作，把本部门的工作和企业发展联系起来，具有客户意识；二是具有解决问题的能力，善于发现问题并对之从多个角度进行分析，寻求较好的解决方案，能寻求创新方式解决问题；三是具有组织执行的能力，有效计划、组织、安排、完成上级布置的任务，确保本部门的工作有序、正常进行；四是具有专业胜任能力，具备完成各职能领域工作所需要的主要知识和技能等

图8-5 该公司职业经理人的培养要求

（三）职业经理人培养的目标和方式

在培训与开发目标上，要采取分类培训与岗位培训递进相结合的培训方式，以求培养出三种类型的经理阶层：专业技能型、管理常务型、创新经营型。针对不同类型经理人的技能与综合素质培养，均有很强的经营管理技能要求，如专业管理软件、人事管理、财务和经济管理能力等；同时又有多项综合能力要求，如计划能力、决策能力、组织沟通能力、实际操作能力等。根据职业经理人成长类型不同而采用不同的培养方式，可归结为以下四种类型：从基层成长起来的、对外招聘直接到位的、从总部下派的、从不同业务口调来的。职业经理人培养方式如表8-1所示。

表8-1　职业经理人培养方式

培养方式	集中授课	自觉考试	工作研究	电脑模拟	会议旁听	岗位轮换	案例分析
特点	目的性强	时间灵活 不占工时	深入实际 易于交流	时间灵活 专业面广	上级现场 言传身教	实际操作 知识面广	剖析历史 指导现实
缺点	较难组织	周期较长	范围较窄	缺乏实作	专题性强	专业不深	历史局限
优点	适用于 集中培训	适用于 自我培训	适用于 某一层面	适用于 人机交流	适用于 自我培训	适用于 重点培训	适用于 总结历史

（四）职业经理人培养的三条主线

1. 用企业文化激发职业经理人的热情和持续进取的心态。该公司通过富有先锋意识和探索精神的市场拓展，已经发展成为个性鲜明、稳健成长的中国新兴企业之一。公司在确定主要业务发展方向之后，坚持不懈地致力于推动该项业务的专业化程度。在多变的市场形势下，通过发挥专业及规模优势，树立了强劲的市场形象。公司也因此聚焦了一批富有激情和理想，有专业知识，不断追求卓越、心怀理想的人才，形成了创新进取的氛围。

2. 不断打造职业经理人的专业化程度。该公司认同的专业化精神同时包括敬业精神和职业操守，这两者不仅是个人修养，也是职业经理人共同遵循的职业要求。在管理架构上，公司通过合理授权等一系列措施，为职业经理人的专业胜任素质转化为生产力（直接或间接作用于利润贡献）创造了宽广的空间。

3. 不断打造职业经理人的团队意识。早在20世纪80年代，公司就率先提出职业经理团队的做法，强调企业的成功必须依托于团队的密切协作，反对个人英雄主义。可以说，该公司发展到今天不是靠强权领导而是由团队力量推进的。公司的专业化和团队合作互为支持，用专业化创造竞争优势，用内部协作实现企业的优势长久。

二、科技人才队伍

科技人才是指具有优秀科技素质、较强研究开发和技术创新能力及科技组织管理能力的人员。科技人才需与研发活动相匹配，需直接从事研发

引进高质量科技人才队伍	加强科技人才队伍建设，首先要实施人才战略，大力吸引、培养创新人才。企业要坚持以人为本的理念，进一步落实好人才工作的有关政策，大力营造良好的创新创业环境，切实做好人才的引进、培养和使用工作，提高科技人才队伍建设水平。同时，企业要及时收集人才信息、分析人才流动趋势，在此基础上制定人才引进政策，尽快建成一支素质较高、结构合理的创新型人才队伍。此外，企业应当创新人才使用机制，根据企业管理发展需要，有计划、有重点地引进和培养高层次人才，加大对优秀中青年学术、技术带头人的选拔和培养力度，对后备人选实行动态管理和重点培养
营造科技人才成长环境	企业要为留住人才创造更好的环境。企业对人才的管理要抓好选人、育人、用人、留人四个环节，通过规范和激励机制来培养人才的认同感和归属感，激发人才为自我实现而奋斗的信心，赢得人才的忠诚度，真正化人才流失危机为留住人才的机遇。同时，企业在完善人才吸引机制和激励机制中可综合使用物质激励与精神激励的综合手段，以充分调动科技人员的创新积极性。鼓励科技人才承担课题、承包项目，以体现自身价值，促进科研与企业生产相结合，为人才的成长和发挥作用创造条件
建立科技成果激励机制	为提高科技人才队伍的积极性，企业可以对人才采取多种激励方式，如物质激励和精神激励。通过物质激励，可以充分调动科技人员的积极性和创造力，设定完善的激励标准和科学运作方式，定期组织和奖励在科学研究、科技推广等方面做出突出贡献的人员。对科技人员承担科研课题取得显著经济效益的，可根据新增效益按比例提取奖金，也可在课题经费中提取部分管理费奖励给课题承担人员；对引进新技术、新品种、新工艺且能够产生直接或间接效益的人员，按效益的多少给予必要的奖励；定期组织科技成果评比活动，根据成果产生效益大小进行评比，对优秀的科技成果获得者给予一定的奖励；制定相关政策，对能产生经济效益、促进科技进步、具有一定推广价值的专利及获得者给予一定的奖励

图 8-6　科技人才队伍育成流程

和相关技术创新活动或者专门从事上述活动的管理，或者提供直接技术服务。科技人才是国家发展最重要的战略资源，是科技发展的决定性因素。人才队伍的整体创新能力决定科技发展的水平，也决定了科技传播的速度和广度。科技人才建设要突出技术业务水平、强烈的科技意识和责任心等特点。

从目前企业科技创新人才体制建设现状分析，企业的科技创新人才选拔、聘用、激励等一系列体系均未健全。因此，企业应该开始注重建立健全科学合理的人才选拔、聘用等机制，加快新一代后备科技人才的培养步伐，避免企业具备创新意识的科技人才出现断层的现象，影响企业的正常研发和经营管理。企业的科技人才队伍建设，要在发挥作用上下好功夫，注重高质量科技人才的引进，为科技人才成长创造的良好环境，同时通过科技成果激励机制等方式激发科技人才的潜能，使其发挥最大效用，科技人才队伍育成流程如图 8-6 所示。

【案例】

某集团公司促进科技人才队伍建设方案

某集团公司是一个国有特大型煤炭企业，目前员工有 8.3 万多人，其中科技人员 8800 多人。近年来，公司提出的《关于实施科技人才强企战略的意见》，重点在发挥作用上下好功夫，努力在三个方面发挥作用，促进科技人才队伍的建设，并取得了明显的效果。

（一）发挥培养提高的作用

1. 每两年举办一次大型科技论坛活动。首先确定科技主题，然后发动广大科技人员积极撰写科技论文，并组织科协各专业委员会逐篇评审，按一、二、三等奖评出优秀论文进行表彰。同时，请专家做专题报告，选择优秀论文在科技论坛会议上进行交流，出版优秀论文专集，促进了科技人员专业水平的提高。

2. 每年开展一次优秀论文评选活动。每次评选前公司科协都要专门通知，提出要求和重点内容的提纲发动科技人员积极参与。对每次评选的优秀论文颁发证书进行奖励，并分专业组织论文发布活动。一年一次的优秀论文评选活动，不仅推动了科技人员钻研业务、提高水平，也使他们有更多机会脱颖而出。

3. 办好《集团科技》期刊，建立学术交流活动的平台。《集团科技》

是公司科协主办的学术性期刊。它不仅在集团公司内部发放，而且同全国多家科研院所、高等院校、相关企业等进行期刊交换，展示了公司科技人才的学术水平。

另外，该公司经常举办知识讲座，促进科技人员的再学习。每年公司科协为科技人员组织多场《创造学》的知识讲座，有近千人参加。公司科协采用研讨培训班的形式，系统组织学习了科学发展观的知识，汇集公司科技工作者撰写的多篇研讨文章开展广泛的学习研讨活动，并利用局域网开办了科技图书网站，供大家学习。

（二）发挥激励上进的作用

首先，开展"讲理想、比贡献"竞赛活动。这项活动公司已坚持举办多年，从内容到方法也都不断更新。公司科协从扩大覆盖面和加强针对性入手，围绕企业的关键问题组织开展了优秀科技项目竞赛活动。对获奖人员专门召开大会表彰，用项目竞赛活动激励科技人员。特别是对项目带头人建档重点管理，掌握科研动态，为举荐人才奠定基础。

其次，开展争当"科技创新先锋"活动。动员广大科技人员立足本职岗位，为企业的发展施展才华。比如，发动科技人员开展"攻关键、克难关"建议活动，主要内容是围绕企业的中心任务，开动脑筋，积极提建议、出方案，为企业的改革发展出谋划策。先后共提出各种建议共10000多条。其中，各单位采纳了8200多条，对评选出的优秀建议，公司科协还专门召开会议进行表彰，营造围绕技术瓶颈做研发的浓厚氛围。

（三）发挥举荐人才的作用

通过发挥举荐人才的作用，使优秀科技人才得以成长并树立了人才典型，为促进科技人才队伍建设发挥作用。

1. 发挥凝聚人心的作用。为促进企业科技人才队伍建设，公司科协广泛开展为科技人员"送温暖，办实事"活动。每年节日期间都集中组织开展慰问、帮扶等工作，平常要求科协工作人员对科技人才做到"知人、知情、知心"。此外，举办科技人员夏令营，使其放松身心、陶冶情操；同时抓好"科技工作者之家"建设，为科技人员学习、工作创造良好的条件。

2. 发挥建言献策的作用。科协是公司领导层联系科技人员的桥梁和纽带，为此公司科协积极促进企业科技人才队伍建设。在人才管理上，主动同组织人事部门沟通情况，交流科技人员参加科协活动的情况和成绩。

为更好地调动科技人员的积极性，公司科协在科技项目竞赛管理和评选先进个人奖项上主动与技术管理部门联系，互通信息，以利公正。此外，还开办了《科技工作者之声》简报，有利于科技人员提出对企业发展的建议。

三、技能人才队伍

技能人才是指掌握专门知识和技术，具备一定的操作技能，并在工作实践中能够运用自己的技术和能力进行实际操作的人才。企业应建立合理、有序的技能人才选拔、培养、储备体系，实现技能人才成长有保障，

开展"拜师学艺"活动	企业把"拜师学艺"活动，作为培养人才的重要手段之一常抓不懈。以"拜师学艺"活动为基础，努力提升青工的岗位操作技能。"拜师学艺"活动可以分为两个层面进行，一是针对新入厂员工，请技术熟练师傅传授技术，使新员工早日独当一面；二是针对已能独立操作中高级青工，请技术精湛的技师或高级技师传授技术（高师带高徒），使青工早日成为一名技师。在提升青工岗位操作技能中，要主动适应新设备、新技术、新工艺的更新换代，努力促使师徒相互学习、相互促进、相互提高
开展技能培训竞赛活动	技能培训是加强技术员工技术能力和创新能力建设的基础环节。依据《国家职业标准》和本岗位规范要求制订培训计划，使技工不仅能够学到本岗位的知识，而且能够掌握灵活解决生产技术、工艺方面的实际问题以及进行发明创新的实际本领。在培训的门类、科目、内容上，要考虑到各个工种岗位需要和今后的发展方向。在培训的方式上，要把员工自学自练和项目工程实践作为培训重点，采用内部培训和外部培训作为辅助手段，逐步建立在职培训与终身培训相结合的常态机制。 技能竞赛是提高青年技术员工职业技能和综合素质的一项有效措施。通过公司各类青工技术比武，为青年技能人才脱颖而出搭建舞台，营造重视培养和选拔青年技能人才的良好氛围。引导青工争当本工种的能工巧匠、本岗位的技术能手，培养一大批拔尖青年技能人才
做好岗位技能鉴定工作	企业的相关部门做好员工技能鉴定，保证员工的晋升渠道畅通，并建立完善的岗位业绩档案。通过轮训等方式提高鉴定科技人员的业务能力，建立对考评人员的培训、考核、聘用、资格认证等管理办法；要加强对鉴定机构人、财、物的投入，积极采用先进技术手段开展技能鉴定工作。明确高技能人才培训和技能鉴定的目标任务，制定切实有效的措施，务必讲求实效，具有可操作性

图8-7 技能人才队伍育成流程

切实培养一支高技能型人才队伍，使他们的潜能得到充分发挥，从而促进企业发展。

技能人才队伍建设要重点突出理论与实践的结合以及科学的工作态度。通过帮助人才做好职业生涯规划，签订师徒协议，让老师傅一对一进行帮扶，不断提高他们的职业技能水平，熟练生产技术业务，增强实践工作能力，提高综合素质和工作能力，促进人才快速成长。企业技能人才队伍建设，要在机制创新上下功夫，可以通过开展各种学习、竞赛活动以及做好岗位鉴定工作促进技能人才的培养，技能人才队伍育成流程如图 8-7 所示。

【案例】
某集团公司加强企业技能人才队伍建设的措施探讨

某集团公司是一家历史悠久的特大型建筑施工企业，现有员工 31.2 万人，技能人才 8.68 万人。目前该公司技能人才队伍建设中存在以下四个主要问题。

1. 技能人才总体数量呈逐年下降趋势明显，技能人才流失现象较为突出。2018 年技能人才数量较 2015 年减少了 2.28 万人，占技能人才总数的 24%，其中以中青年居多，在一定程度上影响了企业持续健康发展。

2. 技能人才队伍年龄老化，学历偏低。45 岁以上的 5.6 万人，占比 58% 以上；50 周岁以上的 2.8 万人，占比 30% 以上。初中及以下文化程度 4.3 万人，占比 45% 以上；高级技术工人队伍出现年龄断层，技能人才青黄不接。

3. 专业结构、技能等级不合理。专业工种在岗人数 4.4 万人，占比不足 50%；技能与企业实施需求不符，岗位与技能匹配度不足 50%；职业技能等级偏低，技师以上 2.5 万人，占比仅为 25%；高端技能人才短缺，高级技师 0.7 万人，占比仅为 7.5%。

4. 技能人才职业发展通道不够畅通。我国技能人才职业资格等级设置有初级工、中级工、高级工、技师、高级技师这 5 个等级。许多技能人才职业资格达到高级技师后，已经达到职业资格的"天花板"，技能人才向管理岗位、专业技术岗位横向流动的机制尚未建立，使技能人才纵向通道发展受到限制。

"十四五"期间，该公司提出了建设"国内领先，世界一流"综合产业集团的战略目标。在分析技能人才队伍现状、对标行业先进企业的基础上，提出了建设一支有效满足企业生产核心能力建设需要、总量受控、结构合理、素质优良的技能人才队伍总体建设目标。具体措施如下：

（一）进一步完善技能人才培训体系

1. 编制技能人才培训计划。结合岗位需求及企业"四新"技术应用情况，编制技能人才培训规划和年度培训计划，开展多种形式的技能人才素质提升培训。通过培训提高技能人员技能水平，解决技能人才结构性矛盾，提升企业自主创新能力和核心竞争力。

2. 落实技能人才培训制度。根据企业发展战略、员工绩效提升和职业发展的需求，切实加强技能人才培训制度建设。明确集团各层级单位培训职责，落实终身职业技能培训制，引导技能人才树立终身学习理念，健全导师带徒、高技能人才研修、培训基地建设、技能大师工作室建设和技能竞赛等技能人才专项培训制度，推动技能人才培训工作的制度化、规范化、常态化。

3. 完善培训保障机制。配齐、配强专（兼）职培训管理人员。根据国家职教经费相关规定，结合企业实际确定技能人才教育培训经费比例，保障技能人才培训经费投入到位。

4. 加强高技能人才培训。深入实施高技能人才振兴计划，开展技师、高级技师研修培训。

（二）进一步加大技能人才评价力度

1. 针对国家职业资格管理体制改革，实行《职业资格目录》（以下简称《目录》）清单管理后，结合企业原有鉴定工种部分未列入《目录》的现象，组织力量对现有技能岗位进行梳理规范，构建自主评价标准，创新评价机制。健全以技能水平为导向、以工作业绩为重点、以保障评价质量为目标，注重工匠精神培育和职业道德培养的技能人才评价体系。将《目录》以外具备技能等级评价条件的技能人才，纳入自主评价范围，促进技能人才提升素质。

2. 打破技能人才"一评定终身"的做法，建立技能等级复评制度。按照技能人才岗位职责和生产操作、技术革新、带徒传艺等工作任务要求，结合技术进步、设备更新情况对技能人才实行定期或任职届满评价。评价通过者保持原技能等级，未通过者取消技能等级或降低技能等级，激发技能人才活力。

3. 创新技能竞赛工作体系，形成不同层面、不同层次和形式多样的技能大赛机制。让优秀人才脱颖而出，建立典型技能人才培养名录，加大获奖选手后期跟踪培养力度。

（三）进一步拓展技能人才发展通道

1. 结合技能人才队伍建设实际和技能人才成长规律，建立多层次、立体性的技能岗位等级体系，延伸职业技能等级，拓宽技能人才晋升通道。建立与企业发展相适应的动态技能等级评价晋升体系，打破技能人才职业技能等级的"天花板"，使技能人才通过提升技能水平获得晋升机会。

2. 建立职业资格、职业技能等级与专业技术职称互通互认制度，加快培养企业急需的技术技能型、知识技能型、复合技能型人才。对高技能人才"师带徒"业绩突出，技术革新、技术改造过程中有突出贡献，承担企业重大技术革新和技术改造项目，取得重大经济效益或科研成果并有专利证书、技术评审机构鉴定书的，取消学历、年限等限制，破格、越级晋升技术等级。

（四）严格把握技能人才队伍的引进质量

1. 加强对技能人才引进统筹管理，建立技能人才引进管理办法，明确技能人才引进的种类、程序和标准等基本要求。对新引进的技能人才同步落实试用期满与合同期满的考核制度，加强劳动合同的契约化管理，落实员工能进能出的管理要求。集团所属的二级企业按照"把握重点"的要求，每年提报年度技能人才引进需求计划和专业工种目录报集团审核，经审核备案后纳入本企业人才引进计划执行。

2. 加大技能人才引进力度，技能人才引进应以接收高职、中职院校毕业生、退役士兵和转录优秀劳务技能人员为主要渠道。技能人才需在面试的基础上进行应知应会考试考核，在考核合格人员中择优录用。从劳务人员中择优录用的技能人才需严格把控录用程序与录用条件，技能标准需达到中级工及以上标准。其他面向社会引进的技能人才，原则上应是企业紧缺的高端技能人才。

（五）进一步提高技能人才薪酬待遇

1. 要保障技能人才工资合理增长，薪酬分配向关键岗位紧缺急需技能人才倾斜。针对技能人才的特点，进一步优化薪酬结构，建立完善基于岗位价值、能力素质、业绩贡献的工资分配机制，在工资结构中设置体现技术技能价值的工资单元，强化技能价值激励导向。

2. 建立集团统一技能补贴制度。对技师、高级技师建立岗位津贴制度，原则上每月津贴标准分别不低于 300 元、500 元，技能津贴在工资总额中单列。在落实集团统一补贴的基础上，鼓励不同用人单位，结合企业实际建立技能人才的补助性津贴制度，探索设立特聘岗位津贴、带徒津贴等，并依据技能等级，分专业、分工种地确定补助性津贴标准。

3. 鼓励企业对聘用的技师、高级技师，按照相应层级工程技术人员确定其待遇，建立高技能领军人才按技能要素和创新成果参与分配的长效激励机制，实行技术创新成果入股、岗位分红等股权激励方式，鼓励凭技能创造财富、增加收入。实现多劳者多得，技高者多得，调动技能人才的工作积极性。

第三节　精益人才育成的推进内容

具有持续改善能力的人才，是助推企业管理变革、增强企业综合竞争力、促进企业持续健康发展的核心骨干力量。推进精益人才育成需关注人才配置是否合适、人才培养是否及时、人才激励是否到位和人才作用是否得到充分发挥。为保证精益管理工作持续深入推进，企业应制定详细的精益人才体系规划，对精益人才标准进行定义，建立并完善精益人才培养、评价等工作机制，逐步形成适合企业发展的精益人才队伍。

一、精益人才的体系规划

企业应制定符合自身需求的精益人才发展规划，从精益员工、精益班组长、精益专家、精益内训师、精益领导等多个层面定义精益人才，并建立精益人才选拔、培养、认证、考评、激励等工作机制，有目标、有计划地全面培养精益人才。

（一）建立人才育成层级规划，促进人才队伍高效育成

依据企业人才战略和规划，按中高层精益领路型领导人才、精益管理内训型教练人才、精益管理推进型专家人才、精益管理实干型执行人才、精益管理改善型人才的需要，分析设计各型人才应具备的知识、技能、素养三维度的能力要素，设计基础理论及能力要素培训，针对性地实施培养计划。此外，将精益人才层级认定与企业管理专家、技术专家和技能专家

评聘结合起来，与领导干部任用和培养结合起来，逐步建立起精益人才长效激励机制。

精益人才规划和育成要在实践中"学"和"用"。首先是重大瓶颈改善。针对企业战略、生产经营重大问题和瓶颈，以重大课题为载体、高层精益领路人为主导，组织强有力的团队攻坚克难；其次是推进专业化改善。面对专业技术问题，以必修课题为载体、专业技术人员为主体、中层精益领导和精益管理专家为主导，组织团队完成，最后促进自主改进。针对现场管理问题，以自主改进课题和改进建议为载体，以精益管理推动者和基层改进员工为主体，自发组织完成；基层管理者是改进的中坚力量，中层管理者和相关专业人士则作为支持。一"育"一"用"，构建一支既有精益思想又有改善能力的人才队伍。

（二）完善精益人才管理机制，促进精益人才体系建设

为持续深化精益管理，完善精益人才培育机制，打造智慧共享的精益人才平台，促进精益人才成长，建设一支既有精益思想又有能力的人才队伍，企业需要让全员参与到精益生产活动中来，将精益作为企业人才体系建设的中心主题，不断充实和完善精益人才体系。要从以下几个方面来开展。

首先是战略协调，企业要建立精益人才体系，保障企业可持续经营，必须将人才发展主题提升到企业战略层面进行规划，通过企业发展愿景传达企业对人才发展的态度；其次，形成职级划分等人才体系结构和上升逻辑，通过人才评价机制确定人才的晋升和调整；与人力资源并轨，制定人才考评计划和考评标准，结合传统评价方法和精益主题能力评价对人才进行评价，确定目标人才的发展和培养计划。

企业应建立评价体系支撑，针对不同层次的人才对象设计精益人才能力评价标准。例如，某些企业开始实施精益等级认证，根据员工的培训和成果，实施精益改进项目和成果，以及掌握和引导精益知识的能力，对精益人才进行认证，最终实现全员参与精益，为了支持精益评估和成长体系，企业需要制订标准的人才培训计划，编写培训材料，同时设计不同形式的培训方式，例如专题知识讲座、小组改善活动、改善周活动等。

企业在设计规划精益人才体系的过程中，需要审视企业所处精益转型阶段，设计适当合适的体量和层级，避免脱离实际的情况。要从精益人才的重要性出发，进而分析如何挖掘人才并展现其价值，最终构建企业精益人才管理机制，同时不断促进精益人才体系建设，保障企业运营业绩的不

断提升，实现企业的永续经营。

（三）树立精益人才培养目标，完善精益人才育成规划

企业要树立精益人才培养目标，建立完善的人才发展计划，创新人才激励机制，激活精益人才的工作积极性和主动性，同时为员工树立示范和榜样，吸引更多员工自觉学习精益理论、主动投入精益实践，育成更多精益人才。

企业精益改善推进分为数个不同阶段，各个阶段有不同的目标。在项目初期，也是精益人才育成规划的准备阶段，企业的目标是选定精益人才培养对象，制订精益人才育成方案以及人才培养的激励机制。随后，在第一阶段，企业要不断塑造精益理念，激励员工学习精益知识；在项目中期，企业设定的目标是促进精益改善项目的开展，并且从实践活动中理解领悟精益改善的精髓。在项目后期，也是企业精益人才育成计划的最后阶段，企业要将目标转移到使员工在精益改善项目的实践与指导工作中，掌握更多的精益工具、方法，并能够指导他人工作。从而达到源源不断地输出精益人才，帮助企业推进精益改善。

而企业的精益人才育成总体规划，涉及多项培养内容和培养方法，培养内容包括精益思想、5S 管理、目视化和标准化、PDCA 循环、七大浪费以及班组长的管理技能培训等。同时，还要培养员工的创新精神和创新能力、追求完美和持续改善的能力。其培养方法在入门阶段包括 OJT 培训，在实践阶段包括轮岗培训、多能工的培养以及工作教导，在改善阶段包括 SDA 八步法等。

对于精益人才的激励，首先可以建立专家津贴，按精益专家序列类别和层级享受不同津贴；其次要打通职业通道，对被选聘为精益人才库的员工，其优秀者可推荐到更适合其发展的岗位或领导岗位。同时，还可以设立专项荣誉奖励，如年度评选"优秀精益专家""优秀精益内审员""优秀精益员工"等，予以表彰奖励。最后是受奖者优先享受福利，精益专家、年度受表彰人员优先安排外培和交流，进一步促进其成长。

【案例】

某集团精益管理人才培养规划

某集团是一家从事汽车零部件生产、研发及服务的大型企业，经营产品多、品种全、客户覆盖广、业务规模大。企业为实现提升产品质量、缩短交

付周期和降低制造成本的目标全面开展精益管理工作，但在推进初期遇到由于优秀精益人才的缺少而导致工作进展缓慢且效果不佳的情况。基于所遇问题和现状，公司决定全面启动精益人才专项培养工作，主要内容如下：

1. 明确精益管理人才培养目标。集团有着多年与全球众多跨国汽车零部件企业广泛合作的经验，充分学习并融合了时代先进制造管理方式，并秉持着融合创新的精神明确清晰了精益管理人才的需求、不同层级的精益管理人才的培养方案及目标，如与年度业务增长和预算相匹配的精益管理人员数量，包括实践者、推动者、领导者和传授者，并制定五年滚动目标，明确每年培养达到相应层级人才的数量。

2. 建立精益管理人才分层培养机制。集团根据不同层级的人才培养目标制订专项培养方案，制定不同资质的专业水平认证流程，旨在满足人才所在管理岗位的职责要求。一旦培养人员符合岗位职责要求，就能够获得对应的资质认证。

上述流程使得人才的培养方案与岗位资质要求紧密相关联，从而能够建立分层的精准匹配岗位职责的人才培养机制。

3. 搭建精益管理人才交流平台。集团为能更高效地支持精益管理人才培养计划，搭建了管理人才交流平台。其中包括三个子平台，分别为认证平台、知识平台和实践平台。

认证平台主要是根据不同层级精益管理人才的要求进行资质水平认证；知识平台为培养对象提供相关理论培训、交流研讨等内容；实践平台

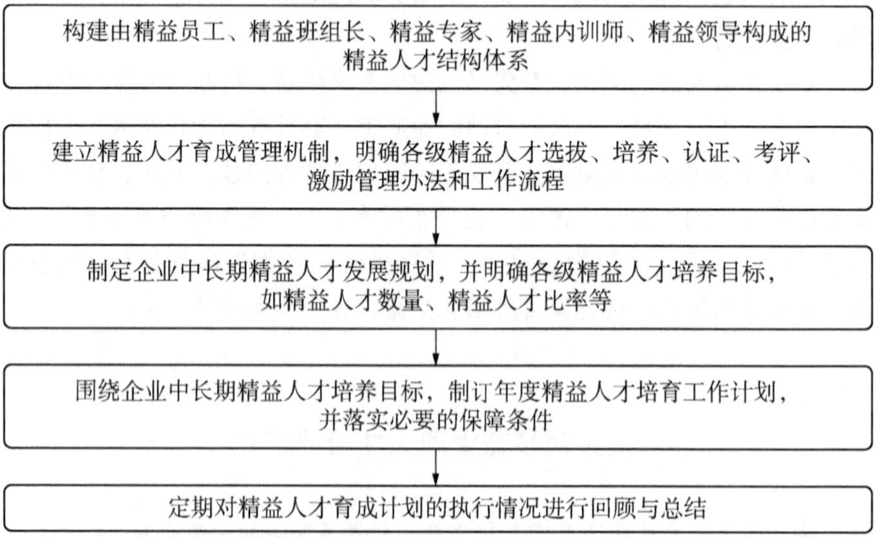

构建由精益员工、精益班组长、精益专家、精益内训师、精益领导构成的精益人才结构体系

建立精益人才育成管理机制，明确各级精益人才选拔、培养、认证、考评、激励管理办法和工作流程

制定企业中长期精益人才发展规划，并明确各级精益人才培养目标，如精益人才数量、精益人才比率等

围绕企业中长期精益人才培养目标，制订年度精益人才培育工作计划，并落实必要的保障条件

定期对精益人才育成计划的执行情况进行回顾与总结

图8-8 精益人才体系规划的实施细则

则为来自不同企业的培养对象提供项目锻炼的机会。依托精益管理人才培养平台，有效地支撑了集团精益管理人才培养工作。

通过以上工作的开展，该企业用三年时间培养了一批具有丰富专业知识和实践经验的精益管理专家团队，强有力地支撑了企业精益管理的推进，也取得了显著的成效。

精益人才体系规划的实施细则如图 8 - 8 所示。

二、精益人才的标准定义

企业需要建立各类精益人才的素质模型，从知识、技能、实践等方面定义其资格认证标准，开发相应的知识题库、技能评判准则、实践效果考察方法等。企业为保持其长期的整体竞争优势，应根据企业不同阶段的发展需求进行精益人才育成，通过企业文化、职能、岗位等的培训，对人的知识、技能、心智等加以引导，成为企业发展需要的人才。

（一）人才标准体系开发的架构流程

综合运用行为事件访谈清单、问卷调查、业务流程、企业战略分析等工具和方法，结合企业发展战略、业务特点和人才队伍建设实际，构建具有统一体系架构的人才标准体系，使其具有特色和明确的定位标准，包括优化人才成长渠道、开发人才标准模型、对人才进行评价和认证等[85]。

1. 优化人才成长通道，夯实人才标准建设基础。首先，对岗位序列进行划分，根据岗位所需的知识、技能、素质和行为标准的相似性，对职责、管理领域和工作形式相似的岗位进行分类和总结，形成岗位种群和岗位类别。要充分考虑企业的实际情况，以避免过于粗糙或过于精细的部门划分。如果部门划分过于详细，则会割裂相关专业之间发展的关联性，阻碍员工的横向发展，可能会出现员工同时属于两个或两个以上的通道的情况；而划分过于粗糙，通道内人数过多，会造成拥堵，影响员工的晋升。

其次，根据企业员工数量、规模、素质、能力和技术水平的现状，结合优秀企业的岗位等级设置和企业任职资格条件、员工及其职责的差异程度，对各岗位组所有岗位进行分类合并。

最后，优化职业发展渠道。明确各级人才标准，指导专业人士关注他们擅长的核心业务能力，实现自我价值，形成管理类、专业技术类和技能操作类等单条或多条通道，为员工提供广泛的职业发展空间。

2. 设计人才标准模型，实施模块化要素开发。结合生产经营、组织架构、岗位建设等实际情况，构建如图8-9所示的"3D+E"人才标准模型，主要包括角色描述（do）、绩效表现（deliver）、能力素质要求（display）、工作经验（experience）四个维度[86]。一般借助行为事件访谈、问卷调查、标杆法等工具方法提取各维度标准要素。

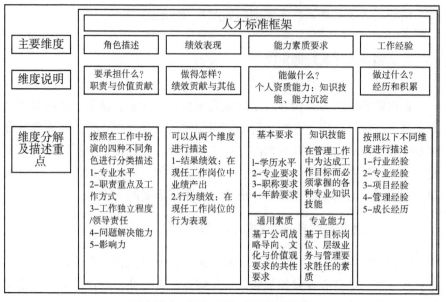

图8-9　"3D+E"人才标准模型

（1）角色描述。指职位层级定义，体现工作职责和岗位价值贡献。结合发展战略和业务需要，在职位层级划分的基础上，通过梳理岗位说明书，重点从专业水平、职责重点及工作方式、工作独立程度/领导责任、问题解决能力、影响力五个方面分级定义，如表8-2所示。

表8-2　专家岗位"角色描述"标准要素示例

总体定位	行业专家/首席专家
专业水平	企业范围被公认为本领域专家，掌握综合广泛的专业前沿理论、技术，精通解决内外部业务问题的最佳实践
职责重点及工作方式	主导本专业领域的体系建设和业务标准，承担重大的、系统性发展任务
工作独立程度/领导责任	带领和推动多领域的突破性工作
问题解决能力	识别和解决影响业务管理和业务方向的复杂问题

续表 8－2

总体定位	行业专家/首席专家
影响力	参与并影响业务战略的制定与发展,在专业上影响企业在本领域的相应政策

（2）绩效表现。指胜任本岗位的绩效表现水平,重点从结果绩效、行为绩效两方面界定,并作为资质审核条件。结果绩效指在工作岗位做出的量化业绩、业绩等级等,如近两年业绩考核为"优秀"或"称职";行为绩效指在工作岗位的行为表现,如工作中非量化的任务可以高质量地完成。

（3）能力素质。主要包括基本要求、知识技能、通用素质、专业能力,其中通用素质和专业能力是人才标准体系建设的关键。

基本要求主要包括学历水平、专业要求、职称要求、年龄要求等内容。

通用素质,指基于公司战略导向、文化与价值观要求的共性要求,适用于全体人员,但不同职位要求标准不同。提高通用素质第一步要对企业经营方针、核心价值观等内涵进行分析,提炼与员工素质要求密切相关的元素,梳理归纳共同关注素质项。第二步要用考核和标杆人物访谈关注的素质项相互补充验证,确定通用素质项,如政治素质、诚信正直、敬业负责、团队协作等;最后对通用素质项定义,围绕关键点进行行为化分级描述,如表 8－3 所示。

表 8－3　通用素质"团队协作"分级行为描述示例

团队协作		业务员/助理员	主管师/主办	主任师/高级主管	专家/高级专家
素质定义	关键点	层级要求			
服从团队整体目标和大局,建立相互信任关系,并形成互补,积极推动团队工作的开展	协作意识团队互补积极参与	对团队的其他成员保持足够的尊重,愿意倾听各种观点,即便他人不认同自己的想法	主动与团队成员分享信息与资源,虚心采纳他人好的意见、观点,促进团队良好的协作氛围	乐意接受和支持团队决策,即使并不完全与自己的想法一致,能与团队成员维持良好的人际关系,避免产生激烈矛盾	肯为团队错误承担个人责任,并在团队中努力倡导、营造相互欣赏、信任和支持的协作氛围,维护团队形象

知识技能，指本岗位达成工作目标所必须具备的知识和技能，分为通用、专业两类。通用知识技能按职群统一分级定义，如熟悉行业的基本常识等；专业知识技能通过梳理工作内容、分析工作职责等方法提炼关键工作要项，结合不同序列、不同职级要求，采取"了解、熟悉、掌握、精通"关键词进行等级区分，运用概括性的、行为化的语言编写知识技能矩阵。

专业能力，指专业领域工作中涉及的软能力，体现不同职群工作要求。通常采用调研访谈、问卷调查等方法，收集各职群专业能力素质清单，组织各职群资深员工根据专业能力素质清单进行重要性排序，根据排序结果提取各专业能力项目，按不同职级工作责任要求，进行行为化分级描述，如表8-4所示。

表8-4 专业能力"系统分析"分级行为描述示例

系统分析		业务员/助理员	主管师/主办	主任师/高级主管	专家/高级专家
能力定义	关键点	层级要求			
理性、系统地分析信息、思考问题，思维能呈现出较好的高度与广度	理性思考系统思维大局视野	客观根据手头掌握的信息做出决策，即使这些信息并不确定或未经证实	客观地分析情况及有关数据，避免就事实或他人的动机进行任何的假设，对不清晰的信息会主动求证	当面临压力情境时，仍能使用科学方法搜集全面信息，理性分析客观事实	通过搜集资料、类比、举证等科学方式验证个人对事物的判断，并在环境、时间发生变化时，及时调整个人认知与判断

（4）工作经验。结合管理者访谈、标杆人物成长经历，梳理不同层级职位要求，重点明确行业经验、专业经验、项目经验、管理经验、成长经历等要素，如表8-5所示。

表8-5 "工作经验"标准要素示例

人才标准		业务员/助理员	主管师/主办	主任师/高级主管	专家/高级专家
工作经验	相关专业工作经验	3年及以上	5年及以上	8年及以上	10年及以上
	上一职级任职经验	2年及以上	3年及以上	3年及以上	8年及以上

3. 规范认证评价流程，确保人才标准体系落地，如图8-10所示。

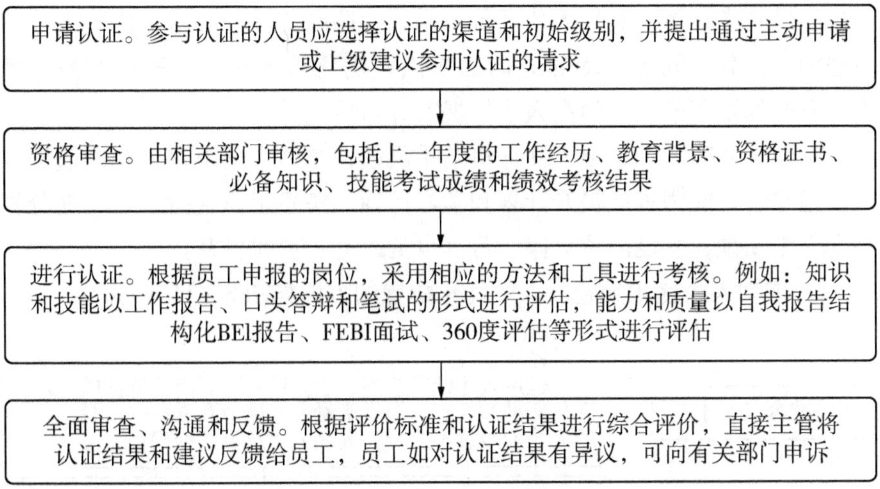

申请认证。参与认证的人员应选择认证的渠道和初始级别，并提出通过主动申请或上级建议参加认证的请求

资格审查。由相关部门审核，包括上一年度的工作经历、教育背景、资格证书、必备知识、技能考试成绩和绩效考核结果

进行认证。根据员工申报的岗位，采用相应的方法和工具进行考核。例如：知识和技能以工作报告、口头答辩和笔试的形式进行评估，能力和质量以自我报告结构化BEI报告、FEBI面试、360度评估等形式进行评估

全面审查、沟通和反馈。根据评价标准和认证结果进行综合评价，直接主管将认证结果和建议反馈给员工，员工如对认证结果有异议，可向有关部门申诉

图8-10　人才认证评价流程

人才评价认证是指将员工的实际工作绩效与人才标准进行比较，评价员工能力和素质达到的标准水平，为人才管理和发展提供依据。评估和认证主要包括认证申请、资格审查、认证、综合审查、沟通和反馈。

（二）人才标准体系落地的策略方法

人才标准体系作为人力资源管理和开发的重要工具，是加快人才发展的基础。只有将招聘与选拔、培训与发展、流动调配、考核评价有机地衔接和融合，才能充分发挥应有的效率。

1. 嵌入人才招聘选拔。在人才招聘方面，利用人才标准模型开发不同岗位序列的招聘选拔模型，加强对潜在素质和能力的评价，提高招聘人员与岗位需求的匹配度；利用人才标准评价工具，选择适当的评价方法，增强人才引进的针对性。

在人才选拔方面，一是将人才测评和认证结果作为参赛的基本条件，植入竞争选拔环节，确定参赛人选；二是将人才测评认证结果作为选拔任用基层岗位的依据，通过认证测评的人员可以直接聘用上级岗位；三是在人才竞争性选拔中，引入面试、笔试、素质能力评价等评价工具，将评价结果作为重要参考，为提高选人科学化水平提供技术支撑。

2. 融入人才培养开发。明确培训方向。通过人才测评认证或专项能力素质测评，全面掌握岗位人员能力素质优劣势。把握不同类别、不同层次人才的岗位匹配和适应状况，结合组织发展战略要求，科学制定培养目标和路径。

实施精准训练。利用人才评价结果，参照岗位任职要求，构建人才学习地图，区分不同人才培养方向的重点，优化培养路径。采用跟踪、渐进、复合的培养模式，提高人才发展的针对性。

引领独立改进。加强人才评价结果反馈，帮助发现不足，明确改进方向，指导制订能力素质提升计划和学习计划，搭建组织支持平台，充分发挥个人主动性，立足岗位自律学习、自觉改进、自我提升。

3. 推动人才优化配置。人才优化配置的方法如图 8 - 11 所示。

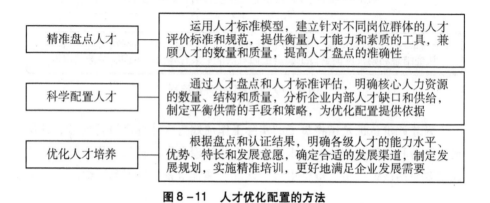

精准盘点人才	运用人才标准模型，建立针对不同岗位群体的人才评价标准和规范，提供衡量人才能力和素质的工具，兼顾人才的数量和质量，提高人才盘点的准确性
科学配置人才	通过人才盘点和人才标准评估，明确核心人力资源的数量、结构和质量，分析企业内部人才缺口和供给，制定平衡供需的手段和策略，为优化配置提供依据
优化人才培养	根据盘点和认证结果，明确各级人才的能力水平、优势、特长和发展意愿，确定合适的发展渠道，制定发展规划，实施精准培训，更好地满足企业发展需要

图 8 - 11　人才优化配置的方法

4. 完善人才评价模式。人才评价模式完善的方法如图 8 - 12 所示。

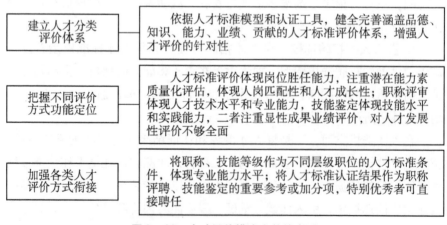

建立人才分类评价体系	依据人才标准模型和认证工具，健全完善涵盖品德、知识、能力、业绩、贡献的人才标准评价体系，增强人才评价的针对性
把握不同评价方式功能定位	人才标准评价体现岗位胜任能力，注重潜在能力素质量化评估，体现人岗匹配性和人才成长性；职称评审体现人才技术水平和专业能力，技能鉴定体现技能水平和实践能力，二者注重显性成果业绩评价，对人才发展性评价不够全面
加强各类人才评价方式衔接	将职称、技能等级作为不同层级职位的人才标准条件，体现专业能力水平；将人才标准认证结果作为职称评聘、技能鉴定的重要参考或加分项，特别优秀者可直接聘任

图 8 - 12　人才评价模式完善的方法

（三）人才标准体系推广的效果评估

在制定人才标准体系的基础上，企业需要制定人才标准建设指导手册、工具与方法手册、认证评价手册及相关配套体系，并推广应用。

1. 提升人才选拔使用科学化水平。运用人才标准体系模型，开发二级管理岗位胜任力模型，丰富、完善、分解和细化岗位说明书的岗位职责、岗位条件和评价标准，使之更加科学合理。对基层管理人员公开选聘用人、提高人才引进质量起到重要作用。加强人才标准模型与选拔使用工作的有机衔接，编制人才素质能力评价量表，引进评价中心、心理评价等技术工具，实施人才综合素质评价，及时选拔优秀人才重要岗位；同时，根据能力素质特点，对管理和专业技术人员进行了有序轮岗交流，有效增强了选人用人的公信度，推动人才资源结构布局优化，调动人才干事创业的积极性。

2. 推动人才资源高效优化配置。将人才标准体系的成果与企业业务属性、人员队伍特点相结合，设计全员素质能力模型，并开发人才盘点工具和软件系统。结合"三定"工作，实施组织和人员优化，围绕业务发展明确人力资源配置重点，科学测算各专业方向的人才充足率和成熟度，分析各关键岗位的人才准备情况，为制定人力资源配置奠定坚实的基础。同时，以盘点认证结果为依据，明确各类各层次人才的能力水平、优势特长和发展意愿，确定合适发展通道，量身定制发展规划，为富余人员提供针对性转岗培训，使人力资源更加精干高效，激发人才队伍创新创效活力。

3. 促进人才精准培养高效开发。通过实施人才标准认证和评价，优化培养方式，设计个性化培养方案，分类确定不同类别、不同层次的人才培养重点。开发普适性、专业化的培训课程，形成人才地图、接替地图和学习地图，准确直观地展示人才的现状、动态和发展路径。全面采取轮岗交流、临时培训、辅导等方式，促进思想作风、专业知识、能力和素质的全面提升，不断提升履职和适应岗位的能力，有效支撑企业业务发展。

【案例】

某集团职业经营人才素质模型

（一）能力

1. 二级单位 CEO、总裁的能力要求。根据集团对二级单位的定位以及未来的战略规划，集团对二级单位经营人才要求的能力包括战略管理能力、资源整合能力、授权与监控能力、人才培养能力、国际化推动力和品牌运营能力六项。

（1）战略管理能力。能够根据国内外市场的变化、行业发展趋势、经营管理中所遇到的问题等方面，制定出具有前瞻性的、有效可行的战略规划，并能提出具体行动配合方案，带领并指导下属逐步达成。

（2）资源整合能力。从战略的角度宏观思考与调配组织资源，将集团各种资源（人力、物力和财力）有效合理地组织起来，创造规模效应，尽可能地提高资源利用效率，促进资源的增值和发展。

（3）授权与监控能力。一方面，能够将工作职责与职权适当赋予下属，使自己从日常事务中解脱出来，专心致力于全局性工作；另一方面，能够对下属的工作提供支持与监督，使其下属的工作不会偏离自己制定的轨道[87]。

（4）人才培养能力。培养下属的意愿与倾向，能根据公司发展战略考虑员工个人发展的目标，关注他们的潜能与可塑性，并在实际工作中提供学习和培训等各种锻炼机会，帮助其成长。

（5）国际化推动能力。具有国际化的经营管理意识，能够跨越国界和地理位置进行前瞻性、战略性思考，并制订相应具体有效的行动方案，推动事业部的国际化进程。

（6）品牌运营能力。熟悉品牌运作的理论与实践，致力于推广品牌，提高品牌知名度、美誉度和忠诚度。

2. 事业部总经理的能力要求。根据集团对三级事业部的定位以及未来的战略规划，集团对三级事业部经营人才要求的能力包括战略执行能力、质量技术管理能力、价值创造能力、有效沟通能力、团队合作能力以及客户导向六项。

（1）战略执行能力。深刻理解集团的战略思想，根据本事业部的实际将战略转化为本事业部可操作的子战略并落到实处，采取相应的措施保证战略的实现。

（2）质量技术管理能力。重视核心技术研发投入和资源保障系统持续地推动管理服务全方位的质量提升。

（3）价值创造能力。运用各种工具与方法、协调各方资源、提高财务管理等各种经营管理专业能力，带领事业部员工为股东创造更大的价值。

（4）有效沟通能力。在同事间保持良好的沟通关系，倾听他人倾诉、理解其感受，及时做出反馈并准确表达个人观点，促成相互理解、获得支持与配合的能力。

（5）团队合作能力。与别人一起工作，而不是单独工作、故步自封，甚至与别人竞争；能协调团队内部关系，优化人员、资源配置，提高组织运转效率。

（6）客户导向。通过各种手段与方式，理解并引导客户需求，建立并维护与客户或潜在客户之间的良好关系，致力于提高客户满意度，并最终以提高企业的效益为目标。

（二）素质

二级和三级单位的素质的共同要求为：包容与开放的心态、领导魅力、成就动机、决策力、创新能力、持续学习六项。

1. 包容与开放的心态。理解宽容，相互尊重，对不同文化的价值观持开放的态度，能够敏锐地发现其中的差异。具体表现为以下五个方面。

（1）对文化的包容与开放：深刻理解不同文化价值的意义所在，正面对待差异，注意对不同文化的尊重和理解，与不同文化背景的人员友好相处；对不同文化有比较好的适应能力，能够主动改变自己的沟通方式与工作方式；冷静处理文化冲突，融合不同文化背景下的员工。

（2）对人的包容与开放：尊重人性，追求员工、客户、自我与组织的共赢发展。

（3）对市场的包容与开放：关注国外市场、行业形势的历史、现状与发展，不断转变思维方式，以适应国际化经营的需要。

（4）对知识经验的包容与开放：重视经验的总结、分享与提升，通过不断的交流促进本部门及相关单位工作能力的提升和流程优化。

（5）对信息持开放的心态：密切关注业内外的新动态和新发展。

2. 领导魅力。具有感召力和影响力，具有能使下属信服、赞同和追随的能力。具体表现为以下六个方面。

（1）愿景共享：根据对集团使命的深刻理解，构建一个美好而切合实际的发展蓝图，并使得员工愿意为之共同奋斗。

（2）理念传播：能够有意识地在集团中大力培育和领导团结协作、共同发展、追求卓越的企业发展理念。

（3）人格感染：能够通过塑造开放、亲和、自信和正直的领导者形象，获得员工的信任与支持。

（4）激励应用能力：通过应用各种正负向激励手段，激发、引导和维持他人的工作热情，保证预定目标的实现。

（5）沟通能力：良好的语言表达、清晰的逻辑思维，能使他人理解、赞成或支持自己的态度、观点或行为，而不产生歧义和异议。

（6）行为示范：能够身先士卒、以身作则，为员工树立良好的榜样。

3. 成就动机。指个人具有成功完成任务或在工作中追求卓越的愿望，能在工作中极力达到某种标准，愿意承担重要的且具有挑战性的任务。具体表现为以下五个方面。

（1）自我愿景：有符合社会和集团利益的理想抱负，愿意为之实现而不懈努力，并能够承受困难与挫折，甚至牺牲眼前短期利益。

（2）自我激励：在没有人要求、没有人督促、没有外在荣誉和报酬的情况下愿意付出超出工作预期和原有层级需要的努力，通过这些付出可以改善并增加效益、避免问题的发生或创造出一些新的机会。

（3）行动性：对愿景和目标能够付诸行动，对工作热情，坚持不懈地全身心投入工作，乐于不断采取行动以推动事情进一步发展。

（4）挑战性目标的设计：为自己设立富有挑战性的目标和优秀绩效标准，不断追求超越自我，开发和调动潜能。

（5）冒险性：面对不确定性，设法控制风险的同时，勇于冒险，利用重要的组织与个人资源实现显著困难的目标，为公司获得较大的利益。

4. 决策力。能够依据形势做出恰当、合理、及时和实际的判断并采取行动支持决策。具体表现为以下四个方面。

（1）自信心：做出有长期影响的决策，在复杂、模糊、风险很高的形势下，依然能毫不犹豫地做出准确的判断与决策。

（2）决策信息分析：需要对多个领域内的各种信息进行深度分析，权衡多种方案的优劣，在缺乏指导原则和经验的基础上及时进行判断，并在重大领域内进行战略性决策。

（3）决策结果推进：高效组织各类资源，对决策任务进行分工；善于预见障碍并制订和实施克服障碍的计划；善于运用数据等有力事实鼓动员工的工作热情，保证决策成果的有效顺利实施。

（4）决策结果承担：主动承担预计到的风险和一切后果、责任。

5. 创新能力。不受陈规和以往经验的束缚，创造或引进新理念、新方式、新产品，不断改进工作学习方法，提高组织的工作绩效，以适应新观念、新形势发展的要求。具体表现为以下五个方面。

（1）创新与风险控制：敢于承担风险去制定新政策、采取新措施和尝试新方法，努力实现商业模式和管理机制、流程的创新，同时注重对创新过程中风险的控制。

（2）创新驱动力：对潜在的危机较敏感，努力通过对创新的投入，不断革新和发展，积极应对未来的挑战。

（3）氛围营造：积极营造创新氛围，对新观点、新方法的提出表示欢迎和赞同，并奖励那些有创造性的。

（4）预见性：能够率先预见行业发展、技术趋势、管理前沿等方面的动向，创新性地提出符合本组织实际的发展建议和意见。

（5）技术投入：重视技术培养、科研开发，通过支付倾斜等手段，激励并引导组织内员工进行新产品、新工艺的开发与设计、核心技术的培育等，降低研发周期，提高新产品占销售收入的比例。

6. 持续学习。树立终身学习的观念，自己积极学习新的知识和技能，同时与他人分享学习经验，在组织内部建立学习型组织，最终不断提高工作质量和效率。具体表现为以下五个方面。

（1）学习的愿望：对新知识、新技能、行业新信息具有强烈的学习愿望，并积极利用多种途径获得学习与提高。

（2）善于总结：善于总结自己和别人的成功和失败的经验，善于分析自身的知识和未来发展要求的差距，以寻找提高自己和组织能力的途径；把学习成果运用于工作中，改进工作方法或流程，提高工作质量和效率。

（3）学习型文化培养：积极领导持续学习的文化，营造学习型组织的良好氛围。

（4）学习的态度与方法：有明确的学习目的与端正的学习态度，能够将个人学习目标与职业生涯规划相结合，并制订相应的学习计划。

（5）倡导学习：充当新技术、新政策、新方法的领导者的角色，与他人分享经验，共同持续学习与进步。

精益人才标准定义的实施细则如图8-13所示。

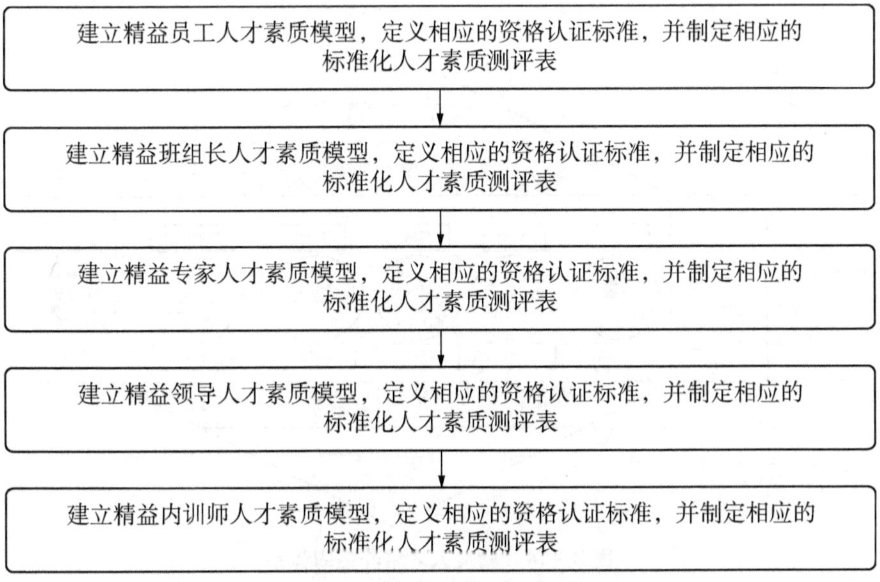

图8-13 精益人才标准定义的实施细则

三、精益人才的培养

围绕企业精益人才培养目标，选用适合企业自身需要的精益工具与方法，合理设计精益培训课程体系，有计划地开展各级精益人才培训，并定期开展培训效果评估，不断改进完善精益培训工作，做到从组织系统支持人力资源管理和从团队成员支持日常管理。在吸引人才方面，首先，要对企业需要的人才有合理的初始定位，在这一定位的指导下进行招聘和选拔人才工作，以获得有益于企业发展的、可训练的员工；其次，不断完善改进企业文化、理念，以达到吸引更多人才的目的。在发展层面，要求运用OJT 等方法，培养具有精益理念和价值观的合格队员，秉持精益管理的原则进行训练督导；传达精益文化激励人才，形成忠于企业的精神。在聘用人才的初期制定人才定位，以日常团队支持和管理为基石，组织系统支持和人力资源管理为支柱形成人才培养的完整架构，做到遵从、改进标准，从而解决问题，使得人才更好地融入团队；从而在培养过程中合理训练出具有精益价值观的能够胜任的优异人才，共同为公司的长期发展工作。在激励人才方面，加强社区企业环境的基本建设，将企业的精益文化融合进入社区环境中，提高员工的归属感。通过实践和检查不断循环，从而输出能胜任的、绩效好的、忠诚的、具有精益价值观念的优秀员工，如图 8 – 14 所示。

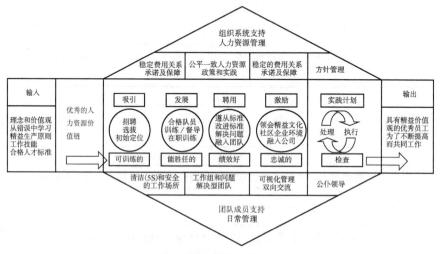

图 8 – 14　精益人才培养组织体系

　　企业的管理团队和各级员工积极投身于精益实践是企业迈向精益的关键，精益人才培养体系设计是企业推进精益战略的关键步骤。员工不仅需要学习精益管理的系统理论知识，更重要的是必须通过不断实践深入理解如何在其独特的行业中应用精益。现场员工和各层主管需要掌握精益知识的深度也不尽相同：高级管理层应深入理解精益背后蕴含的理念和实施精益变革所需的领导力；内部精益专家应能针对企业面临的各种问题熟练指导员工应用各种精益技术；现场员工应掌握基本精益改善工具进行日常的持续改进活动。

　　（一）精益人才的培养方法

　　1. 理论与实践并行。成为优秀精益管理人才的基础是理解其理念和方法，熟悉相关的理论知识，并将精益思想应用于公司业务的各个方面，以提高公司业务的绩效。

　　精益管理是一个完整的理论体系，它提供了思想、方法、制度、人员培训等各种联系。每个环节都有解释其理论成果的书籍。理解和掌握这些理论书籍是开始精益管理的最佳途径之一。其次是理论训练，一般聘用外部专家进行训练，为了进一步提高训练效果，还可以采用沙盘练习、模拟格斗、案例分析等灵活度高、互动性强、可操作性强的方法。

　　此外，还可以进行交流学习。以一定的理论知识为基础，与标杆公司进行交流学习，通过与精益管理标杆公司交流，公司可以更直观地了解不同情况下精益管理理论在实践中的应用。

　　2. 制订各级培训方案。精益管理是一个系统。它不仅包括现场基本管理实践，如标准化操作、设备布局、团队建设，还包括全球管理应用，如精益战略、规划和部署。因此，精益管理人才的培养应制订有针对性的不同层次的培训计划。

　　在基层层面，由于日常改进都在现场进行，在理论培训的过程中，除了注重传授理念以外，还必须投入更多的精力引进精益工具和方法。案例共享和项目共享可以支持精益管理者从一开始就高效地开发基本的改进方法。

　　至于中层，其主要职责应是促进基层日常改进的发展，教育和领导基层精益管理人员，促进其技能的持续改进。中层管理人员不仅要熟悉不同的精益理念和改进工具，而且要在领导团队实现这一目标方面发挥带头作用，实现管理目标，培养更多的精益人才。因此，这一层次的培养应该更加全面。

作为精益推进的核心，高级管理层在精益管理推进过程中起着主导作用，我们需要抓住整体发展，明确管理战略，制订实施计划。因此，对高管进行精益理念的培训非常重要，同时也非常注重加强这一级别管理人员的交流和学习。制定和实施不同的业务战略和计划可以提供更多的想法，有助于提高业务标准和计划。

3. 知识体系建设与人才交流。精益管理人才的培养应该是一个动态的、持续的改进循环，需要建立一批知识体系和人才培养平台，知识体系可以在运行中积累和加速精益管理的所有相关内容，不断为精益人才提供投入，人才培养平台可以丰富人才培养形式，通过开展内外交流、专业水平认证、经验交流等活动，营造全面参与的氛围，支持精益管理人才的持续提升。

（二）不同阶段精益人才的培养内容

精益人才的培养是一个多层次的实践，在前期准备阶段，首先要明确培养目标，选择精益人才的培训主体，制订精益人才的培训方案和激励机制，明确企业培训的激励措施，包括培训期间的工资和社会福利、晋升和管理措施。

在第一阶段，精益理念和精益知识被设计为最重要的培训目标。培训学员精益理念和积极的态度，学习和实践精益工具和技术。学习内容包括精益思维、5S、可视化、标准化、PDCA、问题解决及团队领导能力、分析能力和团队精神等。

在第二阶段，通过参与 Slim 改进项目，我们可以从实践活动中了解 Slim 改进。学习内容包括 A3 报告、QCC、线平衡、QC 及即时纠错和创新精神。公司通过教学、实践培训、评估和监督工作开展课程学习[88]。

第三阶段是在精益改进项目中培训，包括独立保护、过程分析、供应改进、数据管理、进度管理，该公司通过管理培训师的实践工作、培训工作方法，并通过创造性的提案、TBP 培训、评估和劳动监督掌握培训的进度和效果。加强培训纪律监控，评估、奖惩精益人才培训成果，并完善相关管理制度。

（三）精益人才的培养过程管理

在第一阶段，需要确定负责理论培训的人员，并制订培训计划、科目、时间、地点和教师。培训和评估机构负责准备考试问题，考虑培训文件和跟踪，并创建个人跟踪记录卡。确定实践评估负责人，培训师根据项目模块名称、培训目标和周期制订实践计划；为了达到掌握最重要的方法和工具的培训目标，公司评估员为学员创建了一份评估表，创建了个人跟踪记录卡，记录和监督培训，并将评估结果返回给受训人员和运营人事部。

【案例】

精益数字化人才育成培训课程体系

某企业以"为中国制造业发展壮大提供人才"为目标，以精益全价值链方法论体系为指导，以岗位为依据，以体验中心为载体，打造精益数字化人才育成培训课程体系，为企业架构价值系统提供务实、落地的一体化培训解决方案，如图8-15所示。

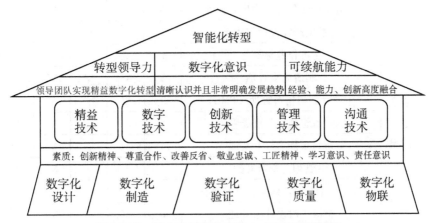

图8-15　某企业精益数字化人才育成培训体系

企业将数字化应用于设计、制造、验证、质量和物流环节，重视员工的精益、数字、创新、管理、沟通技术，培养尊重合作、工匠精神等优秀素养，从而制定企业数字化人才育成课程体系，发展企业领导团队，深化企业数字化意识，提升企业续航能力，实现企业智能化转型，如表8-6所示。

表8-6　某企业精益数字化人才育成培训课程表

模块	培训课程	课时（天）	课程对象			
			高管	部长	班组长	科员
企业精益系统架构	精益管理概论	1	√	√	√	√
	精益全价值链变革管理	2	√	√	√	
	企业精益战略与方针管理	2	√	√		
	价值流（VSM）分析与改善	2	√	√	√	
	精益生产系统架构与管理	3	√	√	√	
	企业精益变革文化	1	√	√	√	
	精益推进专员研修	2			√	√
	精益推进技法实战	2			√	√
精益生产与现场管理	精益生产工程师培养	5			√	√
	精益生产工程师能力提升训练	6			√	√
	精益生产线设计与优化	1			√	√
	生产作业标准化	1			√	√
	制造成本管理	2	√	√		
	生产计划与物料管理（PMC）	3	√	√		
	精益班组建设与现场管理	5			√	√
	班组长能力提升实训	3			√	√
	6S管理与推行实务	2			√	√
	IE（工业工程）效率提升与改善	2			√	√
	标准工时设计与管理	2		√	√	√
	拉动式生产方式实训	2		√	√	√
	督导人员训练（TWI）实务	2			√	√
精益研发设计	精益研发管理	3	√	√	√	
	研发成本管理	2	√	√	√	√
	研发流程优化与项目管理	3	√	√	√	
	实验设计导入（DOE）	2			√	√
	集成产品开发（IPD）	2	√	√	√	
	潜在失效模式和影响分析（FMEA）	2		√	√	
	面向制造的设计（DFX）	2			√	√
	防呆防错设计	1			√	√

续表 8 - 6

模块	培训课程	课时（天）	课程对象			
			高管	部长	班组长	科员
精益采购与供应链	精益供应链管理	3	√	√	√	√
	采购与供应商管理	3		√	√	√
	供应商成本与质量管理	2			√	√
	需求预测与计划管理	1			√	√
	仓储与物流管理	2		√	√	√
	物流成本分析和包装管理	2			√	√
精益质量	精益质量管理	3	√	√	√	√
	全面质量管理（TQM）	2	√	√	√	√
	问题解决方法（8D）	1		√	√	√
	新旧 Qc 七大手法实务	2			√	√
	质量功能展开（QFD）	1			√	
	先期产品质量策划（APQP）	1			√	√
	生产件批准程序（PPAP）	1			√	√
	测量系统分析（MSA）	1			√	√
	统计过程控制（SPC）	1			√	√
	Qc 小组活动（Qcc）实务	2			√	√
精益设备管理	企业全员生产维护（TPM）	3	√	√	√	√
	设备综合效率（OEE）	1			√	√
	分析与提升自主保全管理	1			√	√
	计划保全管理	1			√	√
精益安全管理	精益安全管理	2	√	√		
	KYT 训练	0.5			√	√
	危险源辨识及风险管控	0.5			√	√
精益营销	精益营销管理	2	√	√		
	新客户市场与业务开发技巧	1			√	√
战略绩效	基于平衡计分卡的战略绩效管理	2	√	√		
	目标绩效管理	2	√	√		
	战略方针管理	2	√	√		

续表 8 – 6

模块	培训课程	课时(天)	课程对象			
			高管	部长	班组长	科员
人力资源	企业培训需求分析和培训规划制定	1		√	√	√
	互联网时代的人力资源管理	1	√	√		√
	薪酬绩效 KPI 体系	2	√	√		
	以目标为导向的绩效管理体系构建	2	√	√		
内训师培养(TTT)	TTT 基础篇 – 培训师素养提升	1		√	√	√
	TTT 基础篇 – 课程开发与设计	2		√	√	√
	TTT 提升篇 – 实战课程的设计与展现	2		√	√	√
	TTT 提升篇 – 授课技巧与沟通表达	1		√	√	√
	TTT 提升篇 – 课件设计与 PPT 制作	1		√	√	√
领导力	MIP 经典管理技能训练	2		√	√	√
	教练型领导力	1	√	√	√	
	领导力与团队管理	1	√	√	√	
	高效能人士的七个习惯	1		√	√	√
思维创新	六顶思考帽:团队协作思考工具	1		√	√	√
	结构思考力:思考清晰、表达有力、工作高效	1		√	√	√
	金字塔原理:逻辑思维与有效表达	1		√	√	√
	有效的问题分析与解决	1		√	√	√
沟通	办公室高效沟通—报联商	0.5		√	√	√
	跨部门沟通、协作与冲突处理	0.5		√	√	√
高效办公	PPT 完美商务报告 – 从做的"精美"到说的"精彩"	0.5			√	√
	Excel 及 PPT 在管理中的应用	0.5			√	√
	Excel 进阶 – 数据统计与分析	0.5			√	√
	让逻辑看得见:思维导图与视觉化呈现	1		√	√	√
项目管理	项目管理基础知识	1		√	√	
	项目管理办公室在项目管理中的功能设置	1		√	√	
	项目中的风险与绩效管理	1		√	√	

续表 8 - 6

模块	培训课程	课时（天）	课程对象			
			高管	部长	班组长	科员
财务管理	成本分析与控制	1	√	√	√	√
	非财务经理的财务管理	1	√	√	√	√
智能制造——管理架构类	数字化工厂建设规划	1	√	√		
	从精益制造走向智能制造	0.5	√	√		
	制造业企业智能转型升级必由之路	1	√	√		
	智能制造与企业转型升级	1	√	√		
	企业数字化质量管理	2	√	√		√
	智能制造与数字化工厂打造	2		√	√	
	工业大数据与场景应用	1	√	√		
	人工智能与行业应用、发展趋势	1	√	√		√
智能制造——工具软件类	三维数字化产品设计	5			√	√
	有限元分析 CAE	4		√		√
	数字化工厂设计与仿真	1			√	√
	基于 MBE 的智能制造实践	1		√		√
	基于超级 BOM 的数字化样机	1		√		√
	高级计划排成 APS 系统规划与实施	2		√	√	√
	智能物流仓储系统规划设计与实施	2		√	√	√
智能制造——技能类	快速成型与 3D 打印技术	3			√	√
	柔性制造技术	10			√	√
	工业机器人编程、操作与仿真	5			√	√
	工业机器人工作站系统集成应用	8			√	√
	智能传感器应用与系统集成	5			√	√

精益人才培养的实施细则如图 8 - 16 所示。

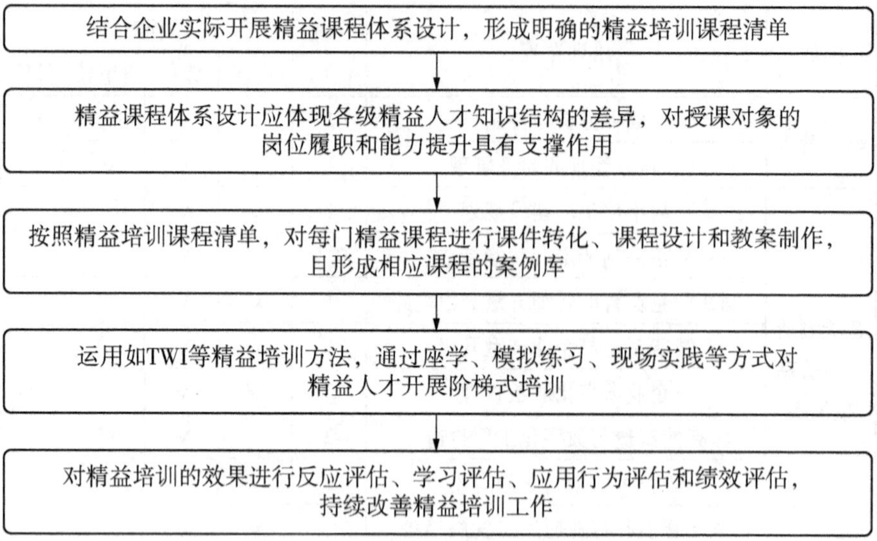

结合企业实际开展精益课程体系设计，形成明确的精益培训课程清单

精益课程体系设计应体现各级精益人才知识结构的差异，对授课对象的岗位履职和能力提升具有支撑作用

按照精益培训课程清单，对每门精益课程进行课件转化、课程设计和教案制作，且形成相应课程的案例库

运用如TWI等精益培训方法，通过座学、模拟练习、现场实践等方式对精益人才开展阶梯式培训

对精益培训的效果进行反应评估、学习评估、应用行为评估和绩效评估，持续改善精益培训工作

图 8 - 16　精益人才培养的实施细则

【案例】

某企业人才工程推进实施方案

　　企业为研究策划"精益人才育成"的推进实施方案，贯彻其全价值链体系化精益战略的理念，持续实现全要素、全流程和全员的精益改善，从而开展人才工程实施方案。目的在于实现人力资源管理的精益化，消除企业的 99 项人力资源浪费现象，最大限度地提高人才使用效率，充分挖掘未被使用的员工价值，使"人财"发挥最大效能。

（一）重点工作

　　1. 建立中长期人力资源总体战略，进一步梳理岗位职责，做好"四定"工作。

　　2. 建立关键岗位胜任能力素质模型。

　　3. 建立科学合理的企业人员素质总体评价体系。

　　4. 建立员工职业发展生涯通道。

　　5. 完善培训体系建设，提高培训的实效性。

　　6. 实现净减员 200 人以上，劳务派遣人员占人员总量不超过 10%，班组长以上管理人员精益培训率 100%，精益专职推进人员持证上岗。

（二）推进计划

1. 建立中长期人力资源总体战略：通过调研完成战略性人才工程三年规划的报告。

2. 研究策划"精益人才育成"的推进实施方案，完善人员素质模型、提升人员素质指数等重点工作。

（1）制订完成初步实施方案的起草。

（2）结合岗位适应性评价工作的开展，建立三级科技带头人、技能带头人等的人员素质模型，在总结成熟经验的基础上，逐步在其他关键岗位上建立人员素质模型。

3. 进一步细化人员素质指数各要素的评价细则。

（1）按照集团公司"职责、流程、标准"三位一体精细化管理工作的要求，完善直属部门的岗位责任书，实施定岗、定编、定员；指导基层单位在管理岗位开展定岗、定编、定员工作。

（2）调研各单位定岗、定编、定员工作情况，并完成调研报告。

（3）科学开展定岗、定编、定员工作。

（4）完善职业发展通道设计。

4. 开展有针对性的精益人才培训工作，并对培训效果、培训应用进行评估。制定精益人才评价标准，明确评价方法、激励手段和职业发展方向。

（1）重新修订完善并下发培训制度文件，建立培训效果、培训应用评估的办法。

（2）制定精益人才评价标准，明确评价细则、激励手段和职业生涯规划。

5. 持续开展工时定额核算工作：以新编劳动定额标准为基础，制定产品工时定额，完善定额系统。

6. 按照企业信息化总体推进要求开展工作。进一步优化人力资源信息系统，增加自动汇总人员统计报表功能。

四、精益人才的评价

企业需建立精益人才评价与激励机制，做到对精益人才有效的评价与激励，不断地激发精益人才的管理与改善才能，形成人才发展与企业发展的良性循环。采取"横向＋纵向"的评价方式，全方位、多层次对企业各领域、各模块人才进行衡量和评价。

纵向评价标准指按照精益人才由低到高的层级，从精益能手→精益骨干→精益专家→精益大师四个等级进行评价，建立企业专业化精益人才队伍，畅通精益人才职业发展通道。横向评价标准要求结合"管理、技术、技能"三大人才队伍建设，评价范围涵盖企业全过程全领域，从精益基础管理、精益物流、精益财务、精益安全、精益研发、精益质量、精益营销、精益制造、精益采购、精益人才培育10个模块来评价精益人才。

（一）建立合理公平的绩效考核机制

精益人才培养体系的实施可以与绩效考核相结合，通过科学、合理、公平、民主的绩效考核机制，可以有效保障精益人才培养体系的顺利实施。

1. 建立科学合理的绩效考核指标。建立合理科学的绩效指标用于考核，包括品德、能力、业绩、勤奋、诚信等各方面。需要注意的是，不同岗位级别的考核指标是不同的。根据不同的岗位要求，建立不同的岗位考核指标体系，即管理岗位和经营岗位考核指标体系。高级管理人员包括总经理和副总经理。在品德、能力、业绩、勤奋和诚信方面，更注重对品德和能力的考核；中层管理人员包括董事和经理。要根据各级能力要素建立工作完成度和工作效率，并据此制定详细的考核指标；基层员工更注重对德、能、绩、勤、诚等方面的能力和业绩考核[89]。

2. 提高考核的民主性和公开性。可以采用360度绩效考核系统[90]，将本人评价、同级评价、上级评价、下级评价和社会公众评价结合起来，360度全方位对绩效考核评价。在考核过程中要始终遵循定性与定量结合、注重实绩、民主公开、一般与特殊结合的原则，保证考核达到公平、准确。如图8－17所示。

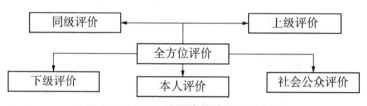

图8－17　360度绩效考核评价示意图

3. 科学合理地运用考核结果。通过考核指标和考核过程，保证获得客观性、公开性、公平性和公正性的考核结果。在此基础上，还需要规范评估结果的科学应用。绩效考核要与激励相结合，激发人才队伍的积极性，打击"消极分子"。

一方面，要把考核结果与职位晋升进行比较，青年员工晋升的重要依据以考核结果为主，做到"能者上"；另一方面，要把考核结果与奖惩机制相结合，奖优罚落后，做到"优者得"；还应将考核结果与薪酬体系相结合，实现"多劳多得"。此外，考核结果要与教育培训体系相结合，满足青年员工的自我提升需求。

（二）精益人才评价实施步骤

1. 成立评价小组。评价小组一般由高层领导，精益管理部门为牵头单位，各部门精益主管和精益专家组成。评价小组全权负责精益人才评价工作，主要职责为制定评价标准及考核规定，并严格执行，查找问题，交给指导和培养精益人才重任。

2. 明确岗位职责。为了确保精益评价工作有效推进，企业需对评价小组各级岗位职责进行明确。主任是精益评价工作的领导者，主要负责管理决策的输出；精益管理部门人员是精益评价的主要负责人，负责制定标准并按照标准开展各项工作，是评价工作的联络纽带；精益管理专家是精益评审工作的主要工作者，负责对各自归口内的工作提出标准、做出指导、监督整改；精益管理主管负责依照标准开展相关工作，并实时反馈开展情况。

3. 细化评价标准。为了更加贴近企业实际情况，应持续细化标准，并制定企业所需评价标准。标准中要明确工作标准、评价频次、评价方式等内容，内容要求各单位先自评并形成评审报告报至评审小组，评审小组负责汇总、整理，并对突出和共性问题进行分析，制订专项整改计划，限期整改。

4. 制定考核规定。为了督促各单位严格按照相应要求开展工作，特制定了相关考核规定。严格按照制度执行，少借口、严考核，为精益人才评价工作落实到位提供保障。

（三）适当的多元化激励措施

1. 物质奖励。物质奖励主要体现在绩效和奖金上。按照精益人才育成的考核评价结果，根据对应的结果系数确定绩效工资和奖金，体现为月度绩效工资、年度绩效奖金、薪酬调整等方面。

（1）月度绩效工资。将培训的考核评价结果应用于月度绩效工资的发放，可以提高员工对精益人才管理的重视程度。为避免不公平情况，企业可以根据每月考核评价结果将考核分数确定为五个档次：0～1分、1～2分、2～3分、3～4分、4～5分以上，月度绩效的对应工资系数分别为1.1、1.0、0.8、0.6四个层级，即员工的月度绩效工资＝绩效工资系数＊岗位标准工资。

（2）年度绩效奖金。年度绩效奖金的计算方式为，将本年度内各月的绩效考核结果汇总计算出平均值，然后按照高低顺序排名，每个层级均分出优秀、良好、中等一般、差5个等级，各个等级的比例以及年度绩效奖金系数。根据公司当年的盈利情况，拿出一部分利润用作年度绩效奖金，根据发放标准面向员工发放奖金。

（3）薪酬调整。如果连续两年某员工的考核评价结果在本层级员工的考核排名中位列前10%，那么该员工的薪资可以晋升一级。同理，如果连续两年，某员工的考核评价结果在本层级员工的考核排名中位列末尾10%，该员工的薪资则要降低一级。其余的员工保持公司正常的普遍提薪。

2. 非物质奖励。除了物质奖励外，精益人才育成的考核评价结果还应体现在非物质回报，如职位晋升、职业发展规划、培训等，通过多角度、多层次的激励，既能让员工感受到竞争压力，又能满足员工的精神需求，让精益人才管理的激励作用最大化。

（1）职位晋升与调整。通过考核评价结果，筛选出工作能力突出的员工，通过针对性的培养，在其工作能力达到上一层级职位要求时，为其提供岗位晋升通道。通过考核评价结果，也能筛选出工作能力与岗位不符的员工，经过培训如果仍不能达到岗位要求，则表明该岗位不适合他，可以考虑进行岗位调整或辞退，如图8-18所示。

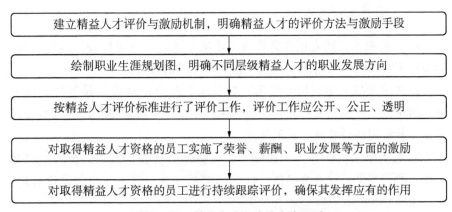

能力表现

高　｜业绩不佳者，给予警告　｜中坚力量，计划下一步提拔，并进行专门的发展指导　｜加速提拔，规划多重快速发展，确保薪酬的竞争力

中　｜提供有针对性的发展支持　｜表现满意，考虑发展　｜中坚力量，进入下一个发展机会

低　｜培训、待岗　｜表现尚可，保留原位，加强培训　｜表现尚可，保留原位，加强培训

低　　　　　中　　　　　高　业绩表现

图8-18　企业职位晋升与岗位调整坐标

（2）职业生涯规划。根据考核评价结果，企业可以为员工制定相应的职业生涯规划。具体来说，可有管理通道和技术技能通道两条不同的职业发展路径。由人力资源管理部门与员工协商进行职级调整，以最大限度地发挥员工的积极性，提高他们的工作能力，同时也可以增强员工对公司的归属感，帮助公司更好地使用人才、留住人才。精益人才评价的实施细则如图8-19所示。

建立精益人才评价与激励机制，明确精益人才的评价方法与激励手段

绘制职业生涯规划图，明确不同层级精益人才的职业发展方向

按精益人才评价标准进行了评价工作，评价工作应公开、公正、透明

对取得精益人才资格的员工实施了荣誉、薪酬、职业发展等方面的激励

对取得精益人才资格的员工进行持续跟踪评价，确保其发挥应有的作用

图8-19　精益人才评价的实施细则

五、精益内训师

公司应建立精益内部培训师团队，通过内部培训师传授精益管理知识，扩大精益影响的深度和广度，促进精益改进文化的形成[91]。内部培训师对公司非常有价值。他们通过专业技能将自己的知识和技能转化为标准化课程，通知公司要求的员工，并在其日常工作中提供现场建议；作为公司的一员，内部培训师作为普通员工的标杆和榜样，最能理解公司员工的需求；内部培训师也在促进管理变革方面发挥作用。他们负责在企业改革中传播新思想、教授新方法和实施新技术；内部培训师可以帮助企业创造良好的学习环境，帮助企业创建学习型组织。

（一）选择原则

1. 企业应坚持公开、公平、公正、客观的甄选原则，公布甄选流程、甄选标准和监督渠道。

2. 企业应坚持质量重于数量的原则，择优、失利、不滥用，有效选拔和使用"有志向、有能力、有价值"的优秀人才。

3. 公司应坚持"选择和使用"培训原则，在培训和使用中促进精益内部培训师的个人成长。

4. 企业应坚持"德才兼备"的用人原则，尊重"才"，注重"德"，精益内训人员不仅要成为精益专业教学的"领导者"，更要成为师德和师风的"示范者"。

（二）注册的基本条件

1. 道德要求：热爱创业型精益人才培养事业，有责任心，师德高尚，能够在不影响工作的情况下完成精益人才培养的发展。

2. 专业要求：本科以上学历，在基层生产单位从事精益管理或相关活动两年以上，熟悉平行课程的技术理论知识、制造现场管理和精益管理知识，并控制精益管理工具的使用。

3. 能力要求：良好的沟通能力，较强的语言表达能力，教师组织和手册，课程开发，标准普通话，良好的形象气质，专业使用多媒体教材，有一定的职业教育实践经验者优先。

（三）招聘和资格

实行等级资格制度，精益内部培训师等级分为初级、中级、高级和特殊四个等级，不仅必须满足相应级别精益内部培训师申请的基本资格要求，而且必须满足相应的申请条件。各级别精益内部培训师的具体工作要求如表8-7所示。

表8-7 内训师级别及能力要求

级别	能力要求	工作及任职年限	最低课时标准	最低课程开发数
初级	具有精益管理推进工作实践经验，具备教学组织和授课技巧	在精益管理领域工作年限不低于两年	不低于12课时/年	年度至少1门
中级	具备丰富的精益管理推进工作经验和专业知识、技能，能够指导基层精益推进工作，帮助基层改善工作绩效，并能够指导初级精益内训师提高授课技能	在精益管理领域工作年限不低于三年或任初级精益内训师一年以上	不低于32课时/年	年度至少2门
高级	在本专业领域具有一定影响力，能够指导基层精益管理工作，为组织提升绩效提供支持，能够参与开发、改进切合实际需要的培训教材，同时能够有效指导中级精益内训师提高培训授课技能	在精益管理领域工作年限不低于四年或任中级精益内训师一年以上	不低于64课时/年	年度至少3门
特级	在精益推进工作领域具有权威性，能够指导开展精益推进工作，能够独立开发切合实际需求的专业教材，具有培训教材审核和指导高级精益内训师业务提升能力	在精益管理领域工作年限不低于五年或任高级精益内训师满两年	不低于80课时/年	年度至少3门

（四）评审及聘用

1. 发布公告：企业组织一年一次精益内部培训师资格申请，并在每年年初发布关于选择和雇用精益内部培训师的公告，说明参与条件。

2. 注册申请：各单位应填写《精益培训师申请表》或《精益培训师推广申请表》，收集整理好个人资料（身份证、文凭、职业资格证书等）并申请单位签字认可的意见后，向主管部门报告。

3. 资格审查：公司根据精益培训教师的实际需求、基本工作条件、资质及指标分配情况，对候选资格及相关资料进行审查，并临时建立精益培训内部培训师候选名单。

4. 面试和讲座：对通过资格考试的申请人进行面试；通过面试的申请人组织对申请级别的演示文稿样本进行审查，并根据资格、面试和结果拟定合格人员名单讲座。（整体评估和评估为100%，包括20%的工作资格、30%的面试问题和50%的提交公司审批的公开讲座）。

（五）委任及聘用

1. 正式任命：在审计结果之后，企业应任命员工；公司统一颁发相应级别的精益内部培训师资格证书，并出具文件；招聘人员信息录入精益内部培训师管理数据库。

2. 任职期限：中小型室内教练任期为一年，中高级型室内教练任期为两年。根据实际工作量和年度评估结果决定是否续聘。

（六）修长型内饰培训师的任务

1. 精益内部培训师应协调全职和兼职工作，商定适当的时间表，妥善解决自身工作与培训教学之间的矛盾，严格遵守与培训相关的管理制度，保守商业秘密，保护公司的利益和声誉。

2. 参与对工人培训需求的研究，了解各类和各级工人的培训需求，并向企业提供有关工人培训需求的准确信息。

3. 根据精益理念的推广和实施，精益工具的普及和综合管理技能的提高，以及理论教学与实践教学并重的原则，编写培训材料、课堂讲稿、创建教学案例，PPT课件及辅助材料，完成模拟实战、现场演练、沙盘演练等培训课程的策划和开发，帮助建立和完善员工精益培训体系，并持续改进和优化。

4. 根据培训效果开展的培训工作，积极备课，丰富课程内容，统一使用标准课程模板，外观得体，穿正式专业服装，监控课程进度，保持课堂纪律，顺利完成课程。

5. 认真编制培训文件，支持和参与培训效果的评估和分析，及时跟进和反馈教学质量，提供教学质量分析报告，提交适当的培训管理建议；培训方法和课程内容的优化；并对其他教师的教学技能、方法、案例和课程内容提出改进建议[92]。

6. 参加课程考试方法、考试后阅读和评分、准备和提问；对受训人员进行后续培训，并支持受训人员在培训后制订行动计划。

7. 整理和归档课程、手册、试题、评估结果和其他教材，并参与建立学习课程和测试问卷数据库。

8. 严格"学练结合""三学七练"，充分运用精益研究道场、用例、研究、体验等教学方法，突出实践教学，加强实践训练，提高课堂教育的吸引力和趣味性。

9. 参与年度精益培训总结，持续提交培训方法和课程内容的改进建议，协助企业建立并持续完善精益人才培训体系。

10. 积极学习培训需求的变化，不断更新专业知识，提高自身文化素质和综合能力；培训评估结果总结了培训经验，不断改进教学方法，提高培训技能和能力。

（七）管理制度

1. 公司对选定的精益内部培训师实行分级管理和邮政指导制度，公司按服务等级执行聘书，持证上岗，创建和完善精益内部培训师个人业务文档。

2. 按照"集中培训、公开竞争、择优汰劣"的原则，在严格评估的基础上，实施精益内部培训师动态管理和滚动开发的管理机制，精益内部培训师资格每年认证一次。

3. 根据"薪酬和责任"原则，精益内部培训师必须在任职期间充分履行其任务和职责；否则，明年精益内部培训师的选拔和招聘资格将被暂停，并通知公司。

4. 在任职期间，从企业调离（包括退休和离休）受内训人员的，自调离之日起暂停其资格和福利。

5. 精益内部培训师严格按照培训计划授课，如因自身原因不能及时授课，应提前三天通知公司相关部门，以便安排其他教师。

6. 培训所涉及的课程、手册、实践课程、表格、试题、答案等教具，应当在培训后一周内交培训单位主管部门报送；课堂上道场的使用和教材的准备将在上课前两小时进行解释。

7. 精益内部培训师接触和使用的所有培训材料（包括以 CD、书籍、幻灯片、音频、视频和其他形式存储在纸质或电子媒体中的培训材料）必须妥善保存并严格保密；未经授权不得复制和传播。

8. 公司自主或联合开发的教材、课程、手册、试题或论文的版权归公司所有。在公司适用的培训区域内以各种形式发布，以便员工学习和使用。

9. 公司部门收集和监控属于培训师内部的培训文件，并承担相应的保密和保管义务。

10. 在精益内训人员测评中作弊的，经考核不合格，五年内不得参加测评和录用。

（八）评估和奖励

1. 精益内部培训师的绩效。

（1）日常评估：公司不定期组织对精益内训师教学质量的日常抽样检查，访谈学生，了解精益内训师的教学效果。

（2）个别评价：每堂课结束后，组织学生填写精益内训师评价表，对讲义课件、教学风格、教学效果等进行现场评价。

（3）年终评估：公司每年组织一次对上一年度学生平均满意度、教学任务完成情况、课程开发、教材编写和教具的综合评估，完成精益内部培训师年度总结表，以评价体系的方式给出量化分数，并从高到低排列。

2. 精益内部培训师的培训和激励。

（1）公司每年制订培训计划，并在专业知识、教学经验、教学技能、班级管理等方面实施分阶段培训计划。精益内部培训师最好参加与其在公司工作相关的各种培训课程。

（2）根据课程的持续时间按优先顺序组织参加国外培训或与课程内容相关的参观和研究活动。参加社会资格认证和相关学科考试，考试合格者由公司报销、资助。

（3）每年年底，公司都有优秀的培训师被选拔，被授予"优秀精益内训师"的称号，颁发荣誉证书和相应的物质奖励，如图 8 - 20 所示[93]。

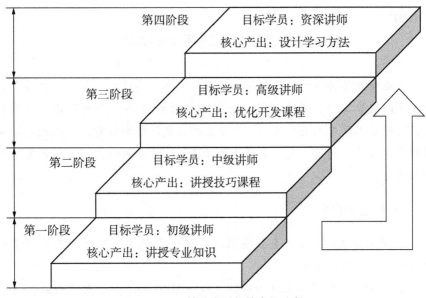

图 8 – 20　精益内训师的发展阶段

精益内训师的实施细则如图 8 – 21 所示。

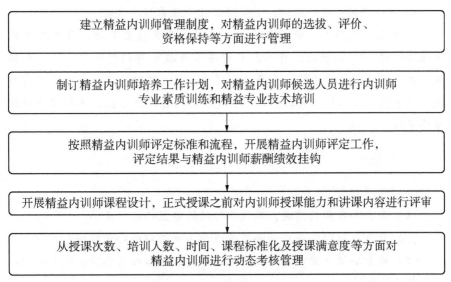

图 8 – 21　精益内训师的实施细则

【案例】

某企业建立内训师认证制度

企业制定了详细的培训师认证流程及程序，确保所有师资能够符合企业培训的基本标准，并在此标准上不断改进和提高，以激励员工积极参与，增进员工的个人发展意识，充分发挥自我潜能和创意，进而提高培训师的教学质量。同时，进一步提高员工在培训方面的满意度，提升员工的职业素质。

（一）相关定义

1. 资深培训师：根据企业培训师认证流程规定，符合企业单项课程资深培训师资格的员工。

2. 培训师：根据企业培训师认证流程规定，符合企业单项课程培训师资格的员工。

3. 潜在培训师：根据企业培训师认证流程规定，经部门领导同意，并且自己有意愿发展成为企业培训师的员工。

4. 内部培训师认证机构：企业培训师专业审核委员会。

5. 企业培训师专业审核委员会：审核成员由企业领导、各单项课程资深培训师，综合管理处负责人及相关专业技术部门领导共3～5人组成。由企业培训主管为执行干事；此委员会为一临时性工作小组，只有当执行干事认为有审核必要时，才会召集相关人员组成小组，进行培训师的资格审核。

（二）职责

1. 综合管理处。

（1）负责和各部门沟通，确认各部门的潜在培训师名单。

（2）负责制订对潜在培训师发展成为企业培训师的先期培养方案。

（3）负责和潜在培训师单独交流，并在取得本人同意后，代表企业与其签订培养协议。

（4）根据先期培养方案，综合处负责协调、组织潜在培训师参与培养项目。

（5）负责制订对企业各级培训师的认证方法。

（6）负责安排组织对企业各级培训师的认证并颁发证书。

（7）负责为企业各级培训师建立档案，并进行管理。

（8）负责对企业各级认证培训师授课的付费和其他激励方式。

（9）负责组织定期或不定期对培训质量的审核。

（10）负责与部门反馈潜在培训师的发展状况。

（11）负责每半年对培训师进行的厂级培训科目进行评价并报培训师专业审核委员会审核（填写内部培训师教学周期考核表）。

2. 部门领导。

（1）负责为综合处提供该部门潜在培训师名单。

（2）负责支持本部门潜在培训师能够按时完成先期培养方案。

（3）负责支持企业认证培训师的授课时间。

（4）负责参与该部门培训师的认证。

（5）负责每半年对培训师进行的部门级培训科目进行评价并报综合处（填写内部培训师教学周期考核表）。

3. 潜在培训师。

（1）确认自己有意愿发展成为企业培训师。

（2）确认接受先期培养方案，并签署培养协议。

（3）承担相关的教学任务，并按时保质保量完成培训课程。

（4）确认同意遵守企业培训师认证流程。

4. 培训师。

（1）承担相关的教学任务。

（2）负责内容的优化、资料的收集，总结本专业领域的管理、操作经验，编写教材和提高讲授水平。

（3）学习消化外部培训课程，负责引入企业。

（4）根据企业的培训需求，担任各类培训班的教学授课、技术技能和教学实习指导；开发培训教材，设计适合目标学员的培训教案，在计划时间内实施并完成培训；为各级各类考试考核命题；对学员进行有效的测试和培训评估；持续改进培训内容和提高培训质量。

（5）确认同意接受企业内部认证和审核。

（6）确认接受资深培训师的指导和帮助，与资深培训师共同制订培训差距分析的行动计划，及按时完成该计划。

（7）培训师在工作范围内准备的培训讲义，测试题和相关培训资料归企业版权所有，并由综合处统一控制；在未经许可的情况下，培训师不得擅自对企业以外的其他人员或机构泄露。

5. 资深培训师。

（1）资深培训师负责根据公司的战略发展方针和综合处的要求，每季为培训师讲一次课，每年培养一名培训师（包含针对单项课题为其制订详细的培养方案，跟踪方案的实施，及向综合处反馈实施进程和结果）。

（2）资深培训师负责参与企业培训师专业审核方案的制订，并参与审核过程。

（3）资深培训师负责在每次审核后，完成对被审核员工的培训差距分析，和该员工一起制订行动计划，并负责跟踪和协助其执行。

（4）资深培训师同样履行培训师职责。

6. 部门主管级以上人员。

（1）有责任掌握辅导、训练和培训技巧。

（2）有责任激励员工，辅导、训练和支持员工以帮助其发展。

7. 内部培训师（潜在培训师、培训师、资深培训师）认证。

（1）每年年底，综合处在企业范围内发布需要发展潜在培训师的单项课题。

（2）员工提出成为潜在培训师的申请，并经部门领导批准；或在和综合处沟通后，部门领导根据该部门人员发展计划和员工自愿的前提下，向综合处提交潜在培训师的名单。

（3）综合处汇总后，报送企业培训师专业审核委员会审核确认。

（4）综合处和各部门潜在培训师沟通，阐明先期培养方案的基本内容，并和同意接受该方案的潜在培训师签署培养协议。

（5）综合处组织安排已签订协议的潜在培训师参加先期培养计划并完成先期培养计划。

（6）培训师专业审核委员会对参训后的潜在培训师进行资格审核和认证，并颁发培训师资格证书。

（7）综合处负责每半年对培训师进行审核，主要依据是培训课时（资深培训师、培训师不少于16学时/季，授课场在5班次以上、潜在培训师不少于12学时/季，授课场次在3班次以上）和培训评估反馈情况及评估效果在75分以上，审核结果分三个档次（好、中、一般）。年终进行总结评比，可分为优秀、合格、不合格三个等级，连续三年获得优秀培训师称号的有资格晋升为资深培训师。综合处每年对内部培训师认证一次，对考核评估为一般的要进行培训、促进其授课能力的提高。资深讲师若一年不上课，降为培训师；培训师半年不上课，自动降为潜在培训师或部门级培训师。

8. 外聘讲师。

为了广泛引进与吸收国内外的先进技术和管理知识和经验，加强与外部企业及培训机构的相互交流与合作，企业将根据不同的需要，从外部聘请优秀的讲师、专家来企业进行授课。

（1）外聘讲师和来源：高等学校、科研单位；培训机构、顾问公司；优秀企业的高级管理人才和技术人才。

（2）资格审查：技术/设备类讲师由技术/业务部门和综合管理处进行资格审查；管理类讲师由综合处进行资格审查，审查内容包括专业背景、从事职位、教学内容、教学水平等。

（3）聘请程序。凡聘请外部讲师必须向综合管理处申请，经综合管理处资格审查同意后，方能聘请，并同时备案。

（4）外聘讲师的职责。外聘讲师必须根据企业的培训需要，提交教学内容和培训方案，最后经主办部门和培训部门批准后实施，如有变动应事先征得同意。同时，外聘讲师必须保质保量地完成双方协商的培训任务。

9. 激励方式。

（1）参加各级各类培训和继续教育，以不断更新知识、提高理论水平和专业技术能力（每年至少参加一次送外培训，优先推荐参加双学位、研究生及以上学历的学习）。

（2）在同等条件下，对培训师优先评聘技术职称。

（3）优先推荐参加各级各类先进荣誉的评比。

（4）参照公司内部培训师标准，对企业级内部培训师所授课程根据课时给予工作时间40元/时、业余时间60元/时的津贴。

（5）培训师可以获得一定金额的书籍费，其中潜在培训师200元/年，培训师500元/年。

（6）年终召开总结表彰会，评选出优秀培训师和资深培训师，给予一定奖励。

（7）每半年根据审核结果给予培训师一定的专项补贴（资深培训师2000元/半年，培训师1000元/半年）。

六、人才育成相关工具

企业追求形成独到的精益文化，其重点在精益思想的培养，最终落实在精益人才的育成。而培养精益人才不仅需要完善企业制度，而且还要对培养的工具及方法进行广泛研究与应用。

（一）TWI 培训方法

TWI（training within industry for supervisor）培训方法是一套针对一线员工设计的成熟、简单、实用、有效的标准训练方法，通过工作教导（JI）、工作改善（JM）、工作关系（JR）三个模块训练一线员工教导部属、改善工作、领导团队等必备技能，使之能够有效指导一线员工，从根本上解决生产和管理中的各种问题，实现效率提高、品质改善、成本控制等企业目标。该方法在欧美日韩等国均由政府通过职业立法进行推广与实施，风行60年长盛不衰，是目前世界上单体培训人数最多、持续时间最长、效果最显著的基层管理经典教程。也是企业推行精益生产、标准化作业和全面质量管理的基础。TWI 培训方法主要内容如表8－8所示。

表8－8　TWI 培训方法主要内容

工作教导（JI）	使基层主管能够有效运用四阶段法 TWI 培训方法，清楚地教部属工作的方法，使部属很快接收到正确、完整的技术或指令
工作改善（JM）	使基层主管能用合理的程序，思考现场工作上的问题与缺失，并提出改进方案，提升工作的效率与效能
工作关系（JR）	使基层主管平时与部属建立良好的人际关系，部属发生人际或心理上的问题时，能冷静地分析，合情合理地解决

1. 关于人的问题。员工必须具备以下三个重要条件：知识、技能、态度。首先，如果知识不足，技能不熟练，就不能很好地工作，还有可能造成工作延误和质量低下等问题，解决这些问题的办法就是通过工作教导（JI）的技能。其次，如果没有正确的工作态度，就可能对工作缺乏热情，不遵守规章制度，破坏工作现场的人际关系，最终妨碍工作的完成。这个问题可以通过利用工作关系（JR）的技能来解决。

2. 关于物的问题。工作不顺手，物品的移动和搬运太费手脚、不易处理等问题，对质量、生产、成本产生不良影响。针对此类问题，可以通过工作改善（JM）来解决。

TWI 培训方法以上的内容，如表8－9所示。

表 8 – 9　TWI – 3J 培训工具的适用范围

现场的问题	TWI – 3J 培训工具的适用范围		
员工的工作	不知道	使用 JI	使员工理解作业并能熟练地完成作业
	不会做		
	不太会做		
现场的工作方法和成果	不好做	使用 JM	改善作业方法和布置，使作业的姿势变得轻松，容易操作，有效
	太麻烦		
	很辛苦		
	不习惯		
与现场员工的关系	没有干劲	使用 JR	预防现场员工之间的摩擦发生，或者将以生产的问题巧妙地处理，创造一个可以愉快工作的现场
	松懈		
	相互关系不好		

　　TWI 训练的基本理念是尊重人性，即承认世间每一个人的存在价值及尊严；以及用科学的方法消除工作中的不合理、浪费及不均衡。为了彻底掌握基础原理与原则，TWI 制定了高度定型化、标准化的课程，这种课程具有很强的可复制性；把现场的问题和实习素材带入教室，通过讨论和实际操作进行更加具体，实践性强；比起"知识"更强调"技术"，比起"应知"更重视"应会"；讲义通俗易懂，有速效性，把"四阶段法"TWI 培训方法简明扼要地总结为一张卡片，易于执行。

【案例】

某集团 TWI-JI 工具在物流环节的应用

　　按照 TWI-JI 两个核心模块的要求，结合某集团实际情况，将 TWI-JI 培训方法与某集团物流中心的实际业务相结合，制定出 TWI 培训情况记录表明确培训目标、内容、时间、工作内容和流程等，如表 8 – 10 所示。

表 8-10 某集团 TWI 培训情况记录表

培训人员							
培训时间							
培训地点							
序号	培训项目	培训内容	任务分解	培训要点	成败是/否	安全达标/不达标	难易难/中/易
1	单证校验	准运证、出入库单证、磅码单等	单证核对				
			单证签付				
2	质量检验	数量、外观、质量等	标识检验				
			计件（计重）				
			感官检验				
			理化检验				
3	仓储流程	入库、在库、出库、盘点	货位管理				
			账、卡、物管理				
			损溢计算				
			环境调控				
			虫霉防治				
			盘点管理				
			安全及 6S 管理				
4	系统操作	EPR、WMS、OMS、TMIS 等	系统操作				
			扫码操作				
			问题处理				

　　首先根据主要步骤培训必要作业程序，其中培训要点是主要步骤，可分为三类：成败（左右工作能否成功的关键）、安全（作业员有可能受伤的关键）、易做（简化工作流程的关键）。

　　建立以 TWI-JI "教三练四"为核心的多能人员培训流程，根据学习准备、传授工作、尝试练习、检验成效四个阶段，明确各阶段之间的节点、步骤，建立出符合物流环节的 TWI-JI "教三练四"的培训流程。培训的核心在于引导员工高效完成作业，评价过程通过操作安全、项目意义、学习准备、传授过程、尝试练习、检验成效和整体表现七个方面开展。

　　TWI-JI 在某集团物流中心运用之后，多能人员培训周期从原先的 6 个月降低至 2.4 个月，提升了多能人员的培训效率，增加了专业技能人员储备的数量，为实现"净管理"打下人才支撑的基础。传统意义上内训师和员工之间的交流属于单向灌输性交流，通过 TWI-JI 工作指导方式，采用"教三练四"四阶段法，以现场指导为核心，注重实践运用，很大程度上提升了员工学习的效率[94]。通过一线督导人员在现场培训、指导具体工作，快速实现提升现有作业人员在适应新岗位时学习的效率，有利于培养一专多能的岗位技能人才，进一步实现人员的柔性化。

　　TWI-JI 在该行业物流环节的导入应用，颠覆了传统的培训方式，有效地提高了培训实效，降低了培训管理成本，锻造了一支综合素质高、理论知识全面、实践经验丰富的物流内训师队伍，打造了一支理念创新、技术过硬、善于管理的物流基层服务队伍，培训了一支有文化、懂技术、精业务的物流队伍，为推动该行业物流管理上水平做出了积极贡献。

【案例】

TWI-JM 工具在某企业的应用

　　企业秉持"持续改善、坚持到底、绝不动摇"的原则不断优化生产过程、销售过程、运营过程等企业经营的方方面面，建设"持续改善、创新和灵活应变、崇尚行动、追求结果和注重品牌推广"的企业文化，树立"顾客第一、以人为本、诚实正直、和谐团队、追求卓越、主人翁精神"的企业价值观，肩负着"用领先及环保友善的技术和工艺来生产高质量、有价格竞争力的产品，保证生产安全，并提供高效的客户服务"的企业使命，从而进一步实现企业远景。

　　企业通过最有效地使用现有的人员、机械及材料，在短时间内大量生产优质产品，选择采用 TWI-JM 方法系统科学地进行改善。

　　第一阶段需要先分解作业，把现在方法的全部细节毫无遗漏地记录下来。

　　第二阶段中要对各细节进行自问，例如为什么它是必要的？它的目的是什么？在哪里做好？何时做好？谁做最合适？什么方法最好？

　　第三阶段是构思新方法，去除不需要的细节后尽可能合并，按照好的顺序重组细节，再简化必要的细节。

　　第四阶段是实施新方法，使上司或部属接受新方法，取得有关安全、品质、产量、成本相关人员的最后认可，把新方法付诸工作，用到下次改善成功为止。

JM 改善活动需要对比改善前后的细节记录，得出改善方法在搬运距离的缩短、工作效率的提高或消除安全隐患等方面的成效，从而确定各个环节是否按照改善活动进行更改。

(二) OJT 培训方法

OJT 是管理者和技能娴熟的老员工通过日常工作，对下属、普通员工和新员工掌握必要知识而进行培训的方法。重点是双方在具体工作中的示范、讲解和实践学习。如有不确定因素，可现场咨询，它还可以在互动中发现以往工作中的缺陷和不合理之处，并共同改进，因此也被称为"职场内培训"。

在工作岗位上，OJT 是公司保持和提高工人工作能力，向工人提供现场咨询的唯一途径，可以使新员工尽快熟悉业务并提高其专业技能。OJT 培训是经理日常管理的重要组成部分，在公司内部应适当开展 OJT 培训。根据企业的需要和实际情况，运用日常管理和培训组织的并行方法。

员工培训形式大致可分为三类：

1. 在职培训（on the job training，OJT）。在职培训也被称为在岗培训。这种方法意味着管理者或老员工（具有至少两年专业经验的优秀员工）通过员工的日常工作，为新员工提供有计划的建议。建议的内容包括员工在工作中需要的完整的知识、技能和态度[95]。

2. 集中培训（off the job training，OFF-JT）。集中培训也称为脱产培训或离岗培训，简称 OFF-JT。OFF-JT 是在一定时期内集中培训人员，并使用外部或内部培训设施进行培训。是否聘用外部教师或内部教师取决于课程的需要。

3. 自我开发（self development，SD）。自我开发的方法简称 SD，这种方法是员工自己学习工作中需要的知识和专业技术。从公司的角度来看，应该积极为员工创造学习条件，例如为员工建立阅览室，建设咨询材料基础设施，定期举行阅读和交流会议。

只有通过这三种不同形式培训的有机结合，企业才能有效实现提高员工就业能力的目标，可以说，在职培训法是培养员工技能的核心和重要途径，如图 8 - 22 所示。

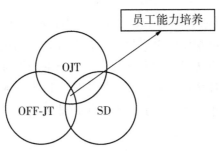

图8-22 企业员工培训的三种形态

任何培训首先要明确实施的目标。OJT的目的就是结合实在的现场业务，通过新人与老员工（部门经理、部门主管或经历丰富的员工）一对一的指导及自我学习，让学习者尽快掌握本岗位所必要的基本知识及专业技能，并尽早胜任自己的工作。这种方法的特点是以现场业务为中心和主动学习为主，再配备有能力的员工做认真的指导，是一种行之有效、开放式的业务训练方法。OJT培训方法的五个步骤如表8-11所示。

表8-11 OJT培训方法的五个步骤

第一步	把握培训的需求	需要明确学习者在业务上最薄弱的地方在哪里，存在的主要问题有哪些，个人希望得到哪些提高，部门经理或主管希望对哪些地方进行指导等
第二步	设定OJT指导的目标	通过一对一的指导，学习者要达到的水平（期待水平）、指导的期限和达成的时间，同时还需要考虑到设定的目标一定要符合下属的水平以及部门条件
第三步	制订OJT指导计划和日程表	计划是实现目标的重要手段和方法，务必建立详尽的指导计划和日程表。在做计划之前，要了解清楚下属的实际情况，对员工的工作能力进行分类，并对不同的员工采取不同的指导方法
第四步	实施OJT	按制订的计划开始进行有序的指导，并利用各种业务和现场机会，指导者不失时机地对学习者进行指导和培养，有问题及时给予纠正
第五步	评价和反馈	评价和反馈是OJT的最终阶段，要认真评价和总结目标的达成情况，包括对过程中的问题点把握、改善的事项、与本人的面谈等

OJT 有很多优点，首先它通过日常业务进行有针对性的指导和培训，所以培训的结果可以直接通过业务反映出来，对培训效果也比较容易测评；其次，在规定的期限内可以反复进行训练，直到达到既定的目的；最后，一对一的指导方法可以对受训者进行手把手的训练，而工作现场又是培养工作能力的最佳场所。在现场手把手地进行指导和训练，可以最大限度地保证培训的效果。也正因此，很多企业都采用在职培训的方式。

【案例】
某公司的 OJT 培训方式

在该公司的下属企业里，对新员工进行 OJT 教育是新员工入门培训的一项重要内容，实施时间的长短由各公司自行决定，但通常不少于三个月，在具体操作方法上也有所差异。该公司对新员工（本科以上学历）在职训练的具体方法如下。

（一）准备事项

1. 制作 OJT 日志本——公司要统一制作 OJT 日志本，并发放给每个新员工。

2. 制订指导计划——根据指导对象确定指导的内容，并提前和学习者进行沟通。

3. 确定指导者——指导者提前准备相关的学习资料，并拟订具体的指导日程表。

4. 确定 OJT 的时间——在实际操作时，要确定起始日期和结束日期。

（二）OJT 的主要内容

1. 完成 OJT 日志。要求学习者在接受指导期间，像写日记一样，每天要记录当天学习的内容，写 OJT 日志，指导者要以周为单位进行 OJT 日志确认。

2. 一对一指导评价。要求学员对自己接受指导期间的态度、素质及业务熟练度等方面进行自我评价，然后由指导者再进行评价和确认。

3. 完成业务手册。为了使新员工尽快熟悉和掌握业务的流程、方法、工作的标准等，让新员工一边工作、一边体验和总结，并自己动手完成业务手册，指导者对其进行点评和反馈。

4. 完成相关书籍的读书报告。指导者给新员工指定在 OJT 期间要阅读的专业书籍，要求每个月一本。通过阅读相关的业务书籍，增加业务知识，加强对业务的理解。

（三）OJT 的具体实施及推进

OJT 的具体实施及推进内容如表 8－12 所示。

表 8－12　OJT 的具体实施及推进内容

实施日期			6 个月
项目		内容	时间
选定指导者		在新员工部门分配一周内指定指导者，负责对新员工进行指导；指导者要具有两年以上工作经历，能给新员工做出表率，并且是部门内部的业务专家	完成日期
一对一 指导评价	指导计划	指导者制作六个月重点指导的项目及指导目标	完成日期
	指导日志	以周为单位，新员工自己完成主要业务内容指导报告，并得到指导者及部门经理的确认	每周一次
	指导评价	对六个月内一对一指导的结果、态度和素质进行本人自我评价，再交给部门经理进行确认评价	完成日期
制作业 务手册	制作要领	叙述业务流程要点，叙述各阶段的业务进行内容及处理方法，叙述各流程之间的关联性等 每月完成 1 份，要求详细（根据实际的业务，规定不少于多少张 A4 纸）	每个月完成一份（共六份）
	评价	每月制作业务手册，所在部门经理进行评价，部门内负责此项业务的员工也要进行评价	每月评价一次，共六次
读书报告	制作要领	每月与指导者商议后，选择并阅读一本与业务相关的书籍，阅读后完成读书报告	每月一本，共六本
	评价	每月完成的读书报告，要得到所在部门经理的评价，同时，部门内负责此项业务的员工也要进行评价	每月评价一次，共六次
OJT 计划的 综合评价		将一对一指导评价、业务手册（六份）、读书报告（六次）提交给 OJT 负责人进行综合评价	完成日期

（四）多能工培养

"多能工"一词最早出现在日本，是由著名的丰田公司在其发展过程中提出的。它指的是一名拥有两种或两种以上工作类型的单一技术工人，单一技术工人只能执行一个过程。事实上，在团队中组织多技能工人培训的目的是确保培训组织具有高度的灵活性，达到相互补充的效果，以减少员工数量，提高生产效率，解决实际生产中可能出现的各种意外情况。

跨专业培训的内容应基于团队的实际生产情况。根据不同岗位和流程的需要和相关性，以及员工的资质水平，不同的员工需要不同的培训内容。通常，需要针对团队的不同岗位、流程和设备对团队进行培训，因此，他们可以在团队中执行不同的操作，并掌握多个职位所需的技能。

此外，专家的培训还包括专家的评估和认证，经过跨学科培训，只有通过考试和认证的团队员工才能被称为多能工。

专业人员的培训主要基于专业人员的培养计划、引入轮岗制度和资格记分牌的可视化学习过程。多能工的培训流程如表8-13所示。

表8-13　多能工的培训流程

受训者资格挑选	多能工挑选必须为工龄1年以上的老员工
受训者选择学习项目	多能工训练和培养必须本着员工自愿（自己希望能通过学习，努力掌握更多技能的求学进取愿望），一般情况下每一工序都必须储备两名以上的多能工。领班根据生产实际安排培训计划实施教育，指导以及训练
学习周期的制定	根据员工申请立案，再根据该工序的工作内容及复杂程度来制定学习周期，做成多能工训练表，然后按计划先后逐一进行作业基准及作业指导书内容的教育指导
实施岗位操作等相关内容	完成初级理论教育指导后进入该工序参观，在员工操作的同时，加深作业标准及作业顺序教育内容的理解，再插入该工序与员工一起进行实际操作以提高作业准确性及顺序标准化，同时掌握正确的作业方法（注意事项：①要理解每个模块的工作流程及工作注意事项；②进行相关的理论知识讲解/实践操作）
部门领导考核	依照多能工评价表进行评价，理论30%/实际操作能力70%
多能工资格认证	总评价分数在70分以上即可获得本部门多能工资格认证证书
轮岗管理	考核通过的人员可申请换岗操作

将员工教育训练为多能工，目的不仅是消除员工技能与工作要求之间可能存在的隔阂，更要使班组成为一个高效率与高生产力的工作场所。要想训练多能工，首先要从思想教育、更新观念做起，教育员工要转变观念，不能满足于现有的知识和技能，培养员工的忧患意识和竞争意识。此外，在多能工培养中，必须注意以下八个方面。

1. 做到设备和作业标准化：要想做到员工多能化，首先必须力求员工操作的机械设备标准化。只有机械设备标准化，才能保证任何一位作业员都能轻易操作机械。另外，作业方法也需彻底标准化，消除特殊作业，使之成为谁都可以胜任的作业。

2. 需要班组长的重视和投入：多能工的培养是班组长的一项重要任务。班组中的多能工越多，班组承受变化冲击的能力越强，工作效率越高，生产产品越好。为此，班组长一定要重视多能工培训工作。

3. 严格按照作业指导书操作：一份合格的作业指导书，可以让新到岗的员工迅速了解和掌握作业方法，从而有利于多能工的培训和工作的开展。培训时要让操作者严格按照作业指导书进行操作，就各自作业内容和标准作业的操作方法、作业时间、质量、安全的注意点等分别对每一个操作者进行培训，提高操作者的技能。

4. 做到全体员工的推进参与：多能工的培养是一个全员参与的过程，如果缺乏企业全体员工的支持和参与，是绝对无法成功的。要求高层管理者鼎力支持，中层管理者全心规划，基层管理者响应实施，班组员工积极参与。这样，企业才可能实现多功能化。

5. 切合实际、科学合理地制订计划：多能工培养是一个长期而艰苦的过程，只有根据企业的发展、需求和员工的实际情况合理地制订计划，才能避免多能工培养的工作流于形式。

6. 做好设备的改良和优化工作：多能工培养不仅仅涉及班组员工，而且和设备的优良有很大的关系。因此，如果操作设备使用不便，那就必须要求生产技术部门及设备管理部门进行配合，要求组建合适的队伍，积极地寻求改善，以使设备适合标准化操作。

7. 保证安全：在普及多能工培训的同时，一定要重视多能工的技能培养，普及教育各工种生产作业知识和安全知识，避免出现安全问题。因为生产过程中有许多安全要求高的工序，如果技能不过关就匆忙上岗，很容易造成生产事故。

8. 多能工培训过程中要充分体现精益生产的思想：以丰田为例，其生产方式下的多能工就是具有操作多种机器设备的能力并能够熟练操作本组内所有工序的作业人员。其多能工概念的出发点是"少人化"，而"少人化"是为了适应需求的变化，从而迅速变更各作业现场的人数。可以提升企业应对时间和标准作业组合、内容变化等各种在实际生产中可能遇到的变化的能力[96]。

企业可以通过多能工的合理调配，降低人力成本，同时解决紧急生产中人员不足的问题。培养多能工可以帮助企业灵活应对突发事件，确保生产作业的正常进行，同时提高生产柔性，提升企业整体生产力水平。

【案例】
丰田精益管理的多能工培养

为了能够随时对市场波动做出反应，企业应该针对性地改变其产品或服务。此时，公司需要一批专业人员，即多能工来满足不同机构的需求。

（一）目标

为了满足客户的需求，提高公司产品在市场上的适应性，完善公司的经营机制，建设具有柔性制造能力的团队，培养专业多能工人才，缩短生产周期，让员工有机会掌握多种专业技能，完成按时交付的服务。

（二）制订多能工培训计划并组织实施

根据岗位技能库制订具体的培训计划，确定培训内容、师资、培训周期和培训方式。

首先，开展理论知识培训，组织现场活动；其次，通过实地考察加深对理论知识的理解；最后，进行实际操作培训。实践培训从师傅授课和工作轮换两个方面进行。师傅学徒制培训是指选择具备全面岗位知识的员工，培养其合格的技能和灵活的反应能力，以及对一对一的学员进行现场培训。师傅在现场演示，解释公司的基础和预防措施，学徒开展实际工作，轮岗是指劳动者能够按照计划在规定的时间内变换工作，从而获得不同岗位的工作经验，使员工在掌握正确的工作方法后逐步提高工作能力。

（三）多能工技能评价及资格认定

在多能工的培训过程中，要进行技能评价，可以采用技能四分法的方法来进行。

技能评价四分法是对员工在某个具体岗位的作业技能进行评价的一种

方法，即将岗位技能水平分成四份，对应将员工掌握的技能水平分成四级，如表8-14所示。

表8-14　多能工技能水平分级

四分之一级	合格的理论知识是指经过一定时期的理论培训，员工基本上能够掌握所在地的基础知识
四分之二级	现场实际操作合格，即经过一定时间的实践培训，员工基本能够掌握现场所需的操作能力
四分之三级	独立工作的能力意味着员工能够满足基本要求，并确保在经过实践培训和现场咨询后及时、高质量地完成工作
四分之四级	全面掌握是指员工在经过一个阶段的岗位实际操作后，不仅能够满足独立操作的要求，而且能够对生产过程、设备、质量和现场改进进行一定程度的控制

　　四分法用于评估员工的技能，明确员工的四个专业技能水平。对于个人而言，员工可以客观地评估自己，明确自己的努力方向。对于管理者而言，它可以让管理者掌握不同机构和员工的技能，加强培训、领导和后续工作。针对不足之处，重申优秀之处，方便管理人员配置，减少人员变动对生产经营的影响。

　　经过考核和评估，具有两项以上专业资格的员工可以成为多技能员工。岗位资格数可以作为多技能员工分类的依据，用于多技能员工的分类，可以分为五个级别，从低到高为一星级、二星级、三星级、四星级和五星级。具有两种以上工艺能力的人员为一星级。对于进一步的资格认证，星级水平也相应提高，拥有全流程生产能力的是最先进的五星级，也可以按品种划分，谁掌握了一个品种的生产能力，谁就是一个星级，其他每个品种都有一个星级的生产能力，而控制所有品种生产能力的是最高的五星级。

（四）具体实施步骤

　　1. 项目启动。

　　2. 选择试点单位，确定培训对象。试点单位首先被定为生产部门，生产部门在选择培训对象时，根据生产需求，首先要严格控制人数，其次要对候选人进行严格的考核程序。

　　3. 为高技能工人建立资格基础。根据生产部门确定的多功能岗位，重新规范化职务，明确了每个岗位的关键资格，制定并总结了适当的评估标准，形成多功能岗位技能库，作为多功能薪酬资格认定、评估和考核的基础。

（五）建立多能工激励机制

建立多能工工资激励制度，支持技术工人考核制度，并根据不同的技术工人水平发放不同的津贴，使具有一个以上技术工人资格的工人能够获得高薪，从而产生显著的激励。同时，结合使用各种精神激励方法，激发员工的积极性，多技能工人将获得与星级相对应的星级多臂徽，该徽清晰地代表多能工星级。

将员工技能的提升与专业发展结合起来，为员工在工作中创造进一步的职业发展道路并提升职位。通过支付补贴，该职位的技术专家可以获得与管理人员相同的工资，"高技能获得高薪"的评估指南，让员工注重提高自己的技能，以提高公司的整体绩效，这意味着通过员工的"附加值"实现公司的"附加值"。

（六）建立多技能工人评价机制

每六个月组织一次专业人员的评估。一方面，指导新多技能员工的培训和能力提升；另一方面，对多技能员工的工作成果进行为期六个月的全面审查。按照奖励先进、鼓励落后的原则，进行评估结果的应用。除了支付补助金外，表现优异的多技能员工可获得特别奖励，表现较差的多技能员工则将取消其资格。

【实战一】
某公司人才队伍建设管理办法

面对日新月异的行业与竞争激烈的市场，某公司要全面提升企业和员工的能力水平，在满足员工自身不断发展的需要、提高员工满意度的同时，为企业直接创造价值，确保公司永远充满新鲜血液。该公司人才队伍建设的第一步，是根据公司的战略、行业和竞争环境，建立起自己的人才队伍建设原则。同时，公司将对岗位职责所需要的技能水平做出详细的界定，并以此作为人员招聘、发展以及考核的依据。同时，该公司建立了完善的内部培训体系，根据个人或群组的能力差距制订学习方案。对于员工个人来说，根据差距有的放矢地选择人才建设原则中提供的培训课程，能明确地帮助自己的职业提升。

（一）人才分类及组织机构

1. 人才分类。

（1）按类别分。根据集团公司人才工作总体思路，将人才分为专业技术人才、经营管理人才、专门技能人才三类。

专业技术人才是指从事研究、开发、工艺、设备、安全环保等专业技术工作的工程技术人员，业绩深厚，专业过硬，成绩突出，贡献巨大，在同行中表现优异的管理者。

经营管理人才是指经验丰富、思维先进、理论深刻、业务过硬、管理丰富、管理优秀的管理者。

专门技能人才是指积极参与生产，在生产操作中具有特殊技能和独特能力，并应用于高效益、高效率和优质生产实践的生产人员。

（2）按人才成长梯次分。根据人才的层次及素质不同，将人才分为五个梯次，如表8-15所示。

表8-15　某公司人才梯次分布

人才梯次
集团级科技带头人
公司级带头人（科技带头人、技能带头人）
一级人才
二级人才
三级人才

2. 人才工作组织机构。（1）成立人才工作领导小组，负责公司人才队伍评选、考核管理的指导工作。主要划分为组长、副组长以及若干成员。

（2）领导小组下设办公室，设在人力资源部，职责有：为人才设计个性职业生涯发展规划，使之符合公司可持续发展的需要；拟定各级人才资格标准、业绩标准，组织人才晋升评审工作；制定人才梯次调整积分标准，根据激励政策拟定积分项及分值；拟订岗位轮换方案，组织进行各项人才开发措施；指导、培训员工进行职业生涯规划，建立人才动态管理体系。

（二）人才条件

1. 人才基本条件。

（1）遵纪守法，爱岗敬业，愿意为公司发展做出积极贡献，对公司有较高的忠诚度。

（2）思想素质好，有较强的敬业精神、责任心、团队精神和创新精神。

（3）具备深厚的理论知识、系统的专业知识和丰富的工作经验，了解本学科（专业和工种）的发展趋势，能够创造性地开展专业工作。

（4）在本学科领域（专业和工作类型）得到高度认可。

（5）身体健康，能胜任工作。

（6）在传递、帮助、引导其他员工等方面，能够起到表率和引领作用，取得显著成绩。

（7）创造性地思考，并将其应用于实践。

2. 人才选拔及晋升办法。通过提高员工的技能和绩效，让人才渠道中的员工获得了平等的机会。人才的选择和提升将取代评估和分数的结合。如果分数达到一定标准，并且通过人才评审，你可以进入高一级的人才梯队。

每年年初，人力资源部组织对三类人才进行全面概述评审。可获得相应级别人才的称号，并在人才管理部门批准后获得适当待遇。

年度评估结束时，如果个人分数符合人才晋升或人才降档标准，人事部应提交适当的晋升或降级建议，经人才工作领导组批准后实施。

（三）人才晋级、降级分值标准

公司范围内各级人才的晋级、降级分值标准制定如表8-16所示。

表8-16　某公司各级人才晋级、降级分值标准

分值	公司级主任工程师	一级人才	二级人才	三级人才	一般员工
晋级分值		40	30	20	20
降级分值	-10	-5	-5	-5	

（四）人才积分办法

根据公司实际情况，设定下列积分标准：

1. 分数应根据参与"三个现代化"的工作表现确定。管理技术人员：本单位管理人员年度绩效管理结果的前30%必须连续累计 n、$n-1$、$n-2$、2、1分（$n=$本单位管理人员总数 $*30\%$，向上取整）。

专业技能人员：年度总业绩在生产、安全、单位成本核算中排名第一的团队，组长得3分，组员得1分。

合理化建议（本项目的最大分数不得超过15分）：每采纳一条可加1积分。合理化建议实施后，经本公司核实确认，每创造达到2万元的价值后可积分。

2. 奖惩积分（本项不超过15分）。根据员工每年收到的奖励和处罚，将授予不同的分数：年内，集团公司前三名在资格赛或其他比赛中分别得5分、4分和3分；对于组内创新竞争中的前三名，研究组的市场领导者可以分别获得5分、4分和3分，前三名成员可以分别获得3分、2分和1分。

每年公司技能赛前三名可累计3分、2分和1分；公司级创新竞赛前三名，研究课题组组长分别得3分、2分和1分，前三名成员分别得2分、1分和1分。

当年荣获公司级年度先进人物、安全生产先进人物、优秀团员、优秀共产党员、优秀通讯员等荣誉称号，一年积5分；先进个人在个人活动和个人通报表扬中可获得3分。

每次批评扣2分。

3. 岗位绩效得分（该项最高不超过10分）。接管公司级项目，并在一年内及时、定性地填写。组长收集得5分，成员根据重要程度进行累积积分。

接管行业或QC团队项目，并在一年内按时、按质填写。团队负责人得3分，成员得2分和1分。

对于熟练工人，技能骨干由25%的比例确定，可累积5分。

4. 专业分数。为了提高专业技能、技能和素质，例如专业资格认证，在一年内完成可积累相应分数。从学术津贴中受益并在前班工作的员工可获得5分。

职业资格分数：根据国家准入制度，员工获得的职业资格（实践资格）与工作密切相关。对于具有两项职业（执业）资格的人员，根据相应的资格授予分数，如表8-17所示。

表 8-17　职业（执行）资格分值

等　级	注册类、一级职业资格	二级职业资格
分　值	2	1

（五）人才选拔及评审程序

1. 申报人才资格的人员，需具备人才资格的基本条件，并填写申请表。

2. 评审工作采取自下而上的方法，遵循"本人申请、专业认同、公司需要"和"以业绩为依据，能进能出、能上能下"的原则，按照本人申请、单位推荐、资格审查、公示、人才工作领导小组审批的程序进行，程序进行如下。

（1）本人要求。合格员工在过去三年内申请个人服务，并附上相应副本。

（2）由公司推荐，各单位对申请人的相关工作成果、理论知识和技术技能、资料等进行检查。根据人才资格条件，通过认真评估和评审，确定推荐人员并提出建议。

（3）资格审查。经认真审查推荐人员的资格条件、相关资料和各部门的推荐意见后，由工作人员和排名领导小组评估办公室根据分数进行推荐，并签署参考文件。

（4）公示。资格考试结果在公司内公示三天。

（5）人才盘点领导小组批准。根据年度人才发展计划，公布无异议员工名单并提交公司人才盘点领导小组会议批准。批准后的员工由公司公布并聘用。

（六）人才职责及权利

1. 人才任期职责。积极实施公司战略和经营、管理、生产、科研等方面的重大决策，在各专业工作中创造性地学习本学科（专业、工种）的新理论、新知识，不断开拓新思路，总结新经验，探索新方法，实践新程序，创造新成果，以专题讲座的形式，主动引进和传递本学科（专业、工种）的新知识，新技术，新发展趋势，积极做好转化工作，应用和推广本学科（专业、工种）的研究成果，每年至少培训一名后备人才。公司相关单位结合实际情况为本单位各级人才提供合适的培训设施。如果本单位遇到组织困难，人事部应召集其他单位的适当人员。

2. 人才任期权利。对取得公司"人才"资格的人员进行职业生涯规划和管理，有计划、有针对性地进行培训，并对其调配做出适当安排，优先考虑公司大型项目的研究、开发、推广和应用；支持参加技术（学术）研讨会以及必要的研究和交流；参加相关职业培训；采取不同的途径，如临时培训、换岗轮训、增加任务和人才提升；合理组织工作，充分利用专业（工作类型）同事、人才和才能。

3. 人才聘约。人才所在单位与人才签订聘约，聘期一年，聘约中要给人才定目标、定任务。人才待遇从签订聘约的下一个月开始执行，获得人才资格的享受人才津贴待遇，如表 8-18 所示。

表 8-18　人才津贴待遇

人才类别	人才津贴标准（元/月）
集团科技带头人	享受年薪
公司带头人（科技带头人、技能带头人）	享受年薪
一级人才	1500
二级人才	1000
三级人才	500

（七）考核与管理

1. 人才培训。公司为各级各类人才创造良好的学习环境，根据其专业知识和实践技能管理组织其培训和学习内容，优先安排外部培训，人才需要在年初制订个人自学计划，并按照计划进行学习，人事部不时对学习情况进行检查，并将其纳入年度人才计划。

2. 公司与人才的日常交流及沟通。要保证每两个季度公司领导与被联系对象不低于一次的个别谈话，了解各类人才的工作、学习、生活情况，同时，听取他们对公司生产经营的建议和看法；人力资源部每两个季度开展一次座谈会，了解和掌握人才工作、学习的情况，帮助他们解决工作和生活中的实际困难和问题；充分听取各类人才对关系公司改革发展的重大问题的意见和建议，并给予及时的反馈和答复。

3. 特殊情况处理。人才在任职期间，经考核有以下情况者，视不同情况做出不同处理。

（1）降级聘任一年内有一次考核不合格者，降级聘任后仍考核不合格的，任职资格取消，不再享受相应待遇。

（2）凡违反党纪、政纪或因本人原因给公司造成重大经济损失者，除按照公司相关规定处理外，经人才评审领导小组审批后取消其任职资格，不再享受相应待遇。

（3）考核不合格或没有新成果者，到期终止其任职资格，不再享受相关待遇。

【实战二】
某集团公司培养全价值链"精益种子"

为贯彻集团全价值链体系化精益管理战略指导思想，牢牢把握精益思想的精髓，努力培育集团公司精益文化 DNA，同时，为提高精益知识的传播，使每位后备干部从一上岗位就能很好地学精益、懂精益、干精益，公司集团全力推行"精益种子"培养计划。自 2013 年至今已陆续培养了两批"精益种子"，基本形成了全价值链"精益种子"培养长效机制，为打造后备干部的"精益摇篮"奠定了坚实的基础。

（一）全价值链的优中选优，选拔后备干部作为"精益种子"

按照精益研发、精益营销、精益制造、精益采购、精益物流、精益种子育成六个方向，由公司选派五名优秀后备干部作为第二批"精益种子"进行培养。力争通过半年的培养学习，将精益种子培养成符合公司集团发展需求的全价值链精益骨干。

（二）精益知识培训，塑造全价值链"精益头脑"

为了更好了解和学习精益知识，截至目前，精益办组织了十次较针对性的培训，共计 40 个学时，培训后并进行了闭卷考试以巩固培训成果，"精益种子"全部通过考试，且平均分都在 80 分以上。为提高工作效率，更快更好地参与相关工作奠定了坚实的基础。

运营管理部部长分多次给"精益种子"讲述了"精益管理知识""全价值链体系化精益管理战略"相关内容及"精益概论"等相关知识。同时，为了学习各业务系统的相关精益知识，精益办组织了"精益种子"互相培训的活动，让"精益种子"通过自己当老师来提升自身能力，发现不足。"精益种子"分别从各自业务系统着手，讲述了精益营销、精益制造、精益种子育成、精益研发、精益采购等相关知识。大家通过相互交流、讨论，提升精益管理知识，同时一起探讨、解决学习中遇到的难题。这一活动取得了较好的效果，"精益种子"对"全价值链体系化精益管理战略"的本质和内涵有了进一步的了解。通过精益理论知识的学习，"精益种子"正确地认识到目前公司在精益管理工作中存在的主要问题，并针对问题提出了相应的解决方案。活动现场如图 8 - 23 所示。

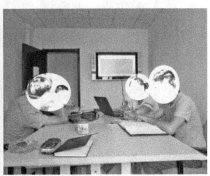

图 8 - 23　精益种子研讨会现场

（三）以实践检验理论，在实践中领悟精髓

1. 组织参加 2014 年上半年全价值链体系化精益管理检查工作。公司依据《集团 2014 年全价值链体系化精益管理战略实施方案及工作计划》，按照《精益评价考核管理办法》，分两组组织公司精益专家对全公司 23 家单位进行上半年精益工作的逐项落实检查评价。"精益种子"根据自己所负责的业务系统分别被分到一组和二组中，跟精益专家学习。"精益种子"通过对备件公司等 23 个单位检查学习，对检查单位在精益方面的工作有了一定的了解，看到了各单位在精益工作方面取得的成果及迫切需要解决的问题。知道目前精益管理工作仍处于"破冰"阶段，需要将精益管理战略作为一项长期战略认真地贯彻落实下去。

通过检查，"精益种子"对《精益管理实施规范及评价要求》有了一定的认识。同时，在检查过程中，对各自业务系统所归属的精益工作有了更深的理解，如图 8 - 24 所示。

图 8-24　全价值链体系化精益管理推进情况检查工作现场

2. 以"精益课题"培养方式，全面推进精益项目实施。为了更好地跟踪精益项目的进展情况，精益办组织"精益种子"学习了"进度计划编制软件"的相关知识，将精益项目的相关信息输入软件中以方便监控。精益办将精益研发等六个方向、88 个精益项目分别划分给"精益种子"，并要求"精益种子"每月汇总一次精益项目的进展情况，同时要加强对项目的过程管理、现场验证。

随后，精益办与"精益种子"从 88 个精益项目中有针对性地选择了 12 个项目进行现场抽查、走访，以个别分公司为重点，全面了解目前精益项目的进展情况，以及在项目运行过程中取得成效及存在的问题。检查过程中，"精益种子"仔细查看各项资料，认真核实现场项目进展情况，对项目推进过程中存在的问题一一给出相应的意见和建议，为精益项目后续的顺利开展奠定了良好的基础。

（四）量化精益 KPI 指标，建立发现、解决问题的平台

为了突出体现全价值链体系化精益管理战略推进的主导思想，立足行业和企业实际，以系统推进为主导，在各个维度设立了公司精益 KPI 指标。"精益种子"配合精益办监督各单位精益 KPI 指标的日常统计、汇总工作，每月定期收集各业务系统精益 KPI 指标的统计数据及对异常指标制订的整改措施和计划，随时监督整改计划的整改完成情况。根据每月收集的精益 KPI 指标，"精益种子"制定了"精益 KPI 指标完成情况分析表"，

每月对精益 KPI 指标进行综合评价，发现问题、解决问题，并在《精益简报》上进行通报，具体如表 8 - 19 所示。

表 8 - 19　精益 KPI 指标完成情况分析表（部分）

效率	提升综合设备效率	关重设备故障率	3.0%	2.7%	0.3%	2.7%	10.0%	低于目标值
	提高作业标准化	标注作业覆盖率	70%	70%	72%	75%	7.1%	低于目标值
	提高物资保供率	采购、配送问题导致下线补装车辆占比	5%	2%	5%	2%	60.0%	高于目标值

（五）横向比较找差距，纵向比较搞改善，推进差距评估工作的开展

为提升分子公司精益基础管理水平，强化在精益推进工作中业务系统的作用，夯实基础管理不滑坡，以基础量化的精益管理数据作为企业主要支撑，展开了精益管理差距评估工作。通过点带面，试点先行，通过不断总结试点单位的推行经验，完成精益管理差距评估工作，健全集团精益管理科学的评价与诊断体系。2014 年确定了总装公司、驾驶室制造公司、桥箱公司作为精益管理差距评估试点单位，针对 5S 管理、TPM 管理、标准作业管理三个方面，采用分子公司自查、业务系统专业检查的两级评估模式，按照 PDCA 的方式解决实际问题。"精益种子"充分发挥和利用各单位精益管理专家队伍资源，不断提高集团总公司对分公司管理水平的科学评价与诊断的精益化能力，并到现场对整改效果进行检查和验证，稳步、持续地提升了精益管理工作水平，如表 8 - 20 所示。

表 8 - 20　差距评估分析报告

集团有限公司 TPM 管理差距评估报告	
被评估单位：××公司	评估时间：××年××月××日
被评估单位代表：××	评估依据：××集团
主要成效： 通过 TPM 工作开展，建立了组织有机结构，制定了工作推进管理制度。使设备管理更精细化、数据化、指标化。加强设备基础管理，提高设备利用率。自主保全目视化的工作开展，使员工对设备使用、保养有更深的了解。专门制定 TPM 活动月度记录本	

续表 8 - 20

集团有限公司 TPM 管理差距评估报告
问题描述及改善建议：
由于正在编制目视化专业基准书，所以没有相应的记录表。此项工作必须于年底前完成。
制定并建立了专业维修人员的绩效评价标准与方法并实施。
要尽快应用相关管理工具对设备故障根本原因进行分析，并对关键设备 2 小时以上故障编制维修作业基准书。
要加强设备现场的管理及维护。
要加强对设备管理信息系统的使用，完善设备运行记录部分

本次要求得分：	实际得分：	达标情况：	下次评估要求得分：
评估人签字：			
要求：由制造部在点检时填写，也可用于系统评价及日常检查指导工作时使用			

通过实施方案的培训，提升"精益种子"编制可行性精益实施方案的能力。

为落实整个集团"全价值链体系化精益管理战略"工作，把精益管理工作作为一项战略性常态化工作开展。精益办特别针对实施方案制定对"精益种子"进行了一次培训，要求"精益种子"围绕《集团精益管理实施规范》，针对各自所负责的业务系统精益工作，以易完成、全面性、可行性、准确性为原则，制定 2014 年 8 月至 2015 年 12 月的精益管理实施方案。通过精益管理实施方案的制订，使"精益种子"对实施方案的模式、编写重点、范围有了更深的认识，为后续制订精益管理方案打下坚实的基础。

（六）全面培养评价，保障"精益种子"生根发芽

"精益种子"培养按照"制订计划—监督落实—评价效果—持续改善"的流程，以集中脱产方式，根据公司发展的实际需要，运用课题研究的培养方法，采取理论与实践相结合，教学与自学相结合、统筹与专项相结合的培养手段培育"精益种子"。为了对"精益种子"的培养过程进行全面的监督、考评，根据集团《精益种子培养管理办法》，以月评价的模式，对"精益种子"工作完成情况、推进方法、精益工具运用熟练度等进行综合评价，并对表现较突出的"精益种子"给予一定的奖励。在这种积

极向上的工作和学习的氛围中，"精益种子"们相互激励、学习，在良性竞争的方式下都取得了很大程度的进步，也形成了一个积极向上、高效奋进的工作团队，如表8-21所示。

表8-21 "精益种子"月度评价例表

集团公司第四批"精益种子"2016年9月工作业绩评价方法											
综合评价			附加分								
工作态度（5分）		考勤（10分）	工作计划完成情况（65分）			本业务系统推进效果（10分）	推进方法与工具熟练程度（10分）	得分	改善度	综合得分	个人排名
积极性（3分）	创新性（2分）	考勤（10分）	工作量（10分）	工作完成质量（25分）	工作完成率（30分）	本业务系统推进效果（10分）	推进方法与工具熟练程度（10分）	得分	改善度	综合得分	个人排名

通过"精益种子"培养工作的持续进行，"精益种子"在集团公司各项精益管理工作中延伸开来。通过对精益工作方法、工具的教学与自学，使"精益种子"的工作思维、方式、方法有了一个质的转变，丰富了"精益种子"的精益知识，提高了"精益种子"的工作技能，提升了"精益种子"的工作质量及效率。通过不断地研究探索，"精益人才"培养计划已经成为集团的一项长效机制，也为推动集团深化改革、落实全价值链体系化精益管理战略做出了新的贡献。

第九章　精益成果评价

第一节　精益成果评价的思想内涵

为了更加科学准确地评价精益管理的全过程成效，有效地推动企业全价值链精益管理的实际落地，及时评估精益推进过程中的短板和不足，确保企业精益管理改善能力不断提升，管理者对精益推进过程中所取得的绩效成果和具有应用价值的创新成果进行评价，在指标改善、目标达成、基础管理和特色创新这四个方面不断推进精益化管理的过程叫作精益成果评价，其中，创新成果评价是依据企业自身精益管理计划，制定出科学的综合性创新指标进行定性的精益管理成果评价的过程。绩效成果评价是指企业在精益管理过程中，依据一定的量化指标及评价标准，为实现绩效目标所制订计划的实施结果的评价方法。

一、创新成果评价

对企业在精益过程中所取得的创新成果进行有效的衡量是企业的核心问题之一。创新成果评价主要以企业自身发展状况下的创新推进程度来进行评价，着重评价精益管理工作的能动性。创新是一个十分复杂的过程，具有极强的随机性，因此很难用数字或时间界定创新成果的完成与否，合理的创新成果评价体系和方法可以帮助管理者及时发现管理过程中的问题，从而调整策略。

二、绩效成果评价

绩效成果评价将主要以各项指标的改善程度来进行评价，进一步突出精益管理工作的实效性。一套科学合理的绩效考核分配体系，可以激励员工积极创新、努力工作，使人力资源获得最大利用。衡量企业精益管理的绩效成果评价标准具有多元化，其方法也具有多样化，本书将具体介绍关键绩效指标法、行为锚定等级评价法、平衡计分卡法、360度绩效考核法等方法。其体系内容如图9-1所示。

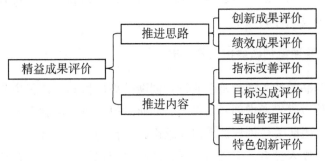

图9-1　精益成果评价体系

第二节　精益成果评价的推进思路

一、创新成果的评价方法

企业在进行精益管理过程中会出现大量的创新行为，如何对这些创新行为进行清晰地测量和有效地监督，是企业在市场中取得胜利的关键因素之一。美国的创新专家斯考特安东尼及其同事在一系列研究中发现，由于创新的复杂性和创新行为的随机性，很难确保精益管理过程中的创新行为在某个特定时间段能够完成一定量的突破。企业需要注意以下关于为创新成果进行量化管理的几点要求[48]。

（一）要制定适宜的创新衡量指数

投资回报率（return on investment，ROI）这一概念会影响管理者对精益管理过程中产生的创新成果进行评估的过程，管理者很容易只关注创新的回报率，但由于创新种类的不同，很多创新行为的成果是在长期的管理过程中达成的，具有很高的不确定性，因而无法准确计算其创新回报率，故不能用单一的指数来评价企业的创新成果。

（二）要鼓励多样化的创新行为

获得利润的持久增长是企业进行创新的终极目标。许多企业在进行创新成果评价时仅仅考虑创新的投入，如研发投入等。但创新投入指数可能会鼓励研发团队关注创新性强但缺乏市场效益的产品，其结果是在研发过程中，企业投入过多，但创新成果无法有效转化为利润。福特和索尼等企业都曾面临过这样的问题。

（三）要注重创新的投入及产出

获得利润的持久增长是企业进行创新的终极目标。许多企业在进行创新成果评价时仅仅考虑创新的投入，如研发投入等。但创新投入指数可能会鼓励研发团队关注创新性强但缺乏市场效益的产品，其结果是在研发过程中，企业投入过多，但创新成果无法有效转化为利润。福特和索尼等企业都曾面临过这样的问题。

【案例】
某石油企业技术创新成果评价体系与方法

根据分类标准确定了某石油公司技术创新的评价体系和方法。技术创新成果涵盖六个主要领域：勘探、油气田开发、管道和地面技术、矿物油加工和化工、信息、经济和管理。根据经济效益是否可以直接计算，可分为两类效益，根据经济效益的具体形式可分为七类，如图 9-2 所示。

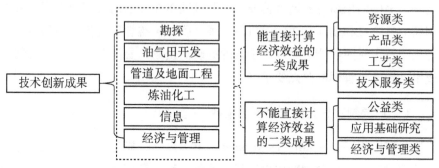

图 9-2　某石油企业技术创新成果分类

此企业根据技术创新成果分类标准确定创新成果评价思路及评价体系，分类不同，评价体系与方法也不相同。对一类成果（资源类成果、产品类成果、工艺类成果、技术服务类成果）从经济效益和创新程度两个方面进行评价，即经济效益计算与创新程度评价，然后采用分值（百分制）归一化处理后得出综合评分，最后进行评价排序。对二类成果（公益类成果、应用基础研究类成果、经济与管理类成果）采用独立指标综合评价体系，将定性指标定量化，然后进行综合排序，如图9－3所示。

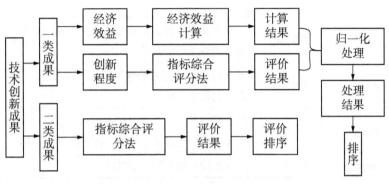

图9－3　某石油企业创新成果评价体系

二、绩效成果的评价方法

（一）关键绩效指标法

关键绩效指标法（key performance indicator，KPI）是通过对企业内部流程的输入端、输出端的关键参数进行设置、取样、计算和分析，衡量流程绩效的一种目标式量化管理指标[48]。

1. KPI法的原则及原理。

（1）SMART原则。KPI法是把企业的战略目标分解为可操作的工作目标的有效工具，是企业精益成果创新评价的基础[97]。KPI的确定必须符合SMART原则：具体性（specific）、衡量性（measurable）、可达性（attainable）、现实性（realistic）和时限性（time-based），具体如表9－1所示。

（2）二八原理。企业进行精益改进，运用KPI方法进行绩效考核时，需要注意"20/80"的规律，即80%的公司价值由20%的骨干员工来创造。这一规律对于每位员工同样适用，也就是说20%的关键行为可以完成80%的工作任务。因此，评估人员必须捕获员工20%的关键任务和关键行为，并对其进行多次分析和测量，抓住绩效准备的重点。

表9-1 SMART法则

S（specific）	具体化	绩效考核要切中特定的工作指标，不可笼统概括
M（measurable）	可度量	绩效指标具有可数量化或行为化，验证绩效指标的数据或者信息是可以获得的
A（attainable）	可实现	绩效指标在付出努力的情况下，可以实现，避免制定过高或过低的目标
R（relevant）	相关性	经营目标的设定必须与责任单位的职责紧密相关，它是企业各部门经过反复分析，研究协商的结果
T（time-bound）	有时限	注重完成绩效指标的特定期限

2. 确立KPI指标的具体操作流程。在企业生产的三个基本要素（劳动力、劳动数据和工作对象）中，最重要的因素是劳动力[98]。正确统计、分析和预测劳动生产率指标对于企业有序组织生产至关重要，可以做到开发和合理利用人力资源。确立KPI指标要注重其计划性、流程性和系统性，具体的操作流程如表9-2所示。

表9-2 KPI法操作流程

第一步	确定业务重点	明确公司战略目标，运用头脑风暴法和鱼骨分析法，将公司重点放在商务会议上，商务会议也将重点放在公司价值评估上，然后使用头脑风暴法确定这些关键领域的KPI，即企业级KPI
第二步	分解出部门级KPI	各部门负责人必须根据分解相关部门KPI的企业的绩效定义绩效，定义相关要素和目标，分析绩效驱动因素（技术、组织和人员），确定实现目标的工作流程，并在部门层面分解KPI，以确定评估指标体系
第三步	分解出个人的KPI	各部门的主管部门和部门KPI员工将KPI进一步细分为更详细的KPI和每个职位的绩效指标。这些绩效指标是员工评估的要素和基础。建立和评估KPI体系的过程，以及将员工的所有努力统一到公司战略目标的过程，将极大地促进各部门经理的绩效管理
第四步	设定评价标准	通常，指标是指工作可以从哪些方面进行衡量或评价，以及可以解决"评价什么"的问题。标准指的是每个指标应有的水平，用于确定受评人员应做的工作和程度

3. KPI 法的优缺点。这种方法的优点是标准明确，评估简单。其缺点是难以为简单的工作制定标准，缺乏量化；绩效指标仅包含几个关键指标，缺乏对其他工作内容的评估。

【案例】

某汽车公司 KPI 评价方法

某公司在进行 KPI 评价时，将指标项目细分为质量、效率、成本、交付、安全、士气六个部分，每一部分又被分解为以结果指标为主指标，以过程指标为子指标的具体评价指标。由整体到局部，将各个评价指标全面纳入精益 KPI 绩效评价体系中，将月度、季度完成情况依次进行对比，最后进行综合评价，是一个合理有效的精益 KPI 评价体系。以效率指标为例，具体评价表格如表 9 – 3 所示。

表 9 – 3　某汽车集团有限公司精益 KPI 指标完成情况统计表

指标项目	主指标	子指标	2014 年基值	1～4 月		全年		指标对比
	结果指标	过程指标		目标值	实际值	目标值	改善度	
效率	提升综合设备效率	关重设备故障率	3.0%	2.7%	0.3%	2.7%	10.0%	低于目标值
	提高作业标准化	标注作业覆盖率	70%	70%	72%	75%	7.1%	低于目标值
	提高物资保供率	采购、配送问题导致下线补装车辆占比	5%	2%	5%	2%	60.0%	高于目标值

【案例】

某公司员工 KPI 考核方法实施

A 公司员工绩效考核体系比较完善，一般由月度考核、年中考核和年度考核三部分组成，三次考核相互衔接，相互联系。月度考核和年中考核适用于所有员工，年度考核标准分为普通员工标准和管理人员标准，部分考核和年中考核与年度挂钩，公司采用 KPI 方法考核员工绩效时，仍旧存在许多亟待解决的问题。

（一）在KPI考核评价体系建设上的问题

月度考核的考核评估周期较短，对于工作任务繁重、下属多的主管，要花费较多的时间和精力完成这一项上级要求的工作，所以他们可能在进行考核时放宽要求、敷衍了事。

年中6月正好是一些企业的生产销售旺季，此时，一次大规模的年中考核将耗费公司大量的可用资源，同时，年中考核和年度考核的目的基本相同，时间周期相似，这就使得年中考核的必要性极大地降低。公司要求年中考核仅作为参考标准，与奖金、薪酬等无关，因此更可能受到员工和管理人员的区别对待。

而该公司的年度考核在构成上也存在不合理的问题，根据规定，年度考核成绩由月度考核成绩、年度考核成绩组成，但由于月度考核成绩在设置本身存在问题，因此这一指标并不能真正反映员工的真实绩效水平。

（二）在KPI考核评价指标设置上的问题

A公司KPI考核评价的指标设置也存在问题，通常不同公司在KPI考核指标的设立上可能表现为两个极端：过于粗糙和过于细致。

造成该公司KPI考核指标设置过于粗糙的原因是，对于不同等级的月度考核标准，公司在考核制度中提供了描述性的阐述，包括5个等级，而每个等级包括业绩和态度两项指标。但由于公司所处行业特殊，不同部门员工的工作性质差异较大，公司建议不同部门和单位结合自身实际，制定更加细致的量化指标。但有些部门并未按照公司指示，而是直接使用公司上层给出的笼统的描述性考核标准。这将导致评分者在考核中凭主观印象对被评价者给出考核结果，这样的考核结果正确性将极大降低。

同时，有些部门对考核工作非常重视，根据公司提供的考核体系框架，结合自己的情况制定了非常细致的考核指标体系。虽然考核内容很全面，但是其中很多指标与员工的工作绩效没有任何关联，使用这样的考核指标进行考核不能真实反映员工的绩效水平。

（三）在KPI考核评价实际操作中的问题

1. 考核并未起到激励作用。绩效考核的重要功能之一是与奖金挂钩，利用物质收入的手段激励员工，提高员工工作效率和绩效水平，进一步帮助企业提高市场竞争力。但是，由于A公司内部大部分员工的月度考核成绩都是优或良，大部分人的绩效奖金相差不大，甚至导致员工们把月度奖金看作每月的固定收入，而非一种奖励，因此也没有内在动力关注月度考核，使其更加流于形式。

2. 形式主义。对副经理及以上级别人员进行年中及年度考核的内容包括调查、民主评议和年度业绩总结，由于考核的形式主义，导致民主评议和年度业绩总结的结果过于集中，不能准确反映管理层级的真实绩效水平，因而很难提供有价值的参考结果，也就是说，实际上最终起决定作用的通常是面谈。

3. 沟通、反馈机制的缺失。员工充分了解自己的考核结果，并清楚自己为什么会得到这样的考核结果，以及明白自己的不足在何处，可以通过什么方法加以改进或提高，有助于达到提高员工绩效水平和整个企业竞争力的目的。然而，公司在员工绩效考核体系中缺乏沟通和反馈机制，阻碍了这一最终目标的实现，而无法谈及上级将考核结果与员工进行沟通和分析。

4. 绩效考核制度宣传和培训的滞后。绩效考核不仅仅是上级对下属的分数考核，考核者必须正确认识和理解考核工作，并具备相应的方法和能力做好该工作。因此，公司需要对各级管理人员进行考核方法和技术培训，以确保考核结果的有效性。目前，A公司在绩效考核实践中出现不同程度的问题，其主要原因是目前各级主管并未掌握正确的考核方法，考核者凭个人感觉和经验进行考核，其盲目性和随机性是不可避免的。

（四）针对性解决方法

首先，关键绩效指标的制定必须与公司战略相结合，绩效指标不能反映公司战略就将沦为一般的绩效管理工具。在实施过程中，先在企业层面定义KPI，再在部门层面定义KPI，最后在个人层面定义KPI，将企业发展战略目标分解为不同的层次，确保分配给每个负责人，避免考核指标与业务战略脱节的现象发生。

其次，在考核过程中，需要不断完善和发展KPI指标库。随着公司自身的发展变化和宏观经济形势的变化，公司要不断调整战略目标，这就迫使公司不断更新关键指标以适应公司发展的需要。在实施过程中加强与员工沟通和反馈，及时反映关键指标体系的不足，完善KPI指标库。

针对A公司绩效考核中普遍存在的问题，可以提出一种KPI绩效考核的思路。通过对KPI指标的整合和控制，使员工的绩效与公司目标保持一致,有利于保证公司战略目标的实现,但作为公司价值评估的工具,只有坚持战略导向,才能真正成为公司不断成长的动力。

（五）行为锚定等级评价法

基于行为等级的评级方法,也称为行为定位法（Behaviorally Anchored Rating Scale,简称BARS）,由美国学者史密斯（P. C. Smith）和德尔（L. Kendall）于20世纪60年代提出[99]。基于行为的锚定等级评级方法是一种基于绩效的评估方法,用于评估和衡量各种典型行为,以建立的综合评级表为依据,并在此基础上评估和评估员工在工作中的实际行为。

1. 行为锚定等级评价法的具体操作流程。行为锚定等级评估方法结合了描述性关键评估方法和定量评估方法的优点。评估表的编制将允许对不同绩效结果进行交错和量化的描述。锚定过程通常分为四个步骤,如表9-4所示。

表9-4 行为锚定等级评价法操作流程

第一步	进行岗位分析,寻找关键事件,以便对一些代表优良绩效和劣等绩效的关键事件进行描述
第二步	初步定义绩效评价指标。一般将评价等级分为5～9级,将关键事件归并为若干绩效指标,并给出确切定义
第三步	对关键事件重新加以分配。由另一组管理人员对关键事件做出重新分配,把它们归入最合适的绩效要素及指标中,确定关键事件的最终位置,并确定出绩效考评指标体系
第四步	对关键事件进行评定,建立最终的工作绩效评价体系。审核绩效考评指标登记划分的正确性,由第二组人员将绩效指标中包含的重要事件由优到差、由高到低进行排列

2. 行为锚定等级评价法的优缺点。行为锚定等级评价法为员工绩效评估建立了明确的行为标准,并使用了代表不同级别典型绩效的锚脚本,以及构成员工强大工具的具体行为描述,了解他们的现状,制定具体的改进目标,并帮助实现准备执行的行为功能。行为评估方法的目标是持续改进和发展。从设计过程和评分量表的角度来看,它比其他绩效标准体系的

设计方法更准确，反馈更好。同时，经过大量的理论研究和商业实践，总结了行为评级法的三个非常重要的优点：

（1）绩效指标的独立性强。在制定绩效指标的过程中，管理者在5～8个绩效指标中总结了大量的工作行为，因此每个绩效指标的相对独立性很强。

（2）绩效考评的精准性高。由于锚定物是由对工作要求最为熟悉的管理人员来编制的，因此他们能够更准确地制定出合适的评分标准。

（3）减少主观心理偏差。从评估尺度的角度来看，评估者可以根据典型行为的锚定更准确地衡量每个绩效等级的重要性，以有效减少不同主观心理偏差的发生，尤其是避免这种情况：评估员首先对总体表现进行评分，然后对每个指数进行评分。

行为锚定等级评价法也有一些较为明显的缺点：

首先，与其他的行为量表法相比，行为锚定等级评价表的设计较为麻烦，需要管理人员花费更多时间和精力进行制定。其次，评价表中对应各等级绩效的锚定说明词的数量是有限的，一般来说不会多于十条，因此涵盖的员工实际表现也是有限的，要达到员工的行为表现恰好与锚定说明词完全吻合是很困难的。由于行为锚定等级评价法是一种行为导向型的方法，管理人员需要对正在执行作业的员工进行考评，而员工可能会表现出处在量表两端的行为或无法与量表中的标准相对应的行为，因此给实际的操作造成一定的困难，管理人员如何从量表中选择最能够代表某员工绩效水平的标准是一件十分棘手的事情。

【案例】

某公司员工行为锚定考核表

以下为某公司月度员工行为锚定考核表，该公司从处理能力、协调性、责任感、积极性、工作勤惰、7S 执行情况六个方面进行评价，每一方面分为五个分数等级对员工的行为进行考核，具体如表9－5所示。

表9－5　月度员工行为锚定考核表

月度员工行为锚定考核表				
姓名：	部门：	考核日期：		
项目	评定内容		配分	得分

续表 9 – 5

月度员工行为锚定考核表			
处理能力	理解能力极强，对事判断极正确，处理能力极强，主动发现并解决问题	20～18	
	理解能力强，对事判断正确，处理能力较强，能执行本职工作	17～13	
	理解判断能力一般，处理事务错误极少，需协助发现和解决问题	12～6	
	理解较迟钝，对复杂事务判断力不够，不能主动发现和解决问题	5～2	
	迟钝，理解判断能力差，处理事务经常无法完成	1～0	
协调性	能充分与人协调无间，为工作顺利完成尽最大努力，同事关系融洽	20～18	
	爱护团体并常主动协助他人，同事关系较融洽	17～13	
	能应别人之要求协助他人，同事关系一般	12～6	
	仅在必要与人协调的工作上与人合作，配合度差，同事关系较不好	5～2	
	精神散漫不肯与别人合作、配合度极差，同事关系紧张	1～0	
责任感	工作任劳任怨，竭尽所能完成任务，本着以公司利益为重，处处做表率	20～18	
	热心工作并主动支持公司政策的执行，公私较分明	17～13	
	对本身工作感兴趣并能主动完善，上班不处理私事，私人电话较少	12～6	
	工作无恒心，带有情绪，缺乏斗志，上班常处理私事及私人电话	5～2	
	态度傲慢，常向公司或他人做不合理要求，上班时间私事及私人电话很多	1～0	
积极性	敬业、热忱，足为他人楷模	15～13	
	热心工作并主动支持公司政策的执行	12～8	
	对本身工作感兴趣并能主动完善	7～5	
	工作无恒心，不满现状，缺乏斗志	4～2	
	态度傲慢，常向公司或他人做不合理要求	1～0	

续表 9 - 5

月度员工行为锚定考核表			
工作勤惰	不浪费时间，不畏劳苦，交付工作抢先完成	15 ~ 13	
	守时守规，不偷懒并能主动勤奋工作	12 ~ 8	
	虽少迟到早退，但表现一般	7 ~ 5	
	借故逃避繁重工作，不守工作岗位，经常与他人闲聊，偶有迟到早退	4 ~ 2	
	时常迟到早退，工作不力，时常擅自离开工作岗位	1 ~ 0	
7S 执行情况	文件分类整齐明了，所保管的各类物资均能一目了然；窗明几净，全月无安全事故；能合理应用，节约资源	15 ~ 13	
	工作环境整洁，文件整理有序；执勤时认真清洁，能够积极主动；无安全事故；节约资源	12 ~ 5	
	偶尔桌面凌乱，所需的活页夹一时找不出；执勤时马虎，偶尔未进行清洁	4 ~ 2	
	桌面脏乱，文件放置无序，执勤时马虎；经常未进行清洁；出现安全事故，浪费资源	1 ~ 0	
加分	无迟到加 1 分	无请假加 1 分	全勤加 1 分	累计加分：
	嘉奖加 1 分	小功加 3 分	大功加 9 分	累计加分：
扣分	迟到 1 次扣 1 分	早退 1 次扣 2 分	无故缺勤 1 天扣 2 分	累计扣分：
	警告扣 1 分	小过扣 3 分	大过扣 9 分	累计扣分：

【案例】

某公司销售经理行为锚定考核方法

　　销售对于公司经营来讲，是很重要的一条生存命脉，销售经理更是把握着企业的生命线。因此，对于销售经理的绩效考核也就更加重要，该公司主要选择行为锚定等级评价法对销售经理的绩效进行考核，其具体方法步骤如下。

（一）对销售岗位进行分析，获取关键事件

销售经理的岗位职责有：根据市场策略编制销售计划，完成公司的销售任务；全面掌握市场的变化和竞争对手的情况，了解客源市场的分布，注意市场结构的变化；对市场中的客源大户要熟悉他们的基本情况；随时关注其变化并适时做出应对；组织员工对新市场进行开发；管理开发好现有的客户；掌握每位销售人员销售接待活动，并审核销售记录，做好市场客户的建立及升级管理工作，保持客户档案的完整；每周组织销售员完成部门周例会，对本周工作进行一次分析总结，找出工作存在的不足并提出对策方案，并对下周市场状况进行分析预测；根据每位销售人员特点及客户的特点对本市场客户进行合理分配，针对公司的产品种类对销售人员进行合理分配；协助销售员做好客户的接待服务工作。

（二）建立绩效评价等级

将关键事件归类分为若干个绩效指标，并做出准确的定义。

（三）对关键事件进行重新分配

由另一组管理人员对关键事件做出重新分配，将它们归入最合适的绩效要素指标中，确定关键事件的最终位置，并确定出绩效考评指标体系。

（四）计算各项指标的权重

（五）对关键事件进行评定

由第二组人员将绩效考评指标中包含的重要事件由优到差、由高到低进行排列。

（六）建立最终的工作绩效评价体系

最终，利用行为锚定等级评价法做出的销售经理的绩效考核表如表9-6所示。

表9-6 销售经理的绩效考核表

维度	要素	等级/分数	关键事件	权重	得分
工作态度	责任感	优秀 3/100	不管怎样必须将任务完成	6%	6
		较优秀 2/60	哪怕有一点延迟也要完成任务		
		不优秀 1/20	往往会忘记或有回避		
	积极性	很积极 3/100	常常自发地协助工作或提出意见	6%	3.6
		较积极 2/60	偶尔自发地协助工作或提出意见		
		不积极 1/10	回避		
	工作联络	好 3/100	经常进行事前、事后的报告和联络，在必要时能迅速地传达信息	6%	6
		较好 2/60	偶尔进行事前、事后的报告和联络，在必要时能迅速地传达信息		
		不好 1/20	偶尔在上级询问时才报告，不利的信息往往不传达		

（三）360度绩效考核法

360度绩效反馈，也称为360° Feedback、360度绩效评估法或全面评估法，最早由被称为"美国权力象征"的模范公司英特尔提出并实施。

360度绩效反馈是指员工本人、上级、直接下级、同级同事和客户从各个方面了解自己的个人绩效，了解员工的沟通技巧、人际关系，全面评估领导能力和管理能力。通过这种理想的绩效评估，不仅可以从自己、老板、下属、同事甚至客户那里获得反馈，还可以从这些不同的反馈中清楚地了解自己的缺点、优势和发展需求，适应自己的工作，使未来发展更加顺利。

1. 360度绩效考核法的具体操作流程。360度绩效评估强调信息将从与受评者有工作关系的各个主体获得，并强调绩效中服务对象的评估权重最大，为了对专家的表现进行全面和多维度的评估，360度评估通常分为四个步骤，如表9-7所示。

表9-7 360度绩效考核法操作流程

第一步	准备阶段	应允许所有相关人员，包括所有评估人员以及所有能够联系或使用评估结果的管理人员，正确理解公司在实施360度评估中的目的和作用，以建立对评估方法的信心
第二步	评估阶段	建立一个360度绩效反馈团队。确保评估得到被评人的同意。考官接受360度绩效反馈技术培训，以熟悉该技术并能够正确使用该技术。公司应定义自己的绩效根据公司情况模拟需求，并在此基础上编制360度反馈问卷
		引入360度评价反馈，由上级、同级、下级、关联客户和本人按照各维度的标准进行评价，主管的评价不应保密，其他类型的评价最好匿名，并严格尊重提供者的匿名性和评估结果的保密性
		统计并报告结果。在编制360度评估报告时，应注意保护评估人员的匿名性，确保其科学性
		企业管理层应对反馈采取适当的措施
第三步	反馈和咨询阶段	来自所有利益相关者（包括上级、同事、下属、自身和客户等）的反馈使评估人员能够更广泛地了解自己的优势和劣势，更清楚地了解公司及其上级的期望和现有差距。经验表明，在首次实施360度毕业生评估和反馈项目时，最好邀请专家或顾问进行一对一的反馈咨询，就如何阅读、解释和充分利用360度毕业生评估和反馈报告向专家提供建议

2. 360度绩效考核法的优缺点。在一个员工人数众多的公司，一名员工很难影响多名员工，360度绩效考核打破了传统的上级考核下级的考核体系，能有效地影响"中等效应""光环效应""个人偏见"等现象，"评估盲点"和"窄或松"在评估中避免，360度绩效考核方法能够反映不同管理者对同一员工的不同看法，有效防止员工在薪酬相关绩效指标上急功近利。

同时，360度绩效考核本质上是员工参与管理的机会，在一定程度上增加了员工的自主权，可以有效提高员工的积极性、对公司的忠诚度和工作满意度，更全面地反馈信息有助于改善和提高员工在许多领域的技能。

但是，360度绩效评估成本高、耗时长。如果一个人想评估几个同事，评估成本会增加。同时，它也可能成为一些员工缓解个人愤怒、将个人情绪带入工作问题的机会，利用评估机会公报私仇，增加了评估和培训的难度，组织应在评估系统中培训所有员工，以确保所有员工了解如何进行公平的绩效评估。对员工的评估将直接影响其他人的评估结果。

【案例】

某公司对部门经理进行的360度绩效考核方法

以下为某公司对工程部经理进行的360度绩效考核，从销售处/物业处、项目经理/项目总监、配套部/设计部/供应部、财务部/办公室以及下属这五个维度进行考核评估，并依据其重要性为每一个维度赋予不同的比重，如图9-4所示。

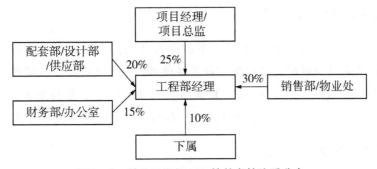

图9-4　某公司进行360绩效考核比重分布

【案例】

某公司的360度绩效考核方法实施过程

某公司人力资源部门拟订了针对副总经理级和经理级的360度绩效考核方法方案（员工级方案略），即将360度绩效考核的思想和抽签等办法结合起来，建立评委团。每位被考核者对应由8人组成的评委团，评委来源于每个职位的上级、同级、下级和客户部门员工代表。在每个来源中，如何确定2名评委，则由抽签决定。方案主要内容简述如下。

（一）评估指标

评估项目为员工上半年的工作表现。从责任意识、团队意识、创新意识、学习意识四个维度综合评分，经公司经营班子讨论，确定四个维度的权重分别为55%、20%、15%、10%。

（二）评估流程

1. 确定考核规则。选出由2名上级、2名同级、2名下级以及2名客户组成评委团。

2. 召开评委团会议。抽签并讨论确定评委名单，在每一来源中"抽签"，并最终讨论确定评委名单。

3. 组织实施考核。人力资源部应组织安排考核活动，将《工作表现考核表》下发到评委团成员手里。

4. 上交考核表格。将考核打分表填写完整并直接上交至人力资源部评委。

5. 统计核对。

（三）考核结果应用

将公司年终奖的30%与此次考核结果挂钩，对此次考核结果进行排序，分为副总经理级、经理级。副总经理级、经理级的排序按考评分数进行排序，并划分A、B、C、D、E五档。A、B、C、D、E档分别占人数的10%、30%、30%、20%、10%。最终依据此结果对员工进行考核评奖。

（四）平衡计分卡法

平衡计分卡（BSC）是评估绩效的常用方法之一[100]。它是一种新的绩效管理体系，从财务、客户、内部运营、学习和成长四个角度将组织的战略转变为可操作的衡量指标和目标值。平衡计分卡首先通过图、卡和表实现战略规划[50]。

20世纪90年代初，美国诺顿研究所（Norton Research Institute of the United States）领导了"未来组织绩效方法"的研究计划。该计划的目的是打破基于财务计量的传统绩效模型，并寻找新的绩效计量方法，这项研究超越了传统，因此组织的"战略"可以转变为"行动"。

1. 平衡计分卡法的具体操作流程。每个企业都可以根据自身的情况来设计适合公司自身发展的平衡计分卡，但大体上可以遵循如表9-8所示的五个步骤。

表9-8　平衡计分卡法操作流程

第一步	定义企业战略	定义一个清楚明确的能真正反映企业远景的战略。BSC的四个方面与企业战略密切相关，这一步骤是设计一个好的BSC的基础
第二步	就战略目标取得一致意见	由于各种原因，管理团队成员可能对目标有不同意见，但无论如何，他们必须就公司的长期目标达成一致。此外，平衡计分卡各方面的目标数量应在适当的框架内进行检查，只有影响公司成功的关键因素才应该被评估
第三步	选择和设计测评指标	一旦确定了目标，下一项任务就是选择和设计指标，以评估这些目标是否能够达到。确保BSC反馈信息的可靠性。平衡计分卡中的每个指标都是因果链的一部分，在指标设计中，不应使用太多的指标，也不应在公司员工的控制之外对这些指标进行评估。一般来说，平衡计分卡的各个方面都可以使用三到四个指标。其设计指导思想应该简明，并考虑关键指标
第四步	制订实施计划	要求各级管理人员参与评估，包括将平衡计分卡指标与业务数据库和全业务管理信息系统联系起来
第五步	监测和反馈	定期向上报告平衡计分卡考核情况。如果定义的指标已经评估了一段时间，并且目标已经实现，则有必要，就需要为原目标设定新的目标或设定新的指标。平衡计分卡应作为战略规划、目标设定和资源分配的基础依据之一

2. 平衡计分卡法的优缺点。运用平衡计分卡法易于进行定量和定性分析，便于企业管理者对员工的集中管理，其适用范围可以包括企业全部部门以及员工。但是，由于平衡计分卡法的工作时间是轮休制度，要求工作人员二十四小时值班，因此对工作人员的能力要求较高，工作也较辛苦。

【案例】

某企业运用平衡计分卡法进行成果评价

某企业为了避免一味追求短期利润而忽略可持续发展，从2001年引进平衡计分卡法，两年后该体系逐渐成熟。该公司在财务、客户、内部流程以及学习与成长这四个层面制定平衡计分卡，进行成果评价的过程如图9-5、图9-6所示。

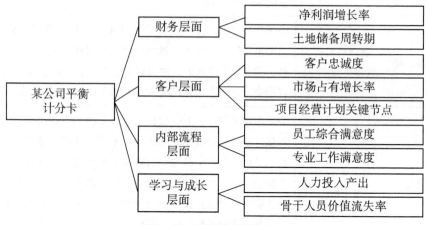

图9-5　某公司平衡计分卡

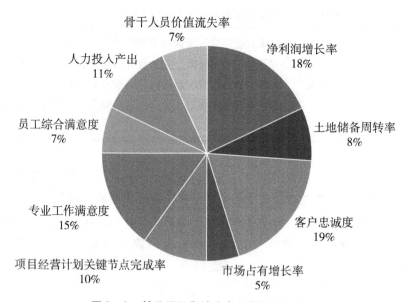

图9-6　某公司平衡计分卡各指标所占比重

【案例】

某跨国公司使用平衡计分卡法进行绩效考核实例

某跨国食品公司，在中国生产和销售自己的国际品牌产品，在过去四年里取得了飞速增长。他们的产品定位是高端市场、高价格、高质量。公司在平衡计分卡项目刚启动时，面临了非常大的挑战，不仅有来自其他跨国食品公司的激烈竞争，中国本地的竞争对手也在生产和他们类似的产品，质量优异，而且价格低很多。在公司管理层人员及时意识到这些问题、在明确了公司的战略之后，运用以下框架制定了该公司新的平衡记分卡。

该平衡计分卡不仅精确反映影响公司战略成功的主要因素，而且揭示每个指标之间的因果联系，指明非财务指标是如何影响长期财务目标的。

以下所列的是公司平衡计分卡，只有15个平衡计分指标。

（一）从财务角度出发

1. 由于新产品开发是公司的关键战略要素，因此高级管理层没有把总营业额作为一个关键的平衡计分指标，而是特别指定了现有产品和新产品的营收比例作为一个财务指标，同时还包括每一类产品的预期营业额和增长目标。

2. 将考评指标和人均创收相关联，不仅指出了公司员工的成本意识和效率意识的重要性，而且把员工的精力集中放在了那些能够为公司带来价值的活动上，比如新产品开发和销售活动。新产品的价格可以适当定高，这样可以为公司带来更高的利润，人均创收值也相应提高。

3. 高级管理层设定了一个适度的利润目标以便他们可以把资金用于那些能够引领公司走向长期成功的活动上。他们意识到过去几年他们赢利心切，设定的利润目标过高，从而忽略了对研发和市场调研活动的投入。结果导致由于市场信息不充分和研发力量不够，延长了产品开发周期。

（二）从客户角度出发

1. 高级管理层意识到要维持现有产品的市场份额，他们需要提高客户满意度以留住老客户。这就要求管理人员把"二八原理"理解透彻，并将其贯穿在考核环节。因此，从客户角度来看，客户保持率和满意度就是两个重要的战略目标。管理层先设定了考评指标，然后又就产品/服务品质、客户关系和公司品牌/形象几个方面制订了几个行动方案以实现目标。

2. 由于公司的战略是产品领先，因此新产品的市场份额是公司的一个重要战略目标。

（三）从内部流程角度出发

1. 公司为每一项产品都设定了开发周期。新产品进入市场的时间仍然是公司战略的一个关键因素。

2. 其余三个指标可以帮助公司降低成本和提高客户满意度，同时也揭示了他们和财务以及客户两个角度的考评指标之间的因果关系。

（四）从学习/成长角度出发

1. 这个角度的重点是那些能够驱动公司学习和成长的目标和考评指标，指明了公司需要以哪些地方为重点，使其优于竞争对手，实现业绩突破。

2. 其余三个指标显示了管理层在保留关键员工、发展员工能力以及改进信息系统方面的工作重点。

从这15个平衡计分指标能够看清该公司的竞争战略。明确的竞争战略与合理、有效的平衡计分卡考核方法，对于该公司的日后发展是十分有益的。

（五）四种评价方法的对比

行为锚定等级评价法、360度考核法、关键绩效指标法以及平衡计分卡法都是企业对绩效成果的评价方法，在运用这些方法时，要根据其不同的特点选择合适的评价方法，如表9-9所示。

表9-9　四种评价方法优缺点对比表

评价方法	优点	缺点	适用条件
行为锚定等级评价法	评估指标有较强的独立性，评估尺度较精确；对具体的行为进行评估，准确性高一些	评估对象一般是从事具体工作的员工，对其他工作适用性较差；另外一个员工的行为可能出现在量表的顶部或底部，科学设计有助于避免这种情况，但实际中难免出现类似情况	适用于强调行为表现的工作职位的绩效评价

续表 9 – 9

评价方法	优点	缺点	适用条件
360 度考核法	避免个人偏见，反馈信息全面；员工高度参与，容易接受考核结果	协调多人进行考核成本高；对所有员工进行考核培训工作难度大；容易流于形式，沦为"人缘考核"	发展期或成熟期的、以绩效为导向的中小型民企
关键绩效指标法	标准比较鲜明，易于做出评估。目标明确，提出了客户价值理念	对简单的工作制定标准难度较大；缺乏一定的定量性；绩效指标只是一些关键的指标，对于其他内容缺少一定的评估，KPI 会使考核者误入机械的考核方式，应当适当注意	创业期或发展期、有战略规划或年度目标的民企或外企
平衡计分卡法	考核全面，长期战略与短期行动联系起来；抽象战略目标分解成具体可测的指标	实施成本高、考核难度大、不能有效地考核个人；系统庞大，短期很难体现对战略的推动作用	发展成熟、大中型的、具有很好执行力文化的跨国企业

第三节　精益成果评价的推进内容

企业对精益成果的评价主要从指标改善、目标达成、特色创新和基础管理四方面展开，借助 KPI 考核法、行为锚定法、PBC 考核法、BSC 考核法等方法进行评价，从而能够较为直观地了解企业各部门的精益管理现状，并根据自身内部发展需求提升相关精益管理效果，最终通过精益管理推动企业战略的发展，提升企业整体竞争力。

一、指标改善评价

指标改善评价是一种具体的、微观的评价方式。通过量化改善程度，进而评价精益 KPI 的改善程度，其中最为典型的是关键绩效指标（KPI）。KPI 是通过对组织内部流程的输入、输出端的关键参数进行设置、取样、计算、分析，从而衡量流程绩效的一种目标式量化管理指标方法。精益 KPI 指标体系的运行是为了通过指标的统计、分析，查找问题点，并以问题为导向，制定整改措施，解决工作中的瓶颈问题。

企业的各项精益管理活动都应以精益 KPI 体系为引领，同时企业的战略目标被 KPI 分解为可操作的工作目标。企业精益管理的实施成效应主要体现在精益 KPI 的改善上，建立明确的切实可行的 KPI 体系，是做好绩效管理的关键。关键绩效指标是用于衡量工作人员工作绩效表现的量化指标，是绩效计划的重要组成部分。

企业的一般基本要求是确立的所有精益 KPI 中 60% 以上应有所改善，而企业中各部门有各自不同的 KPI 指标。如制度办关注于制度流程化、制度和流程表单化率、表单信息化率、制度定期评审率等 KPI 指标的改善；战略发展部关注于招投标规范性比率、资本性支出预算准确率等 KPI 指标的改善；财务部关注于成本费用率、应收账款周转率等 KPI 指标的改善。

企业利用 KPI 指标对年度精益成果进行评价时，可以通过细化时间段，从而得出不同时间段的改善结果并形成鲜明对比。这样可以帮助企业较为直观地观察到差异，寻找问题，进一步制订精益管理实施计划，细化精益管理目标。

二、目标达成评价

目标达成评价是一种宽泛的、宏观的评价方式。目标达成评价是期望达到的状态或计算、衡量数量达成的结果，而指标改善是利用计算公式或标准衡量改善度的成果。

目标达成评价通过按照企业有关要求，设定清晰明确的精益管理工作目标，并按照工作目标管理流程，进行工作目标分级管理，制订并落实工作计划，从而确保工作目标的实现。目标达成评价以企业精益管理年度工作计划及有关要求、企业战略规划等文件为基本评价依据，评价整体工作目标达成度。

以企业目标作为管理企业整个经济活动的基本出发点，是企业从事生产经营活动所期望达到的成果，是影响企业行为的决定因素；同时，企业的一切管理行为和活动都以企业目标作为行动指南，即企业管理活动开始于确定企业目标。企业活动的具体实施以目标为指针，完成以目标来评价考核。

　　企业在设定目标时要有针对性，要针对不同行业、同一行业不同企业、同一企业不同时期的特点来设计；企业的目标要符合党和国家的方针政策、财经纪律和制度；企业的目标需要具体明确，即指标可定量，并将最终目标进行全面分解，具体地落实成每一个部门和人员应当承担的责任；企业在确定目标时不可忽视对社会应承担的责任义务；企业需要运用评价指标体系评价企业的业绩，不能止步于静态分析，需要注意动态考察和横向对比分析，以提高评价的科学性。

【案例】

某公司 2015 年度精益 KPI 指标完成情况统计表

表 9-10　某公司 2015 年度精益 KPI 指标完成情况统计表

总部各部门 KPI 指标				
序号	部门	KPI 指标	2012 年实际值	改善目标
1	制度办	制度流程化	32%	80%
		制度和流程表单化率	41%	80%
		表单电脑化率	4%	40%
		制度定期评审率	87%	95%
2	办公室	文件上报及时率	50%	60%
		办公用品采购满意率	65%	80%
3	战略发展部	招投标规范性比率	67%	75%
		资本性支出预算准确率	31.80%	75%
4	财务部	成本费用率	99.45%	97.50%
		应收账款周转率	3.9	4.4
5	人力资源部	全员劳动生产率	9.7	11.6
		人员结构调整指标	14%～15%	12%～16%
6	质量安全部	质量损失率	1.68%	1.65%
		万元工业产值综合能耗降低率	2.90%	＞3%
7	精益管理部	合理化建议参与率	86.2%	90.0%
		关键设备综合效率 OEE	68%	75%
8	审计部	审计建议落实率	74% （63/85－74%）	80.0%
		审计队伍执业资格率	0	20%

续表 9 – 10

总部各部门 KPI 指标				
9	监察部	法律事务管理人员持证上岗率	28.50%	50%
10	党委工作部	对外新闻宣传发表增长率	8%	10%
		员工对企业文化认知率	42%	50%
11	工会工作部	国家级模范职工之家达标率	5%	20%
		员工对群众工作满意度		80%
12	技术中心	集团公司专利申请数量	专利申请 65 项	83 项
		国家认定技术中心评价分数	65 分	75 分
13	市场运营中心	顾客满意度	95%	98%
14	信息档案中心	网络运行正常率	94.60%	97.50%
		软件运行正常率	85%	94%
15	保障服务中心	采暖系统日平均补水量	45 吨/天	25 吨/天
		员工食堂用餐满意度	61%	65%

三、基础管理评价

基础管理评价是通过开展全价值链的体系化精益管理工作，能够明显提升企业的基础水平。企业的基础管理需要在内部进行长时间的演化，才能形成一种企业内部多种利益群体对秩序和制度的认同，并建立起契约化的行为规则，它表面上表现为制度，深层次上表现为文化。基础管理体制是企业持续发展的管理实践，基础好坏决定了企业战略目标能否实现，也决定了企业持续发展是否有坚实的繁殖内核。

基础管理评价重点内容涉及制度评价、信息管理、人才管理、资金管理和市场拓展管理，其中制度管理不仅关注制度的制定，还关注具体相关制度的落实。

具体而言，一方面，基础管理评价的表现在企业拥有健全的管理制度，其管理流程实现了标准化、表单化、信息化，企业各个层面的员工对于所任职责有着清晰的认知并认真遵守各项流程和制度；另一方面，企业要拥有持续改善的文化导向，广大员工积极参与改善和建议合理化活动，流程和制度不但能起到稳定发展的作用，还能得到持续的、动态的优化。

四、特色创新评价

特色创新评价是企业通过结合所在行业、产业特点和自身实际，设计企业个性化精益管理方案，开展个性化精益管理工作，形成具有自身特色的精益管理体系。

企业特色创新能力可以从知识产权、科技成果转化能力、研究开发组织管理水平、企业成长性等指标进行评价[101]。知识产权指标，具体是对技术的先进程度、对主要产品（服务）在技术上发挥的核心支持作用、知识产权的数量、知识产权的获得方式等进行评价；研究开发组织管理水平指标，是由技术专家根据企业研究开发与技术创新组织管理的总体情况进行综合打分。

【案例】
某企业四项特色创新评价指标设定与评价

某企业的知识产权、科技成果转化能力、研究开发组织管理水平和企业成长性四项指标分值结构。

（一）知识产权

由技术专家对企业申报的知识产权是否符合企业内部相关要求，进行定性与定量结合的评价，如表9-11所示。

表9-11　知识产权相关评价指标

序号	知识产权相关评价指标	分值
1	技术的先进程度	≤8
2	对主要产品（服务）在技术上发挥核心支持作业	≤8
3	知识产权数量	≤8
4	知识产权获得方式	≤8
5	企业参与编制国家标准、行业标准、检测方法、技术规范的情况	≤2

（二）科技成果转化能力

依照《促进科技成果转化法》，科技成果是指通过科学研究与技术开发所产生的具有实用价值的成果（专利、版权等）。科技成果转化是指为提高生产力水平而对科技成果进行的后续试验、开发、应用、推广直至形成新产品、新工艺、新材料，发展新产业等活动。

科技成果转化形式包括：自行投资实施转化；向他人转让该技术成果；许可他人使用该科技成果；以该科技成果作为合作条件，与他人共同实施转化；以该科技成果作价投资、折算股份或者出资比例；以及其他协商确定的方式[102]。

由技术专家根据企业科技成果转化总体情况和近 3 年内科技成果转化的年平均数进行综合评价。同一科技成果分别在国内外转化的，或转化为多个产品、服务、工艺、样品、样机等，只计为一项。

（三）研究开发组织管理水平

由技术专家根据企业研究开发与技术创新组织管理的总体情况，结合以下三项评价进行综合打分。

1. 制定了企业研究开发的组织管理制度，建立了研发投入核算体系，编制了研发费用辅助账。

2. 设立了内部科学技术研究开发机构并具备相应的科研条件，与国内外研究开发机构开展多种形式产学研合作。

3. 建立了科技成果转化的组织实施与激励奖励制度，建立开放式的创新创业平台。

（四）企业成长性

由财务专家选取企业净资产增长率、销售收入增长率等指标对企业成长性进行评价。如表 9 - 12 所示。

表 9 - 12　企业成长性相关评价指标

成长性得分	指标赋值	分数					
		≥35%	≥25%	≥15%	≥5%	>0	≤0
≤20分	净资产增长率	A	B	C	D	E	F
	销售收入增长率	9～10分	7～8分	5～6分	3～4分	1～2分	0分

【实战一】
某企业精益成果创新评价工作规范要求[103]

（一）指标改善评价

各项精益管理活动都应以精益 KPI 体系为引领，其实施成效应主要体现在精益 KPI 的改善上。基本要求是确立的精益 KPI 应在 60% 以上有所改善。对比指标的基线水平，60% 以上精益 KPI 改善度：小于 5%，或精益 KPI 改善比例未达到 60%，不得分；大于等于 5%，小于 10%，加 2 分；大于等于 10%，小于 15%，加 4 分；大于等于 15%，小于 20%，加 6 分；大于等于 20%，加 10 分。

（二）目标达成评价

按照有关要求，直管单位设定了清晰明确的精益管理工作目标，并按照工作目标管理流程，进行工作目标分级管理，制订并落实工作计划，确保工作目标实现。

以企业精益管理年度工作计划及有关要求、直管单位的精益管理年度工作计划等文件为基本评价依据，整体工作目标达成度：低于 50% 的不得分；大于等于 50%，小于 60%，加 2 分；大于等于 60%，小于 70%，加 4 分；大于等于 70%，小于 80%，加 6 分；大于等于 80%，小于 90%，加 8 分；大于等于 90%，加 10 分。

（三）特色创新评价

直管单位应结合所在行业、产业特点和自身实际，开展个性化精益管理工作，形成具有自身特色的精益管理体系，如表 9 - 13 所示[104]。

表9-13　特色创新评价实施细则及配分

序号	实施细则	配分
1	建立并实施了鼓励全员参与管理创新的激励机制	1
2	建立了精益管理创新成果总结评价和推广应用机制，将管理创新成果有效应用于日常管理中	1
3	分析所在行业先进指标及管理技术、经验和方法，形成对标管理的指标库和指标评价体系	1
4	基于行业特点和自身实际，制定并实施了个性化精益管理实施标准或规范	1
5	经集团公司精益管理专家确认，初步形成了具有自身特色的精益管理体系	1

（四）基础管理评价

通过开展全价值链的体系化精益管理工作，使子集团和直管单位的基础水平明显提升，具体表现在：一方面，企业拥有健全的管理制度，管理流程实现了标准化、表单化、信息化，企业各个层面的员工对于"应该做什么和怎么做"有着清晰的认知并认真遵守各项流程和制度；另一方面，企业拥有持续改善的文化基因，广大员工积极参与合理化建议和改善活动，各项流程和制度既能起到稳定发展的作用，又得到了持续的、动态的优化，基础管理评价实施细则及配分如表9-14所示。

表9-14　基础管理评价实施细则及配分

序号	实施细则	配分
1	各业务流程的标准化、制度化、规范化水平得到提升，且形成标准的流程指导文件体系	2
2	管理制度健全，形成内部管理制度体系，且90%以上管理制度实现表单化	1
3	从员工参与合理化建议的程度和对改善的热情来看，企业精益管理氛围较浓厚	1

续表9－14

序号	实施细则	配分
4	制度和流程的规范化较高，各个层面的员工对于"应该做什么和怎么做"有着清晰的认识	1
5	生产现场和办公现场的目视化管理水平较高，能容易判断正常和异常	1
6	从员工的着装、礼仪和作业标准、规章制度的遵守上判断，企业员工的行为素养较高	1
7	办公信息化应用水平和集成度较高，如会议通知、报告审批、内部通信等均普遍采用网络技术	1
8	成本核算从车间延伸到了班组层面，各级管理者均具有较强的成本经营意识	1
9	企业在日常管理中，对于数据的收集和分析能力很强，数据成为企业的一项重要资产	1

【实战二】
某企业精益管理实施评价规范检查分析表

某企业精益管理第一检查组依据集团公司军品经营部的要求，对企业内部开展年度精益管理点检评价工作。检查组查看了服务呼叫中心、校企联合培训道场、驾驶室制造公司、总装公司、桥箱公司五个现场，访谈120多人、查阅了质量效益提升方案、精益管理制度流程记录等方面资料1100多份，指出了质量改善、生产工位优化等问题，提出了改善提升建议。主要评价精益管理推进机制、精益管理基础改善、过程质量控制、生产过程优化、采购管理优化、精益管理成效评价七个方面，不同维度的具体内容如表9－15所示。

（一）精益管理推进机制

某企业精益管理推进机制要点如表 9 - 15 所示。

表 9 - 15　某企业精益管理推进机制要点

要项	评价要点		点检实况记录与说明	存在问题与建议	责任单位
（一）领导作用	1.1.1	精益意识	查阅企业十三五规划、2016 年年度精益管理工作计划、责任书、质量效益提升方案（集团及三个分子公司），以及现场和相关管理者交流。企业各级领导对精益理解较深刻，现场参观期间一直与专家组讨论现场精益改善，将精益定义为内部改善降低成本的有效工具		
	1.1.2	领导践行	精益管理涵盖了质量、安全、设备、能源等多个领域，领导定期对现场巡视检查，并且给责任单位留下问题，问题从发现到整改整个 PDCA 展现比较全面。集团董事长、总经理、副总经理、助理及分子公司公司级领导均有精益培训，有课件、签到及记录，较完善		
（二）组织保障	1.2.1	机构设置	查看企业组织机构、部门人员设置、岗位职责及人力情况。专职人员 12 人，总人数 3097 人，不足四级的千分之四标准要求	问题：精益专职人员数量不足，达不到四级标准要求 建议：加强分子公司专职精益管理人员数量	人力资源与绩效管理部 各生产单位
	1.2.2	职责定位	查看了组织机构和岗位职责，以及精益管理部门组织的改善项目		

续表 9 – 15

要项	评价要点		点检实况记录与说明	存在问题与建议	责任单位
（二）组织保障	1.2.3	业务协同	查看领导分工分管业务，各部门分子公司责任书及精益管理项目列表等	建议：基层单位在生产现场加大对精益改善案例及奖励的宣传，促进各级员工、各部门管理人员主动参与精益改善的热情	集团公司各职能部门各生产单位
（三）制度保障	1.3.1	点检评价	检查各公司精益检查周报、月报以及现场检查等	问题：班组级精益点检做到了每周一次，但是检查中的问题又重复发生。如5S整理整顿的问题建议：固化班组改善效果	党群工作部各生产单位
	1.3.2	考核激励	查看考核相关资料	建议：人力资源部门将三支队伍人才培养和职业发展与精益考核评价结果相结合	人力资源与绩效管理部各生产单位
	1.3.3	持续改善	查看集团公司、分子公司改善项目现场询问等	建议：加大对精益改善案例及奖励的宣传，提高各级员工、各部门管理人员主动参与精益改善的热情，促进持续改进文化形成	集团公司各职能部门各生产单位

续表 9 – 15

要项	评价要点		点检实况记录与说明	存在问题与建议	责任单位
（四）人才育成	1.4.1	精益培训	员工培训管理办法、精益管理年度培训计划、培训记录、课件及现场检查	问题：培训效果在现场改善的案例方面未能充分体现大多数员工的参与 建议：培训与实践相结合，强化能力培养，促进精益改善全员化	人力资源与绩效管理部各生产单位
	1.4.2	人才培养	查阅精益人才培养机制相关资料	建议：将精益人才队伍的建设融入科技、管理、技能三支人才队伍的评价与激励中	人力资源与绩效管理部各生产单位
（五）资金保障	1.5.1	资金投入	财务资金预算和支出情况及收入材料	问题：精益管理专项费用预算占收入的比重达到千分之1.6，但预算执行率92%，未达到95%的要求	财务金融部集团公司各单位

（二）精益管理基础改善

某企业精益管理基础改善要点如表 9-16 所示。

表 9-16 某企业精益管理基础改善要点

要项	评价要点		点检实况记录与说明	存在问题与建议	责任单位
（一）5S与目视化管理	2.1.1	标准建立	现场查看5S标准、检查、更新情况以及现场检查。目视化标准比较全面	建议：按规范要求及时更新5S及目视化标准	制造安全与精益管理部 各生产单位
	2.1.2	活动开展与实施效果		建议：逐步在全领域推广	制造安全与精益管理部 各生产单位
（二）TPM管理	2.2.1	标准建立活动展开	查看TPM推进制度、自主保全、专业保全、设备点检基准、分析总结报告、现场查看设备点检记录、维护保养、故障统计、分析、改善等内容，询问员工对自主保全的认知	问题：TPM活动没有向非生产区域拓展。建议：向物流、车辆、实验设备等区域拓展	设备维修中心 各生产单位
	2.2.2	实施效果		建议：持续对信息化完善，覆盖到所有需要的设备	设备维修中心 各生产单位
（三）班组管理	2.3.1	日常管理	现场查看班组管理的七大任务内容以及现场基础管理内容	问题：部分班组对问题的分析不到位，问题重复发生，缺少针对性措施。建议：强化对班组管理过程的监控，要加强班组长培训及队伍建设	党群工作部 各生产单位
	2.3.2	能力提升	查看班组长能力培养计划，现场查看班组存在问题	问题：员工的改善创新能力还没有较大提升，改善没有成为习惯。建议：强化班组的培训，特别是现场改善案例的分享，促进员工改善能力的提升	党群工作部 各生产单位

续表 9 – 16

要项	评价要点	点检实况记录与说明	存在问题与建议	责任单位
（四）安全管控	2.4.1 安全文化危险防范	查看安全管理制度，隐患排查等相关资料，现场查看员工劳保佩戴及安全防错改善案例等	问题：没有在生产现场及以外区域全面开展安全相关的工艺技术改进	技术中心各生产单位
（五）成本管控	2.5.1 成本预算管控与精细化核算	抽查班组成本一些指标，如刀具费用和能耗，查看针对异常分析和改善的相关资料	问题：班组成本项目不能在全部班组实现准确计量和统计分析。建议：对所有班组成本项目统计方法进行培训，促进班组管理水平的提升	财务金融部党群工作部各生产单位
（六）流程优化	2.6.1 价值流分析与优化	查看价值流工具应用，改善项目及总结评价报告	问题：价值流工具应用不能涵盖企业80%以上的产品范围。建议：增加分子公司层面的价值流分析的应用	技术中心各生产单位
（七）作业标准化	2.7.1 工作标准建立执行	查看作业标准化及现场作业指导书悬挂、执行情况	问题：各工序没有完全实现表准化。建议：完善非生产区域的作业标准化内容	技术中心各生产单位
（八）异常管理	2.8.1 机制建立运行效果	查看异常管理机制及现场处置流程，询问现场员工实际运行情况		

（三）过程质量控制

某企业精益管理过程质量控制要点如表9-17所示。

表9-17 某企业精益管理过程质量控制要点

要项	评价要点	点检实况记录与说明	存在问题与建议	责任单位
（一）质量意识	3.1.1 客户导向	1. 质量方针的学习《关于车间对质量方针进行学习的通知》总装公司技术管理处 2.《关于下发驾驶室制造公司下道工序规范上工序自检内容的通知》北奔重汽包头驾驶室制造公司——白车身焊接质量问题统计表（涂装内饰） 3. 上道工序是下道工序客户问题统计表，下道工序是上道工序客户统计表	问题：只是到现场，非生产领域未识别	质量管理部 各生产单位
（二）预防管理	3.2.1 4M变化点管理	1. 关于下发《"4M变化点"管理办法》的通知及管理办法 2.4M变更管理控制表——车架车间、焊装车间、壳体车间、培训记录、更换卡具标准作业书	问题：部分班组执行4M变化存在不足。建议：1. 完善4M变化更控制文件 2. 对发生的问题制定切实可行的办法，做好PDCA循环管理	质量管理部 各生产单位
	3.2.2 识别错误	1.《关于各车间自检、互检标准及规范通知》——底盘车间、预装车间、车架车间、调试车间（自检范围及标准，零部件本身外观及标识类） 2. 检验卡（气电瓶预装检验卡平衡悬挂总成预装检验卡分动箱总成预装配检验卡、转向机预装检验卡。）现场悬挂关重工序及质量控制警示标牌、安灯系统	问题：部分流程化生产线应用相关技术实现错误识别	质量管理部 各生产单位
	3.2.3 防止错误	1.《防错工艺指导书》驾驶室制造公司，只对部分关键件进行防错技术研究	问题：只有少数产品设计和改进开展了防错技术研究	质量管理部 各生产单位

续表 9 – 17

要项	评价要点		点检实况记录与说明	存在问题与建议	责任单位
(三)不合格品管理	3.3.1	机制建立与运行	1.《不合格品审理实施管理办法》 2. 驾驶室《不合格品台账》：2015年5月18日，图号398 881 0601搓泥板，问题是冲孔尺寸偏大，原因分析是冲头安装定位发生偏差，改善对策是加强首检	问题：对不合格品历史数据进行分析不全面	质量管理部各生产单位
(四)过程质量指标管理	3.4.1	指标建立	1.《关于下发2016年度精益KPI目标值的通知》 2.《不良品质量控制一览表》	问题：班组统计分析过于简单，未用质量分析工具进行分析 建议：加强班组质量分析改善工具的培训，充分运用质量分析工具进行改进，并形成常态化管理	质量管理部各生产单位
	3.4.2	指标管理	1.《一次交验合格率超标分析报告》 2.《不良品质量控制一览表》 3.《成立专业保障小组 攻克整车保压难关》 4.《驾驶室制造公司产品质量控制管理办法》《驾驶室制造公司质量考核通报》	问题：质量改善趋势效果不明显，班组级改善活动较少	质量管理部各生产单位

（四）生产过程优化

某企业生产过程优化要点如表 9 – 18 所示。

表 9 – 18　某企业生产过程优化要点

要项		评价要点	点检实况记录与说明	存在问题与建议	责任单位
（一）生产流程优化	4.1.1	均衡化组织	1. 查订单和计划的执行符合度 2. 查生产系统除物资配套外的自制件计划达成情况和满足下道工序需求符合情况 3. 访谈生产部门最终满足客户情况	问题：受订单影响，部分生产线尚未实现均衡化生产	制造安全与精益管理部各生产单位
	4.1.2	拉动式生产	1. 现场查看总装为龙头的拉动式生产组织模式运行 2. 查拉动式生产运行要素及标准执行情况 3. 查拉动式生产覆盖面	问题：拉动生产组织未涵盖企业全部符合拉动条件的产品 建议：加强拉动生产研究，对符合条件的产品全部实施拉动生产并目视化	制造安全与精益管理部各生产单位
	4.1.3	准时化物流	1. 查物流配送规则和执行情况 2. 查准时配送和应用范围	问题：同步配送规则未在全厂范围内实施 建议：全厂范围内实施推广	物资采购部各生产单位
	4.1.4	精细化管控			

续表 9 – 18

要项	评价要点		点检实况记录与说明	存在问题与建议	责任单位
（二）生产工艺优化	4.2.1	工艺设计	1.《北奔重汽部门职责说明书——研发中心》《工艺同步工作管理办法》 2.《总装公司能力平衡分析报告》2级	问题：各个工序间平衡率研究不深入	技术中心 各生产单位
	4.2.2	工艺优化	1.《工艺改进与创新项目立项申请表》《工艺改进与创新项目论证报告》 2.《关于2016年工艺创新项目立项评审通知》 3.《工艺评审报告》 4. OA系统 5.《工艺改进与创新工作管理办法》		
	4.2.3	流程化布局	1.《生产线建设工艺工作管理办法》 2. 生产布局未有变化 3.《车轮定位终检系统招标技术要求》还未完成实施评审	问题：《车轮定位终检系统招标技术要求》未完成还未完成实施评审	技术中心 各生产单位
（三）生产工序优化	4.3.1	标准作业	1.《标准作业与快速换产管理办法》 2. 标准作业指导书——总装公司、驾驶室公司、桥箱公司 3. 达不到规范要求的80%	问题：操作者按照作业要求执行，符合率未达到90%	技术中心 各生产单位
	4.3.2	快速换产		问题：没有对全部转换作业实现快速换产研究	技术中心 各生产单位
	4.3.3	能力平衡		问题：未对全部客户开展能力平衡分析	技术中心 各生产单位

续表 9 - 18

要项	评价要点	点检实况记录与说明	存在问题与建议	责任单位
（四）生产工位优化	4.4.1 在制品管控	1. 查在制品管理办法和在线执行情况 2. 查在制品控制标准	建议：工位在制品管控按三天存量放置，建议逐步实现按日需求设定存量	制造安全与精益管理部各生产单位
	4.4.2 工装与器具管理			
	4.4.3 人机工程		问题：在局部工序开展了人机工程，未在全厂范围内推广 建议：以班组为单位，结合七大浪费，研究人机工程学，消除浪费问题	技术中心各生产单位

（五）采购管理优化

某企业采购管理优化要点如表 9 – 19 所示。

表 9 – 19　某企业采购管理优化要点

要项	评价要点	点检实况记录与说明	存在问题与建议	责任单位
（一）管理体制	5.1.1 机构设置与职责	制定了《北奔重型汽车集团有限公司采购集中管理、集中采购实施办法》，物资采购部为采购牵头组织部门，下设各归口专业采购部门，由副总经理分管采购业务，建立了采购标准和业务流程，对全部采购事项实行集中管理	问题：未有效将采购业务和其他业务资源相融合 建议：有效整合采购业务人员、技术和流程等资源，实现内部采购资源共享	物资采购部
	5.1.2 集中管理			物资采购部
（二）管理机制	5.2.1 效率与风控	制订了 2016 年采购管理工作计划，将采购业务流程形成了标准化制度、文件，开展了监督考核工作	问题：未将监督考核结果与相关人员绩效挂钩 建议：细化采购管理的监督考核目标逐级分解，并将考核结果与个人绩效挂钩	物资采购部
	5.2.2 监督与考核			物资采购部
（三）供应商管理	5.3.1 动态管理机制	制定了《北奔重型汽车集团有限公司供应链管理办法》，建立了供应商名录，全部供应商 1347 家，每年两次对所有供应商进行考核，量化考核率 100%，并与考核优秀的供应商建立了战略合作伙伴关系		
	5.3.2 量化考核评价			

续表 9 - 19

要项	评价要点	点检实况记录与说明	存在问题与建议	责任单位
(四)集中采购	5.4.1 集中采购与支付	采购资金支出总额 153002 万元，集团级集采金额 168.35 万元，子集团集采金额 149329 万元，二级集采率 97.7%		
(五)招标采购	5.5.1 规范化	制定了《流通物资采购及销售招标比价管理办法》，制度运行有效，通过一机集团阳光平台进行电子招标，招标率达到 62.2%	建议：加大在电子平台上推进电子招标工作，不断提升电子招标率	物资采购部
(六)采购基础管理	5.6.1 信息化与标准化	利用统一的电子采购系统，按要求上报采购信息	问题：采购信息上报不完整，采购管理系统未与其他业务系统相结合。建议：进一步提高采购信息报送的准确性和完整性，提高质量，定期对采购信息进行分析，将采购信息系统与其他业务系统相结合，不断优化采购管理工作	物资采购部
	5.6.2 信息统计填报与分析			物资采购部

（六）精益管理成效评价

某企业精益管理成效评价如表9-20所示。

表9-20　某企业精益管理成效评价

要项	评价要点	点检实况记录与说明	存在问题与建议	责任单位
（一）质量改善	6.1.1 工序间一次交验合格率	通过查阅质量相关文件制度，北奔重型汽车集团建立了工序间一次交验合格率指标，并对指标每月进行了统计与分析，在桥厢、车架、冲压等车间工序间开展了工序间一次交验合格和质量门交验合格率的统计与检测，工序间产品一次交验合格覆盖60以上的产品数据，指标改善度2016年平均为91.96%较2015年87.7%提升4.26个百分点	建议：进一步提高工序间一次交验合格率覆盖范围，对一次交验合格率指标检测超标分析报告中的对策加强落实，形成标准或目视到现场，避免问题再发	质量管理部各生产单位
	6.1.2 质量损失率	截至2016年10月31日废品损失率实际达成指标为0.39%，同比2015年0.47%降低17%以上	建议：加强外部质量损失控制，开展课题活动，提高企业运营质量	质量管理部各生产单位
（二）成本改善	6.2.1 成本费用率	经查阅成本费用率相关文件、考核责任书及统计数据，截至2016年10月31日成本费用率为127.54%，兵器集团下发的指标目标是108%	问题：未完成集团公司下达的目标要求	财务金融部各生产单位
	6.2.2 采购成本	经查资料数据，截至2016年10月31日公司采购成本86.95%（采购成本160126/销售收入184142）较上年同期92.07%（采购成本220033/销售收入238979）较上年降低5.12%	建议：建立物资采购计划达成率、采购合同达成率、库存指标降低等指标降低成本，优化采购模式，通过订货点采购、后补式采购、供应商战略合作等方式降低采购成本	物资采购部桥箱公司

续表 9 – 20

要项	评价要点		点检实况记录与说明	存在问题与建议	责任单位
（二）成本改善	6.2.3	能耗成本	公司下发 2016 年度组织绩效考核责任书，制定了节能降耗管控目标 0.0349 吨/万元；截至 2016 年 10 月底实际达成值 0.0407 吨标煤/万元。通过能效对标和能耗定额把年初管控目标细化分解到各单位；每月对公司能效开展情况和指标完成情况进行统计、分析，并针对异常采取对策	建议：利用能效对标实施方案，逐步将能源管控针对车间、班组，围绕本车间班组开展能耗成本数据分析，提供改善依据，开展改善活动，降低公司能源消耗成本	制造安全与精益管理部各生产单位
（三）效率改善	6.3.1	全员劳产率	截至 10 月 31 日公司全员劳产率为 – 0.36 万/（元人·年）	问题：未完成集团公司下达的目标要求	人力资源与绩效管理部各生产单位
	6.3.2	存货	公司修订了《存货管理与控制办法》，制定了 2016 年存货积压处置目标，建立了存货指标管理，将存货指标进行分解到各子公司，按月对存货指标进行统计和分析，制定对策方案，截至 10 月 31 日存货 34092 万元，同比年 39076 万元下降 12.75%	建议：把存货指标分解班组，落实年度存货降低实施方案，加强班组对在制品、原材料和产成品的控制，并开展降低库存的改善活动	制造安全与精益管理部物资采购部营销公司进出口公司备件公司各生产单位
	6.3.3	计划达成率	计划达成率指标围绕以销定产开展生产组织管理工作，能按周统计、月分析对各分厂车间的生产计划完成率进行统计、分析和考核，截至 2016 年 10 月 31 日完成作业计划数 5795 台，按作业计划完成	建议：围绕以销定产开展以客户为需求的拉动生产组织管理工作，对影响计划达成的生产车型技术状态、设计变更、采购周期等因素开展生产组织研究，提升生产组织效率	制造安全与精益管理部各生产单位

续表 9 - 20

要项	评价要点		点检实况记录与说明	存在问题与建议	责任单位
（三）效率改善	6.3.4	物资齐套率	物资采购部依据生产计划对全部物品实施配套，截至 2016 年 10 月 31 日物资齐套为 70.74%，同比上年 65.5% 提升 5.24 个百分点	建议：对影响齐套率指标的主要问题（如计划员问题、供应商问题、资源问题），影响齐套情况进行课题管理，不断提高物资齐套率	物资采购部桥箱公司
（四）成果与创新	6.4.1	机制建立与推广应用	2015 年《大型重卡企业基于全价值链效能提升的流程体系建设》项目获得国防科技工业企业协会管理创新成果二等奖		

【实战三】

某集团在制品指标改善专项活动

企业开展专项在制品经营指标改善工作，从而加强对在制品的相关监督与管理，降低在制品资金占用，提高现场管理水平。具体安排如下：

（一）制订实施方案及工作计划

1. 确定实施主体单位。

2. 制订实施方案内容。

（1）分析在制品结构。

（2）分解月度指标。

（3）制定改善措施。

（4）制订工作计划。

3. 实施方案的审核与监督。

（二）实施方案及工作计划过程执行与监督

1. 实施方案及工作计划上报时间要求。

2. 过程管理与监督汇报要求。

（三）强化在制品现场管理，提高在制品周转率

（四）专项工作考评

某集团在制品 8 月改善情况统计表如表 9 – 21 所示。

表 9 – 21　某集团在制品 8 月改善情况统计表

序号	责任单位	在制品种类	占用金额（万元）2014年年末指标	占用金额（万元）2015年指标	每月占用金额（万元）指标 8月	每月占用金额（万元）实际完成 8月	本月重点措施与效果	下月计划措施
1	A公司	整车	0	483	2300	1725	本月结合盘点工作，围绕当期 J 车、外贸车生产量大、过程问题多、交车难度大的突出问题，总装公司生产组织通过计划落实、问题处置、横向配合等措施，加快车辆流转	重点围绕重点产品、特殊车型，继续加强内部组织和生产异常问题的处置，减少未交数量
		线边物资	701.75	580	980	240	—	—
		大梁	2742.26	3037	2946	2536	2015 年 8 月大梁资金占用 2536 万元，较去年底 2742.26 万元减少 206.26 万元；较上月减少 25.09 万元，通过改制消耗积压大梁减少 32.2 万元，全年累计 1 年以上积压大梁减少 62.12 万元；目前积压 1 年以上在制大梁共 1864.97 万元	针对积压并内部判定可改制使用的大梁，继续按照对照当期批次计划的方式，实现过程改制消耗，截至目前生产合同，预计 9 月可改制消耗 5 万元
		合计	3444.01	4100	6226	4501	截至 8 月底，全年累计消耗积压大梁减少 62.12 万元	

续表 9 - 21

序号	责任单位	在制品种类	占用金额（万元）		每月占用金额（万元）		本月重点措施与效果	下月计划措施
			2014年年末指标	2015年指标	指标	实际完成		
					8 月			
2	B公司	驾驶室总成	202	130	200	180	1. 挡泥板支架消耗150件，占用资金减少0.5万元 2. 限位支架消耗140件，占用资金减少0.6万元	1. 冲压件执行周计划，来调整库存结构 2. 对于后续积压在制品，再次研究改制方案
		冲压库存	896	830	870	847	3. 尾梁消耗15件，占用资金减少0.2万元 4. 水箱支架消耗567件，占用资金减少0.6万元 5. 采暖管消耗336件，占用资金减少1.3万元	
		异地物资	90	40	40	40	6. 上盖板消耗112件，占用资金减少0.6万元 合计占用资金减少3.8万元	
		合计	1188	1000	1110	1067	截至8月底，驾驶室制造公司共计减少积压在制品资金占用12.77万元	

续表 9－21

序号	责任单位	在制品种类	占用金额（万元）		每月占用金额（万元）		本月重点措施与效果	下月计划措施
			2014年年末指标	2015年指标	指标	实际完成		
					8 月			
3	C公司	桥壳	591	600	540.88	422.19	1.8 月末在制品实际占用较全年指标减少 436 万元，较 7 月末降低 286.12 万元 2. 采取的主要措施： （1）对桥壳车间拆返的 930 桥壳通过排产安排用于国内 S 车使用，8 月上线使用 30 根，盘活 6.45 万元；对 030 桥壳的推力杆支座进行扩孔上线 （2）对补焊好的 208 组、506 组前桥体进行加工，减少新毛坯的投入。8 月上线 78 根，盘活 10.06 万元 （3）对平衡轴、前桥梁、轮边、轮毂等常规产品限产，均控制在最高上限范围内	1. 持续推行限额发料，降低整桥装配线边在制品 2. 对 51 根客车前桥体补焊加工按车型需求上线 3. 对汽配 930 后桥桥壳用于民用车进行消化并重点跟踪检查情况 4. 重点跟踪设计开发处与研发中心对现在积压的 260 桥壳总成的处置建议，要求必须明确输出结果
		壳体	993	600	425.6	389.61		
		部件总成	190	180	251.52	253.46		
		平衡轴、前桥体	244	220	232	98.62		
		合计	2018	1600	1450	1163.88	截至 8 月底，桥箱公司共计减少积压在制品资金占用 132.68 万元	

【实战四】

某集团全价值链体系化精益管理等级评估

该集团主要通过量化精益基础、经营管理和精益改善三方面管理指标对精益管理成效进行评估，且重点关注对基础的精益管理。因此，精益基础管理在整体评估分数中占比较高，关注于日常管理、信息上报、文化氛围营造和工作推进情况，结合具体情况进行评分。

（一）精益基础管理（70分）

某集团精益管理基础管理评价情况如表9-22所示。

表9-22　某集团精益管理基础管理评价情况

分项			工作标准	评价标准
精益日常管理（20分）	精益信息上报（10分）	精益周报（2分）	每周五16：00前按照《关于规范精益周报、月报、合理化建议格式的通知（试行）》要求上报	1. 延期上报一次扣0.05分 2. 材料未按格式内容要求上报一次扣0.02分 3. 未报一次扣0.1分 4. 年度最多扣2分
		精益月报（2分）	每月22日前按照《关于规范精益周报、月报、合理化建议格式的通知（试行）》要求上报，遇节假日（不包括周六、日）提前至放假前3天	1. 延期上报一次扣0.1分 2. 材料未按格式内容要求上报一次扣0.05分 3. 未报一次扣0.2分 4. 年度最多扣2分
		各类精益总结、计划等（2分）	按通知文件要求上报	1. 延期上报一次扣0.1分 2. 材料未按格式内容要求上报一次扣0.05分 3. 未报一次扣0.2分 4. 年度最多扣2分
		精益稿件上报（2分）	按照《关于征集经营、精益动态稿件（信息）的通知》（YYBTZ 2013-050）要求：生产单位每月4篇职能单位每月2篇	1. 生产单位少报一篇扣0.1分 2. 职能单位少报一篇扣0.2分 3. 年度最多扣2分
		精益稿件刊登（2分）	在《××精益》、兵器官方网站、北奔集团《精益简报》上刊登	1. 在《××精益》杂志上刊登一篇加0.6分 2. 在官方网站刊登一篇加0.4分 3. 在集团《精益简报》上刊登一篇加0.2分，年度最多加2分

续表 9 - 22

	分项	工作标准	评价标准
精益日常管理（20分）	精益文化氛围营造（4分）	组织精益活动（2分）	1. 组织精益为主题的征文、演讲、知识抢答、辩论赛及排球、乒乓球、羽毛球比赛等文体活动 2. 组织合理化建议抽奖、改善成果推广会、精益工作总结等成果发布活动 3. 组织各类大型精益培训活动	1. 组织一项加0.5分 2. 年度最多加2分
		参与集团组织精益活动（2分）	各单位参加集团组织各类精益活动	1. 未按要求参加集团精益活动一次每人扣0.1分 2. 年度最多加2分
	合理化建议工作推进情况（6分）	参与率（1分）	按照党群工作部年度合理化建议工作计划执行，最终评价由党群工作部提供	完成80%以上指标加0.5分 完成100%指标加1分
		提案率（1分）		完成80%以上指标加0.5分 完成100%指标加1分
		采纳率（2分）		完成80%以上指标加1分 完成100%指标加2分
		实施率（2分）		完成80%以上指标加1分 完成100%指标加2分

（二）经营管理（10分）

某集团精益管理经营管理评价情况如表 9 - 23 所示。

表 9 - 23 某集团精益管理经营管理评价情况

经营管理	10分	组织绩效指标完成情况	按照集团公司《组织绩效考核办法》进行评价，最终得分由运营管理部提供	最终得分 = 评价得分 * 10%

（三）精益改善（20分）

某集团精益管理精益改善评价情况如表9-24至表9-26所示。

表9-24　某集团精益管理精益改善评价情况

精益改善	20分	指标改善（10分）指标改善度＝（本年度指标－上年度指标）／上年度指标×100%	按各单位精益指标或经营指标等的指标改善度进行评价	1. 改善度≥20%，每项加2分 2.20%＞改善度≥10%，每项加1分 3.10%＞改善度＞0%，每项加0.5分 4. 总分不超过10分
		管理改善（8分）	按集团公司《精益项目管理制度》进行精益评价	1. 集团公司布置的重大管理改善事项，每完成一项加1分 2. 集团公司立项的精益项目，每完成一项加0.5分 3. 部门自主管理提升项目，每完成一项加0.3分 4. 总分不超过8分
		达标改善（2分）达标改善度＝（当期评价得分－上期评价得分）／上期评价得分×100%	按各单位精益达标改善度进行评价	1. 改善度≥10%，每项加2分 2. 10%＞改善度≥5%，每项加1分 3.5%＞改善度＞0%，每项加0.5分 4. 总得分不得超过2分 5. 改善度为负值时会进行减分

表9-25　某集团全价值链体系化精益管理达级评估标准

类别	工作标准	评估标准
评估细则	针对每一条评价细则，参照集团精益管理评价标准，分为A、B、C、D、E五个档次，按照100%、80%、60%、40%、0%进行评价	参照集团精益管理评价标准，制定集团精益管理评价标准，按实际得分评价

续表 9 - 25

类别	工作标准	评估标准
评估项目	针对每一个项目所涉及的评价细则进行评分，汇总项目总得分，对总得分进行等级评定，查找管理短板	L =（项目总得分/项目标准配分）* 100% 0% < L1 ≤ 60% 60% < L2 ≤ 80% 80% < L3 ≤ 90% 90% < L4 ≤ 100%
评估整体达标	针对各单位所有维度所涉及的全部评价细则进行评分，汇总整体达标情况总得分，对总得分进行等级评定，确定各单位精益管理工作水平	L =（维度实际得分/维度标准配分）* 100% 0% < L1 ≤ 60% 60% < L2 ≤ 80% 80% < L3 ≤ 90% 90% < L4 ≤ 100%

表 9 - 26　某集团全价值链体系化精益管理达级评估定义

达级	符合度	评估要素			
		可行性	关联性	效益性	推广性
L1	0% < L1 ≤ 60%	有理念、有方案、部分实施	有管理记录、与业务关联性不强	在本单位部分工作方面有效果，有50%员工参与过各类改善活动	无
L2	60% < L2 ≤ 80%	有理念、有可行方案、基本全部实施	基本符合标准的作业指导文件要求，与业务关联性较强	在本单位经营指标改善方面有部分效果，且有70%员工参与过各类改善活动	可在本单位推广
L3	80% < L3 ≤ 90%	有理念、有可行方案、全部实施到位	基本符合程序文件要求，与业务关联性强且部分要求已固化到相关标准文件中	对集团部分经营指标改善方面有明显效果，且80%员工有自主改善的实例	可在本单位推广，部分成果可在集团内部推广

续表 9 - 26

达级	符合度	评估要素			
		可行性	关联性	效益性	推广性
L4	90% < L4 ≤ 100%	有理念、有创新的可行方案保证全部实施到位	完全符合程序文件要求，完全与业务相融合	对集团经营指标改善方面有明显效果，且 100% 员工有自主改善的实例	可在本单位推广，部分成果可在集团及以上范围内推广

参考文献

［1］周钧：《大庆油田 A 施工企业物资精益管理研究》，东北石油大学 2018 年硕士学位论文。

［2］王洪涛：《HJ 集团原油采购成本管理体系优化研究》，大连理工大学 2018 年硕士学位论文。

［3］解志军：《辽宁庆阳民爆有限公司精益生产方式应用问题与对策研究》，沈阳理工大学 2018 年硕士学位论文。

［4］段淇斌：《推进精益管理提升管理水平》，《社科纵横》2018 年第 9 期。

［5］郝向阳：《NF 航空公司突发事件应对方案研究》，西安电子科技大学 2017 年硕士学位论文。

［6］张丽娜：《徐工基础精益生产实施路径与优化研究》，哈尔滨理工大学 2016 年硕士学位论文。

［7］刘平：《Y 市烟草企业精益物流管理研究》，南昌大学 2015 年硕士学位论文。

［8］王凯旋：《ZH 公司供应链事业部运营管理优化研究》，北京交通大学 2018 年硕士学位论文。

［9］阿永强：《西部高校本科毕业论文（设计）质量保障机制研究》，西藏大学 2018 年硕士学位论文。

［10］梁峰：《P 国际货运代理企业业务流程优化研究》，北京交通大学 2015 年硕士学位论文。

［11］林森坤：《NC 公司推行 5S 管理项目研究》，天津大学 2016 年硕士学位论文。

［12］《持续创新的动力之源：PERA2009 企业精益研发的好帮手》，《中国制造业信息化》2009 年第 14 期。

［13］于锦：《大型装备制造业精益成本管理研究》，河北大学 2013 年硕士学位论文。

［14］邢德强：《复杂机械产品性能驱动设计方法及其典型应用研究》，天津大学 2010 年博士学位论文。

[15] 何颢宇：《基于精益思想的 GT 公司研发管理体系优化》，华南理工大学 2020 年硕士学位论文。

[16] 张鹏：《某装备改造项目精益研发管理研究》，西安工业大学 2015 年硕士学位论文。

[17] 高升：《BC 公司研发流程管理与改进研究》，天津大学 2013 年硕士学位论文。

[18] 曾健洲：《S 公司产品研发流程优化研究》，华南理工大学 2018 年硕士学位论文。

[19] 吕长青：《HJS 公司技术创新管理研究》，南京师范大学 2016 年硕士学位论文。

[20] 张鹏：《某装备改造项目精益研发管理研究》，西安工业大学 2015 年硕士学位论文。

[21] 高雪梅：《基于"人—机—环境"交互模型的医疗器械产品不良事件数据分析方法》，重庆大学 2018 年硕士学位论文。

[22] 杨波、殷鸿浩、何玉敏等：《基于 FMEA 的汽车密封条产品生产过程质量改进实践》，《质量与可靠性》2019 年第 2 期。

[23] 张明涛：《基于 FMEA 方法的航天电子产品制造风险评价应用研究》，中国科学院大学（工程管理与信息技术学院）2013 年硕士学位论文。

[24] 王美婷：《中科启程公司车载多功能后视镜项目质量管理研究》，吉林大学 2015 年硕士学位论文。

[25] 林世华：《大型医院住院楼综合效率评价研究》，重庆大学 2010 年硕士学位论文。

[26] 满帅：《运动员综合能力评价系统设计与实现》，昆明理工大学 2018 年硕士学位论文。

[27] 刘睿平：《采用弹性磨具对 M300 磨抛的微观接触参数模型研究》，西安建筑科技大学 2015 年硕士学位论文。

[28] 杨金晖、王玉刚、朱晓波：《国内制造业企业推进精益采购管理的对策研究》，《铁路采购与物流》2020 年第 7 期。

[29] 马国文：《浅析企业物资的 JIT 采购及其实施条件》，《现代经济信息》2019 年第 8 期。

[30] 马志峰：《FH 公司 X 项目设备材料供应商选择策略研究》，北京工业大学 2018 年硕士学位论文。

[31] 雷超：《ZTYK 公司采购管理改进研究》，西安理工大学 2020 年硕士

学位论文。

[32] 陈景灼：《存储容量限制下的联合采购研究》，湖南工业大学 2018 年硕士学位论文。

[33] 苏璟：《SK 房地产公司存货管理研究》，西安石油大学 2017 年硕士学位论文。

[34] 白雪、王连春、张丽虹：《落实降本增效背景下对采购方式的研究与探讨》，《中国商论》2021 第 8 期。

[35] 高云花：《LT 公司间接物料采购管理研究》，华东理工大学 2017 年硕士学位论文。

[36] 朱燕顺：《苏州机电五金市场采购模式优化研究》，苏州大学 2018 年硕士学位论文。

[37] 任建华：《基于 JIT 采购模式的供应商选择研究》，《安顺学院学报》2021 年第 1 期。

[38] 张靖宇：《企业采购的风险识别及防控措施研究》，《全国流通经济》2021 年第 3 期。

[39] 符德根：《简析物流企业精益物流管理关键技术及实施方法》，《大众标准化》2021 年第 8 期。

[40] 魏冉：《传统物流仓储模式向现代物流模式转型的思考》，《中国战略新兴产业》2018 年第 12 期。

[41] 赖小娇：《成都 C 公司生产成本管理研究》，电子科技大学 2017 年硕士学位论文。

[42] 李荣健：《基于精益管理的 M 企业生产流程再造研究》，南京理工大学 2017 年硕士学位论文。

[43] 李佳穗：《基于价值流图的精益生产现场改善分析》，《合作经济与科技》2017 年第 2 期。

[44] 郑倩倩：《金凤凰物流公司精益物流管理成本控制研究》，兰州大学 2019 年硕士学位论文。

[45] 吴先铭：《基于客户端的技术创新策略研究 ——以机械加工企业为例》，上海应用技术大学 2019 年硕士学位论文。

[46] 董影：《港口物流服务供应链的构建及协调问题研究》，大连海事大学 2017 年硕士学位论文。

[47] 徐春雨：《中小企业物流仓储成本研究》，《经贸实践》2017 年第 11 期。

[48] 赵锋艳：《供应链上下游间的长鞭效应分析》，《营销界》2021 年第

38 期。

[49] 邹文峰：《YB 公司第三方物流运营管理优化研究》，南昌大学 2020 年硕士学位论文。

[50] 魏定锋：《S 公司供应商库存项目流程优化研究》，厦门大学 2018 年硕士学位论文。

[51] 卞玲玲、陈红娟：《电子商务背景下生鲜农产品冷链物流绩效评价体系研究》，《价值工程》2019 年第 27 期。

[52] Womack J. P., Jones D. T., 1997: "Lean thinking—banish waste and create wealth in your corporation", *Journal of the Operational Research Society*, No. 1.

[53] 韩春龙：《基于 VSM 的 PW 公司铁罐生产线的改善研究》，南京理工大学 2018 年硕士学位论文。

[54] 周晓磊：《W 水产养殖公司成本管理策略研究》，上海交通大学 2019 年硕士学位论文。

[55] 祝艳旻：《KC 公司准时交货率改善方法研究》，上海交通大学 2019 年硕士学位论文。

[56] 安琨：《生产经营的主导者——企业生产计划管理的作用》，《营销界》2021 年第 22 期。

[57] 余国辉：《企业生产计划和控制管理中存在的问题及解决对策》，《科学咨询（科技·管理）》2019 年第 5 期。

[58] 王继兰：《上海瑞强信息公司生产运营管理优化分析》，西南交通大学 2018 年硕士学位论文。

[59] 果艳秋：《生产计划与控制管理在企业中的运用》，《现代经济信息》2017 年第 22 期。

[60] 曹琳：《奥凌赛特公司业务流程再造研究》，兰州大学 2019 年硕士学位论文。

[61] 文菁：《危险废物集中处置及资源综合利用的探讨》，《现代工业经济和信息化》2022 年第 2 期。

[62] 覃少斌：《探析整车制造企业生产过程质量控制及改善方法》，《时代汽车》2020 年第 11 期。

[63] 覃孟黎：《SL 公司高铁变流器生产线精益生产方案研究》，湘潭大学 2017 年硕士学位论文。

[64] 王茜：《弹药虚拟装配仿真及运行监视系统研究》，东北大学 2017 年硕士学位论文。

［65］张少锋：《Y 公司医学实验室质量管理体系优化方案研究》，东华大学 2017 年硕士学位论文。

［66］马屹寰：《Job Shop 类柔性制造系统生产能力配置方法研究及系统研制》，西南交通大学 2017 年硕士学位论文。

［67］邱树高、于淼、董波等：《现代企业精益班组管理探索实践》，《中小企业管理与科技（上旬刊）》2020 年第 3 期。

［68］刘霄：《LY 公司全价值链精益管理体系应用研究》，华南理工大学 2018 年硕士学位论文。

［69］张洪亮、骆文斌：《基于 EVSM 及仿真技术的精益生产改善研究》，《工业工程》2017 年第 2 期。

［70］何洁文：《论烟草工业企业精益营销》，《财经界》2021 年第 12 期。

［71］尹买云：《以精益为契机，构建新型营销团队》，《中国商论》2020 年第 20 期。

［72］王静疆：《国有纺织服装企业营销工作难点及改进策略研究》，《企业改革与管理》2019 年第 19 期。

［73］文雪娟：《基于价值链视角的 Q 公司价值创造研究》，三峡大学 2018 年硕士学位论文。

［74］刘菡：《山东移动枣庄分公司营销渠道转型研究》，哈尔滨理工大学 2017 年硕士学位论文。

［75］赵艳丰：《印刷设备企业如何化解营销渠道"危机"》，《今日印刷》2019 年第 8 期。

［76］赵艳丰：《家用中央空调营销渠道管理的"五大罪证"》，《家用电器》2017 第 3 期。

［77］杨昊山：《深圳非常城市公司汽车音响市场营销策略研究》，湖南大学 2017 年硕士学位论文。

［78］叶湘杰：《M 公司精益质量管理体系设计研究》，湖南工业大学 2018 年硕士学位论文。

［79］钱云鹏：《江淮乘用车市场定位战略研究》，华东理工大学 2018 年硕士学位论文。

［80］刘回春：《北奔重汽推进"营销一体化"开创服务新模式》，《中国质量万里行》2017 年第 8 期。

［81］李月清：《创新全产品一体化营销》，《中国石油企业》2019 年第 Z1 期。

［82］祁艳清、陈晓宇、杨键：《企业精益人才培养浅析》，《中外企业家》

2019 年第 35 期。
[83] 王之成、陈代义、葛巍等：《浅析精益人才育成体系构建》，《经营管理者》2020 年第 12 期。
[84] 滕泸逵：《企业人才培养的难点及对策研究》，《中小企业管理与科技（中旬刊）》2020 年第 11 期。
[85] 谢劼：《企业人才标准体系建设探索与实践》，《当代石油石化》2018 年第 7 期。
[86] 桑广世、黄丽、袁峰等：《基于“3D + E + C 能力评估模型”的管道设计企业职级体系建设与实践》，《石油组织人事》2021 年第 3 期。
[87] 栗雪琪：《我国护士长胜任力测评问卷的研制及在三级甲等医院的应用研究》，山西医科大学 2018 年硕士学位论文。
[88] 杨林丽、汪小文、倪伟强等：《浅谈 A3 报告在质量管理体系中的应用》，《汽车实用技术》2020 年第 11 期。
[89] 张宇霖：《增城公安分局人力资源管理激励机制研究》，西南交通大学 2018 年硕士学位论文。
[90] 朱威虹：《构建 360 度绩效考核评价体系》，《企业管理》2022 年第 1 期。
[91] 周伦、林柱、米雪等：《基层内训师培训效果的精益提升研究与实践》，《管理观察》2017 年第 33 期。
[92] 刘乃旭：《DLC 企业招聘与培训协同管理研究》，大连海事大学 2017 年硕士学位论文。
[93] 卢吉波、张锐、陈萍等：《中电建海投公司：构建“一石三柱”国际化人才培养机制》，《中国电力教育》2018 年第 9 期。
[94] 周继来：《浅析精益管理 TWI-JI 工具在烟草行业物流环节的运用——以某集团为例》，《中国物流与采购》2020 年第 24 期。
[95] 孟玲慧：《职业生涯开发论——面对自律性与多样性》翻译实践报告》，大连外国语大学 2019 年硕士学位论文。
[96] 汪继革、尚金鹏：《论转型期制造业多能工培养的体系建设》，《山东工业技术》2018 年第 16 期。
[97] 吴涛：《高效实用的 SMART 法则》，《今日工程机械》2010 年第 2 期。
[98] 陈洁娜：《基于 KPI 的企业绩效考核管理研究》，《中国管理信息化》2020 年第 16 期。
[99] 王海宁：《行为锚定等级评价法运用于高校辅导员专业化发展评价

的可行性分析》，《山东行政学院学报》2019 年第 2 期。

［100］段金金、杨晓：《基于平衡计分卡的格力财务业绩评价应用研究》，《中国市场》2022 年第 11 期。

［101］楚明超、胡炜、李聪等：《专利与高新技术企业发展关联度分析》，《创新科技》2018 年第 8 期。

［102］魏梦凡、余永祥：《高校科技成果转化中自建经济实体模式研究》，《科技与法律》2018 年第 2 期。

［103］周荣华：《高新技术企业的税收利益与实现途径研究》，集美大学 2019 年硕士学位论文。

［104］田和荣：《中小企业所得税征管问题与对策研究》，中国财政科学研究院 2017 年硕士学位论文。